SCHRIFTEN GROSSER BERLINER
Band 3

Walther Rathenau Schriften

Walther Rathenau 1920

WALTHER RATHENAU
SCHRIFTEN

ZWEITE AUFLAGE

mit einem Beitrag von
GOLO MANN

herausgegeben von
ARNOLD HARTTUNG

BERLIN VERLAG

Diese Neuausgabe von Schriften Walther Rathenaus haben
die Erben, seine vier Nichten, freundlicherweise gestattet.

CIP-Kurztitelaufnahme der Deutschen Bibliothek

Rathenau, Walther
Walther Rathenau: Schriften / mit e. Beitr.
von Golo Mann. Hrsg. von Arnold Harttung. –
2. Aufl. – Berlin: Berlin-Verlag, 1981. –
(Schriften grosser Berliner; Bd. 3)
ISBN 3-87061-030-1
NE: Rathenau, Walther: [Sammlung]; GT

©
1965, 1981
BERLIN VERLAG * Pacelli Allee 5 * 1 Berlin 33
ISBN 3-87061-030-1

INHALT

Einleitung: Golo Mann 7

SEIN WESEN
Apologie 11
Briefe an Familie und Freunde 22
Vaterstadt Berlin 40

SEIN KÜNSTLERTUM
Vorwort: Arnold Harttung 45
Maler und Malerei 50
Literatur und Literaten 61

SEIN DEUTSCHTUM UND JUDENTUM
Vorwort: Max Ruland 83
Die Rassenfrage 89
Judentum und Christentum 103
Integration 107

SEIN PHILOSOPHIEREN
Vorwort: Günther Jenne 125
Erkennen und Wissen 131
Eigenschaften 140
Kritik der Zeit 144
Vom Reich der Seele 155

SEINE LEISTUNGEN IN DER WIRTSCHAFT

Vorwort: Eberhard Schmieder	181
Geschäftsführung	186
Wirtschaftsordnung	199
Weltwirtschaft	220

SEINE POLITISCHEN SCHRIFTEN

Vorwort: Golo Mann	259
Wir	275
Zum Krieg	280
Demokratie, Revolution, Parteien	305
Staatskunst und Außenpolitik	321

DIE IHN KANNTEN

Max Scheler	365
Theodor Heuß	368
Felix Deutsch	368
Bernhard Fürst von Bülow	371
Gustav Hillard	373
Stefan Zweig	376
Edgar V. Viscount d'Abernon	380
André Gide	382
Emil Ludwig	382

ANHANG

Namensregister	388
Bibliographie	398
Zeittafel	405

EINLEITUNG

Es hat in der Geschichte des christlichen Europas Zeiten gegeben, in denen die Energien der bedeutendsten, auch der kraftvollsten Menschen sich zur Kontemplation zwangen und auf die Frage richteten, was der Mensch ist, unter welchem höchsten Gesetz er steht, wie er leben soll, wie sein Zusammenleben mit anderen Menschen beschaffen sein soll. Darüber wurde nachgedacht in Hochschulen, Klöstern, Einsiedlerklausen, und was da gedacht wurde, strahlte auf die Wirklichkeit aus, wenn es sie auch nie völlig sich unterwerfen konnte. Unsere Zeiten sind anders. Für sie gilt, was ein konservativer Amerikaner des 19. Jahrhunderts einmal seiner Gesellschaft vorwarf: in Amerika seien die Dinge im Sattel und nicht der Gedanke. Die Tat, meinte er damit, steht obenan. Jeder strebt, will etwas gründen, Erfolg haben, wohlhabend werden; was aus diesem millionenfachen Getriebe hervorgeht, spricht jeder theoretischen, wertsetzenden Zusammenfassung Hohn und ist in diesem Sinn anarchisch. Man könnte den gleichen Gedankengang auch ins Positive kehren. Ein französischer Gelehrter unserer Tage hat das in einem Buch über die Vereinigten Staaten getan, in dem er ausführte: Nur die Revolution ist gut, die von unzählig vielen, der Bescheidenheit, der Wirklichkeit zugekehrten Menschen, von Erfindern, Industriellen, Technikern Schritt für Schritt vorwärts getrieben wird. Die Revolution aber, welche die Gesellschaft nach einer Idee mit einem Schlage umgestalten will, ist schlecht. Sie maßt sich zuviel an, kommt nicht los von der Gewalttätigkeit, in deren Zeichen sie begann; unter der Decke der von den neuen Machthabern kommenden Dekrete sinkt die Wirklichkeit bald wieder in ihre alten Zustände zurück. Das Automobil „Modell T" auf den Markt zu bringen und seinen Arbeitern Löhne zu zahlen, die ihnen ermöglichen sollten, das Werk ihrer Hände zu kaufen, war viel revolutionärer als das Macht-Dekret, welches von dem und dem Tage an die und die Gesellschaftsform befahl.

Ich will dies Argument nicht verneinen. Es ist Wahres an ihm, wie an allen Argumenten, die von gescheiten Leuten kommen und mit geeigneten Beispielen belegt werden. Aber die ganze Wahrheit erfaßt es nicht. Es wird der Rolle des Gedankens, des geträumten Zieles in unserer Geschichte nicht gerecht. Die verschiedensten Arten von Nützlichkeiten können nebeneinander bestehen. Es hilft, wer einen Baum fällt oder ein Stahlwerk plant; ein schönes Gedicht hilft auch. Hilfreich kann bloße Kritik an der öffentlichen Sache sein, vorausgesetzt, daß es eben hilfswillige, nicht nur boshafte Kritik ist. Es helfen die Anstrengungen einsamer Gelehrter, die es unternehmen, ihrer Zeit zu sagen, was sie ist oder worauf sie hinaus wollen soll. Und wenn sie selbst nicht helfen, weil ihr Begriff vom Menschen kein menschenfreundlicher war, so wirken sie doch. Sie bringen Stimmungen nicht nur zum Bewußtsein, sie verdichten sie auch und bereiten zu Taten vor, die andere vollbringen.

Der Mann, dessen gedankliche Lebensleistung in diesem Buch zur Darstellung gebracht wird, ist beispielhaft gewesen durch den Ernst, mit dem er sich um die wirklichen Gefährdungen und möglichen, wünschbaren Ziele seiner Nation und Gesellschaft sein Leben lang gekümmert hat. Beispielhaft nicht in dem Sinn, daß er nachgeahmt werden könnte, in diesem Bereich ahmt keiner den anderen nach, und keine Person ist wiederholbar. Aber so, daß Leben und Werk, Taten und Leiden studiert zu werden verdienen und auch die Frage, was davon blieb, was weitergesponnen wurde, sich lohnt.

Man kennt den Lebensweg Walther Rathenaus. Man weiß, daß er der Sohn eines bedeutenden Industrie-Gründers war, ein Umstand, der seinen Aufstieg erleichterte. Einen Self-made-man mag man ihn trotzdem nennen, denn er erlernte auf hartem Wege die technischen Künste und organisatorischen Fertigkeiten, die er später ausübte. Früh von Literatur und Philosophie angezogen, warf er sich dennoch auf das Studium der Physik, der Elektrochemie; seinem Eintritt in das große Treiben der Berliner Industrie und Finanz ging eine siebenjährige Bewährungs- und Vorbereitungszeit voraus, die er als Direktor eines bescheidenen Unternehmens irgendwo im Lande verbrachte. Einen Ingenieur, einen Techniker, hat er sich mit Vorliebe genannt und mit vollkommenem Recht. Kein Feind — er hatte viele Feinde — hat die Leistungen des Erfinders, des Werk-Erbauers, des industriellen Organisators, später des Bankiers, bestritten. Neben dieser stetig ins Größere, ins Erfolgreichere wachsenden Tätigkeit, von der man glauben könnte, sie müßte seine Energien ganz absorbiert haben, begann er früh, politische Artikel zu schreiben, philosophische, moralische, ästhetische Abhandlungen, auch solche im Gebiet der Nationalökonomie; umfangreiche gesellschaftskritische oder zeitkritische Werke. Der Ausdruck „Zeitkritik" stammt recht eigentlich von ihm, denn eines seiner frühesten Bücher hieß „Zur Kritik der Zeit". Er hat dieses, sein zweites Leben, das schriftstellerische, zu leben nicht aufgehört, auch im Krieg und Nachkrieg nicht; so daß sein literarisches Werk der schieren Quantität nach viel umfangreicher ist, als das manchen „Nur-Schriftstellers". Das Schreiben fiel ihm leicht, manchmal zu sehr; alte Leute, die ihn noch gekannt haben, erzählen, sein Gespräch habe ungleich stärker gewirkt als was von seinen Gedanken im gedruckten Wort niederschlug.

Rathenau selber hat seine Existenz als Industrieller und als Schriftsteller als eine doppelte, widerspruchsvolle empfunden. Nicht ganz ohne Grund. Denn wenn Henry Ford seine theoretisch konzipierten Pläne alsbald verwirklichte, wenn Einheit war zwischen dem, was er dachte, und dem, was er tat, wenn hundert Jahre vor ihm Robert Owen seine sozial-utopischen Versuche in seinen eigenen Fabriken vornahm und seinen Reichtum dafür zur Verfügung stellte, so hielt sich Rathenaus wirtschaftliche Tätigkeit, bedeutend wie sie war, doch in den Grenzen des Konventionellen; er war erfolgreicher Praktiker auf der einen Seite, Schriftsteller auf der anderen. Eben darum verachtete er die Theoretiker nicht, die Henry Ford so sehr verachtete, Ford, der einmal äußerte: „Ich möchte alle diese siebengescheiten Professoren einmal heraus zu einer meiner Fabriken nehmen und sie ihnen überlassen, und da sollen sie mal zeigen, was sie können." Ein solches Wort hätte Rathenau als ungebildet empfunden. Der Doppelheit aber seiner Natur und seiner bürgerlichen Existenz war er sich sehr bewußt und hat sie nach seiner Art in schön klingenden Worten umschrieben. Andere, von außen, mußten es unfreundlicher sehen. Gälte es hier vor allem, die Person Rathenaus zu erfassen, das Tragische, was in seinem Leben ist, so müßte von den höhnischen Vorwürfen die Rede sein, die ihn in diesem Zusammenhang trafen, und müßte von anderen Leiden, von anderen Gebrochenheiten die Rede sein, die seine Herkunft ihm schuf. Sie, wie der Mord vom 24. Juni 1922, tauchen alles, was er getan hat, in ein melancholisches Licht, aber sie beeinträchtigen es nicht; und da sie so bekannt wie traurig sind, so können sie unbeschrieben bleiben.

GOLO MANN

Dies ist der Beginn des Vortrages, den der Autor anlässlich der Jahresversammlung des Stifterverbandes für die Deutsche Wissenschaft am 10. Mai 1963 in Wiesbaden gehalten hat. — Die Fortsetzung bildet das Vorwort zum Kapitel „Seine politischen Schriften".

Rathenau-Haus in der Königsallee

Sein Wesen

APOLOGIE

Wer sein Glauben und Erleben zu Gedanken formt, wer die Gedanken, die ihm auferlegt sind, glaubt und erlebt, der ist in Gefahr, mit einer Zuversicht und Unbeirrbarkeit zu reden, die verletzt.

Ich urteile nicht von der Qualität meiner Gedanken, sondern ich halte sie für wahr aus innerer Anschauung. Deshalb kann ich die Form, zu der sie sich gestalten, nicht ändern, sie bleibt apodiktisch. Darin liegt keine Überhebung, denn auch mein Kopf und meine Hände sind apodiktisch so, wie sie sind, und ich muß sie ihre Sprache reden lassen, ob ich will oder nicht.

Deshalb muß ich auf Gegnerschaft gefaßt sein und bin es, ja ich ersehne sie, denn Erkenntnis und Verwirklichung gehen den Weg der Kontroverse. Leidenschaftlich wurde die Feindschaft seit den Jahren, als meine Schriften sich mit wirtschaftlichen Fragen befassen mußten. Mächtige Verbände und Vereine der Industrie und des Handels glaubten ihre Interessengebiete verletzt, ein gewaltiger Aufwand an Geld und Arbeit setzte ein, um durch Pressefeldzüge, Wanderredner, politische Agitation und massenhafte Druckschriften meine als gefährlich erachteten Gedanken zu bekämpfen. Diese Kämpfe wurden durch den Krieg verschärft, durch die Revolution nicht beendet. ...

Ausländische Freunde, zumal aus Schweden, wo ich eine zweite geistige Heimat gefunden habe, wollen nicht begreifen, warum neun Zehntel aller Angriffe sich nicht gegen meine Gedanken, sondern gegen meine Person und vor allem gegen mein Privatleben richten. Sie meinen, daß es sonst in Europa üblich gewesen sei, nur das in der Öffentlichkeit zu erörtern, was sich in die Öffentlichkeit begibt, daß man gewohnt gewesen sei, die Leistung von der Person zu trennen, das Privatleben für unverletzlich zu halten und auf einer gewissen geistigen Ebene die Achtung vor dem Wollen und Schaffen des Gegners zu wahren.

Ich habe ihnen erwidert, daß ich neben meiner literarischen Arbeit einen bürgerlichen Beruf erfülle, wie es viele vor mir getan haben, daß dieser Beruf aber der eines Industriellen sei, daß bei uns nun einmal die Gewohnheit gelte, nicht zu fragen, was jemand darlegt, sondern was er damit beabsichtigt, daß somit mein bürgerlicher Beruf zur Aufklärung angeblicher Hintergedanken herangezogen werde, und daß von da aus das Interesse auf mein ganzes persönliches und häusliches Leben übergesprungen sein möge. ...

Man durchforschte also mein berufliches und häusliches Leben, indem man Auskunfteien und Detekteien, entfernte Verwandte, Angestellte, Hauspersonal, Geschäftsberichte und Grundbücher zu Rate zog, und fand Dinge, die man für genügend interessant hielt, um sie in Abertausenden von Abdrücken zu verbreiten, die aber weder meine Gedanken entkräften, noch meine Person hinreichend verdächtigen konnten. Man durchforschte das Leben meiner Eltern und füllte Schriften, die gegen mich gerichtet sein sollten, mit lügenhaften Beschimpfungen meines verstorbenen Vaters.

Schließlich fand eine Berliner Gruppe, der es aus politischen Gründen darum zu tun war, nicht meine Gedanken zu bekämpfen, sondern meine Person zu diskreditieren, die Formel: Der Mann lebt nicht seine Lehre. Der Einfall war gut; die Formel war so einfach und faßlich, daß sie dem Kenner und Nichtkenner meiner Schriften eingeprägt und ohne Beschwerde nachgesprochen werden konnte, sie enthielt ein kategorisches Urteil, das jede Erörterung, ohne sich in Einzelheiten zu verlieren, wirksam abschloß; sie hatte vor allem die erwünschte Kraft, jede Nachforschung nach Zügen meines privaten Lebens aus der Niederung des Klatsches auf die Höhe sachlicher Untersuchung zu heben.

Damit war ich erledigt. Wenigstens an den Stellen, wo Aktualität die Schicksale entscheidet. Ungefähr zu der Zeit, wo viele meiner politischen Voraussagen sich verwirklichten, entdeckte man, daß ich ein fünfzigjähriger Greis sei, ein überlebtes Fossil einer erstorbenen Epoche. Daß diese Erkenntnis im Quadrat der Entfernung von Berlin abnahm und sich jenseits der Grenzen, im befreundeten und neutralen Auslande, in ihr Gegenteil verkehrte, lag offenbar an provinzieller Rückständigkeit. ...

Ich wünsche nicht verteidigt zu werden. Jeden, von dem ich wußte, daß er in anderem als gegnerischem Sinne über mich zu reden oder zu schreiben gedachte, habe ich gewarnt. Nun bin ich ihnen, denen ich in den Arm fiel, schuldig geworden, die Scheu zu überwinden, selbst zu schreiben, selbst mich zu rechtfertigen. ...

Für mich gelten folgende drei Ableitungsformeln:

1. *„Ich kenne nur die Großstadt, nur Berlin, eigentlich nur Berlin W, denn dort bin ich geboren, dort habe ich mein Leben verbracht, dort bin ich verwurzelt."*

Es ist wahr, seit mehr als hundert Jahren lebten meine väterlichen Vorfahren in Berlin, und im Hause meiner Kindheit waren die Überlieferungen der märzlichen Preußenzeit lebendig, so wie sie mein Vater in seinen knappen Aufzeichnungen schildert. Das Haus aber lag nicht im damals stillen Westen, den man Geheimratsviertel nannte, sondern in der Arbeitergegend des Nordens, in der Chausseestraße. Und hinter dem Hause, längs des Kirchhofes, lag zwischen alten Bäumen die Werkstatt, die kleine Montagehalle, die Gießerei und die dröhnende Kesselschmiede. Das war die Maschinenfabrik meines Vaters und seines Freundes, und die Arbeiter und Meister vom berühmten Schlage der alten Berliner Maschinenbauer waren freundlich zu dem kleinen Jungen, der sich unter ihnen herumtrieb, und erklärten ihm manches Werkzeug und Werkstück.

Fünfzehn weitere Jahre meiner ersten Lebenshälfte war ich auswärts, zwei Jahre auf Reisen, drei Jahre auf fremden Hochschulen, zwei Jahre als kleiner Beamter einer ausländischen Fabrik, sieben Jahre als Leiter eines Werkes, das ich anfangs der neunziger Jahre in entlegener, damals noch unindustrieller Gegend erbaut hatte.

Die letzten zehn Jahre wohne ich still und ohne Verkehr in einem Vorort, wo die Häuser aufhören und der gelichtete Kiefernwald beginnt, von der Stadt sehe ich Tag für Tag nichts anderes als den regelmäßigen Weg zu meinen Arbeitsstätten.

Mag man über diese Aufenthalte denken wie man will, für eine Milieuerklärung meiner Schriften, als seien sie bloße Ableitungen von Berlin W, sind die Voraussetzungen nicht gegeben.

2. *„Ich bin im Überfluß aufgewachsen, ein Erbe von Stellung und Vermögen, verstehe nichts von Not und Sorgen der anderen."*

Die Überlieferung meiner Familie ist alt und geht auf beiden Seiten in frühere Jahrhunderte zurück. Meine vier Großväter waren angesehen, zwei waren reich, der eine als Bankier eines kleinen Fürsten, der andere als preußischer Industrieller, zwei waren arm. Beide Großväter verloren ihr Vermögen, der eine beim Brande von Hamburg, der andere beim Ausbruch des siebziger Krieges. Mein Vater arbeitete sich empor, vier Jahre als Handwerker, dann als Polytechniker, Ingenieur und Maschinenbauer. In der Wirtschaftskrise von 1873 verlor auch er den größten Teil seines Vermögens, in den achtziger Jahren begann er als Elektriker von neuem, um sich und seinen beiden Söhnen eine Tätigkeit zu schaffen.

In Not bin ich nicht aufgewachsen, aber in Sorgen. Mit siebzehn Jahren absolvierte ich meine Schulzeit, mit dreiundzwanzig waren Studium und Dienstjahr beendet, und ich ging in die Praxis. Von da ab habe ich, wie es in unserer Familie üblich war, niemals mehr eine Unterstützung meines Vaters beansprucht oder angenommen. Sein Wirkungskreis hatte sich ausgedehnt und berührte fast jedes Gebiet der Elektrotechnik, die mein Fach geworden war. Ich wollte selbständig sein und flüchtete mich auf das unberührte Gebiet einer werdenden Technik, der Elektrochemie, arbeitete mehrere Verfahren aus und baute mit der finanziellen Hilfe von Banken und fremden Industriellen vier Werke, zwei in Deutschland, eines in Frankreich und eines in Rußland.

Um 1900 waren die Unternehmungen im Gang und gesichert, ich schwankte, ob ich mich mit meiner kleinen Ersparnis theoretischen Studien zuwenden sollte, und ging schließlich auf Wunsch meines Vaters und seiner Mitarbeiter in den Vorstand der AEG, um die etwas zurückgebliebene Aufgabe des Kraftwerkbaues zu betreiben.

Diese drei Jahre waren die einzigen meines Arbeitslebens, die ich im eigentlichen Machtbereiche meines Vaters verbrachte; sie nahmen ein rasches Ende, denn eine umfassende Transaktion, die ich in Gemeinschaft mit einem befreundeten Kollegen betrieb und die mein Vater billigte, scheiterte an persönlichen Widerständen. Ich schied aus dem Direktorium der AEG und trat als industrielles Mitglied in den Vorstand einer Großbank. Meine weitere wirtschaftliche Tätigkeit hat für die Darlegung meiner Werdezeit kein Interesse.

Ein proletarisches Leben habe ich nicht geführt, das verhehle ich nicht und sehe darin weder Glück noch Unglück. Sorgen jeglicher Art habe ich kennengelernt und an den Grenzen der Not mehr als einmal gestanden. Meinen Besitz habe ich durch eigene Arbeit erworben, er war minder beträchtlich, als viele glauben, und des größten Teiles habe ich mich entledigt. Meinem geliebten Vater verdanke ich im Geist und Herzen das Beste, was ich habe; im Leben ließ er mich frei, und es war mehr sein Stolz als meiner, daß ich Besitz und Stellung ihm nicht verdanken mußte. In seinem Sinne war es auch, daß ich auf den Ertrag seines Erbteils verzichtete; es wird, so viel oder so wenig die neue Gesellschaftsordnung davon beläßt, den Aufgaben des Gemeinwohls zugeführt werden, für die ich es bestimme.

Ob aber meine industrielle Tätigkeit eine Scheinarbeit war oder ist, darüber mögen die Gegner, die es behaupten, diejenigen befragen, mit denen ich arbeite und gearbeitet habe, und dann ihren begierigen Lesern wahrhaftige Rechenschaft geben.

3. *„Ich bin ein entlaufener Banklehrling, ein halbgebildeter Autodidakt."*

Mit dieser Behauptung befasse ich mich nur deswegen, weil sie eine allgemeine Erwägung auslöst. Alle andern Nachreden ähnlichen Kalibers lasse ich laufen.

Von meinem Fall genügen wenige Worte. Ich bin kein Banklehrling, obwohl es mir genützt hätte, einer gewesen zu sein, als ich in die Leitung einer Bank eintrat. Autodidakt bin ich auf mehreren Gebieten, die ich nicht missen möchte. Mein eigentliches geistiges Handwerkszeug aber verdanke ich den großen Gelehrten, die mich unterwiesen und geprüft haben, es waren Mathematiker, Physiker, Philosophen, Historiker und Nationalökonomen. Vieles aus ihrer Schule habe ich vergessen und bereue es nicht; unvergessen bleibt mir die Lehre der Kunst, der Freundschaft, der Praxis, der Fremde, vor allem der Frauen.

So viel von falschen Voraussetzungen, und nun zur Hauptsache, den Beschuldigungen. Mit der schwersten beginne ich.

1. *„Dieser Mensch lebt nicht seine Lehre. Sein Grundsatz ist: Richtet euch nach meinen Worten, nicht nach meinen Taten."*

Das erläutern die einen so: „Wer dem Gedanken lebt, soll keinen bürgerlichen Beruf treiben. Wer die Mechanisierung bekämpft, soll ihr nicht dienen."

Die andern sagen: „Wer zur Weltflucht rät, soll nicht im Überfluß leben." ...

Was meinem Schreiben Kraft gibt, die eine, die es hat, das ist, daß es nicht aus den Fingern gesogen und nicht ergrübelt ist. Es ist erlebt und vom Leben geschenkt, im Leben stehe ich, weil ich Pflichten darin habe. Jeder mag es auf seine Art treiben; daß meine Art ein Unrecht ist, bestreite ich.

„Er bekämpft die Mechanisierung und dient ihr."

Das klingt plausibel und sehr bedenklich. Und es wäre ein schwerer Vorwurf, wenn es im Belieben stände, der Mechanisierung zu dienen oder nicht zu dienen. ...

Ich habe ein paar tausend Druckseiten im Lauf des Lebens geschrieben: nicht weniger, denn Gedanken lassen sich nicht ersticken; nicht mehr, denn mehr ist mir nicht eingefallen. Das macht, da jede Seite etwa eine Arbeitsstunde kostet, für die Niederschrift kaum drei Arbeitsjahre; die Zeit der Zeugung und Empfängnis zähle ich nicht, denn die hört nicht auf, sie läßt sich nicht fördern noch dämmen. Drei Jahre auf dreißig sind nicht viel, und die haben unrecht, die ausrechnen, für meinen bürgerlichen Beruf könne keine Zeit geblieben sein. Das zu beurteilen sind meine Mitarbeiter zuständig, deren Zahl groß ist. Ich aber weiß: Von meiner bürgerlichen und literarischen Arbeit schuldet die eine der andern soviel wie die andere der einen. Davon später.

„*Er lehrt Weltflucht und Entbehrung und lebt im Überfluß.*"
Den Primat des Geistes habe ich gelehrt und, wie es sich gebührt, das Schaffen vor das Genießen gestellt. Die „Kommenden Dinge" beginnen mit den Worten: „Dies Buch handelt von materiellen Dingen, doch um Geistes willen;" dem Geiste sind die materiellen Reize dienstbar, doch wo ist gesagt, daß sie verächtlich und fluchwürdig sind? Habe ich die „Neue Wirtschaft" geschrieben, um Armut zu verbreiten, oder Wohlstand? Den Schund, den Tand, die schädliche, nichtige, törichte Produktion, den schmählichen Aufwand, den gemeinen Luxus, die niedrige Schaustellung habe ich verurteilt: doch wo in meinen Schriften findet sich eine einzige Zeile, die Entbehrung, Armut, Weltflucht fordert? Welchen Sinn hätte es, für die Steigerung der wirtschaftlichen Leistung, für Hebung des Wohlstandes, für sinnvolle Verteilung der Güter, ja überhaupt für irgendeine Ordnung der Wirtschaft und Gesellschaft zu kämpfen, wenn Armut oder Weltflucht das Ziel wäre?

Nun zu meiner Lebensführung, die man in Gegensatz zu meiner Lehre zu bringen sucht. Auf die Einnahmen, die mir nach Recht und Herkommen der bestehenden Wirtschaftsordnung aus meiner Arbeit zustanden, habe ich nicht verzichtet, und mit klarer Überlegung. Denn sie wären unter der Herrschaft ebendieser Wirtschaftsordnung nicht dem Gemeinwohl zugeflossen, sondern physischen und juristischen Personen; sie wären willkürliche Geschenke gewesen an Privatleute, und zwar fast durchweg an solche, die sie nicht nötig hatten.

Was nach Bestreitung eines maßvollen Verbrauchs geblieben ist, betrachte ich als anvertrautes Gut der Gemeinschaft, und das einzige, das ich der Wirtschaftsordnung, solange sie noch besteht, entnehme, ist dies, daß ich mir Formen und Zeitpunkte der Verfügung für das Gemeinwohl vorbehalte.

Mein eigener Aufwand aber ist nicht groß. Er ist so bemessen, daß er die Arbeitskraft auf normaler Höhe hält, und bewegt sich etwa in den Grenzen, die für jüngere Prokuristen industrieller Werke gelten. Mein Leben ist Arbeit, und meine Erholung sind Bücher, zuweilen ein Spaziergang, ab und zu Musik. Gesellschaftliches Leben kenne ich seit meiner Jugend nicht mehr, Orte der Unterhaltung und des Vergnügens besuche ich nicht, und wenn man Gepflogenheiten von mir verlangte, die man als Repräsentation bezeichnete, so mußte ich lachen, denn ich kann mir nicht denken, daß Arbeit durch etwas verbessert wird, das ihr widerspricht. Mein Haus ist bürgerlich anständig und wird von zwei langjährigen Hausgenossen besorgt. Soll ich nun von leiblicher Notdurft reden? Ich denke, das lassen wir.

So sieht also der Mensch aus, der seiner Lehre ins Gesicht schlägt, der Wasser predigt und Wein trinkt, der Entsagung lehrt und im Überfluß lebt, der sagt: Richtet euch nach meinen Worten, nicht nach meinen Taten.

Doch ich will es mir nicht leicht machen. Ich will nicht, daß der Leser mir zu willig folgt, daß er sich überredet fühlt, und daß nach dem Lesen ein Untergedanke haften bleibt.

Vielleicht ist es dieser: Trotz allem wünschte ich, daß ein Mensch, dessen Geistesleben ich vertraue, außerhalb alles bürgerlichen Lebens stehe, daß er vollkommene Armut freiwillig auf sich nehme, daß er als ein Sendbote unter das Volk trete und von Mund zu Mund, Aug' zu Auge, Herz zu Herz, Hand zu Hand Erkenntnis und Fühlung, Leben und Not mit seinem Nächsten teile.

Wer ist so stumpf, nicht zu erkennen, daß dieses Leben das wahrhaft höchste und seligste sei? Wer hätte nicht in seinen kühnsten Stunden sich gefragt, ob er würdig und ausersehen sei, es zu führen? Tolstoi hat es ersehnt und verfehlt, und ein wundervoller Tod hat seine beiden kämpfenden Naturen überwölbt. ...

2. Freienwalde. Philosoph und Schloßbesitzer. „Er besitzt ein Schloß! Ein königliches Schloß! Und" — so setzen wohlwollende und aufrichtige Menschenfreunde hinzu — „*er hat sich im Kaufvertrage dieses königliche Beiwort verbürgen lassen.*"

Ein schwerer Vorwurf, trotz Voltaire und Humboldt. Ich erinnere, was oben von der „Villa des Angeklagten" gesagt ist. Wir werden sehen, wie es sich verhält.

Im Jahre 1909 wünschte der preußische Kronfiskus sich einiger Liegenschaften zu entledigen; eine davon war das Schloß Freienwalde, Witwensitz der Gemahlin Friedrich Wilhelms II., ein einstöckiges Landhaus von fünf Fenster Breite und vier Fenster Tiefe, inmitten eines mäßigen Parkgrundstücks am Rande der Stadt Freienwalde gelegen.

Ein Freund führte mich hin, weil er wußte, daß ich die Bauweise des preußischen Klassizismus liebe, die damals kaum dem Namen nach bekannt und wenig gewürdigt war.

Die schönen Verhältnisse des Gebäudes verrieten und Nachforschung bestätigte, daß es von David Gilly, dem besten Architekten der Zeit, stammte; eine Erneuerung aus den fünfziger Jahren hatte die Bauflächen verdorben. Bei aller Entstellung und Verwahrlosung ließ die Einrichtung erkennen, daß unter verhüllenden Anstrichen und Zutaten der alte Hausrat erhalten war.

Ein Reflektant hatte sich, wie man mir sagte, gemeldet; er wollte den Park parzellieren, das Mobiliar verkaufen und das Haus einer Behörde, ich glaube dem Amtsgericht, anbieten. Eines der letzten Werke aus Preußens eigenartigster Bauzeit, bescheiden, doch außen und innen wohlerhalten, stand vor der Vernichtung.

Ich erwarb das Haus, um es zu retten, und habe es in sorgfältiger Arbeit im Laufe der Jahre wiederhergestellt; manches abhanden gekommene wertvolle Gerät konnte zurückerworben werden, was in den Schmähschriften so gedeutet wird: „Ich habe das Schloß mit Antiquitäten und falschen Ahnenbildern angefüllt."

Bei Kennern der Baugeschichte gilt heute Freienwalde als eines der merkwürdigsten Denkmäler der nachfriderizianischen Epoche, zahlreiche Veröffentlichungen sind darüber erschienen, und sein Einfluß auf Bauten und Einrichtungen der letzten Jahre ist erkennbar. Haus und Park sollen unverändert der Zukunft und der Gemeinschaft erhalten bleiben; die Stiftung, die für den Besitz und seine dauernde Verwaltung zuständig ist, wurde im Laufe des Krieges errichtet. Ich will nicht verschweigen, daß ich mich berechtigt halte, jährlich einige Sommerwochen in Zurückgezogenheit dort zu verbringen, und daß eine Reihe von Schriften, zumal der größere Teil der „Kommenden Dinge", dort entstanden ist.

3. *„Ich bin von maßloser Eitelkeit. Beweis: Ich habe in meiner Schrift über Deutschlands Rohstoffversorgung fünf Briefe des Reichskanzlers und der Kriegsminister veröffentlicht. Sodann: ich rede von mir selbst abwechselnd mit übertriebener Bescheidenheit und mit Überhebung."*

Die Schrift erschien zuerst als Privatdruck und enthielt die Dankschreiben nicht. Der öffentlichen Ausgabe habe ich sie beigefügt, ungern und aus folgendem Grunde. Die gleiche Gruppe, die mir heute mangelnde Bescheidenheit vorwirft, hatte unter der Hand und in verbreiteten Druckschriften ausgesprengt, ich hätte meine Stellung im Kriegsministerium mißbraucht, meinen industriellen Gesellschaften Aufträge zugeführt, mich persönlich bereichert um Beträge, die zwischen zehn und vierzig Millionen schwankten, und sei daher aus dem Ministerium entfernt worden.

Als die Schreiben der Minister erschienen und überdies das

Kriegsministerium eine Erklärung veröffentlichte, ließ man die Beschuldigungen fallen, hielt sich dafür aber an meiner Eitelkeit schadlos. Die Franzosen haben einen Vers: cet animal est très méchant, quand on l'attaque il se défend.

4. „*Ich bin von unheimlichem Ehrgeiz und daher gefährlich.*" Es schiene mir einer meiner kleineren Fehler, wenn ich ehrgeizig wäre. Allerdings wäre in meinem Falle der Ehrgeiz mit einem anderen, erheblich größeren Fehler verbunden, auf den aufmerksam zu machen meine Gegner nicht hätten unterlassen dürfen: nämlich mit einer geradezu katastrophalen Dummheit. Denn ein hoffnungsloserer, mit ungeeigneteren Mitteln arbeitender Ehrgeiz hätte sich wohl in preußischen Landen nicht denken lassen als der eines außerhalb der christlichen Konfessionen Stehenden.

Meine Verbundenheit mit dem Judentum, die mir von den Tadlern meines Ehrgeizes in einem Atem vorgeworfen wird, war stets eine geistige. Die Synagoge band mich nicht. Wenn ich von jeher in einer für den preußischen Staat so anstößigen Weise auch die äußere, konfessionelle Zugehörigkeit betonte und angebotene Kompromisse schroff abwies, so lag darin nicht eine Vorliebe für irgendeine jüdische Kirchengemeinschaft – die ich aus dem Wesen der Religion ablehne – sondern ein politischer Protest gegen die verfassungswidrige Unduldsamkeit des Staates. ...

5. „*Ich bin ein Feind des Mittelstandes.*"

Dieser Vorwurf zeigt die Handschrift meiner verbandsmäßig organisierten, agitatorisch finanzierten Gegner, die keineswegs dem Mittelstand angehören, vielmehr ihn als Sturmbock gegen die gefürchtete Gemeinwirtschaft verwenden, als deren Vertreter sie mich bekämpfen.

Seltsam und dennoch sehr verständlich ist dies: Den Vorwurf der Mittelstandsfeindlichkeit ließ man gegenüber der Gemeinwirtschaft selbst sofort fallen – als diese nämlich von der Sozialdemokratie aufgenommen wurde, die man solcher Art nicht zu verdächtigen wagte; gegen mich dagegen, den „Kapitalisten und Unternehmer," konnte er aufrechterhalten bleiben, obgleich alle Beweisgründe nicht aus der Eigenart meiner Schriften, sondern aus dem vorgeblichen Wesen der Gemeinwirtschaft selbst gezogen wurden. ...

6. „*Ich bin der Urheber der Zwangswirtschaft. Ich bin schuld an den Kriegbereicherungen, am verfehlten System der Lebensmittelverteilung, an Teuerung, Schiebung, Demoralisierung der Kriegswirtschaft. Ich habe die Kriegsgesellschaften gegründet und Aussaugung, Pfründnertum und Drückebergerei gefördert.*"

Ich habe unsere Rohstoffwirtschaft geordnet, weil ich den Zusammenbruch unseres Landes verhindern wollte, weil ich hoffte, daß nach der Herstellung des Gleichgewichts Besinnung kommen würde. Wir waren blockiert, wir hatten nur wenig Rohstoffe im Lande, Salpeter kaum für sechs Monate, Kupfer, Wolle, Gummi, Jute, Zinn und viele andere bei sparsamstem Verbrauch kaum für ein Jahr. Nur Zwangswirtschaft, nach vollkommen neuen Grundsätzen, konnte uns retten, nur neugeschaffene Organe, Kriegsrohstoffgesellschaften nannte ich sie, konnten den gewaltigen Verbrauch ordnen. Die Rohstoffwirtschaft war die einzige Organisation dieses Umfangs, die nicht versagte. Selbst die von ihr schwer betroffenen Produzenten haben sie anerkannt. Ein ernster Gegenvorschlag ist nie gemacht worden. Wenn man von den Mängeln der Zwangswirtschaft spricht, so denkt aber ein jeder nicht an die Rohstoffversorgung, sondern an die Lebensmittelversorgung, wenn von Kriegsgesellschaften die Rede ist, so meint man die Nahrungsmittelgesellschaften. Diese Verwechselung machen sich meine Gegner zunutze.

Niemals habe ich mit den Lebensmittelorganisationen und ihren Kriegsgesellschaften das mindeste zu tun gehabt. In den ersten Kriegswochen schlug ich dem Kriegsminister vor, die Lebensmittelfrage zugleich mit den Rohstoffen rechtzeitig und im ganzen Umfang zu regeln; ich dachte dabei an ein erheblich freieres System, das vor allem die Produktion heben sollte. Er lehnte ab, und dabei blieb es. Die Lebensmittelversorgung wurde von anderen Reichsämtern in die Hand genommen, verspätet, zersplittert, nach mechanischen und bureaukratischen Grundsätzen; deshalb hat sie versagt. ...

Ebensowenig hatte ich mit dem Abbau belgischer und französischer Fabriken zu tun, ebensowenig mit dem Abtransport belgischer Arbeiter, ebensowenig mit dem sogenannten Hindenburgprogramm. Alle diese Dinge, die von verschiedenen amtlichen Stellen ausgingen, geschahen lange nach meinem Ausscheiden aus dem Ministerium, dem ich acht Monate, bis zum 31. März 1915, angehörte.

Der Mensch hat kein Recht, Schicksal zu spielen. Wehe dem, der einen Ertrinkenden verläßt und selbstgerecht sagt: es ist diesem Menschen besser zu sterben und uns ist geholfen. Noch zwei Tage vor Kriegsausbruch, im Augenblick der blindesten Leidenschaft, hatte ich gewarnt und war dafür von gewohnten und Gelegenheitsgegnern verhöhnt und beschimpft worden; ich wußte, der Krieg kann nicht glücklich enden, aber ich hoffte auf Besinnung und wollte nicht, da ich unsere Feinde kannte, daß wir zusammenbrachen, bevor die Besinnung kam. Deshalb brachte ich die Rohstoffwirtschaft in Ordnung, verließ das Amt, sobald es geschehen war, und kämpfte gegen Kriegsverlängerung, Annexionismus, Verfeindung mit Amerika mit allen Mitteln, die mir zu Gebote standen. Ich will nicht verhehlen, daß ich in langen Nächten mit dem Zweifel gekämpft habe, ob ich recht getan hatte: doch immer wieder kam ich zu dem Schluß, es ging nicht anders, und im gleichen Falle handelte ich so wieder.

Als der Zusammenbruch kam, wußte ich und sprach es aus, daß der Feind uns in langen Verhandlungen wehrlos machen und vernichten würde. Ich hielt ein formalistisches Verhandeln um Waffenstillstand für töricht und verlangte Verhandlung in Waffen und Verhandlung um Frieden. Das war, wie jeder Verständige einsah, nicht die levée en masse, sondern die Liquidation an Stelle des Bankerotts. Denn damals waren wir noch furchtbar, sechs Millionen standen im Feld, und der Feind glaubte nicht an unsere Auflösung. Nicht einen Kampftag hat die militärische Verhandlung erspart, siebenundvierzig Tage wurde weitergekämpft; in dieser Zeit hätten wir den Vorfrieden gehabt, und heute wären wir eine große und geachtete Nation. Es mag Menschen geben, denen es gefällt, „an den rauchenden Trümmern des Landes sich die Hände zu wärmen;" vor denen habe ich mich nicht zu rechtfertigen.

Verstanden wird der Interessent, der sich um den Geist nicht kümmert. Verstanden wird der Gelehrte, der die jeweils herrschenden Mächte in ein System bringt und rechtfertigt. Verstanden wird der Romantiker, der irgendeine Vergangenheit preist, obwohl er bewußt weiß, daß sie nicht wiederkehren wird, und unbewußt weiß, daß sie nicht wiederkehren darf. Verstanden, obwohl mit Abneigung, wird der Rationalist, der eine ethische Forderung in die Mitte stellt und die Welt in sein Glück peinigt. Abgelehnt wird der Mensch, der das Bild der Welt und der Idee in sich stark werden läßt und unbefangen ausspricht, was nach seinem Erleben ist und was wird.

Etwas anderes habe ich nicht getan, und es steht mir nicht zu, den Wert oder Unwert dieses Tuns zu ermessen. Gutgläubig und wunschlos ist es gewesen und getreu den Gesetzen meiner Natur. Was ich als werdend erlebte, hat sich ereignet und ereignet sich weiter. Was ich als seiend erlebte, bedarf für meinen Glauben der Bestätigung des Werdenden nicht. Hätten meine Worte Glauben bei anderen gefunden, so lebten wir in einer anderen Welt. ...

1919

BRIEFE AN FAMILIE UND FREUNDE

AN SEINEN BRUDER

Berlin, 25. 8. 1883

Lieber Erich!

Zu Deinem Geburtstage gratuliere ich Dir. Ich wünsche Dir, daß Du immer recht artig, liebenswürdig und gut bist, weiter gar nichts. Ich glaube zwar nicht, daß dies nicht der Fall sein wird, ja ich nehme sogar an, daß Du meinen Brief gar nicht lesen, sondern gleich zu der Beilage übergehen wirst, die aber trotz des vielen Geldes, das sie kostet, nicht halb so viel wert ist als ein Brief von mir. Nichtsdestoweniger schreibe ich weiter, denn es wird sich sicher ein Geschöpf finden, das Dir nämlich den Inhalt vortragen wird, wenn anders es selbigen begriffen hat. Dieser Inhalt ist: wenn Du die Briefmarken nimmst, so ist das das stillschweigende Versprechen, Dich obengenannter Eigenschaften zu befleißigen. Hältst Du es nicht, so wird Mama es mir schreiben und zugleich für das Verschwinden der Marken sorgen. Mit weiteren Ermahnungen will ich Dich verschonen; einem Kind, das Mama, Großmama und eine Tante hauptsächlich bei sich hat, wird es an guten Lehren nicht fehlen. Hiermit also sehe ich den ersten Teil meiner Rede, welcher allgemeine Erinnerungen behandelt, als erledigt an und gehe (Erich, was hast Du dabei zu lachen, es ist mein Ernst) zum zweiten, etwas kürzeren Teil über, welcher über Marken im allgemeinen und Deine neuen im besonderen spricht.

Markensammeln im allgemeinen ist Unsinn; da könnte man lieber Kröten sammeln, was doch wenigstens eine lebendige Kollektion ist. Da Du es aber tust, so habe ich zu Deinem Geburtstage die Mühe nicht gescheut, von meinen Arbeiten zur Kirchgasse zu laufen und dort eine Stunde lang nach Marken zu wühlen, die einerseits schön, andererseits nicht zu teuer sein sollten. Denn Geld ausgeben kann jeder der es hat, was ich aber tat, kann nicht jeder, weil kein Mensch (nicht mal Du selbst) behalten kann, welche Marken Du gerade hast.

Du siehst also, daß es nicht das Geld ist, das den Kohl fett macht, sondern die Arbeit. Darum brauchst Du nicht zu glauben, daß ich die Marken geschenkt bekommen oder gestohlen habe, vielmehr haben sie 10 Prozent meines gesamten Barvermögens gekostet; ein Geschenk also, wie Du es noch nie bekommen hast. — Der Geburtstagsbrief hat zu Deiner Freude, wie ich glaube, hier sein Ende. Ich wünsche Dir also noch einmal alles Obengedachte, was wirklich in seiner Art das Empfehlenswerteste und Vornehmste ist.

Dein W. R.

Lieber Erich! München, 21. 12. 1889

Ich beantworte Deinen letzten Brief sofort, nachdem ich ihn gelesen habe, ohne auch nur aufzustehen. Es hat darin die Bemerkung über „Malerei" — an der Du nicht schuld bist — mich über die Maßen aufgebracht. Ich möchte wissen, wer die alberne und erlogene Fabel aufgebracht hat, daß ich hier male, oder ich weiß nicht was, tue? Ich gebe Dir hiermit mein Ehrenwort, daß dies nicht der Fall ist. Du weißt, was das bedeutet. Ich habe, seitdem ich hier bin, vielleicht ein paarmal gezeichnet, wie ich das in Berlin tue, aber weit weniger als früher. Ich echauffiere mich durchaus nicht deshalb, weil ich das Malen für etwas Schlimmes halte, sondern weil ich merke, daß zu Hause die Interpretation aufkommen wird, daß ich o h n e e t w a s d a v o n z u s a g e n, meine Zeit hier zu anderem benutze als ich vorgebe. Ich habe stets in der minutiösesten Weise mitgeteilt, was ich treibe; ich habe sogar mein Reiten und Schlittschuhlaufen angemerkt; wie peinlich muß es mir da sein, eine Sache vorgehalten zu bekommen, von der ich mich — fast mit Überwindung — fernhalte. Sollte es eines Tages dazu kommen, daß ich eine oder zwei Stunden in der Woche für Zeichnen oder ähnliches opfere, so werde ich es, wie gewöhnlich, Wochen vorher ankünden; ich glaube auch nicht, damit etwas besonders Schlimmes zu tun. Vorläufig ist aber noch kein Gedanke daran. Bitte, sage dies auch in angemessener Weise Papa. Du weißt selbst, wie leicht sich bei uns gerade über mich nachteilige Vorurteile bilden; und ich zöge in der Tat vor, wieder nach Berlin zu kommen, wenn ich fürchten müßte, daß mir mein Leben lang vorgehalten wird, ich hätte in München heimlich gemalt.

Viele Grüße
Dein W.

AN SEINEN VATER

Neuhausen, 14. 2. 1892

Lieber Papa!

Meine eigentliche Tätigkeit, also die, für welche man mich bezahlt, nicht die, wegen der ich herkam, ist mir nicht unangenehm und nicht angenehm. Sie ist mir gleichgültig. Von der Arbeit in einem Universitätslaboratorium unterscheidet sie sich nur darin, daß die Hilfsmittel unvollkommener, ja geradezu ärmlich sind, wodurch viel Zeit verloren geht, und daß ich diejenigen Dinge selbst tun muß, die sonst der Laboratoriumsdiener besorgte. Weniger behagt mir meine Stellung. Du kennst mich genug, um zu beurteilen, wie ich in einer subalternen Position leide. Niemals würde ich freiwillig in irgendeinem Betriebe ein abhängiger Beamter sein. Es ist mir über die Maßen verhaßt, von einem Vorgesetzten jeden Tag meine Arbeit zuerteilt zu bekommen, der gelegentlich kommt, um nachzusehen, ob ich meine Pflicht tue, und dem ich über alles Rechenschaft schulde. Der mir Befehle geben kann, der mich lobt und mich tadelt, dem ich antworten muß, wenn er mich anredet, und der mich stehen läßt, wenn er von mir genug hat. Schon hier ist mir das fatal, obwohl Kiliani persönlich ein netter Kerl ist und mir gegenüber doch gewiß nicht den Vorgesetzten herauskehrt. Aber wie gesagt, auf mein Behagen lege ich zur Zeit keinen Wert, ich führe eben einfach meinen Vorsatz aus...

Viele Grüße
Dein W.

AN SEINE MUTTER

Neuhausen, 29. 9. 1892

Liebe Mama!

Ich danke Dir für Deinen Glückwunsch; so wenig er heiter klingt, hat er mir doch viel Freude gemacht.
Du mußt nicht glauben, daß ich gegen Gefühle und Neigungen kämpfe. Aber das Leben unter leidenschaftlichen Menschen — die wir alle von Natur sind — hat mich vor dem Übermaß gewarnt. Das ist ein gutes und schönes Füreinanderleben, das keinen Enthusiasmus und keine Selbstvernichtung erstrebt, sondern sich in un-

erschütterlicher und wandelloser Gleichmäßigkeit der Zuneigung und in ruhiger aber rastloser Tätigkeit erhält und stärkt.

Aber den Ausdruck, die äußere Bezeugung, die liebe ich nicht. An ihrer Stelle soll die Überzeugung und die Sicherheit und das Vertrauen sein, die ihrem eigenen Wesen nach keine äußeren Zeichen wollen, geschweige brauchen. . . .

Es mag sein, daß ich in meiner Art extrem bin und auf Dich, die Du es nicht bist, mehr Rücksicht nehmen könnte. Aber da kann ich Dir nicht helfen. Es geht mir zu sehr gegen den Strich, und auch dieser Brief wird mir schwer, zumal der Ausdruck für diese Sujets dem Gedanken nie recht adäquat ist.

Ich bitte Dich, dies alles für Dich zu behalten. . . .

Viele Grüße
Dein W.

Neuhausen, 1. 1. 1893

Liebe Mama!

Du meinst, es fehlt mir an Energie. Freilich, die Dinge lauten geschrieben nicht gar so schlimm, besonders wenn man nicht übertreibt und keine Superlative gebraucht. Du weißt auch nicht, was es heißt, Wochen und Monate, selbst wenn man sprechen will, wenn man sprechen muß, keinen Menschen zu haben, der hört und antwortet. Du weißt nicht, was Melancholie ist, außer aus Büchern, und Du weißt nicht, wie nach einer durchwachten Nacht eine Tretmühlenarbeit unter lauter feisten, grinsenden Beamtengesichtern aufreibt. Aber alles das ist es nicht, was mich hier zugrunde richtet. Wahrhaftig nicht. Dafür entschädigt mich, daß ich etwas fertig kriege, daß die Leute Respekt vor meiner Arbeit haben, und daß ich, nur durch Energie, auf einem Gebiete etwas leiste, auf dem ich talentlos bin wie eine Kuh. — Mich bringt es zur Verzweiflung, daß ich abhängig bin, und daß ich niemals einen Ausweg, niemals ein Ende sehe. Jeden Tag kontrolliert werden, Arbeiten bekommen, sich ausfragen lassen müssen, sich zu Bitten erniedrigen müssen, wo man glaubt Rechte zu haben, bisweilen zu Entschuldigungen; mit inferioren Menschen kollegial stehen — und bei allem seine Vorgesetzten zum Teil schätzen, aber nicht respektieren, zum Teil vollständig dedaignieren müssen —, das macht nach Jahr und Tag verrückt, wenn man seine Freiheit höher stellt als den Rest. Vielleicht wird das einmal anders. Vielleicht beruhige ich mich wieder, wenn ich unabhängig bin und nach meinen Ideen handeln kann. Wenn ich nicht mehr Sachen betreiben muß, weil man mir sie aufgibt und obwohl ich sie für komplette Dummheiten ansehe.

Jedenfalls steht mir der Entschluß fest: Ich habe es übernommen, dieses Verfahren fertig zu machen, und ich werde es trotz jeder Schwierigkeit fertigbringen. Denn ich will, gleichviel was ich hinterdrein anfange, keine Halbheit auf meinem Wege liegen lassen. Darin liegt das, was ich Energie nenne.

Bin ich hiermit zu Ende, so will ich sehen, was sich mir bietet. Kann ich dann für andere Fabriken einrichten oder selbst eine leiten, so will ich versuchen, ob ich bei dieser Tätigkeit Unabhängigkeit und Gewissensruhe finde. Beamter bleibe ich nicht, und wenn mein Leben daran hängt.

Aber wenn sich für meine Ergebnisse keine Verwendung findet — und ich fange an, daran zu zweifeln — was dann? Ja, was dann? Ich weiß es nicht. So sehr ich grüble, ich weiß es nicht. Ein anderer Beruf? Ohne neues Studium kann ich nur Lehrer werden. Aber das Professorentum mit seiner Kleinigkeitskrämerei, seiner Menschenanbeterei, seiner Klatschsucht ist mir, so oft ich es gegen Papas ungerechte Angriffe verteidigt habe, auf den Tod zuwider. Vor allem aber das polytechnische, zu dem ich kommen müßte; das ist außerdem noch unwissend, ungebildet und unfähig. Und wie gesagt, für dieses Fach habe ich nun einmal kein Talent, das weißt Du so gut wie ich, während mir im technisch-geschäftlichen Leben einige Eigenschaften zustatten kommen: meine Fähigkeit, Menschen zu erkennen und zu durchschauen, mit Menschen zu verkehren, zu sprechen, zu schreiben und zu kombinieren.

Und ein neues Studium? Nein, solange ich nicht genug Geld habe, um es unabhängig zu treiben, nie und nimmermehr ...

Viele Grüße

Dein W.

AN LILLI DEUTSCH

undatiert, zwischen 1906 — 1911

Ihr schöner, ernster Brief bewegt mich und begleitet mich seit gestern.

In Schreiberhau, auf dem Weg nach Agnetendorf, habe ich in vollkommener Wahrheit Ihnen gesagt, was mich den Menschen problematisch macht, und was selbst die, die mich am meisten lieben, zwingt, mich zu fürchten und zu hassen. Das erste ist, daß ich keinem Menschen ganz gehören kann. Ich bin im Besitz von Mächten, die, gleichviel ob sie mich zum Guten oder zum Bösen führen, ob sie mich im Spiel oder Ernst beherrschen, mein Leben bestimmen. Es kommt mir so vor, als ob ich nichts aus mir heraus willkürlich tun kann, als ob ich geführt werde, sanft, wenn ich mich füge, rauh, wenn ich widerstehe.

Verfolge ich mein vergangenes Leben, so finde ich äußere Wahrzeichen nicht außer in meinen Gedanken, die — ich weiß nicht ob stärker oder schwächer — mir immerhin anders erscheinen als die der andern (die für meinen Blick sich meistens gleichen), und die mir im realen Leben manche seltsame Erfüllung, im geistigen Leben manche neue Lösung gegeben haben. Aber auch meiner Gedanken bin ich in keiner Weise Herr; Sie selbst kennen die verzweifelten Zeiten meines Verlöschens.

Zum zweiten: Es ist wahr, daß mein Empfinden polyphon ist. Die Melodie schwebt klar als Diskant über den Stimmen, aber sie ist fast niemals unbegleitet. Und im Baß, im Tenor, da rollen andere Klänge, zuweilen sich fügend, zuweilen im reinen Gegensinn des Gesanges. Ich kenne unvergleichlich Größere, ja Große, denen ich das gleiche Spiel aus jedem Wort und Gedanken nachfühle: hierin finde ich mich nicht vereinsamt. Ja, zuweilen will es scheinen, als sei es gerade diese Kraft oder Schwäche, die einer Muschel gleicht, die das ganze Brausen der Welt, verloren zwar, widertönen läßt. Indessen das reine Schalmeienspiel einer einfacheren Empfindung mir einförmig, lieblich und etwas flau erscheint.

Deshalb nun werden die Menschen an mir irre, weil sie aus diesem Stimmengewirr keine Melodie erkennen. Aber ich erkenne sie und weiß, daß sie da ist und daß sie alles leitet.

Der Beweis aber ist der: wenn alles trügt, so trügt das Leben nicht. Betrachten Sie mein Leben. Kennen Sie ein anderes, ernsteres, entsagenderes? Und das liegt wohl nicht an Unempfindlichkeit und Stumpfheit. Es liegt auch nicht an irgend etwas, das ich will. Denn ich will nichts. So sehr ich mein Inneres zerquält habe, ich habe nie Weltliches gefunden, das ich will. Ich will, was ich muß, sonst nichts. Und was ich muß, das sehe ich wie ein nächtlicher Wanderer mit der Laterne nur wenige Schritte voraus. Daß dieses mein Leben ein Opfer ist, das gutwillig und freudig den Mächten gebracht wird, nicht um Lohn noch um Hoffnung, das darf ich sagen, und das wissen Sie selbst; daß mir die Liebe der Menschen dabei zerbrochen ist, das weiß ich und empfinde es hart.

Wenn ich nun gesagt habe, daß Ihr Leben ein Spiel ist, so meint das nicht, es sei frivol, sondern vielmehr, es sei kein Opfer. Sie sind um Ihrer Schönheit und Ihres Griechentums willen geschaffen worden, und meinem Nordseegeblüt konnte nur dies eine Licht geschenkt werden und kein anderes. Bleiben Sie, was Sie sind, und bleiben Sie mir, was Sie mir sind. Adieu, ich verreise heute nach Köln. Leben Sie wohl!

Ihr W.

AN WILHELM SCHWANER

Berlin, 30. 6. 1915

Lieber Freund!

... Spät haben wir uns gefunden, mein Vater und ich; erst kam Achtung, dann Freundschaft, zuletzt Liebe. Und jetzt sind wir ganz eng vereinigt; ich fühle, wie die letzten Hüllen des Unverstehens gefallen sind, und bin ruhig und sicher in seiner Gegenwart.

Ich bin verpflichtet, an seinem Werk so lange noch zu arbeiten, bis es auch ohne ihn aus eigener Kraft steht. Unsere Freundschaft berührt das nicht. Du bist der letzte Mensch, dem ich mich im Herzen genähert habe, und wirst wohl der letzte bleiben; denn mein Leben beginnt still zu werden und der Abend bricht an. ...

Ich grüße Dich in Treue

Dein W.

Wir sehen nicht den Spiegel, sondern das Bild; wie lieben nicht den Menschen sondern durch den Menschen.

AN FANNY KÜNSTLER

Berlin, 23 9. 1914

Verehrte Freundin!

Haben Sie Dank für Ihren lieben Brief, dessen Wärme und Güte mich herzlich berührt. Betrachten Sie es nicht als Undankbarkeit, wenn ich ihn nicht mit gleicher Hingebung erwidere, und lassen Sie mit Vertrauen und Freiheit mich antworten.

In früheren Jahren waren meine Wünsche heiß, und mein Bedürfnis nach menschlicher Berührung groß. Nicht nur in den Fällen der Leidenschaft, sondern bis in das Leben des Alltags erfüllte mich der Drang, mich auszusprechen, Vertrauen zu empfinden, zu genießen, mit und in dem andern zu leben. ...

Noch heute bin ich wohl der Leidenschaft unterworfen, und doch hat eine Wandlung begonnen. Es ist, als ob in mir zwei Menschen lebten, von denen der eine erwächst, der andere stirbt. Es stirbt der Begehrende, der von außen zu Erfreuende, und mit ihm manche Lebendigkeit, Buntheit, Mitteilsamkeit und Freude, und es erwächst der Andere, den ich kaum mehr Ich nennen darf. Denn dieser kümmert sich kaum mehr um mein Schicksal, er verlangt nach Dingen, die unpersönlich sind, und macht mich zum Diener von Mächten, die mir keine Rechenschaft zu geben haben.

Dieser Andere ist wie ein Teil einer fremden Macht, die sich eine Zeitlang meines armen Daseins bedient um zu tun, was ihr gefällt. Nach außen führe ich das gleiche Leben, nach innen ist es eine Übung, die ich erfülle.

Was ich zu schaffen und mitzuteilen habe, gehört mir nicht mehr. Ich kann es nicht mehr verschenken, es löst sich los, wie es ihm gefällt, für wen? Ich habe nicht zu fragen. Ob ich glücklich bin oder nicht, ist ein Gedanke, der mir kaum in den Sinn kommt; wohl fühle ich Druck und Last und manchmal schwere Müdigkeit, aber ich habe keinen Wunsch nach Erleichterung. Es rührt und freut mich, wenn Sie in liebem Opfersinn mir Schweres abzunehmen geneigt sind, aber es bleibt ein freundlicher Ruf aus der Ferne, vom Ufer her für einen, der schwimmen muß.

Mein Herz ist nicht erkaltet, die Menschheit steht mir näher als früher, aber ich habe nichts mehr, was ich dem Einzelnen geben könnte. Was in mir lebt und klingt, sind immer weniger subjektive Dinge, sondern wie in einer Muschel, der Widerhall des äußeren Meeres, der sich fast wunschlos in einem beliebigen Gefäß sammelt. Ich habe noch die Kraft zu kämpfen, wo eine Gegenmacht mir gegenübertritt, doch nicht mehr um zu gewinnen, sondern um meinem Dienst Raum zu schaffen.

Entsetzen Sie sich nicht über diese Geständnisse, Sie erwarten Wärme und ich kann Ihnen nichts geben als Vertrauen, und auch dies nur, indem ich die Abneigung überwinde, von mir zu reden, was mir fast absurd vorkommt. Es geschieht sonst manchmal daß, wenn ich mich bei Gedanken über mich selbst ertappe, mich ein Gefühl der Narrheit überfällt wie einen, der Grimassen schneidet. ...

Wenn wir am schwersten leiden, so wird uns damit gesagt, daß wir uns nicht genug vergessen und anderer nicht genug gedacht haben. Unser Echo auf Begehren heißt Entbehren. Wenn Sie doch fühlten, wie groß die Sendung derer ist, die nicht von Erfüllung gesättigt werden dürfen! Wir verschenken uns nicht, indem wir uns an unsere Wünsche verschenken, an die Wünsche und Bedürftigkeit der an d e r e n sollen wir uns verschenken...

Herzliche Grüße
Ihr W. R.

Verehrte Freundin! Berlin, 6. 12. 1914

... Das Tötende ist, daß selbst die Arbeit für das Land im letzten ihren Sinn verliert. In diesem Kriege klingt ein falscher Ton, es ist nicht 1813, nicht 1866, nicht 1870. Notwendig oder nicht, höhere Gewalt oder nicht — so, wie es hier geschah, mußte es nicht geschehen. Wie soll ein Siegespreis aussehen, der so viel Blut und Tränen rechtfertigt?

Ich glaube an den Sieg, aber ich fürchte das Ende.

Überlebe ich den Krieg, so denke ich daran, in der Schweiz, an einem der milden, grünblauen Seen ein Haus und einen Garten zu kaufen und an Deutschland zu denken, wie es einmal war und wie es einmal sein wird. Nochmal die Herrschaft der Unfähigkeit und der Überhebung zu erleben, und dazu den geistigen Rückschritt, den Fanatismus, der entstehen muß, um alle begangenen Irrtümer zu entschuldigen, das ertrage ich nicht.

Ich erhoffe brennend den Sieg; die Niederlage will ich nicht überleben; aber den Sieg für andere, für die, denen er genügen kann, mir genügt er nicht, denn mich verlangt nach Freiheit.

Herzliche Grüße
Ihr R.

AN WILHELM SCHWANER Berlin, 16. 9. 1915

Lieber Freund!

... Ich bin zu lange an innere Einsamkeit gewöhnt; die läßt sich nicht mehr brechen. Bis vor kurzem habe ich beklagt, daß leidenschaftliche Erlebnisse, die meine mittleren Jahre erfüllten, nicht zum Hausstand und Familienleben führten. Nun ist es vorüber. Es ist sehr wenig geworden, was ich noch will: die Reihe meiner Schriften, wenn es möglich ist, beschließen; und dazu tritt nun noch die wahrscheinlich vorübergehende Aufgabe, das Werk meines Vaters über die schweren Zeiten unserer Wirtschaft hinwegführen zu helfen. ...

Herzlich
Dein W.

Grunewald, 24. 9. 1918

Mein lieber Wilm!

Den Brief Deines Freundes reiche ich Dir mit herzlichem Dank zurück.

Ich werde ihm nicht schreiben. In Dinge, die meine Person betreffen, greife ich nicht ein. Ich bin der eigenen Person so entfremdet, als ob sie längst gestorben wäre. Jene Schrift, die man mir hinlegte, habe ich durchblättert, als beträfe sie einen andern, den ich nicht kenne. Betrifft sie mich denn?

Man kann nur einen kränken, der etwas will oder der sich fürchtet. Ich will nichts für mich. Sie haben mir alles nachgesagt, was sie ausdenken konnten, mögen sie es weiter tun. Ich habe keine Bitterkeit gegen sie. Wenn sie mir das Leben nehmen — sie nehmen mir nicht viel.

Ich bin wie einer, der beim Packen ist. ... In jenem neutralen Lande, zu dem keine Eisenbahn führt, erwarten mich mein Vater und mein Bruder, sie begreifen nicht, warum ich verweile. Ich habe noch ein paar Rückstände zu erledigen, aber nichts, das mich selbst betrifft. Ich bin ruhig und nicht betrübt und trage keinem etwas nach.

Für meine Gedanken ist gesorgt. Heute will das Land sie nicht, weil sie von mir kommen. Es wird sie aufnehmen, und zu seinem Segen, wenn sie von anderen kommen. In Schweden und in der deutschen Schweiz verkündet man sie von den Kanzeln. In Dänemark hat man von meiner schwersten Schrift — Mechanik — in drei Monaten so viel Bände gelesen wie in Deutschland in zwei Jahren, nämlich 4000. Diese Saat wird nicht zertreten werden. Meine letzte größere Schrift kommt Sonnabend heraus, sie heißt „An Deutschlands Jugend" und ist eine Art Vermächtnis.

Deinen Freund achte ich, weil er Dein Freund ist. Wenn er

es wissen will, so sage ihm: die militärischen Kriegsgesellschaften, ohne die unsere Rohstoffwirtschaft zusammengebrochen wäre, habe ich gemacht. Die Ernährungsgesellschaften habe ich nicht gemacht. Daß er an mir ein Ärgernis nimmt, tut mir leid. Wenn er über mich urteilen will, so mag er meine Schriften lesen. Nun bitte ich Dich, lieber Wilm: lasse jeden über mich reden und schreiben, was er für gut hält und dereinst zu verantworten denkt. Ich habe keine Wünsche, denn meine Arbeit ist getan. Ist es ihr und dem Rest meines Lebens bestimmt, verfolgt zu werden, so mag es geschehen. Auch das wird zum Besten des Landes sein.

Herzlich *Dein W.*

AN HERMANN HESSE

Berlin, 29. 1. 1918

Verehrter Herr Hesse!

... Das große Ereignis unserer Zeit, Tolstojs Tod und Leben, hat seine Verwirklichung in unserem Nachbarlande gefunden, aber eine Verwirklichung in Blut und Jammer, die wir von nun an in Trauer anschauen werden. Diese Verwirklichung wäre milder, wohltätiger geworden, wenn der realisierte Geist sich nicht in Abstraktion und versuchtes Martyrium, sondern in durchdachte Verkörperung gehüllt hätte. Mir schien daher dieses Durchdenken und Verkörpern Pflicht zu sein, gewiß eine peinliche, fast unleidliche Pflicht, denn was Sie empfinden, ist richtig: jede Verwirklichung grenzt an das Kompromiß, nur die Theorie hat es leicht, mit reinen Händen und klarem Gefieder zu schweben.

Auch nach dem Kriege und nach jedem Greuel wird es eine menschliche Gesellschaft geben; immer wieder wird sie sich ernähren, leben und schaffen, und wenn das Grauen des Krieges uns beeinflußt, so darf ein fortgesetztes Grauen einer verworrenen Friedensgesellschaft uns nicht kalt lassen oder uns zum abstrakten Martyrium oder zum kompromittierenden Eremitentum führen. Soll aber dem Menschen Brot gereicht werden statt Abstraktionen und höchster Lehre, so muß von Verkörperung zu Verkörperung, von Materialisation zu Materialisation der Geist hinabsinken bis zu den Dingen des Tages. Auch Sie werden diese Pflicht dereinst wieder empfinden, denn gerade die Kräfte, von denen Sie sprechen, zwingen dazu.

Es ist mir schwer genug geworden, von dem reineren Gebiet mich zu trennen, zumal es im Kriege geschah. In meinem Buche habe ich es eingestanden: Ein Jahr lang blieb meine Arbeit unterbrochen, weil ich die Kräfte nicht fand, diese im höchsten Sinne unnütze Projektion auf die materielle Ebene fortzuführen. Eine Projektion; denn in meinem früheren Buche war alles Geistige enthalten, und es konnte jeder Beliebige diese eine oder jede beliebige andere Projektion vornehmen. Als ich aber in dieser Arbeit mich bewegte, habe ich es immer wieder auszusprechen versucht, am Anfang und am Ende des Buches und mehrfach in seinem Verlaufe: Diese Dinge sind nicht Selbstzweck, sondern Opfer, und so mußte ich von den wenigen, auf die ich hoffte, erwarten, gleichviel ob sie das Opfer für annehmbar hielten oder verwarfen, daß sie den Geist empfanden, aus dem es gebracht war. ...

Mit herzlichem Gruß
Ihr Rathenau.

AN ERNST NORLIND

Freienwalde, 19. 9. 1919

Mein lieber Freund!

... Ich glaube nicht, daß ich *einen* Menschen hasse ...

Von alten Freundschaften ist eigentlich nur die Gewohnheit und das Vertrauen geblieben. Viele Menschen hassen mich. Seitdem mein Vater und mein Bruder tot sind — für mich sind sie es nicht — hat es keinen Mann gegeben, von dem ich im höchsten Sinne sagen könnte, daß er mein Freund sei — außer Dir. Das mußte ich Dir sagen.

Ich grüße Dich herzlich
Dein W.

Grunewald, 29. 3. 1919

Mein lieber Freund!

Alles was von Deiner Hand kommt, tut mir wohl! Für Deinen letzten Brief danke ich Dir herzlich. Es wird um mich herum sehr still; in meinem Beruf muß ich Menschen sehen, in Wirklichkeit aber lebe ich in fast vollkommener Einsamkeit. Oft habe ich an Dich gedacht, durch Dich und den Hauch, der von Schweden zu mir herüberkommt, fühle ich bei Euch so etwas wie eine unbekannte Heimat. Eine kleine Schrift „Der Kaiser" geht dieser Tage an Dich ab, eine andere ist im Druck. Du bist wirklich der ideale Leser, der mehr als ein Leser ist, weil er transsubstanziiert. Nur ein schöpferischer Mensch kann das. Lebe wohl und erhalte mir Deine Freundschaft.

Von Herzen
Dein W.

AN CONSTANTIN BRUNNER   Grunewald, 28. 3. 1919

Lieber!

Ihr Wort beglückt mich wie alles, was Sie schenken, mir und allen, Ihr Sein und Werk, wie der Abend an Ihrem Wasser. Es ist das einzige Glück der Einsamkeit und der Gestirne, zu fühlen, daß man nicht allein ist. Als ich Ihren Bannkreis betrat, den Bereich Ihres Auges und Wortes, der Abendsonne auf den schwellenden Bäumen, stand ich auf einer Insel des Geistes, gelöst von der Gebundenheit des Zufalls, archimedisch frei: Alles, was war und geschah, war organisch notwendig, nicht anders zu denken. Die Stunde der Dichtung, die Stunde der Ihren.

Ja, Lieber, kommen Sie, und bald. Ich kann Ihnen, außer meiner Verehrung und Liebe, nur das eine bieten, Freiheit. Ich lebe allein, und die Bewegtheit des Tages, die mich nicht berührt, wechselt mit der Stille des Abends, die mir gehört und Sie erwartet. ...

Es tröstet mich, daß Sie da sind. Ich glaubte, es sei niemand mehr da. (Wie in einem Traum: wenn alle abgereist sind.) Die Zeit scheint mir wieder wohnbar.

Ich drücke Ihnen von Herzen die Hand.   R.

AN DR. VON HATTINGBERG   Berlin, 4. 3. 1918

Sehr verehrter Herr von Hattingberg!

... Ob ich in mir den Machtmotor gestillt habe? Ich fürchte nein. Aber ich weiß, daß ich ihn bekämpfe. Sicher ist richtig, was Sie sagen: daß man hart gegen die Leidenschaften wird, von denen man zumeist besessen war...

Ich grüße Sie in aufrichtiger Ergebenheit

Rathenau.

REDE ZUM 50. GEBURTSTAG

... Es ist nicht verwunderlich, daß ein Mensch leiden muß, dem es auf der einen Seite beschieden ist, den Dingen nachzuhängen und nachzuträumen, in Sehnsucht und Empfindung, und den dann wieder der Teufel reitet, daß er in die Welt eingreifen und aufgekrempelt bis zum Ellenbogen in diesen Dingen der Welt rühren und kneten muß. Es ist ein Widerspruch, der zu Spannungen führt, die Menschen nur sehr schwer auf die Dauer ertragen können. Ich habe das durchgemacht und habe nie recht gewußt warum, und habe ferner es erlebt, daß zu den vielen Schwächen, die ich habe und die mit großem Recht die Menschen mir vorgeworfen haben, noch viele andere mir vorgeworfen wurden, die ich nicht hatte. Denn dieses Doppeldasein war schlechterdings für die Menschen ein unverständliches, deshalb widerwärtiges Wesen. Ich kann es aber nicht ändern, und es wird bis zu meinem Tode so bleiben. ...

29. Sept. 1917

AN HERRN BAHR

Berlin, 15. 2. 1918

Mein lieber verehrter Hermann Bahr!

... Ich wäre sehr glücklich, das habe ich auch wohl in jener Aussprache gesagt, wenn ich in der Schreibarbeit als meinem Dienst voll aufgehen könnte. Aber das kann ich nicht. Ich sage es Ihnen offen: dazu fällt mir nicht genug ein. Es kommt manchmal wochenlang nicht eine Arbeitsstunde, nicht eine Zeile heraus. Und den Geist zu bedrängen, zu pressen, halte ich für sündhaft.

Damit bleibt zu viel Arbeits- und Willenskraft unerledigt. Ich kann nur schlafen, wenn ich müde bin; ich brauche einen Dienst. Nun übe ich den väterlichen; er hat keinen Namen, Geschäft ist es nicht; in künftigen Zeiten wird man uns vielleicht einmal deutsche Organisatoren nennen. Wir dienen mit Leidenschaft und Liebe; doch glaube ich bei freier Selbstprüfung sagen zu können: nicht um Geld und Macht, nicht anders als Staatsmänner, Soldaten oder Forscher. Wie diese lieben wir die Verantwortung; doch diese Liebe und Leidenschaft gilt nur der Sache, sie gilt nur außerhalb des Kampfes und Spiels, nicht für dahinterstehende Zwecke.

Täglich wird die Rahmenfrage gestellt. Es vergeht kein Morgen und kein Abend, wo ich mich nicht frage: wie lange noch? Und das bedeutet: darfst du, sollst du die Kugel abbürden und weiterreichen? Diese Frage wird für die Dienstseite, nicht für die Lebensseite des Daseins erhoben; und somit gebührt dieser mehr als ein Seitenblick.

Duplizität? Gewiß. Wir könnten beschönigend sagen: Kräfteüberschuß, nennen wir es Halbheit oder Schwäche. Wenn es aber schon ein Dienst sein soll: dann dieser. Denn es ist der des Zeitalters. Muß man mit einem Fuße in der Zeit stehen, dann in der wirklichen. ...

Ihr Rathenau.

AN LORE KARRENBROCK

Grunewald, 3. 11. 1919

... Ich gehöre ja nicht mehr mir selbst, ich habe mich weggegeben, es bleibt mir nichts, kaum eine Stunde der Ruhe, kaum der Schlaf — ich bin nur noch ein Fremder, der gekommen ist, um sich auszugeben, und ich werde nicht länger leben, als bis ich mich ausgegeben habe. In eigenem Leben ertrüge ich die Zeit nicht, ertrüge ich nicht das Maß von Haß und Feindschaft, das auf meinen Schultern liegt; ich ertrage es, weil ich keinen eigenen Willen, keine Heimstätte, kein eigenes Leben mehr habe, sondern da bin, wie ein Mensch in einem Panzerturm, der seinen Befehl hat und ein Geschütz bedient. ...

Sie wollen für mich da sein! Das fühle ich mit Dankbarkeit. ...

Die Menschen wollten, ich solle für sie da sein, und das war natürlich, denn ich bin, soweit meine Kräfte reichen, für alle da, freilich in einem anderen Sinne, als die Menschen es wünschten, denn sie wollten, genaugenommen, gar nicht mich, sondern Dinge, die lose mit mir zusammenhingen, Anregung, Unterhaltung, Gedanken, Handlungen, mich selbst wollten sie nicht, sie lehnten mich ab. ...

Berlin-Grunewald, 17. 9. 1921

Die Tage in der Schweiz waren kurz, aber voll guter Erholung. Seit 1881 war ich nicht in jenem Graubündener Tal, und als ich in Sils Maria die Tafel an dem kleinen weißen Hause Fr. Nietzsches betrachtete, sah ich, daß es das Jahr seiner Ankunft gewesen war. ...
Sie sollen sich um meine Erhaltung keine Sorge machen. Wenn ein unvergeudetes Leben enden soll, so geschieht es nicht aus Willkür, sondern weil es seinen Abschluß gefunden hat. Dankbar bin ich für jede Stunde, die mir zu wirken gegönnt ist, und welcher Satz, welcher Pinselstrich des Werkes letzter ist, ziemt nicht zu fragen.
Noch weniger sollen Sie sich kümmern und betrüben über schlimme Worte. Es gibt Menschen, die durch Leiden böse werden, doch auch sie müssen zur Heilung beitragen, freilich auf dem weitesten Umwege. ...

Ich grüße Sie herzlich

Ihr R.

Liebes Fräulein Lore! Berlin, 12. 10. 1921

Nur einen Gruß und Dank. Es sind bewegte, harte Tage. In die große Sorge hinein klingt ein wenig Hoffnung. Vielleicht endet dieses schwere Sommerwerk, ohne daß ich mir den Vorwurf machen muß, es willkürlich, vorschnell verlassen zu haben.

Von den Tagen in Wiesbaden kam ich mit einer Erkältung heim, aber auch mit der Erinnerung an eine Herbstfahrt ins Rheingau, wo die Trauben wie Bernstein unter Blättern hingen und die Abendsonne auf den Hügeln lag. Das war der schöne, unerwartete Schluß, nach Unterschrift und Abschied.

Noch weiß ich nicht, wann ich Ihnen raten darf zu kommen. Auch für den Fall der Ablösung steht noch manches Beschwerliche bevor.

Die Hölderlinlieder habe ich noch einmal der Reihe nach gelesen. Die spätesten, fernsten tönen nach und schweben. Von F'walde kommen ab und zu Astern und Reseden. Morgens, wenn ich nach der Stadt fahre, fühle ich diesen unvergeßlich leuchtenden Oktober.

Heute abend, spät, auf dem Heimweg, sagte mir jemand, es sei der große Versöhnungstag der Juden gewesen. Versöhnung! Wann? – Wann?

Ihr R.

AN E. M.   Bad Freienwalde, 27. 8. 1920

In den Fällen, wo der Staat von meinen Diensten Gebrauch zu machen wünschte, habe ich mich nie entzogen und denke, es auch in Zukunft so zu halten. Doch die komplizierten Wege, die zu den Mittelpunkten des Staatswesens führen, liebe ich nicht. Ich bin in meinem Leben niemals ein Bewerber gewesen und habe stets gefunden, daß Ideen sich auch dann durchsetzen, wenn man sie unter Ausschluß aller persönlichen Schritte sachlich verfolgt.
In Verehrung der Ihre *Rathenau.*

Nach Eintritt in die Regierung als Wiederaufbauminister:

AN Dr. JULUS FREY   Berlin, 3. 6. 1921

... Es war der schwerste Entschluß meines Lebens. Erst im Scheiden habe ich gefühlt, wie eng ich mit den jahrzehntelang verwalteten Unternehmungen verwachsen bin. Nun stehe ich vor über- und unübersehbaren Problemen und Fragen. Der einzelne vermag in diesem großen Getriebe so gut wie nichts. Es werden Mann für Mann in den Graben springen müssen, bis er überstiegen werden kann. Gleichviel: er wird nie überstiegen werden, wenn nicht einer beginnt.

In freundschaftlicher Verehrung und Ergebenheit der Ihre

Rathenau.

AN ANDRE GIDE   Berlin, 29. 6. 1921

... Es ist mir überaus schwer geworden, aus der zurückgezogenen Lage meiner wirtschaftlichen und literarischen Arbeit herauszutreten und mich auf das Gebiet der Politik und der Staatsverhandlungen zu begeben. Niemals hätte ich den Entschluß gefaßt, wenn ich nicht den Glauben teilte, daß heute mehr denn je die Welt des guten Willens und des objektiven Verständnisses bedarf um zu gesunden. In diesem Sinne waren unsere Unterhaltungen vom letzten Jahr ein guter Anfang; möchten sie ihre Fortsetzung finden als Symbol und Vorbedeutung der Annäherung der Geistigkeiten zweier Länder, deren Berührung gestört, aber niemals auf die Dauer behindert werden kann.

In aufrichtiger Ergebenheit der Ihre   *Rathenau.*

AN DR. GERHART HAUPTMANN
(Telegramm)　　　　　　　　　　　　Berlin, 30. 9. 1921

Lieber Gerhart! Solange ich mich mit Dir in Gedanken, Empfindung und Glauben so völlig einig fühle, verzweifle ich an nichts und erschrecke vor keiner Gefahr. Laß uns in dieser Weise für alle Zeiten verbunden bleiben! Herzlichen Dank, Gruß und Wunsch Dir und Grete. *Walther Rathenau.*

(Telegramm)　　　　　　　　　　　　Berlin, 15. 11. 1921
Was locker ist, ist schwächlich; was fest, ist unzerbrechlich; was zeitig, wird geboren; was reich ist, wird gegoren. Stunden, Sonnen, Monde, Jahre, Trübes läutern sie ins Klare.
Viele herzliche Grüße und Wünsche in Treue
　　　　　　　　　　　　　　　Dein *Walther Rathenau.*

AN SEINE MUTTER　　　　　　　　Genua, 19. 4. 1922

L. M.

Heute, am Ostersonntag, hab ich einen Ausflug nach Rapallo gemacht. Das Nähere in der Zeitung ...
　　　　　　　　　　　　　　　Herzlichen Gruß *W.*

L. M.　　　　　　　　　　　　　　Genua, 21. 4. 1922

In der ersten ruhigen Stunde, die auf den Sturm gefolgt ist — und dieser Sturm ist noch nicht vorüber —, bekomme ich Deinen Brief. Die letzten Tage waren ganz besonders hart; heute nacht um $1/2 3$ Uhr habe ich die Korrektur der frisch übersetzten Note beendet, heute vormittag wurde sie übergeben.

Die Arbeit geht bis an die Grenze aller Kräfte. Es ist nicht nur der Kampf mit der Konferenz, sondern auch alles, was mit der Schar der Sachverständigen, der Presse und mit vielem anderen zusammenhängt. — Das Hotel hat einen hübschen Garten und liegt ruhig. Ich habe ein großes Zimmer, das durch einen Vorhang in einen Wohn- und Schlafraum geteilt ist. Das Wetter ist fast durchweg kalt und regnerisch, selbst die wenigen Sonnentage waren kühl. Jedenfalls ist Genua als Sprachübung nützlich; wir leben durchschnittlich in vier Zonen, und als ich heute den internationalen Journalisten — etwa 150 an der Zahl — einen kleinen Vortrag hielt, mußte ich mich zwischen Deutsch, Französisch und Italienisch teilen ... Herzlichen Gruß Dein　　　*W.*

VATERSTADT BERLIN

Wie gern möchte ich, freundlichster Leser, dir ein Bild von Berlin geben, meiner Vaterstadt, die ich mehr liebe als alle Großstädte der Welt zusammen. Aber ich wage es nicht. Der Lustgarten hat durch den Dombau im Weltausstellungsstil seinen Charakter verloren. Auf dem Pariser Platz ist der Palast des Schwarzen-Diamanten-Königs eben erst zur Not fertig geworden, und die Reitende-Artillerie-Kaserne ist, soviel ich weiß, abgerissen. Es ist besser, du gehst hin und kaufst dir Ansichtspostkarten.
... Was die Berliner betrifft, so weiß ich nicht genau, ob es keine mehr oder noch keine gibt. Nicht die Fruchtbarkeit des Bodens allein hat die Einwohnerzahl in drei Menschenaltern verzehnfacht. Ich glaube, die meisten Berliner sind aus Posen und die übrigen aus Breslau. Das alles hindert nicht, daß die Stadt Anerkennung findet. Der Engländer schätzt unsere breiten, freundlichen Straßen mit den sauber getünchten Häusern; dem Franzosen gefallen die bunten Ketten der Trambahnwagen und die reisigen Schutzleute; der Russe liebt die anmutigen Gemüsegärtlein, in die wir alle öffentlichen Plätze zu gestalten wissen. Ein Mann aus Chikago nahm eine Probe unseres Straßenpflasters mit und erklärte Berlin für einen reizenden Sommeraufenthalt. Und ein großer amerikanischer Erfinder sagte: „I didn't stop at Cologne, for I don't care for old things" und fügte hinzu, wir seien im Begriff, Philadelphia zu überflügeln. ...

„Berlin wird doch noch ein-mal
Die schönste Stadt der Welt."

... Eine Stadt kann schön sein ohne durchweg schöne Bauten, ja selbst ohne eine eigentlich schöne Bauart. Berlin macht von diesem Vorrecht Gebrauch. Gut gebaut wurde hier unter dem Alten Fritzen und später im Zeitalter Schinkels, der ein größerer Meister war, als wir heute zugeben. Seine Nachfolger, bescheiden und geschmackskundig, wußten den Verfall hinauszuschieben, solange sie sich auf die Schultern des Ahnherrn stützten. Zum letzten Male haben sie beim Bau des Kunstgewerbemuseums, das eine geistvolle Paraphrase der Bauakademie darstellt, Erhebliches zuwege gebracht. In den Jahren der letzten großen Kriege wies der herrschende Geschmack, den Zeitverhältnissen angemessen, auf das alte Rom zurück. Antike Säulenordnungen mit Rundbogen und Adlerornamenten fanden Geltung, und Bahnhofsvorhallen drapierten sich als römische Thermen. Eine Katastrophe erlebten wir erst, als die Nachahmung deutscher Spätrenaissancekunst über uns hereinbrach. In Bayern hatten Pilotyschüler aus Dachspeichern und Bauernhäusern geschnitzte Schränke ans Licht gezogen und in ihren Ateliers aufgestellt; und ein geistvoller Meister mit Namen Gedon setzte es sich in den Kopf, dem Grafen Schack ein Haus in der neuentdeckten Stilart zu erbauen. Den Münchnern schien der witzige Versuch unterhaltsam; in Berlin aber begab man sich mit dem geschäftigen Ernst des Unternehmers an die Exploitation im großen. Kaum hatte man in der Leipziger Straße mit starrer Bewunderung die ersten Renaissancemonstrositäten aus der Erde wachsen sehen, da ward auch schon die ganze Stadt vom neuen Geist befallen. Überall klopfte man die harmlosen Reliefmedaillons und Blumenornamentchen von den Fassaden und klebte bauchige Pilaster, gebrochene Giebel, Löwenköpfe und Kartuschen zwischen die öden Fensterreihen. Schnell schlug die Renaissance dann auch nach innen — es war die Zeit des neuerstandenen Kunstgewerbes —, und alsbald langte und bangte jede Berliner Hausfrau und Mutter nach einem Erker mit Butzenscheiben, einem Spinnrad und einem Paneelsofa.

Dann kam der Schlüterstil und die Schilderhebung des Barock, denn schließlich konnten Münchener Anregungen einheimische Motive und Lokalkolorit nicht ersetzen. ...

Man fühlt sich wie im Fiebertraum, wenn man eine der großen Hauptstraßen des Westens zu durcheilen gezwungen ist. Hier ein assyrischer Tempelbau, daneben ein Patrizierhaus aus Nürnberg, weiter ein Stück Versailles, dann Reminiszenzen vom Broadway, von Italien, von Ägypten — entsetzliche Frühgeburten polytechnischer Bierphantasien. Tausend mißverstandene Formen quellen aus den Mauern dieser kleinbürgerlichen Behausungen. In Nudeln, Kringeln, Zöpfen und Locken bläht und ballt sich die erliehene Herrlichkeit aus Gips, Stuck, Kunstmörtel und Zement. Und was birgt sich hinter diesem kunsthistorischen Fassadenbabel mit allen seinen Erkern, Türmen, Säulenstellungen, Balkonen und Giebeln? Ist's eine Weltmesse in der Art von Nishnij Nowgorod, die aus allen Himmelsstrichen die sagenhaftesten Stämme und die fremdartigsten Ansprüche zusammenströmen läßt? Ach, lieber Gott, nein: das ist es nicht. Hier wohnen ein paar hundert Kanzleibeamte, Ladenbesitzer und Agenten; einer von ihnen hat dieselben Gewohnheiten, Ansprüche und Einkäufe wie der andere — und natürlich auch dieselbe Wohnung: elf Fuß hoch, Berliner Zimmer und zwei Vorderstuben, Majolikaöfen und Goldtapete, dünne Türen mit schlechten Schlössern und Parkettfußböden mit klaffenden Fugen. Dafür rattrapiert man sich an der märchenhaften Fassade. Alles „fürs Auge."

Stadt- und Straßenbild

... Wer einmal Trafalgar Square oder den Konkordienplatz, Piccadilly oder die Piazza della Signoria betreten hat, der mag ermessen, welchen ergreifenden Eindruck städtische Szenerie rein als Gesamtbild, nicht als Wirkung einzelner Werke, zu erzeugen berufen ist. Zu sagen, daß Berlin solcher Effekte völlig bar sei, wäre wohl hart geurteilt. Von der Kunstakademie bis zum Museum zieht sich eine stolze Reihe schöner Bauten; aber ihr grenadiermäßiger Aufmarsch, ihre breiten, kastenähnlichen Formen, die kulissenartig uninteressante Verteilung der Raumflächen mindert die Wirkung, die nächstens durch die überlaute Phraseologie der Domarchitektur gänzlich aufgehoben sein wird. Das kindliche Behagen an symmetrisch geordneten Formen beherrscht unseren militärfrommen Geschmack so sehr, daß jedes Gesamtbild sich in uninteressant harmonische Reihen mit Mittelstück und Pendants auflöst und schließlich immer wieder etwas Ähnliches entsteht wie eine Kamingarnitur.

Hygiene und Bequemlichkeit sind die Grundsätze, unter deren Kontrolle Berlin sich entwickelt. Gewiß sind sie lobenswert, aber für den Bau von Rom hätten sie nicht ausgereicht. Ihnen verdanken wir gutes Pflaster, breite Straßen und niedrige Häuser — und vor allem, diese Häuser behaften die aufstrebende Weltstadt mit einem gewissen ländlichen Ridicule. Es mag gesünder sein, in der Mainzer Landstraße in Frankfurt zu wohnen als in der Via Nuova in Genua; aber äußerlich erscheint diese als ein Bild fürstlicher Vornehmheit, jene als Ausdruck bourgeoisen Banausentumes — obwohl ihre Börsenfixsterne den Glanz der Häuser Doria und Fiesco längst überstrahlen. ...

Perspektiven

... Wenn ich Bürgermeister von Berlin wäre mit unbeschränkter Machtvollkommenheit ... beriefe ich meinen Senat. „Hütet euch, versammelte Väter," so redete ich, „vor politischen Parteiungen. Wohl weiß ich, daß übeldenkende Bürger eure Kurie zu einem Kampfplatz der Parteien, zu einem Parlament der Refusierten erniedrigen wollen. Es entgeht mir nicht, daß etwelche ehrgeizige Negozianten nichts lieber hätten, als ihre des Landtags nicht fähigen Söhne und Schwiegersöhne auf eure geheiligten Sitze sich drängen zu sehen, um Zwiespalt und Unfrieden zu stiften oder, wie sie selbst es nennen, zu neuen ‚Gesichtspunkten' sich durchzuringen. Ich aber habe die Überzeugung, daß ihr unbehelligt von allen Außenstehenden und Mißvergnügten die höchsten Aufgaben eures Amtes erfüllen werdet. Aus der großen Stadt werdet ihr die Großstadt, aus der neuen Stadt die Weltstadt des neuen Reiches schaffen. Darum, versammelte Väter, bewilligt mir einen Kredit von einer Milliarde, dazu das unbarmherzige Recht der Expropriation — und seid gewiß, daß euer Geld besser angelegt sein wird als in Pfandbriefen und Konsols. Denn die Völker von Morgen und von Abend werden sich bei euch zu Gast laden und Haufen von Gold und Edelsteinen vor euch ausschütten; und die Enkel werden euer Andenken ebenso dankbar segnen, als ob ihr ihnen zehntausend Suppenanstalten hinterlassen hättet."

Und alsbald beginnt das Werk planmäßiger Zerstörung. Der Gendarmenmarkt wird auf der einen Seite bis zur Leipziger Straße, auf der anderen Seite über die Linden und das Terrain der niedergelegten Kunstakademie bis zur Spree verlängert. Diese neue und kolossale Via triumphalis übernimmt den Verkehr der Friedrichstraße, denn sie ist durch einen breiten Straßenzug mit dem Oranienburger Tor verbunden. In ihrer Mitte, rechts und links von den Linden, erheben sich die künftigen Kaisermonumente, nach der Spree hin bildet die Fassade des neuen großen Opernhauses den Abschluß. Der Leipziger- wird mit dem Potsdamer Platz vereinigt. Die Front der Josty-Ecke wird zu einer monumentalen Kaskade in der Art der Fontana Trevi gestaltet. An der Stelle des Potsdamer Bahnhofs führt ein Südboulevard hinab nach dem Feldherrnring und weiter nach dem neuen Zentralbahnhof. Das jetzige Bahnterrain, das der Fiskus mit freundlichem Lächeln abtritt, bildet das eleganteste Stadtviertel von Berlin.

Ein Westboulevard, breiter als die Linden, führt von der Potsdamer Brücke geraden Wegs bis an die Gedächtniskirche. Von dort, mitten durch den Zoologischen Garten, eine vierfache Parkallee zum Großen Stern. So entsteht mit Zuziehung der Charlottenburger Chaussee und der Siegesallee, die ebenfalls auf die Potsdamer Brücke mündet, ein Ringkorso, wie ihn keine Weltstadt besitzt. Der Königsplatz wird freigelegt; die Siegessäule wird mit verlängertem Schaft und vereinfachtem Unterbau auf die Mitte des Alsenplatzes zurückgeschoben. Die Stelle von Kroll nimmt ein neues Akademiegebäude ein; im Mittelpunkt des Platzes, der bis zur Charlottenburger Chaussee reicht, erhebt sich das Denkmal der Heroen des neuen Reiches. Den Abschluß bilden in riesigem Bogen zwei Kolonnadenzüge, die an der Einmündung der Siegesallee sich in einem Triumphbogen vereinigen . . .

. . . Verzeihe mir, lieber Leser: alles ist nur Scherz . . . es wird weder Kaskaden noch Triumphstraßen geben; und draußen, vor dem Brandenburger Tor, wird sich ebensowenig ändern, wie sich seit fünfundzwanzig Jahren geändert hat. Ich glaube, selbst der blinde Leiermann steht noch dort, dem ich als Kind manches runde Dreierstück in die Blechbüchse stecken durfte, wenn meine Großmutter mich vor das Brandenburger Tor führte, um den alten Kaiser ausfahren zu sehen. Damals spielte er: „'s gibt nur a Kaiserstadt, 's gibt nur a Wien"; und wenn er inzwischen mit der Zeit fortgeschritten ist, so hat er wohl heute den neueren und fröhlicheren Refrain auf der Walze:

„Berlin wird doch noch ein—mal
Die schönste Stadt der Welt."

aus: Die schönste Stadt der Welt

Die Zukunft, 7. Januar 1899

AN JULIUS BAB   Berlin, 27. 2. 1918

. . . Zu Berlin rechne ich mich freilich, denn ich gehöre zu den Wenigen, die seit mehr als hundert Jahren hier ansässig sind. Deshalb fühle ich mich auch mehr zu dem alten Berlin gehörig, das mir von meiner Jugend her, durch Verwandtschaft und Vätererzählungen heimatlich ist, als zu dem neuen, von dem ich eigentlich nur wenige Hauptstraßen, keine Menschen und keine Theater kenne, das mir nur noch als Arbeitsstätte tagsüber dient, während ich alle Nächte und alle freien Tage draußen bin.

In Ergebenheit   der Ihre *Rathenau*.

Sein Künstlertum

VORWORT

Walther Rathenau hat sich selbst durchaus als Künstler empfunden. Während seiner Gymnasial- und Universitätsjahre hat er oft eine Malerexistenz — wohl von der Art seines Onkels Max Liebermann — erwogen; tatsächlich wurde er dann „Schriftsteller im Nebenberuf", schien aber seine literarischen Leistungen immer höher einzuschätzen als die erstaunlichen Erfolge seiner Ingenieurlaufbahn.

Sofern das Wort Künstler einen Rang bedeutet, soll in diesem Kapitel kein Nachweis geführt werden, und soweit nur der Bereich der Musen als Kunst betrachtet wird, ist die Überschrift vielleicht mißverständlich. Walther Rathenaus künstlerische Begabung zeigte sich mindestens ebenso in seinen technischen und wirtschaftlichen Entwürfen, in seinem Gesprächs- und Verhandlungsstil und in seinen historischen und politischen Synthesen, mit anderen Worten: in seiner Führungskunst, Staatskunst und Lebenskunst, wie in seinen Landschaftszeichnungen und Porträts oder seinem umfangreichen literarischen Werk.

In solchem „Gesamtkünstlertum" erinnert er vor allem an den Renaissancemenschen, wie Jacob Burckhardt ihn zeichnet. Sicher hat Rathenau schon sehr früh begonnen, aus seinem Bios ein Kunstwerk zu machen, seine Person nach einem eigenen Vor-Bild zu gestalten und „historisch" zu leben. — Dieser Wesenszug wird in den folgenden Kapiteln immer stärker hervortreten, hier soll er nur im eigentlich Schöngeistigen angedeutet werden.

In der Malerei ist Walther Rathenau, wie gesagt, vor allem von seinem um 20 Jahre älteren Onkel (zweiten Grades) beeinflußt worden. Der damals gerade berühmt werdende Liebermann hat seinem Neffen in den Kinderjahren wohl oft die Zeichenhand geführt, die Proportionen korrigiert und eine feste Umrißlinie vorgegeben. Dem ernsthaften realistischen Stil dieses Meisters blieben alle Zeichnungen und Gemälde Rathenaus verhaftet: Landschaften, Gebäudeansichten und vor allem die Porträts seiner Familie und einiger Freunde. Seine Beobachtungsgabe und sein feiner Sinn für Nuancierungen kamen diesem Naturalismus sehr entgegen. Der naturfernen Malweise des Expressionismus gegenüber blieb er ebenso skeptisch wie Liebermann.

Durch diesen wurde Walther Rathenau mit fast allen Sezessionisten bekannt; vor allem mit Max Slevogt und Walther Leistikow verkehrte er freundschaftlich-gesellschaftlich. Mit dem Hamburger Kunsthistoriker Alfred Lichtwark stand er in angeregtem Briefverkehr; Edvard Munch und Lesser Ury haben ihn porträtiert.

Während der dreißig-vierzigjährige Rathenau immer seltener zu Stift oder Pinsel griff, schrieb er Essays über *Physiologie des Kunstempfindens, Von neuzeitlicher Malkunst, Ein Gesetz der Ästhetik, Grenzen der Malerei, Hans Thoma* und den teilweise hier wiedergegebenen Aufsatz zu Max Liebermanns siebzigstem Geburtstag.

Später beschränkte sich Rathenau — wie so manche professionelleren Künstler — fast nur noch auf den Erwerb von Bildern, und dabei hat er, wie sein Freund Hans Fürstenberg versichert, nicht einmal eine geschickte Hand bewiesen.

Sicher entsprach dieses Mäzenatentum seinem Wesen; vielleicht aber auch schätzte er Malerei nur mehr als Dekoration, seit mit der Restauration des Hohenzollernschlößchens in Bad Freienwalde (60 km nordöstlich von Berlin) und dem Bau seines Hauses in der Königsallee (1910) sein Interesse sich stärker der Architektur zugewandt hatte.

Gustav Steinböhmer, einer der wenigen Gäste in diesem Haus, erzählt: „Er hatte es selbst entworfen, jedes Stück selbst ausgewählt und jedes Detail selbst bestimmt. Durch eine schmale Eingangstür unter breitem Rankenfries trat man in das Atrium, wo aus weißer Nische der „Betende Knabe" seine Arme dem Gast entgegenhob wie im Laubengange von Sanssouci. Schon im Vorraum befand man sich in der Geschlossenheit eines festen stilistischen Gepräges. Wohn- und Gesellschaftsräume bildeten in Ausmaßen und Möbeln, Verzierungen und Gemälden ein Ganzes von überzeugender Selbstverständlichkeit. Und doch wirkte dieses allein aus persönlichen Impulsen entstandene Werk völlig unpersönlich. Als ob ein sehr erzogener und kennerischer Geschmack einmal hätte zeigen wollen, wie man, ohne zu historisieren, im Geiste der vornehmen Einfachheit vom Ende des 18. Jahrhunderts sich einrichten könne. Nur die Laren hätten in diesem durchgedachten und stilstrengen Hause keine Wohnung gefunden. Keine Photographie, kein Gegenstand der Erinnerung und Zuneigung sprach von der intimen Person des Bewohners."

Die knappe Eingangstür und das unpersönlich-repräsentative Interieur dieses Grunewaldhauses sind auch anderen Freunden Walther Rathenaus als genauer Ausdruck seiner Wesensart erschienen, und man darf wohl verallgemeinernd sagen, daß sich in seinen darstellerischen Werken sein Stil unmittelbarer, zumindest einhelliger, ausgedrückt hat als in seiner weitgespannten literarischen Produktion.

Bei dieser überrascht besonders, daß ein so einzelgängerischer Mensch sich immer wieder an so breite Leserschichten gewandt hat. Die in der liberalen Zeitschrift „Die Zukunft" erschienenen Aufsätze *Vom Garten der Hesperiden, Die schönste Stadt der Welt, Théâtre Antoine* u. a. sprechen offenbar ein mehr an Unterhaltung als an Information interessiertes Salon-Publikum an; andere, wie *Elektrische Alchimie, Physiologie des Kunstempfindens, Vom Aktienwesen*, sind bewußt populärwissenschaftlich gehalten, und in vielen seiner politischen Schriften spricht Rathenau geradezu als Volkstribun.

Daneben aber schrieb er in anspruchsvoller Diktion für einen exklusiven Kreis engagierter Fachleute wirtschaftliche und politische Aufsätze und, ganz im Gegensatz zu seiner Populärschriftstellerei, schöngeistige Werke in einem jeweils avantgardistischen Intellektuellenstil. Dies gilt sowohl für das Schauspiel *Blanche Trocard*, ein zartes, französisch-preziöses Gesellschaftsdrama, das Rathenau 1887 als Student in Straßburg verfaßte, wie für den expressionistisch-rhetorischen Aufruf *An Deutschlands Jugend* (Sommer 1918), vor allem aber für die Tagebucheintragungen *(Aphorismen, De Profundis)* und seine vielen Briefe, einige davon wirklich „belles lettres", literarische Kostbarkeiten.

Ein anderes intellektuelles Genre Rathenaus sind Rezensionen und Festschriften für befreundete Künstler, z. B. Hermann Hesse, Hermann Stehr, Frank Wedekind, Hans Thoma und Albert Kollmann. Über den letzteren schrieb er 1916: „Keinen Lebenden kenne ich, der neben ihm von Bildern etwas verstand. Sein Auge war malerisch. Niemand hat so wie er aus dem Leben und aus den Dingen Konsequenzen gezogen, und wenn er auch vieles verschwieg, sich und sein Dasein dauernd ausstrich, so war doch der Reichtum sichtbar für jeden, der zwischen den Worten hörte. Alles, was er dachte und sprach, war Ergebnis; das unterschied ihn von allen, die ins unreine reden. Takt wurde ihm zur Manie. Er war gewohnt, in den Menschen zu lesen, er experimentierte mit ihnen auf Reaktionsfähigkeit. Seine Höflichkeit hatte in ihrer

Übertreibung etwas von Menschenverachtung. Rührend war, wenn er erkannte, daß unausgesprochen der Hintergrund seines Wesens erfaßt wurde. Er hätte Kardinal sein müssen ... Ein zerbrochener mächtiger Ehrgeiz wirkte in ihm nach; daher trieb er alles zum äußersten Verzicht. Ich fürchte, diese Menschen kommen nie wieder, denn um sie zu bilden und zu reifen sind große Anlagen und viele stille Jahrzehnte nötig. Wie die feinsten Arbeiten der Chinesen und der Renaissance können solche Bildungen nicht mehr entstehen, in denen der ungeheure Aufwand sich gewissermaßen verbirgt und verheimlicht. Je mehr das Halbe beansprucht, ein Ganzes zu sein, je mehr der Mechanismus den Geist ersetzt, desto seltener werden Menschen, die mehr sind, als sie scheinen, die den Stoff und die Kraft von sechs bildenden und redenden Künstlern verbrauchen, um gebildete und überlegene Naturen zu sein. Kollmanns Leben in seiner tiefen Stille, in seiner gewollten Armut war eines der erlesensten. Nur ausgewählte Menschen zog er an; die Trivialität des Täglichen war ihm fremd, sein Gespräch war gehoben, sein Verkehr Ereignis, sein Leben Schicksal."

Es fällt auf, wie oft Walther Rathenau in seinen Schriften an Standardwerke der Weltliteratur angespielt hat: sein Hauptwerk, *Zur Mechanik des Geistes*, scheint in Titel und Aufbau von Kants drei „Kritiken" inspiriert zu sein; religiöse Einsichten während einer Griechenlandreise schrieb er als „Dekalog" nieder und nannte sie *Brevarium Mysticum*, mystisches Gebets- (oder Gesetz-) Buch; zwei nachgelassene Dialoge sind offenbar Visionen von *Faust*-Partien; klassisch muten auch Titel wie *Die Schaubühne als industrielle Anstalt* und *Physiologie des Kunstempfindens* an, und der wiederholte Gedichtwechsel mit Richard Dehmel erinnert an die Xenien:

Dehmel:	Rathenau:
Ist's nicht Buße,	Ketten als Geschmeid getragen,
wenn der Stolze duldet?	Warnung in den Wind geschlagen!
Unser Trotz nur dünkt sich	Trotz beschämt die Unbelehrten,
unverschuldet.	Buße frommt den nie Bekehrten;
Nichts frommt Reue;	Haben wir in Taumels Mitten
aber Büßerschaft	Zorn und Sehnsucht vorgelitten,
führt zur heiligsten	Ziemt im Völkersturz uns beiden
Erlöserkraft.	Vor und nach und mitzuleiden.

Unter den älteren Zeitgenossen hatte unzweifelhaft Nietzsche den stärksten Einfluß auf Rathenau, jedoch erwähnte er ihn fast nie, wie er denn überhaupt nur indirekt auf andere Autoren anspielte und es vermied, ihre Werke zu zitieren. Dabei unterhielt er eine dauernde literarische Freundschaft mit einigen der bekanntesten Dichter seiner Zeit: z. B. Hugo von Hofmannsthal, Rainer Maria Rilke und vor allem mit Gerhart Hauptmann.

Die meisten Schriften hat Rathenau seinem Sekretär ins Stenogramm diktiert und für den Druck kaum mehr überarbeitet. So haben sie das Überzeugende, Apodiktische der direkten Rede behalten; sie argumentieren und beschwören. Er schrieb wie er sprach, aber auch umgekehrt: er redete „wie gedruckt." — Dies gilt nicht nur für seine populärwissenschaftlichen Vorträge im Postmuseum und seine politischen Ansprachen vor Verbänden, Parteigremien und schließlich vor der Internationalen Konferenz in Genua, sondern es gilt auch für familiäre Tischreden und selbst die Grabrede für seinen Vater, die er übrigens tatsächlich drucken ließ. Es gilt sogar, wie sein Duzfreund Steinböhmer wiederum bezeugt, für das Gespräch im kleinsten Kreise: „Was Rathenau sagte, war immer Ergebnis, niemals Unreines ... Seine Rede war getragen von einem großen kühlen Wissen um das Wort und beflügelt von einer großen und wachen Gerüstetheit mit dem Wort. Alle Erlebnisse und Begebnisse wurden ihm erst durch das Wort zu ihrem höheren Dasein erlöst. So vermochte er eine Welt aus dem Wort zu entwickeln und wieder im Wort verschwinden zu lassen, und es konnte ihm dabei zustoßen, daß er dem Zauber seiner eigenen Formulierung erlag. In der Diskussion kam das Knisternde und Funkelnde seiner Beredtheit zum rechten Vorschein, die Rolle des Witzes und der Ironie, die ererbte Vorliebe für die rednerische Pointe und den zugespitzten Zahlenspruch, wie wir ihn aus dem Markus-Evangelium kennen: „Ehe ein Hahn zweimal kräht, wirst du mich dreimal verleugnen."

Sein eigentliches Wesen aber, im Goetheschen Sinne seine „Natur," offenbarte sich nicht in der Rede vor einem Kreise, sondern in der Zwiesprache, in dem Gespräch ad hominem als der zugewogenen Form, sich mitzuteilen und im andern zu forschen. Die intuitive Gabe, sein Wesen prismatisch zu zerlegen, zeigte jedem Partner die zugeordnete Facette." (Quelle s. S. 373.)

Facetten — dieses Wort könnte als Titel über Walther Rathenaus so vielgestaltigem literarischen Gesamtwerk stehen. Es könnte aber auch als Erklärungsformel für sein anscheinend so widersprüchliches Wesen und Leben dienen — für den, der eine Formel sucht.

ARNOLD HARTTUNG

MALER UND MALEREI

MAX LIEBERMANN

Zum siebzigsten Jahr

20. Juli 1917

Sein Großvater, dessen lebensgroßes Bildnis, von unbekannter Meisterhand gemalt, in seinem Arbeitszimmer hängt, ist mein Urgroßvater. Der war unter Friedrich Wilhelm III. einer der frühen preußischen Großindustriellen; wie die Züge seines Bildes es weisen und wie sein seltsamer Name es will, ein milder, heiterer und lieber Mann. Seine Frau gebar ihm sieben Söhne und drei Töchter; die Söhne, riesenhafte und leidenschaftliche Männer, sind hochbetagt gestorben, von den Töchtern lebt die jüngste als Ahnin erwachsener Urenkel. Jene zehn Kinder haben ihre Mutter nie lachen sehen; sie war von starkem, eiferndem Willen, der in ihrem Testamente fortlebt; sie ging auf in der Liebe zu ihren Kindern, deren Stärken und Schwächen sie genau bezeichnete, und zu ihrem Mann, dessen Lebenslust ihr eine harmlose Narrheit war.

Das Wesen dieser beiden Vorfahren spüren wir Nachkommen im Blut: im Wechsel von Willensstärke und Heiterkeit, verantwortlichem Ernst und Leidenschaft.

Vor nun etwa dreißig Jahren war Max Liebermann aus der Fremde heimgekehrt, jung vermählt mit einer der schönsten und liebenswertesten Frauen, die das jugendlich gewordene Berlin aufwies; er schenkte mir die freundliche, fast kameradschaftliche Neigung des Älteren, im Kampfe Stehenden, die ich mit dem unverbrüchlichen Glauben an seine Sendung und Zukunft erwiderte.

Ähnlich wie er zu mir hatte ein Menschenalter zuvor mein Vater zu ihm gestanden und ihm geholfen, die Abneigung der Familie gegen den Malerberuf zu brechen. Mich wiederum ermutigte Max zum gleichen Beruf, doch es zog mich stärker zu den Natur- und Geisteswissenschaften, und während ich den Verzicht auf ein

Doppeldasein langsam verschmerzte, stärkte es mich, schöne Stunden in seiner Werkstatt am Landwehrkanal zu verbringen und Werke entstehen zu sehen, die meiner Vorstellung von einer werdenden Kunst entsprachen.

Die großen Gestirne des französischen Impressionismus waren uns allen noch unbekannt; wir hatten eine Vorstellung von erloschenen Sternen und kleineren Satelliten, etwa von der Art Courbets und Bastien-Lepages; gelegentlich vernahm man von Abseitigeren, etwa Israels und Leibl. Menzel war sehr berühmt; auch unsre störrige Familie hatte diesem Ruhm gehuldigt, indem einer der Verwandten sich um ein großes Bild bewarb; er erhielt die Laurahütte, und man war bei aller Bewunderung enttäuscht, weil man den rußigen und qualmigen Gegenstand nicht schön fand. Menzel war der große preußische Meister, aber man sah ihn anders als heute. Man liebte die prickelnde Farbigkeit der spitzesten kleinen Guaschbilder, den Pomp der dargestellten Hofszenen und abendlichen Säle, die physiognomischen Überraschungen der Gesichter, die minutiöse Gewissenhaftigkeit der Einzelheiten. Mit diesen materiellen Vorzügen, die man realistisch nannte, schien gelegentlich die heute vergessene breite und leere Pinselvirtuosität Gussows erfolgreich zu wetteifern. Es war viel, wenn der Begriff einer Malweise überhaupt erörtert wurde. Gewöhnlich erfreute man sich im Publikum an einer nachahmenden, optisch täuschenden Wirkung auf Grund einer gemeinsam gewordenen konventionellen Sehweise; in den Ausstellungen am Kantianplatz bewunderte man das rührende Schicksal der schuldlos entlassenen Gouvernante und die verwerfliche Pracht der römischen Kaiserzeit.

Liebermanns Bilder fand man häßlich. Sie zeigten weder ungebrochene Farben, noch appetitliche Lebensmittel, weder schöne Gerätschaften noch klassische Gliedmaßen. „Warum muß er gerade das Häßliche malen?" fragte man.

In diesem Widerstand vereinigte sich Kritik und Autorität, Publikum und Familie. Unsre Zeit, die aus Furcht, durch eine verkannte Genialität blamiert zu werden, die verdächtigste Sonderlichkeit skrupelhaft ernst nimmt und jedes Vokabular, das ein Schalk bei der Lampe ersann, auswendig lernt, unsre Zeit kann solche Kämpfe des einen gegen alle nicht mehr ermessen, obwohl sie noch heute, bei andern Menschen, in der Stille, mit veränderten Anonymitäten fortdauern. Sichtbar und furchtbar werden diese Konflikte in allen Zeiten homogener Gemeinschaftsurteile, wie die bürgerliche Salonzeit seit 1850 eine war.

Wille und Charakter waren die Kräfte, die sich mit einer großen spezifischen Begabung des Auges und der Hand verbinden mußten, um ein Schicksal und eine solche Zeit zu bezwingen.

Wäre Liebermann als ein Naturkind und Träumer geboren worden mit jener intellektfreien, weltfremden und himmelnahen Begabung, die von der romantischen Betrachtung als die einzige gepriesen wird, und die auf dieser Erde nie, selbst in der Musik nicht, das Große vollbracht hat, so hätten die Hebel der Kampfeskräfte ihn zerbrochen. Er war der Naturkindschaft fern, vielleicht ferner als er wünschte. Er war getränkt mit dem Geiste und der Ladung der drei großen kontinentalen Kunststätten, geschult in Beobachtung, Prüfung und Urteil. Dem Städter war die Natur eine Entdeckung; eine Entdeckung war ihm auch die westliche Sehweise und Gestaltungsart, vor allem die der beginnenden Epoche charakteristische Betrachtung. Diese Betrachtung, die dem literarischen und malerischen Naturalismus zugrunde lag, könnte man als die objektiv willenlose bezeichnen: man achtete auf das, was die Dinge unterschied und sie in Beziehung zueinander brachte; man suchte dies darstellend so objektiv und kennzeichnend wie möglich zu registrieren und jede gefühlsmäßige Nebenwirkung, jede Möglichkeit einer mittelbaren Deutung auszuschalten. Die vorangegangene Epoche hatte die enthusiastischen Momente arg mißbraucht, und man war gegen die scheinbar billigen Wirkungen der Rührung, der Sehnsucht, des Sinnenreizes, der Begeisterung und ähnlicher Affekte mißtrauisch geworden. Daß in dieser willenlosen und gewollten Objektivität einer der typischen Einseitigkeitsirrtümer liegt, die jede Kunstepoche wertvoll und überwindbar machen, indem auch das anscheinend objektiv Charakteristische schließlich nur ein gefühlsmäßig Bevorzugtes ist, betrifft uns hier nicht.

Es ist reizvoll und unerschöpflich problematisch, wie im Menschenwesen Naivität und Bewußtsein sich durchdringen, ohne sich aufheben zu müssen. Liebermann kannte sich und die andern, seine Stellung zur Welt und ihre Stellung zu ihm; seine Kunst war zur Ars militans geworden, er maß sie an der Vergangenheit und wußte, was er wollte. Und dennoch: wußte er es? Weiß es einer von uns, was er will? Unsre Naivität strebt zum Absoluten, und aus diesem Streben, gebrochen an unserer Endlichkeit, entsteht das Persönliche. Sicherlich war ihm deutlich, was er nicht wollte. Ob er es in eine Formel gefaßt hat, weiß ich nicht; fast möchte ich es glauben.

Eines Abends saß ich in seinem Arbeitszimmer, das neben dem

Brandenburger Tor liegt und weit über den Tiergarten blickt. Er hatte in seiner formvollen, bildhaften Art einen Aufsatz über Israels geschrieben und las mir das Manuskript vor. Am Schlusse fragte er in dem gehackten Berliner Tonfall, den er mit einiger Absichtlichkeit liebt: „Na, wat sagste dazu?"

Ich sagte: „Famos; aber ich habe immer auf ein Wort gewartet, und das kam nicht."

? —

„Das Wort: Gemüt."

Im Druck las ich später ein andres Wort, das mir aus der Verlesung nicht erinnerlich war, das kühlere und auf Israels, wie ich glaube, weniger zutreffende Wort: Phantasie. Aber ich verstand, daß Liebermann den wärmeren Klang vermeiden mußte: er schien ihm sentimental.

Bewußt oder nicht; wenn seine Gefühlseinstellung sich in eine Formel fassen ließ, so war es diese: Flucht vor der Sentimentalität.

Darin lag die Abkehr von einer überalterten Epoche, von der totgesagten Romantik, die nicht sterben wollte und in der deutschen Familienkunst nistete. Die alte Handwerkerkunst war stark und fromm gewesen, die jüngere Hofkunst virtuos und glänzend, die Kunst des erwerbenden Bürgertums, des Salons, der bourgeoisen Dame und des Pensionats wurde sentimental.

Darin lag ein Selbstschutz gegen eigene Weichheit; eine Härte gegen sich selbst, wie starker Wille sie liebt.

Darin lag ein kernhaftes Erfassen der neuen westlichen Kunst; ein so inneres Erfassen, daß alles Umgebende, Technische nebensächlich und beweglich blieb; deshalb konnte der ideenhafte, übernationale Kern zum Inhalt einer neuen deutschen Kunst werden. Ein Nachahmer hätte das Äußere ergriffen und wäre unschöpferisch, abhängig und fremdländisch geblieben.

Darin lag vor allem die Selbstverkündung einer werdenden deutschen Epoche. Die Mechanisierung und mit ihr die Großstadt, ihre Schöpfung, eilten zu ihrem Gipfel, die kleinstaatliche Gemessenheit und Gelassenheit waren abgesunken, das Denken war eilig, sachlich, interessiert und spröde geworden, das Seelenhafte schien zu verebben.

Es wäre lohnend, die alte Schillersche Untersuchung zu erneuern. Unser Sprachgebrauch würde sein berühmtes Kräftepaar klassisch und romantisch benennen und das Sentimentale nicht dem Naiven, sondern dem echten Urgefühl entgegenstellen. Denn was wir heute sentimental nennen, ist nicht das reflektierend Abgeleitete, sondern das Falsche. Die mechanische Gefühlserregung durch

Surrogate und Requisiten, das hysterische Einschnappen auf seelisch unvertiefte Reizungen, die kalte Erpressung der Affekte des Mitleids, der Rührung, des Enthusiasmus und der Schwärmerei und ihre lüsterne Hergabe ohne innere Ergriffenheit, ja ohne echten Anteil: das ist es, was uns vorschwebt, wenn wir uns des mißbrauchten Begriffs der Sentimentalität bedienen. Wir kennen die Billigkeit der sentimentalen Erregungsmittel, wir wissen, daß eine Wasserfahrt bei Mondschein oder eine beliebige Erzählung vom kranken Kinde zum unvermittelten Gefühlserguß mißbraucht werden kann, und verachten solche apothekerhaften Kunstmittel aus Respekt vor echtem Natur- und Menschlichkeitsgefühl.

Dies aber ist die Grenze. Wird jenseits des billigen und falschen Gefühls auch nur um eines Schrittes Breite das Echte und Menschliche angezweifelt, so entsteht Skeptizismus, der alle Kunst und alles Leben erstarren macht.

Nicht immer hat die objektivierende Kunst des Naturalismus die Grenze bewahrt. In der Literatur blieb sie zurück; sie nahm die Mißgeschicke der Krankheit, Armut und dumpfen Leidenschaftlichkeit als etwas so unwiderleglich Objektives, daß sie im Jammer sentimental wurde; in der Malerei ging sie oft so weit, daß sie sich vor einem Gesichtsausdruck oder vor einer Stimmung ängstigte und aus Enthaltsamkeit erkaltete.

Liebermanns Kunst erkaltete nicht, obwohl sie mit der Tendenz der Sentimentalitätsfeindschaft in den Kern der entstehenden Epoche drang und ihre Gefahren teilte. Denn er war ein leidenschaftlicher Mensch; und wenn er manches verhüllte, was er empfand, so schimmerte das Blut der Empfindung durch die Hülle der Objektivität.

Diese Hülle aber war gewoben aus der dauerhaften Kette der Selbstkritik und dem schimmernden Einschlag des Geschmacks. Denn seine willensstarke Abneigung gegen das Verstiegene meisterte und begrenzte auch seine Form.

Von der Kunst einer berühmten Stadt hat er einmal gesagt: „Wissense, det sieht alles jut aus, aber et is nicht jut." Ich habe ihn oft das Wort gut, selten das Wort schön aussprechen hören.

Inhalt und Form sind relative Begriffe, aber innerhalb der Relativität auf die Kunstschaffung anwendbar. Der sentimentalen Falschheit des Inhalts entspricht die dekorative und billig-sinnliche Leerheit und Geschwollenheit der Form: die Aufmachung, der Vortrag, der Schick, der Schmiß, der Pomp und der Prunk. Doch auch hier liegt im Willen zur Enthaltsamkeit eine Gefahr; denn die Natur ist nicht puritanisch: auf einen Schmetterlingsflügel verschwendet sie mehr Sinnenreiz, als eine Palette zu fassen vermag.

Liebermanns Malerei verzichtet nachdrücklich auf dekorativen Linienschwung, auf architektonische Flächenteilung und auf feurigen Schmelz; ungebrochene Farben erscheinen nie, lebhafte selten und in kleinen Flecken, starkes Rot und Blau sind vermieden. Dennoch sind seine Werke niemals trocken, selten schwankend oder zerrissen; stets waltet in ihnen ein diskreter Reichtum, eine selbstsichere Vornehmheit, die sich bisweilen zur Größe, ja zur Monumentalität erhebt. Denn die Beschränkung ist bei ihm nicht Kargheit der Natur, sondern Sinnlichkeit, durch Willen und kritischen Geschmack gezügelt. Diese Willenskraft bändigt die Natur, indem sie sich selbst bändigt.

Menschen des Willens, der Leidenschaft und der Sinnlichkeit, unter die Pressung äußeren und inneren Kampfes gesetzt, verschäumen nicht in unbewußtem und ungemessenem, naturgewolltem Gestalten. Aber sie erzeugen in sich selbst die höchste, ja dämonische Individualität, die Kraft der unaufhörlichen Jugend, der Wandlung und Erneuerung im selbstgeschaffenen Bereiche.

Wir kennen im Werke Liebermanns eine Reihe von Perioden: keine ist eine Periode der Jugend, keine des Alters. Alle sind organisch, geschlossen und reif; alle bewegen sich im Zirkel einer Persönlichkeit, Physiognomie und Handschrift. Nur eines wächst, belebt sich und löst sich los: die Meisterschaft.

Für immer hat sich die Kunst vom Handwerk getrennt. Ihr Wesen ist subtil geworden; alte Täuschungslust ist geschwunden, es soll nur noch der Hauch der Empfindung vermittelt werden; der Ballast der Materie, der vordem alle handwerklichen Reize der Kunstarbeit trug, verflüchtigt sich. An die Stelle der kalligraphischen Mühsal tritt die lockere Handschrift; das Füllen, Runden und Glätten bleibt dem Gewerbe. Meisterschaft läßt sich nicht mehr lehren und lernen; der letzte gelernte Meister war Menzel; zwischen ihm und Liebermann liegt die Kluft einer Zeit.

Es gibt farbige Felshänge, an denen die Abendröten von Jahrhunderten zu haften scheinen; so ist die Meisterschaft Liebermanns der Abglanz des Unermeßlichen, das sein Auge erfaßt und seine Hand gestaltet hat. Sie ist Lebenswerk und gibt Zeugnis von einem Blick, der sich mildert, und einem Griffel, der leicht wird.

Popularität ist gemeinhin Mißverständnis. Bei Liebermann ist sie es nicht. Er ward bekämpft und verfolgt, solange die neue Zeit, die er in sich trug, jung und verdächtig war; er wurde populär, indem er die alte Zeit, Mann um Mann, Werk um Werk, in selbsterneuerter Jugend überlebte.

In Menzel hatte das alte Preußen sich sein Denkmal gesetzt; freilich blieb alles unzeitlich Offenbarte, das der Genialität anhaftet, den Zeitgenossen unbemerkt. In Liebermann malt das neue, großstädtisch mechanisierte Preußen sich selbst. Nicht seine Bauten und Säle: das wäre oberflächliche Spiegelung; sondern seinen Geist, projiziert auf Natur, Menschen und Dinge.

Der Sohn der Stadt, des jüdischen Patriziats, der übernationalen Bildung wurde zu diesem Dienst ausersehen; ein Mensch des Geistes und Willens, des Kampfes, der Leidenschaft und Reflexion mußte es sein.

Selbstgebändigt, voll verhaltener Lebenskraft, scharf zugreifend und abweisend, sachlich und innerlich bewegt mußte eine Kunst sich gestalten, durch die ein Volk der Tat, ein Geschlecht von Offizieren und Ingenieuren, von Arbeitern und Forschern sich seines Schauens bewußt werden sollte.

Nicht unbewußter Hang zur Natur, nicht Träumerei, Sehnsucht und Lyrik, nicht Mystik und Ekstase, nicht Pathos und Sinnenlust konnten der gewaltigen Betriebsamkeit des neupreußischen Geistes frommen. Diese Kunst mußte beobachten, nicht deuten, sie mußte darstellen, nicht ersinnen; sie charakterisierte durch Auswahl und Weglassung, nicht durch Übertreibung.

In allen kommenden Zeiten wird diese preußische Kunst Max Liebermanns leben und bieten, was der stärksten zeitlichen Kunst zu bieten obliegt: das Bild ihrer Zeit. Sie wird nicht Stürme der Liebe und des Hasses erregen, sie wird mehr zum Auge des Kenners als zum Herzen des Enthusiasten sprechen. Aber sie wird dem Menschen das bedeutende Bild eines Menschen enthüllen, ein Bild der Beherrschtheit und Beherrschung, der Vornehmheit und Meisterschaft.

Berliner Tageblatt, 1. Juli 1917

VON MEISTERSCHAFT

Kunst ist Handwerk. Keins von den rauhen zwar, die Felsen meißeln und Metalle strecken. Von Alchimie erlöst, da große Werke am Rhein unendliche Ströme von Farbstoff über die Welt ergießen, formt Malerei ihre zarten Massen mit geschmeidigem Werkzeug, das der weißesten Hand nicht zu schwer ist. Handwerk immerhin, denn die eigene Hand ist unersetzlich: Bilder sind bis heute noch nicht diktiert worden.

So reihte sich vor Jahrhunderten, würdig und anspruchslos, die Malkunst neben die Kunst der Goldschmiede, der Schwertfeger, der Bildwirker, der Baumeister. Meisterschaft — die Erfahrenheit der Väter vermehrt um die eigene, bereichert durch Kenntnis fremder Länder und gestützt auf rastlose Übung der Hand und des Auges — Meisterschaft war Pol und Achse aller Kunst. Wie denn noch heute in anspruchsloseren Berufen: vom Krämer und vom Diplomaten, vom Soldaten und Ingenieur, vom Schriftsteller und Musikanten, das genaue Studium des Metiers, die hundertfältige Kenntnis der Mittel und meisterliche Übung des Handwerks gefordert und geleistet wird.

So waren in jenen Zeiten auch die Aufgaben bedeutend, verantwortungsvoll, ja, unersetzlich. Ein Altarbild an heiligster Stelle bestärkte die Verheißungen der Kirche, verkündete sie Menschen, die im Leben vielleicht kein zweites Gemälde erblicken sollten. Eine Klosterfahne mußte die überlegene Gottgefälligkeit des aufblühenden Ordens deuten. Der Schmuck des päpstlichen Gemaches war eine Staatsaktion vor anbetenden Souveränen. So erhöhte das meisterliche Werk, erniedrigte das mißratene auf alle Zeiten Künstler und Besteller.

Noch im Jahrhundert des Glanzes und der Aufklärung war der Meister an große aufgetragene Pflichten gebunden; wenn auch das Werk nur ein olympischer Plafond und der Besteller ein Dutzendfürst sein mochte.

Als aber die Mächte des Feudalregimes zusammenbrachen, trat eine Bourgeoisie hervor, die wohl Konsument, aber niemals Beschützer, niemals Richter sein konnte. Der Maler mußte, was vormals wohl ein Tizian wagte, auf Vorrat arbeiten; das Werk wurde Ware. So war das Handwerk seines Bodens und Erdreichs beraubt, entwurzelt. Damals begannen die Maler die Denkweisen des Handwerkers zu verlassen und die literarisch berühmten Allüren des Künstlers anzunehmen; Begriff und Diskussion des Talentes, das vormals nur ein Ingrediens der Meisterschaft gewesen war, trat in den Vordergrund.

Noch immer blieb der Beruf der Kunst hart und ernst. Da sandte die Natur, die alles Trägbehäbige haßt, der nicht mehr jugendlichen Bourgeoisie eine seltsame Plage: sie rächte sich für die Erblichkeit geistiger Arbeit und verfügte, daß in allen Häusern dieses Lasters die dritte oder vierte Generation als neue Varietät zur Welt kommen sollte. Diese Varietät zeigt sich in körperlich wenig bedeutenden Menschen, die, mit ungewöhnlicher Rezeptivität behaftet, frühzeitige und entschiedene Neigung für die Nervenreize der Kunst verraten und bestätigen. Tritt die Erscheinung in Städten auf, so wird sie durch die Übersättigung unserer Kultur mit künstlerischen Surrogaten und Essenzen nicht unterdrückt, sondern gekräftigt. Da das Phänomen eine psychopathische Bezeichnung noch nicht gefunden hat, wird es in der Familie als die Erstehung eines Talentes begrüßt; und der Träger der Abnormität, den man einst zum Pfaffen oder Schneider gemacht hätte, zum Künstler ausgebildet.

So haben sich die Talente in unseren Tagen vertausendfacht. Und die angehende Vermischung des Künstlertums mit internationalen neuropathischen Talenten bedeutet die Entwurzelung des Künstlergeschlechts.

...

Lauf und Leidensgang des Kunstjünglings beginnen unter diesen dreifach sinistren Vorzeichen. Zwei Jahre Münchener, ein Jahr Pariser Schule wappnen ihn mit dem Rüstzeug des Jahrhunderts, erste Zweifel an der Göttersendung werden durch Vergleich mit tausend Gleichgearteten gestillt; auf dem Gipfel des Lebens folgen die Tage der Stimmung und der Arbeit denen der Mißstimmung und Untätigkeit in gemächlichem, sorgsam respektiertem Rhythmus.

Zenith des Jahres ist die Ausstellung. Bald ist erkannt, daß ein Bild sich nur in die Erinnerung des flüchtigen Beschauers einbrennt, wenn es zur Rechten und zur Linken herzhaft absticht. Der Satz: „Genialität ist originell," um ein kleines variiert: „Originalität ist genial," verlangt, daß jeder im Leben, Fühlen und Denken noch so durchschnittlich Normale sich eine Persönlichkeit, Individualität oder Note beschaffe, zum mindesten aber sich auslebe. Und ist der Variationskreis der Originalitäten erschöpft, so bleibt doch unerschöpflich die Eigenart des Farbenempfindens. Man kann wenigstens das blau sehen, was der andere violett, oder gelb, was der dritte grün sah.

Pinselführung ist wichtiger als Respekt vor der Natur. Kühne Kurven des Striches wirken frisch und launig. Ob ein Baum als lebendiger Organismus atmet, bleibt dahingestellt; in erster Linie ist er leuchtender Fleck. Daß das Gerippe der Erde, bedeckt oder unbedeckt vom Gewand des Bodens, nach Urgesetzen gewachsen sei, ist reine Theorie. Immerhin empfiehlt sich, ein unbestimmtes Dünengelände, schon des Tones wegen, zu wählen. Zwei Gesetze jedoch gebieten selbst der freiesten Originalität Halt: Das Porträt muß in der Komposition japanisch und in der Farbe glasgowisch sein, die Landschaft muß wirken wie ein flüchtiger Blick aus einem Fenster. Bei der Schilderung dieses Treibens — die, wie der verständnisvoll Lesende empfindet, nur einem Teile der zeitgenössischen Malerei, der neumodisch konstituierten Talenten, gilt — darf ein grotesker Zug nicht ausbleiben.

Die Wahrheiten der neuen Schule sind mittlerweile ja ziemlich ehrwürdig geworden; so alt etwa, wie Wahrheiten im allgemeinen zu werden pflegen. Außer den Kunstfremden, die zeitlos sind, lehnen nur noch wenige sie ab und lassen es ungewiß, ob ihre Opposition der Sache oder dem Gebaren gilt. Dies hindert unsere Jüngsten nicht, in den Falten der Brutustoga die Rolle gekränkter Revolutionshelden frischweg fortzuspielen.

Begreiflich wär's, wenn die alten echten Revolutionäre — vielleicht, genau betrachtet, war es nur einer, der denn auch ein wahrer Meister wurde und geblieben ist — sich mit Groll der alten Kampfeszeiten erinnerten, als sie, vereinsamt, verlassen von den Nächststehenden im unsauberen Hagel der Insulten standen. Aber wo sind die Wunden der Jungen? Nach den neusten Methoden hat man aus zweiter Hand sie ihr Handwerk gelehrt, und das Verflossene kennen sie vom Hörensagen.

Gäbe es nicht zu ihrem Glück noch irgendwo einen konservativen Minister — oder ist es ein Akademiedirektor? — der den markierten Feind spielt, so wäre der Traum der Revolution vernichtet; man hätte ein paar magere Staatsaufträge, und die reichlichen Käufe der Oppositionsspekulanten hörten auf. Darunter verstehe ich die Kunstbeschützer, die von spät erkannten Genialitäten gehört haben und die in verständiger Würdigung des eigenen Instinktes dasjenige kaufen, was ihnen so recht von Herzen zuwider ist; hoffend auf das große Los und hundertfältige Vergeltung des Kapitals mit Zins und Zinseszins.

KUNSTEMPFINDEN ALS OFFENBARUNG

Daß Kunstempfinden die Empfängnis einer Offenbarung bedeutet — nur daß hier der Intellekt blind und die Seele sehend wird —, zeigt sich in der plötzlichen, intuitiven, erleuchtenden Gewalt des Vorganges.

Wir laufen durch die traumhaft endlosen Säle einer Jahresausstellung, mit müdem Genick und Galeriebeschwerden im Magen.

Rechts und links, oben und unten kleben die seifigen Leinwandkrusten: gemalte Bäume, gemalte Kühe, gemalte Gesichter. Wir laufen wie die gefangene Ratte und suchen Ausgänge. Halt! Da packt es uns. Wir stehen vor einem Stück Kunst. Ein Blitzschlag; wie wenn man auf der Straße einer schönen Frau begegnet. Noch bevor wir recht wissen, was zwischen den vier goldenen Leisten vor sich geht, oder gar, „was der Künstler gewollt haben mag," hat das Auge gesprochen und das Herz entschieden. Mag der Verstand hinterher seinen Senf zugeben oder nicht. Der ganze Vorgang ist so mächtig, so instinktiv und so plötzlich, daß wir mit Sicherheit wissen, hier vollziehe sich eine Naturerscheinung, die auf einfachen, deutlichen und unabänderlichen Naturgesetzen beruht. Und wir wissen ferner, daß von dem Augenblick an, wo wir uns in die Tiefe dieses Werkes versenken, Schauer um Schauer aus diesem toten Leinwandviereck hervorbrechen und einen Strom in unsere Seele gießen wird, der unsere Seele reicher macht, als sie zuvor gewesen. ...

aus: Physiologie des Kunstempfindens

1901

APHORISMEN

Dem Bildhauer liegt ob, nicht steinerne Nachbildungen von Geschöpfen, sondern geschöpfähnliche Steinbilder zu machen.

Die Musik ist so überirdisch, daß sie da noch Kunst scheint, wo sie zur reinen Sinnlichkeit geworden ist. Jede andere Kunst würde auf dieser Stufe vernichtet.

Alle große Kunst der Erde, ja, alles große Schaffen war liebevoll, dämonisch und frei.

Formschöpfung ist nicht Sache des einzelnen, sondern der Geschlechterreihen. Nicht Menschenwerk, sondern Menschheitswerk; noch mehr, animalisches Werk, nach Art des Baues von Nestern, Bienenzellen, Ameisenhaufen ...

aus: Hans Thoma

1919

LITERATUR UND LITERATEN

THEATRE ANTOINE

Eine Bühne? ... Nein, das ist ein wirkliches Laboratorium. Graues, klinisches Tageslicht fällt durch das unverhüllte Glasfenster auf Tische und Repositorien. Neben den Batterien halbgefüllter Reagenzgläser und mißfarbiger Chemikalienflaschen Stöße verstaubter Zeitschriften. Große Induktionsspulen und verzwickte Apparaturen — für Röntgenstrahlen? — sind versuchsweise aufgestellt. Ein verwachsener massiver Eisenofen — Füllsystem, amerikanisch — streckt seinen langen schwarzen Rohrarm an der Wand in die Höhe, ganz wie ein Dozent, der Formeln an die Tafel schreibt.

Der Zuschauerraum ist halbdunkel. Auf den heißen Polstersesseln drängt und klemmt sich die schwarze Menge mit vorgestreckten Hälsen und stieren Augen. Die Luft schmeckt nach Suppe.

Eine scharfe Gelehrtenstimme schneidet durch den Saal. Mit langen Schritten, die Hände auf dem Rücken, durchmißt ein älterer Herr den Laboratoriumsraum und entwickelt kathedermäßig, abgerissen seine Ansichten: Leben, Seele, Fortdauer der Existenz, alles vom Standpunkt des berufsgemäßen, abgeklärten Atheisten und mit einem Anflug von gequältem Idealismus.

Seine Expektorationen beantwortet respektvoll und skeptisch ein jüngerer Fachgenosse, der, auf der Kante des Arbeitstisches sitzend, den Bewegungen des Redenden mit den Blicken folgt. „Idolâtrie des moribonds" nennt er gelegentlich die idealistischen Rettungsversuche seines Freundes.

Das Publikum verliert kein Wort des abstrakten Dialoges. Man weiß, daß es sich um einen ernsten Fall handelt: Professor Donnat hat der Wissenschaft, dem neuen Idol der Zeit, ein Menschenopfer gebracht, da er Keime tödlicher Krankheit einer Patientin seines Hospitals einimpfte. Wohl wäre sie auch ohne die Impfung an der Schwindsucht gestorben — experimentum fiat in corpore vili! —, indessen ein Mord ist und bleibt eine strafbare Handlung.

Die Justiz ist bereits auf der Spur, und der Professor hat über Sein oder Nichtsein schlüssig zu werden. Jeder Augenblick kann die Katastrophe bringen.

Das Stück, von dem ich spreche, heißt „La nouvelle Idole" und ist von François de Curel. Das Publikum, das die Räume des Théâtre Antoine zum Brechen füllt, besteht aus den Intellektuellen von Paris, die für fünf Francs ihr Bedürfnis nach Realismus und Wahrheit befriedigen. „Schon die offene Vorderseite stört mich," so sprach die Dame mit unpassendem Gesicht; „man sollte die Vorgänge eigentlich nur in einem geschlossenen Zimmer und durch ein kleines Loch in der Wand betrachten. Es ist noch immer keine richtige Natur." — „Jawohl, die Natur...," wiederholte der Gatte nachdenklich, „durch ein kleines Loch in der Wand..."
Die Szene war zu Ende. Der ältere Herr — Antoine selbst — hatte die transzendenten Fragen aufgesteckt und sich entfernt. Eine Seitentür hatte sich geöffnet und eine elegante Frau hereingelassen, die mit Aktschlußbetonung die Pointe ins Publikum warf. Rideau.

Die Intellektuellen füllen die Couloirs und die abgetretenen Treppen des Theaters, wo man „Le Courier du Soir," „La Presse" und das übrige Nachtgeschrei der Boulevards vernimmt. In dem schlecht beleuchteten Foyer sitzen sie und spinnen die metaphysischen Gedankenfäden fort. „Ach, das Jenseits, ma chère," sagte ein Fräulein von schöner, männlicher Erscheinung, „das Jenseits hat niemals existiert. Es ist dieselbe Sache wie mit dem Storch. Und was die Seele betrifft, die wir im Busen tragen, die besteht aus Kohlensäure und Stickstoff." — „Sie irren, ma chère," erwiderte die andere, „wir tragen gar keine Seele in unserem Busen."

Wem sind nicht schon die Wechselbeziehungen aufgefallen, die in großstädtischen Theatern zwischen der Beschaffenheit des Publikums und dem Genre der Darbietung bestehen? Große Oper: Provinz, Parvenüs, Fremde. Bürgerliches Lustspiel: Beamtenfamilien, Professoren, Pensionäre. Modernes Drama: Ladenbesitzer, Spekulanten, Juden. Klassische Tragödie: Gymnasiasten, Kommis. Und so fort durch alle Repertoires und Stände. Diese Beziehungen haben nichts Geheimnisvolles: Pomp, Biedermeierei, Laszivität und Neuerungslust; ja, selbst Stelzen und Kothurn haben ihre gesellschaftlichen Korrelate. Was aber, um alles in der Welt, hat dieses ultrabourgeoise Antoinepublikum mit modernsten Problemen, psychologischen Tüfteleien, philosophischen Spitzfindigkeiten zu schaffen, — kurz: mit dem ganzen Apparat raffinierter Übermorgenkunst? Diese Kontordamen und Bürgerväter mit den Gesichtern schlechter Zahler, diese Jungfrauen mit langen Klavierfingern, diese Jünglinge mit Spargelphysiognomien: sie wären Frankreichs erleuchtetste Kunstkenner? Dies der Aeropag, vor dessen Schranken ohne Appell und Revision die Talente von heute und morgen Urteil und Recht empfangen? Nein, Geistesfürsten sind diese Leutchen nicht, die in den Räumen des naturalistischen Schauspielhauses die Genüsse nachkosten, die Françoise und Gervaise zuerst bereitet haben. Nicht Fürsten des Geistes, nicht des Willens, nicht der Phantasie. Triste Figuren, bei denen das öde Organ des Zukunftsmenschen hypertrophisch sich zu entwickeln beginnt: es sind die berühmten, berüchtigten intellectuels.

Ein paar Dutzend Häuser boulevardaufwärts — nach der vornehmen Seite zu — wird allabendlich „La dame de chez Maxim" aufgeführt, ein munteres, aber lasziges und libidinöses Stück. Maxim ist ein nicht unbekanntes Nachtrestaurant; es liegt in der Rue Royale auf der rechten Seite, kurz vor dem Konkordienplatz. (Man komme, wenn überhaupt, nicht vor ein Uhr. Jägersche Normalkleidung, Lodenhut und Radmantel nicht zu empfehlen!) Das Théâtre des Nouveautés erzittert unter Paroxysmen des Lachens. Die Kurtisanen zerbeißen ihre Spitzenmouchoirs, die Damen der Welt verbergen sich hinter ihren Fächern, das Parterre windet sich in Kontorsionen. Die Brillanten blinzeln wie helle Tränen, von den Lustres und Girandolen rieselt das heiterste Kerzenlicht über blühende Schultern und duftendes Haar und kitzelt das matte Inkarnat mit seidenen Reflexen. Das mondäne Paris amüsiert sich „à gorge déployée."

Mit der Unsterblichkeit der Seele hat dieses Stück durchaus nichts zu schaffen, und wissenschaftliche Fragen werden darin nicht erörtert. Es handelt ausschließlich von Dingen, die man schon zu des Aristophanes Zeiten nicht ungern auf der Bühne sah. ...
Die Zukunft, 1899

IM GARTEN DER HESPERIDEN

Madrid

Obwohl ich Madrid nicht liebe, darf ich nicht vergessen, daß ich die fremdartigste und denkwürdigste Sensation meiner spanischen Reise dieser Stadt danke. „Wären Sie ein paar Tage früher gekommen," sagte der Kellner, der den Kaffee servierte, „so hätten Sie die vier ersten Toreros Spaniens an einem Nachmittage gesehen." — „Wann war die Corrida?" — „Sie fängt in einer Stunde an. Seit drei Tagen sind keine Plätze mehr zu haben," Eine Viertelstunde später besaß ich ein Billett „Tendido, 2da Fila, Sombre," denn in Spanien ist alles eine Preisfrage, und der Pesetenkurs ist niedrig. Aber der Weg zur Plaza de Toros war weit und die Stadt ausgestorben. Kein Wagen, keine Pferdebahn mehr, nur auf der Straße Alcalá hasteten noch ein paar verspätete Equipagen; auf den Vordersitzen echauffierte Frauen in hellen Kleidern und mit Blumen unter der weißen Mantilla. Ein doppelt überfüllter Omnibus, dessen Kasten tief zwischen den Rädern hing und zu bersten drohte, nahm mich endlich auf — unter dem Wutgeheul der Insassen über den verursachten Aufenthalt.

In riesigem Bogen rundet sich die Arena unter blauem Himmel, mit schrägem Schnitt geteilt, halb in blendendem Licht, halb in bläulichem Schatten. Ein buntes Gewimmel von vierzehntausend Menschenköpfen, durchsät von den Farbenflecken der Fächer und Sonnenschirme. Durch das Brausen dieses lebendigen Kraters dringt wie von fern eine dünne blecherne Jahrmarktsmusik. Betäubt und eingeklemmt saß ich auf der schmalen Steinstufe, die gleichzeitig als Tritt und als Sitz dient, inmitten der lärmenden Menge, die gierigen Blickes darauf wartete, sich an Kampf, Blut und Tod zu vergnügen. Die schimmernde Quadrilla machte daher wenig Eindruck, als sie zu Pferde und zu Fuß die Arena füllte, um den Präsidenten zu grüßen. Dieser, ein schmaler, schwarzbärtiger Herr, ungefähr in der Art von Carnot, lüftete leicht seinen Zylinder, die Gladiatoren zogen sich zurück, und das Schauspiel begann. Freilich mit einem überraschenden Satyrspiel. Der erste Stier, ein starker, schwarz-weiß geschecker Bursche, Abkömmling der altberühmten Zucht der Herzöge von Veragna, die von Christoph Columbus stammen, trat herein, sah sich im Kreise um — und blieb stehen. Ein paar mißvergnügte Pfiffe und ironischer Beifall wurde hörbar. Die Gehilfen, Chulos genannt, schwenkten ihre roten Mäntel erst von fern, dann immer näher, aber der standhafte Prinz, unbekümmert wie ein Prophet, den Gassenbuben verfolgen, wandelte in Gedanken versunken an der Barriere entlang. Schon waren die Chulos ihm dicht vor der Nase, tanzten um ihn herum wie um das Goldene Kalb und warfen ihm die roten Tücher um die Hörner: da sah er sie zum ersten Male an, drehte sich um und zeigte ihnen gelassen seinen Pendelschweif. Nun erhob sich das Volk von Madrid — und der steinerne riesige Fleischtopf erdröhnte von Brüllen und Pfeifen. Dicht vor mir stand ein Mensch mit verzerrtem Gesicht, die Stimme versagte ihm, und er schüttelte beide Fäuste nach der Loge des Präsidenten. Der sah noch immer bewegungslos dem Hexensabbat zu; dann gab er ein unmerkliches Zeichen, und der Schauplatz verwandelte sich in ein friedlich bukolisches Bild. Eine Herde zahmer Ochsen mit Glocken am Halse erschien, nahm den stoischen Philosophen in die Mitte und geleitete ihn hinaus.

Alsbald stürzte der zweite Stier, kohlschwarz, mit böse funkelnden Augen, in die Arena. Während er in großen Sprüngen den gelben Sand durchquerte, flüchteten die Chulos über die Schranken — und nun stürmte er in groteskem Galopp auf den Picador zu, dessen Pferd sich zitternd an die Umfassung preßte. Vor dem Zusammenstoß wandte ich mich ab; der Kampf gegen den hilflosen Klepper mußte einfach ekelhaft werden. Nebenan vernahm ich einen kleinen Schrei, auch die massive Señora war erschrocken, obwohl sie mit gefalteten Händen und offenem Munde wie verzückt hinabzublicken fortfuhr. Was war geschehen? Noch immer stand der Gaul dicht an die Barriere gedrängt, aber der Reiter hatte den Sitz verloren und hing, zwischen Pferd und Bretterwand geklemmt, im linken Bügel; der Stier stand blutend mitten in der Arena. Auch das Pferd blutete, und an seinem Bauch war eine sonderbar rundliche Deformität sichtbar — pfui Teufel, ja ... waren das nicht die Eingeweide, die aus der langen Schlitzwunde hervorquollen?

Es ist beschämend, wie schnell Auge und Gefühl sich abstumpft: dies Bild, einmal ertragen, nahm mir die physische Beklemmung und machte mich zum Spießgesellen. Ich fühlte in mir selbst den Hauch des Fiebers, das das Haus erfüllte, und ahnte etwas von dem, was die Väter und Mütter dieses Volkes empfanden, als sie mit verzehrendem Blick die Scheiterhaufen Torquemadas umstanden. Die Aufregungen des Spiels und Rennens schienen mir zahm und harmlos gegen die Exaltation, in die der Dampf des Blutes sein berauschendes Narkotikum mischt.

Der zweite Picador war aufgetreten. Er ritt einen Schimmel, der noch immer stattlich aussah und in seinem runden, gemessenen Galoppsprung Schulung verriet. Kaum nahte er sich dem Stier, da wandte sich der, stemmte vor dem bäumenden Pferde die Vorderfüße gegen den Boden und preßte mit einer grandiosen Bewegung seines gesenkten Nackens die Hörner ihm in die Weichen. Pferd und Mann schwebten in der Luft, aber im selben Augenblick stieß der Berittene seine Lanze dem Stier in die Schulter, so daß er brüllend losließ und zurückwich. Auf den Tod getroffen, brach der Gaul in die Knie und wollte verenden. Aber plötzlich, mit einem einzigen Ruck, sprang er auf, galoppierte in wilden Sätzen durch die Arena, während die Gedärme ihm um die Beine schlugen, und warf sich schließlich gegen das eiserne Tor der Barriere. Das Tor brach auf, und das Pferd stürzte sterbend in den Zuschauerraum.

Das graziöse Spiel der Banderilleros hatte nach dieser Szene keinen Reiz mehr. Das Tier war ermattet, und der Torero Bombita, ein behäbiger, kahlköpfiger Athlet, fand wenig Beifall, als er elegant, aber ohne Verve, die Estocada gab. Im Galopp wurden die Kadaver hinausgeschleift, die Blutlachen mit Sand bedeckt, die Arena geebnet, und während zwei Schlosser gemächlich das Tor reparierten, hatte der Kampf von neuem begonnen. Marzantini und Reverti wurden applaudiert, aber den Erfolg des Tages errang, wie immer, Guerrita.

Bevor er die Arena betrat, hatte er seinen kleinen schwarzen Hut einer schönen Frau mit wundervoll rotblondem Haar in den Schoß geworfen. Ihren Namen glaubte ich gehört zu haben, als sie mit ihrer Begleiterin durch das Vestibül des Hotel Roma rauschte, wo auch sie logierte; sie hieß so ähnlich wie Lady Landscape oder Capeland und hatte ihr Equipage nach Madrid mitgebracht. Ihr heißer Wunsch war nun erfüllt: Guerrita, der Abgott der Frauen von Madrid hatte ihr seinen besten Stier geweiht.

Guerrita galt als der größte Psychologe der Stierseele. Während des Geplänkels der Picadores und Banderilleros studiert er die Persönlichkeit seines Gegners, und wenn ihm Degen und Scharlachtuch gereicht wird, kennt er seine Bewegungen und seinen Blick, seine Ränke und Schwächen so genau, als wäre er mit ihm aufgewachsen. Wie der überlegene Schachspieler das Feld benennt, auf dem er matt setzen wird, so bemißt Guerrita nach Licht und Schatten, Perspektive und Windrichtung den Punkt, wo er den Kampf beenden wird. Durch ein glänzendes Spiel hatte er auch diesmal den Stier dicht vor den Platz seiner Dame geführt; schon zückte er den Degen und zielte ein paar Sekunden, während er ihn mit seinem Blick bändigte — dann ließ er den Degen sinken, schüttelte den Kopf und zeigte auf eine andere Stelle der Arena. Das Turnier begann abermals; in wenigen Minuten war der Stier durch Finten und Paraden verwirrt, stutzig, hypnotisiert, Guerrita griff ihn bei den Hörnern, führte ihn an die bezeichnete Stelle, stellte ihn in Positur, wie der Photograph sein Modell, musterte noch einmal die Wirkung, indem er einen Schritt zurücktrat – und mit einem Stoß saß die Klinge bis zum Heft in der Schulter des Opfers. Im selben Augenblick stand alles auf den Beinen, und der Beifall brach los wie Ungewitter und Hagelschlag. Blumen, Zigarren und Hüte regneten hinunter, der Triumphator fing das rote Samtetui auf, das die Lady ihm zuwarf, während seine Begleiter die Zigarren auflasen und die Hüte zurückbeförderten, und umschritt grüßend und wohlwollend dankend den Umkreis der Arena. Wie eine große Sturmwelle sah man die Bewegung des Beifalls mit ihm im Kreise um das Haus wandeln.

Eine Stunde später wogte das alte Leben durch die Straßen Madrids, und die gedruckten Berichte über die Corrida wurden in allen Kaffeehäusern diskutiert. Der ärgerliche Zwischenfall mit dem ersten Stier war aufgeklärt: die Autopsie hatte ergeben, daß er mit einem ernsten Gemütsleiden behaftet war, das der Schlag eines Pferdes auf dem Transport ihm zugezogen hatte. Selbst strenge Beurteiler konnten hierin ein Verschulden des Züchters nicht erblicken, und die Ehre des Herzogs von Veragna und der Seinen war wieder einmal gerettet.

*

Über der schattigen Bahnhofshalle der Estacion de Ataha ruht den Tag über beschaulicher Gottesfriede; auf den Gleisen schlafen die Gepäckträger über der Zeitung ein, und kein Wagen ist sichtbar außer dem eines Babys, den eine saubere Amme mit dem Fuße bewegt, während sie auf der Bank neben dem Telegraphisten sitzt. Abends hingegen, zumal wenn die Südkurierzüge abgehen, wird dieses Idyll unliebsam unterbrochen, und in das verzauberte Eisenschloß kommt Leben. Folgendes sagte mir Don Ramon, ein Caballero aus Madrid, der uns auf der Nachtfahrt nach Sevilla begleitete: „Unsere Bahnhöfe werden nicht überbeansprucht, denn wir fahren langsam und deshalb selten. Bei Ihnen fährt man rasch und häufig, aber am Ende des Jahres gleicht sich das aus – und schließlich haben Sie ebenso lange den Eisenbahnstaub geschluckt wie wir. Und daß wir langsam fahren, hat seinen guten Grund: wir wollen nicht, daß man uns nachsage, in Spanien gehe es überall bergab. Aber leider beginnt auch bei uns schon das Hasten, wir bekommen zu viele Kurierzüge. Sie haben die beiden Carabiniere der Guardia Civil bemerkt, die auf jeder Station einsteigen; sie sind da, um während der Fahrt zu beiden Seiten hinauszugucken und Banditen zu schießen. Sie sind nur noch Dekorationsstücke; denn glauben Sie, daß man bei dieser Geschwindigkeit

zielen kann? Auch den Banditen ist durch die Schnellzüge das Handwerk verdorben; seit zehn Jahren haben wir kaum einen lumpigen Überfall gehabt. Die besten Leute ziehen sich ins Privatleben zurück; es war das letzte lohnende Geschäft hierzulande... Auch die Romantik des Abschiedes hat gelitten."
Das schien mir nicht ganz glaubwürdig, denn ringsum wurde geweint und geküßt. Weiber, Kinder und Greise hängten sich an die Abfahrenden, als ginge es in Charons Nachen und nicht in die nächste Provinzialstadt, um zwei Dutzend wollene Halstücher zu verkaufen. Auch Don Ramons Freunde wurden sichtbar, zehn Minuten nach fahrplanmäßiger Abgangszeit. „Es ist nicht eilig," rief er ihnen zu, man hat kaum zum dritten Male geläutet." Noch mußte der Stationschef das Signal geben, dann wiederholte es der Schaffner, und nach einiger Zeit antwortete der Lokomotivführer. Die Schnupftücher der Witwen und Waisen wurden sichtbar, dann kam eine kurze Beratung der maßgebenden Instanzen, während hundert Hände aus den Fenstern langten, um sich schütteln zu lassen, endlich pfiff die Lokomotive, und knapp zwei Minuten später setzte der Zug sich in Bewegung.

*

Der Alcázar

„Alcázar" bedeutet heute bei uns ungefähr dasselbe wie „Eden," „Eldorado," „Tivoli" oder „Walhalla," nämlich ein Café chantant. Es gab aber eine Zeit, wo auch dieser Name anständig war und nichts weiter bezeichnete als ein Schloß der maurischen Könige. Alcázars gibt es deshalb in Spanien fast so viele wie bei uns, aber nächst der Alhambra ist der von Sevilla der schönste und sagenreichste. Was seine Geschichte betrifft, so bemerke ich nur, daß er vor einigen Jahren frisch getüncht wurde, so daß er von außen den Eindruck eines sauberen Ökonomiegebäudes macht und daß er an Wochentagen von zwölf bis zwei Uhr geschlossen ist. Das suchte mir ein brauner Mädchenkopf deutlich zu machen, der zur Tür herausguckte, als ich um die Mittagstunde anklopfte. Aber schließlich öffnete die Holde, und wir durchschritten die kühlen Gänge des Palastes.

Ach, welche Vorstellung hat man bei uns im Lande der Gipsengelchen und Stuckschwalben von der Herrlichkeit maurischer Baukunst! Nur dem Orientalen gehorcht die Musik der Farben, und von den Rhythmen und Melodien jener alten Blumen- und

Sternenwelt geben uns die Prunkräume unserer maurischen Kaffeehäuser keinen Begriff. Es ist wohlgetan, daß wir die Milieus unseres Lebens in Farben unscheinbar gestalten: die Skala von Erdbraun, Staubgrau, Nikotingelb und Erbsengrün, die wir lieben, stört nicht die Aufmerksamkeit und gibt für Bier, Skat und Tabak, für Kommissionen, Deputationen und Vereinssitzungen einen homogenen Hintergrund. Was sollen uns Räume, wo Gold, Rubin und Azur von den Wänden rieseln und Stolz und Leidenschaften entfesseln? Unsere Vorzüge liegen auf anderem Felde, wir lieben Säle, in denen man das ruhige Warten lernt, und weitgehende Ansprüche werden befriedigt mit etwas Husarenrot und Dragonerblau.

Die klingenden Namen der Marmorhöfe, die wir durchschweiften, habe ich vergessen. Das Heidenblut, das einstmals über diese Fliesen strömte, ist verwischt, und die mißfarbigen Spuren rühren von englischen Malweibern her, die dutzendweise mit allerhand Wasserfarben die Säulen und Kapitelle zu Papier bringen und als Souvenirwaren für den Export verhökern.

Meine kleine braune Begleiterin schritt behend in ihrem weißen Kleidchen neben mir her, während sie einen leichten bunten Fächer spielen ließ, und schwatzte unaufhörlich in den lieblichsten Tönen ihrer Sprache, obwohl sie wußte, daß ich kein Wort verstand. Plötzlich hielt sie an, öffnete eine niedrige Tür, und wir standen im Freien, inmitten des alten Königsgartens. Terrasse um Terrasse stiegen wir hinab durch seltsam geformte Steinportale; an erstorbenen Fontänen und überwachsenen Grotten wanderten wir vorbei. Mittag war vorüber, die Sonne brütete heißen Duft aus den Gesträuchen, und wir wurden müde. Nun ruhten wir unter den kühlenden Myrtenbüschen auf steinernen Stufen, und das Mädchen erzählte leise ihre ernsthaften alten Geschichten. Aber nun sprach sie Arabisch oder irgendeine andere vertraute Märchensprache, denn ich begriff alles, was sie sagte. Verschleierte Prinzessinnen und schweigsame Hofdamen stiegen die rosenfarbigen Marmortreppen hinab, und es folgten bewaffnete, weißdrapierte Neger. Turbanagraffen und Damaszenerschwerter funkelten; erschreckt fuhren die verschlafenen Springbrunnen auf, und die Felskaskaden weinten ihre melodischen Tränen. Schmetterlinge taumelten durch die schwere Luft, rote Blumen fielen von den Zweigen, die Erde duftete – und hoch über unseren heiß atmenden Häuptern wiegte sich die Krone der Giralda im schwarzblauen Äther.

*

Juegos Floreales

Von alters her blühen in den spanischen Städten alljährliche Feste, Blumenspiele genannt und von schöngeistigen Akademien veranstaltet. Gedichte werden verlesen und lyrische Poeten von der neu erwählten Schönheitskönigin gekrönt. Don Ramon, der gleich vom Bahnhof zum Alkalden gefahren war, um, wie er sagte, seinem alten Freunde schnell die Hand zu schütteln, da dieser einen Aufschub nie verzeihen würde, — Don Ramon erklärte, man habe ihn nicht gehen lassen, ohne ihm die beiden letzten verfügbaren Theaterplätze für die Juegos floreales aufzunötigen. Wie dem auch sei: er hatte sie, und es war hübsch von ihm, daß er mich einlud.

Es war vier Uhr nachmittags und lachendes Maiwetter. Das blaue Tageslicht, das durch die geöffneten Türen des Hauses strömte, spottete über die abgenutzte Vergoldung und die roten Lichterkronen und entschleierte den fadenscheinigen Kulissenkram auf der Bühne. Aber die Ränge und Logen hielten stand: sie erstickten unter Laubgehängen und Rosentuffs und glichen verliebten Lauben und Blumengängen. Die Szene war ein einziges blühendes Boskett von Kamelien, in dessen Mitte ein mit Purpur beschlagener Thronsessel sichtbar wurde. Und aus dem grünen Geäst der Balkone neigten sich, vom zarten Gewölk der Spitzenschleier umflossen, die herrlichsten Frauenköpfe hernieder. Nie habe ich schönere Frauen gesehen! Es ist nicht die mädchenhafte Holdseligkeit unseres Himmelsstriches, die auch unvollkommenere Formen mit Lieblichkeit erfüllt, da sie gleichsam durchscheinend eine zarte und sanfte Seele enthüllt: was den Beschauer hier gefangenhält, ist ein Hauch antiker Schönheitsvollendung, die den Leib verklärt und die Seele verbirgt, die nie anheimelt und rührt, sondern begeistert und entflammt.

Der erste Teil des Schauspiels ließ das dicht gefüllte Haus interesselos. Der Präsident des Ateneo hielt seine Rede, und die Poeten betraten die Bühne, um ihre abgeschmackten Gedichte zu verlesen, die im Fächergeklapper und Geschwätz des Parterres verhallten. Dann wurde es still, und alle Hälse reckten sich dem Mittelgang zu, wo Pagen und Blumen tragende Herolde der Schönheitskönigin entgegenschritten. Noch bevor sie zurückkehrten, brach der Sturm los. Unter Fanfarenklang bewegte sich der Zug der Bühne zu, während das Haus von Beifall erzitterte. Hoch aufgerichtet schritt in der Mitte ein Mädchen, fast eine Frau, mit bleichen Zügen und leuchtenden Augen, während vier Pagen die schweren Atlasfalten ihrer weißen Schleppe hielten. Langsam ließ sie sich auf den Purpursessel nieder und senkte den Blick auf einen Strauß gelber Rosen, der auf ihren Knien lag.

Die Krönung der Dichter bestand, wenn ich nicht irre, in der Überreichung großer Pergamentrollen, mit denen sie selig abzogen. Zum Schluß erschien ein abgeblühter Minister, um die Feier mit einer Rede abzuschließen, in der „die Schönheit des Landes," „das Alter unserer ehrwürdigen Akademie" und „die unaufhaltsame Entwicklung der Wissenschaft und Kunst" in stets erneuter Verschlingung fugenartig wiederkehrten. Dann strömte alles ins Freie.

Schon zwei Stunden später war das Theater abermals festlich gefüllt. Diesmal erschienen die Frauen in großer Abendtoilette, mit Sternen und Brillanten besät. Eine dreifache Girlande der leuchtendsten Schultern überstrahlte den welkenden Blumenschmuck des Hauses. Es war eine Opernvorstellung, und man konnte deutlich erkennen, daß das Personal eine Art von Lohengrin zu singen beabsichtigte. Inzwischen stand Don Ramon im Hintergrund unserer Loge und spann emsig die Fäden seiner Medisance durch alle Ränge des Theaters. Während er seine liebenswürdig-boshaften Geschichten auskramte, zog sich von Loge zu Loge ein unsichtbares Spinnweb von galanten Kabalen und Intrigen; die Señora zur Rechten und der Caballero gegenüber, der Señor im Orchester und die Señorita im Proszenium —: um alle schlangen sich geheimnisvoll magische Ketten. Das Haus war eine große Liebesbörse. Von allen Seiten vernahm man Flüstern und heimliches Fächerspiel; es glitzerten die Diamanten, die Violinen girrten, und die sterbenden Blumen verhauchten ihre letzten Düfte.

Wir verließen das Schauspiel früh. Die Herren verabredeten noch irgendein verschwiegenes Fest, aber ich eilte nach Hause, denn die blonde May reiste am nächsten Morgen früh mit ihrer umständlichen Herrschaft nach Gibraltar.

Bei dieser Gelegenheit muß ich gegen das sonst vortreffliche Hotel de Madrid die Beschwerde erheben, daß nachts Punkt ein Uhr in brutalster Weise das elektrische Licht verlöscht. In einem winkligen Gebäude entstehen dadurch leicht allerlei Verlegenheiten; auch ist es nicht jedem gegeben, sich im Dunklen anzukleiden oder gar seine Stiefel zu suchen.

*

Aus Carmen wissen wir, daß Sevilla die Stadt der Tänze ist. Da man diese aber auf der Straße oder in den Schänken nicht mehr beobachten kann, so folgt man dem Rat des Hotelportiers und begibt sich in ein hierfür bestimmtes Lokal. Wir befinden uns in einem halbdunklen Raum mit hölzernen Tischen und Bänken und erblicken weit hinten im Zigarettenqualm eine kleine, hell erleuchtete Bühne. Im Halbkreis kauern Männer und Frauen, machen Musik und klatschen in die Hände, in der Mitte steht eine Señorita und tanzt. Sie ist rot und weiß angestrichen und hat schwarze Linien um die Augen, die sich wie lange Schmarren fast bis an die Ohren ziehen. Der Tanz ist nicht eigentlich unpassend, aber in hohem Maße, sagen wir: suggestiv und, soweit man von der Unerfreulichkeit der Tänzerinnen absehen kann, nicht ohne Reiz. Mit leichten Bewegungen, fast diskreten Gebärden und zögernden kleinen Schritten verkünden diese erfahrenen Frauen ein erschöpfendes Kompendium der gesamten Liebeswissenschaften mit allen Lesarten, Anmerkungen und Varianten. Ich erinnere mich an eine sonderbare Pose, die mit Beifall begrüßt wurde: die jüngste der Darstellerinnen, eine volle Brünette in weißem Kleid, hatte gegen Schluß ihre Kundgebungen zu einiger Leidenschaftlichkeit gesteigert; plötzlich stand sie wie in Erstarrung still, beugte den Oberkörper hintenüber und führte die beiden aneinandergepreßten Handrücken von der Kehle abwärts bis zur Herzgrube, während sie die Lider langsam senkte.

Etwa eine halbe Stunde lang ertrug ich den Kunstgenuß. Dann stieg von den Damen eine in den Zuschauerraum herab — mit der Absicht, aus meinem Glas Manzanilla zu trinken. Da hatte ich genug.

FRANK WEDEKIND

zum fünfzigsten Jahr

7. Mai 1914

In einem seiner Romane findet der große Balzac sich genötigt, einen Park zu schildern. Mit lässiger Hand teilt er an Wiesen, Baumgruppen, Teiche schmückende Beiwörter aus, dann wendet er sich erleichtert dem Herrenhause zu, um es mit einer vergleichenden Würdigung des italienischen und des Mansartschen Dachbaus zu bedenken. Die Natur interessiert ihn nicht. Ihm gilt nur der Mensch, seine Sitten, Gesellschaft und Einrichtungen. Jede menschliche Hülle, Leib und Gesicht, Haus, Gerät und Kleid, von seinem Auge geformt, lebt unvergeßlich; doch die Hülle der Gottheit, die blühende Welt, ist nur ein Bühnenteppich zu Füßen des Experimentalobjekts.

Dagegen in Shakespeares und Goethes Garten fehlt kein Kraut, kein Insekt und kein Gestein; der Mensch tritt auf, geschaffen in Paradiesen und Höllen, ein lebender Teil der Welt, niemals ein Schaustück vor einem Hintergrunde.

Balzacs Welt ist die ursprüngliche. Beginnend von der Bibel, kennen die Romane des Ostens nur Willen, Freuden und Leiden, Gutes und Schlechtes. Diese lapidare Betrachtung, angewendet auf das schillernde Paris der Restauration, schuf die Historiographie der werdenden Neuzeit; Beamtentum und Halbwelt, Aristokratie und Jobberei, Geschäft und Militär, Tribunal und Presse sind fünfzig Jahre lang das geblieben, wozu Balzac sie gemacht hat, und jede künftige Zeit wird diese Welt begreifen, indem sie ihren Schöpfer vernimmt.

Wedekinds Welt ist enger, nicht ärmer. Sozial betrachtet beginnt sie beim besseren Kunstunternehmer und Impresario und endet beim Kleinbürger und der Dirne; ethisch betrachtet umfaßt sie die letzte bürgerliche Insel berufener Romantik, die der Flut unsrer Zeit widersteht und von Flüchtlingen aller Lager bevölkert wird. Gleichviel welche Verkleidung das Szenarium vorschreibt: diese Welt bleibt gleichförmig, und in ihrer Geschlossenheit umfaßt sie eine gewählte und doch nicht willkürliche Mustersammlung des wirren menschlichen Universums.

Seinen Geschöpfen nähert sich der Dichter mit jenen urzeitlichen Mitteln der Betrachtung. Gut und schlecht, dumm und klug, Polizei, Öffentlichkeit, Besitz und Macht sind ihm unbestrittene Realien. Seine ethische Freiheit zeigt sich nicht darin, daß er die Erscheinung über alle Wertung hinweghebt, auch nicht darin, daß er ein einiges göttliches Urgesetz zur Achse der Welt macht: es genügt ihm zu erläutern, daß in richtiger Deutung der herrschenden Betrachtungsweise manches, das sittlich erscheint, unsittlich, manches, das unrecht gilt, Recht ist.

Diese ethische Umlagerung ohne Gewaltsamkeit und Aufdringlichkeit reizt, verwirrt und interessiert; die innerliche antike Behandlung des neuzeitlichsten Stoffes überrascht durch Paradoxie. Eine lapidare Behandlung des Gewohnten, zum vollkommenen Kunstmittel ausgebildet, eine eiserne Folge des Gedankens und Dialogs, eine furchtlose Kenntnis heimlicher Dinge gibt dem

Werk Festigkeit und Männlichkeit; ja in glücklichsten Momenten bricht aus den ethischen Notwendigkeiten eine Schicksalsphantasie von einfacher Größe.

Die altertümliche Weltbetrachtung neigt zur Schaffung von Typen; denn in der Auswahl von Einzelzügen aus der Unendlichkeit des Mannigfaltigen folgt sie nicht so dem unbewußten Triebe der Reminiszenz wie dem bewußten Willen zum Wesentlichen. Dieser Wille aber ist nicht frei von einseitiger Willkür, und so beschränken sich die dichterischen Motive, die schließlich mit Sinnlichkeit und Macht sich behelfen können.

Der künstlerischen Gefahr aus dieser erzwungenen Vereinfachung ist Wedekind nicht erlegen. Nie ist seine Produktion zum erklügelten Typen- und Maskenspiel, zur lieblosen Karikatur, zur kalten Witzblattsatire herabgesunken; stets blieb sie Kunst und Dichtung. Denn in einem Punkte ruhen seine Geschöpfe mit dem Mittelpunkt der seelischen Schöpfung verbunden: in der Tiefe ihres Schmerzes. Deshalb sind sie Menschen, deshalb ist ihr Erlebnis Schicksal. Über alles intellektuale, naturfremde, konventionelle Streben hinweg erhebt sich Wedekinds schmerzvolles Werk zur absoluten Schöpfung und somit zum Anspruch auf Dauer.

*

ELEGANZ

Eleganz ist die unmäßige Aufwendung von Mitteln und Kräften, um einen verhältnismäßig einfachen, auf anderm Wege nicht erreichbaren ästhetischen Effekt zu schaffen.

Auf dem Gegensatz der unbeschränkten Freiheit und der gewollten Verleugnung beruht diese Wirkung, die um ihres verzwickten Wesens willen an der Grenze der Ästhetik steht und stets Gefahr läuft, affektiert zu werden.

Prunk und Eleganz schließen einander ebenso aus wie Eleganz und Sparsamkeit.

*

Eleganz ist gemeisterte Verschwendung.

In diesem Sinne kann auch Natur elegant sein, doch mit der Beschränkung, daß sie nicht der Wirkung wegen, sondern aus eigenem Überschwang verschwendet.

DER KAISER

Eine Betrachtung

Wie sahen die „nationalen Exponenten," die „Exponenten des Volkscharakters" aus?
Zunächst in allen europäischen Ländern zum Verwechseln ähnlich. Wer einen europäischen Dynasten kannte, kannte alle, einschließlich der größeren Magnaten, die nach ihnen arten.
International. Eine große europäische Familie, eine Art von Übergutsbesitzern. Jeder mit jedem verwandt, nur die eigene Art achtend, nur ihr — mit Ausnahmen — vertrauend, in steter Wechselbeziehung Briefe, Glückwünsche, Geschenke, Verleihungen, Besuche tauschend.

Mit seinesgleichen kann man sich aussprechen; man wird verstanden. Man zeigt seine Besitztümer (Länder, Städte und Untertanen), rühmt, vergleicht, entschuldigt. Offene, dauernde Aussprachen über die Volksgefahren: Umsturz, Revolution. Die Völker — man sagt es nicht — sind schließlich gefährliche Bestien, die weise, nach überlieferten Rezepten, behandelt werden müssen. Fällt man in die Hände des Volkes, der heißgeliebten Untertanen, und ist der Zauber der Furcht und des Respekts abgestreift, so ist man verloren.

Die staatlichen Besitztümer, Länder, Kronen lassen sich vertauschen, erheiraten; dann werden Nationalität, Name und Glauben gewechselt. Vermischung mit dem Blut des eigenen Volkes entadelt und entrechtet.

Mit Ministern und Generalen kann man das wenigste besprechen. Viele sind komisch, absonderlich, unappetitlich, den Frauen und Kindern widerlich. Sie sind Volk, auch mit adligen Namen, haben beschränkte Überzeugungen, fangen mit großen Reden an und scheitern nach fünf Jahren. Entweder servil oder anmaßend oder beides; hat man sie erzogen, so ist ihre Zeit um. Am Ende hat jeder dem Thron nicht genützt, sondern geschadet.

Erholung findet man in der Familie. Hier ist die Insel, wo diese armen Menschen, von aller Welt verschieden und geschieden, sich selbst nicht verständlich, einander verstehen. Die Kinderstube mit ihren unendlichen Rücksichten und Vorsichten, mit ihren englischen Nurses und hygienischen Überzüchtungen, Familienhort und Staatsheiligtum zugleich, die Kinderstube der Fürsten, die Zuflucht ihres Menschentums und ihrer Einfachheit, hell, zart, behütet, auf Sprache, Wetter, Weltbild, ablehnende Menschenbeobachtung, höfische Religion und flüchtigen Unterricht sorgsam eingestellt: sie ist der Kern, von dem das neuzeitliche Dynastenwesen sich niemals löst, von dem aus allein es begriffen werden kann.

In kindlicher Abgeschlossenheit entstehen die entscheidenden Vorstellungen. Man lebt in einem schmerzlich abgesperrten, geschützten Paradies. Draußen brandet ein böses, schmutziges Volk, das ferngehalten, behütet und geliebt werden muß. Oberstes Gesetz ist Abschluß, Schutz gegen Luftzug, Ansteckung, Erkältung. Von draußen kommen Keime, unpassende, widerliche, lächerliche Dinge. Desinfizierte Dienerschaften, übelduftende Lehrer und Ärzte, groteske alte Exzellenzen schleppen sie ein. Unpäßlichkeit stürzt alles um. Unverletzlichkeit des Körpers und Lebens gilt vor allem. Mama pflegt, Papa schilt.

Papa und Mama sind die Götter des Paradieses. Sie sind fürs erste unfehlbar. Sie müssen sich anbeten lassen in prächtiger, immer wieder wechselnder Kleidung in Kirchen, Krankenhäusern, Parlamenten, bei Festen, Paraden, Einweihungen, Schauspielen, auf Reisen und Jagden. Jeder naht sich ihnen untertänig, jeder will etwas, jeder macht etwas falsch und muß zurechtgewiesen werden, jeder hat unangenehme Eigenschaften und meist ein böses Gewissen. Sie bringen Ärger nach Haus, und aller Ärger kommt vom aufsässigen Volk und von dummen Ministern.

In der Vergangenheit lebten die großen Vorfahren. Alles, was es Gutes in der Welt gibt, kommt von ihnen. Sie haben sich für das störrige Volk geopfert, für das man sich immer weiter opfern wird und das zum Dank immer weitere Rechte verlangt: Lehrer und Pastor reden von nichts anderem, und immer noch nicht genug; sie sind schließlich auch Volk.

Fern, in glänzenden Hauptstädten, wohnen die Verwandten. Auf sie kommt es in der Welt an; jeder hat seine berühmten Sonderheiten, Seltenheiten und Besitze. Man kennt sie und besucht sich. Es gibt ganz große Verwandte, denen man gefallen muß, mittlere, die gleichgültig sind, arme, die sich herandrängen. Auch sie sind immerhin ebenbürtig, nicht gewöhnliches Volk oder putzige Landaristokratie.

Über der fürstlichen Familie steht Gott, der unsichtbare Familienchef, der sich in große Fragen einmischt, sonst sich mit den herkömmlichen Rücksichten begnügt. Das Volk sollte sich daran ein Muster nehmen, fleißiger seinen Fürsten und seinem Gott dienen, dem selbst die Fürsten im gewöhnlichen Gottesdienst offensichtlich zu huldigen nicht verschmähen.

Das Volk ist keine ganz gleichartige Masse, sondern gegliedert. Jeder hat etwas zu leisten oder zu liefern. Die meisten haben Arbeit zu leisten. Straßenarbeit oder ähnliches. Die Besseren sind Lieferanten. Vom einen bezieht man Schmucksachen, vom anderen Stiefel, vom dritten Baumkuchen. Sie sind manchmal nett, meistens unterwürfig, aufdringlich und etwas betrügerisch. Der Professor liefert römische Geschichte, der Ingenieur verblüffende Erfindungen, der Minister Staatsrecht. Andere Sachen haben sie nicht, anderes kann man von ihnen nicht verlangen, und von anderem kann man mit ihnen nicht reden. Bei großen Festen findet sich die ganze Sippschaft zusammen: man merkt es noch nach drei Tagen.

Die Kindheitseindrücke verlieren sich nie, kein Sturz in Welt, Volk und Leben spült sie ab. Die Haut wird nicht hart; der Dynast wird nicht im Männerkampf gestählt; er bleibt zeitlebens ein Produkt der Kinderstube und des Salons, trotz Kommersen, Jagden und Paraden. Bei Magnaten das gleiche.

Jugendliche Probleme stellen sich ein und werden beschwichtigt. Wie kommt es, daß unter Millionen mir dieses Blut, mir diese Größe zufiel? Gott hat es gewollt; er steht zu meinem Hause, zu mir in einem Sonderverhältnis.

Es ergibt sich die typische, transzendenzlose Gegenseitigkeitsreligion der Dynasten. Do ut des. Gott zu mir, wie ich zum Volk. Jeder Erfolg der dynastischen Politik ist ein Gottesurteil. Alles sittliche Geschehen spielt sich ab auf der Ebene der greifbaren Tatsächlichkeit. Alles Transzendente verwandelt sich in ein jenseitiges Spiegelbild mit unveränderter Rangordnung. Zwischen religiösen und politischen Aufgaben gibt es keinen Unterschied; man baut Kirchen, wie man Pulverfabriken baut. Man bekehrt Heiden, wie man Tuberkulose bekämpft.

Ein ernstes Problem der eigenen Zulänglichkeit kann nicht entstehen; das hieße an Gott zweifeln. Hat er meinen Vorfahren dieses Land, dem Land diese Verfassung, der Verfassung mich als Herrn gegeben, so muß bei gutem Willen und angemessener Pflichterfüllung alles stimmen. Es kann von mir keine Einsicht verlangt werden, die ich nicht habe; sie wird verlangt: folglich habe ich sie.

Die Weltgeschichte, von höfischen Professoren in faßlicher Darstellung geboten, rückt zu einer Kettenfolge großer Momente zusammen. Cäsar beschloß –, Karl verkündete –, der Kurfürst rüstete –, Friedrich dekretierte –, Napoleon schrieb –; so geschahen die großen Dinge Schlag auf Schlag; die Jahrzehnte der

Überlegung, der Vorbereitung, der Einzelarbeit, der Beratung stehen nicht im Heft. Die Geschichte ist eine Reihenfolge inspirierter monarchischer Entschlüsse. Der Tag hat vierundzwanzig Stunden; zieht man das unentbehrlich Repräsentative und die Lesung einiger Denkschriften ab, so bleibt noch gerade Zeit für eine Schlag-auf-Schlag-Politik; folglich muß sie die richtige, folglich kann sie bei einiger Begabung und gutem Willen nicht schwer sein.

Da nun die eigene Arbeit nicht schwer ist, so ist die geringe Teilarbeit der Würdenträger geradezu leicht. Minister heißt Diener. Sie müssen zur Verfügung stehen und mögen ihre Kanzlei- und Parlamentsarbeit machen, wann sie wollen. Talent? Sie brauchen wenig; Fehler machen alle, und die brauchbarsten sind die langweiligsten.

Die Jugend sucht Freundschaft. Studiengenossen wachsen heran, die Kameradschaft wird einseitig. Auf „Du" und Schulterschlag lautet die Antwort: „Eure Königliche Hoheit befehlen." Unmerklich gewöhnt man sich, das blaue Auge blitzen zu lassen und Bedeutung in den Händedruck zu legen. Außerdem: der Kamerad beginnt seine untergeordnete Karriere, wahrscheinlich hat er Wünsche, vielleicht Schulden — alle haben Wünsche.

Freundschaft der Monarchen! Dieser Dichtertraum ist unmöglich. Schon die Kleinsten unter den Großen wissen: die dritte Begegnung, der dritte Brief — und aus dem Verhältnis der Menschlichkeit wird eine Beziehung der Nützlichkeit. Den stets erneuten guten Willen zur Enttäuschung bringen wenige auf.

Die Sucht nach Menschen kämpft mit gleichgültigem Mitleid und unterliegt. Zu viele haben sich vor ihm erniedrigt, vor ihm geweint, verzweifelt gebeten, seine Hände geküßt, ihre Schuld bekannt. Er erblickt nur erweichte, schmiegsame Menschen; nur ein Wort, ein Augenwink, und die Härten entspannen sich, schmelzen hin. Der Widerstand, den Freundschaft fordert, findet nicht statt; fände er statt, so wäre sie beendet.

So scheint das Menschenherz keine Geheimnisse zu haben, und leider, auch die Welt hat keine.

Auf alles erhält man eine Antwort, eine ganz leicht faßliche, vom besten Antwortlieferanten. Ausgrabung? Geschichtsepoche? — Soundso, da und da, die und die. Erfindung? — Zwei Schlagworte, drei Zahlen. Historische Personen? — Eine unbekannte, entzückende Anekdote. Politische Nachrichten? — Einen Tag früher als alle Welt. Man kennt alle Großstädte, alle Sprachen, alle zeitgenössischen Menschen, alle Kunststätten, alle Gebräuche.

In einer Stunde hat man sie alle kennengelernt. Die Welt ist eine illustrierte Beilage, eine Festschrift, ein Kino ohne Hintergrund.

Thronbesteigung.

Eintritt in die Weltgeschichte. Es gibt keinen Privatakt mehr, das Leben ist sakral, ein ununterbrochenes Schauspiel, Epopöe. Jedes Wort eine Gnade, ein Segen. Priester, Generale, Staatsmänner, Würdenträger empfangen ihn mit tiefem Aufblick. Für jeden ist der Moment der höchste des Lebens.

Bei jedem Schritt knallt, läutet, trommelt, tutet, bläst und flaggt es. Nicht zum Vergnügen, sondern, wie das Hofgesinde sagt, des Volkes und der Überlieferung wegen. Das bestätigt sich, denn ungezählte Revolutionäre machen diese Dinge beseligt mit.

Alle alten Bräuche und Zeremonien beleben sich. Früher, als sie symbolischen Sinn hatten, waren es zwei oder drei im Jahr; jetzt sind es zwei oder drei in der Woche. Alle Tage ist irgendwo ein Fest, alle Stunden ist irgendwo ein feierlicher Anblick. Er wird, wie man sagt, festgehalten: photographisch, kinematographisch, telegraphisch, journalistisch, protokollarisch. Weltgeschichte wickelt sich von der Walze.

In stetig wechselnder Verkleidung muß gefahren, geritten, gegangen, gegessen und immer geredet werden. Jeder Augenblick hat etwas Endgültiges. Jede Gebärde entscheidet. Jeder Wink bewegt. Manches wiederholt sich, wenig setzt sich fort, das meiste beginnt von neuem.

Unabsehbar strömen die Menschen vorüber, gewöhnlich auf Nimmerwiedersehen. Sie müssen ihren Eindruck auf Lebenszeit empfangen. Jedes Wort eine Mitgift. Zehn, zwanzig Jahre lang nie ein Widerspruch. Titulaturen und Gebärden der Gottesverehrung. Das Gefolge in stiller Anbetung, die Fremden in starrer Bewunderung. Eine Frage nach der Heimat ist Leutseligkeit, ein Dialektwort unvergeßlicher allerhöchster Witz. Große Männer machen feine Komplimente, gefürchtete Herren schmeicheln dem Teckel. Keiner ist unzugänglich, jedem leuchten die Wünsche aus dem Auge. Einer kann alles erfüllen.

Huldigung! Gelöbnis unverbrüchlicher, ewiger Treue. Hingabe bis zum letzten Blutstropfen. Alles für den Herrscher. Er der Herr, wir die Diener. Wie geschworen, so geglaubt; geglaubt, nicht aus Anmaßung, sondern zum Besten des Landes.

Alles ist zum Besten des Landes: die Treue, die Bewunderung, die Anbetung, das Opfer; Gott will es so. Daher kann es Anerkennung geben, doch keinen Dank. Dank setzt Freiheit der Leistung voraus. Der Vorwurf monarchischer Undankbarkeit ist ein logischer Widerspruch. Als Wilhelm I. nach der Versailler Krönung Bismarck die Hand verweigerte, war er im Recht.

Im ganzen habe ich den Kaiser etwa zwanzigmal gesehen, von 1901 bis Anfang 1914, durchschnittlich ein- bis zweimal im Jahr, manchmal freilich einige Stunden lang. Das erstemal sollte ich vor ihm einen wissenschaftlichen Vortrag wiederholen, den ich zuvor in einem größeren Kreise gehalten hatte, und der mir daher geläufig war. Der Kaiser saß dicht vor mir, ich konnte ihn genau betrachten.

Wie anders, als ich ihn erwartet hatte. Ich kannte die schneidigen Jugendbilder mit breiten Backen, gesträubtem Schnurrbart, drohenden Augen; die gefährlichen Telegramme, die kraftstrotzenden Reden und Denksprüche.

Da saß ein jugendlicher Mann in bunter Uniform, mit seltsamen Würdenzeichen, die weißen Hände voll farbiger Ringe, Armbänder an den Handgelenken; zarte Haut, weiches Haar, kleine weiße Zähne. Ein rechter Prinz; auf den Eindruck bedacht, dauernd mit sich selbst kämpfend, seine Natur bezwingend, um ihr Haltung, Kraft, Beherrschung abzugewinnen. Kaum ein unbewußter Moment; unbewußt nur — und hier beginnt das menschlich Rührende — der Kampf mit sich selbst; eine ahnungslos gegen sich selbst gerichtete Natur.

Viele haben es mir seither gestanden: hilfsbedürftige Weichheit, Menschensehnsucht, vergewaltigte Kindlichkeit, die hinter physischer Kraftleistung, Hochspannung, schallender Aktivität fühlbar wurde, hat sie ergriffen und empfinden lassen: diesen Menschen muß man schützen und mit starkem Arm behüten vor dem, was er fühlt und nicht weiß, was ihn zum Abgrund zieht.

Ein Freund fragte nach dem Eindruck der Erscheinung und des Gesprächs. Ich sagte: ein Bezauberer und ein Gezeichneter. Eine zerrissene Natur, die den Riß nicht spürt; er geht dem Verhängnis entgegen.

Der Mann, dem ich dies in der höchsten Blüte wilhelminischer Ära sagte, ein Kenner der Menschen, erstaunte nicht und hat in der langen Glanzzeit bis zum Kriege mir das Wort nicht vorgehalten. Als der Krieg begann, begegneten wir uns, beide vom schlimmen Ausgang überzeugt. Abermals widersprach er mir nicht, als ich sagte: Nie wird der Augenblick kommen, wo der Kaiser, als Sieger der Welt, mit seinen Paladinen auf weißen Rossen durchs Brandenburger Tor zieht. An diesem Tage hätte die Weltgeschichte ihren Sinn verloren. Nein! Nicht einer der Großen, die in diesen Krieg ziehen, wird diesen Krieg überdauern.

Es gibt schwache Seelen in starken Leibern. Da wirkt die schwache Seele nicht müde, verzagt und verdrossen, freilich auch nicht liebevoll, leidenschaftlich, nachhaltig brennend; sondern sie wird angefacht, ruhelos getrieben, maßlos genährt, ein kaltes Feuer, das strahlt und zehrt, nicht wärmt.

Das physische Leben des Kaisers war sehr stark. Es gab wenig Menschen in Deutschland, die am Tage so viel verrichten, aufnehmen und wiedergeben, sich wandeln, Haltung bewahren, stehen und reden konnten wie er. Ein erstaunlicher Sprecher von liebenswürdiger Einfühlung, unermüdlichem Gedächtnis, gestaltender Unterhaltungsgabe, ganz auf den Gegensprecher eingestellt; ein glänzender Redner, zwar nicht von künstlerischem, selbst nicht stilistischem Ausdruck, doch von den stärksten Mitteln der Geistesgegenwart, der geordneten und gesteigerten Darstellung, des mitreißenden Schwunges und Vortrags. Nirgends hat sein heraldischer Geschmack, sein wagnerischer Apparat so treffend den Nerv der prusso-mechanischen Bevölkerung berührt wie in den Reden, die unvorbereitet, mit der gemilderten Kommandostimme des gebildeten Militärs gehalten wurden, fast immer vor Gleichgesinnten.

Das Unbewußte verlor sich. Ein zweiter Riß entstand. Ein aufgeregter, an herkömmliche („pflichtgemäße") Ziele gebundener Geist, ein dynastisch ererbter, auf Selbstverteidigung, Macht und Repräsentation gerichteter Wille, eine heimliche Einsicht der Grenzen und Schwächen, gemildert durch Erfolg und göttliches Einvernehmen, ein Streben nach unbedingter, ausnahmsloser, nach sofortiger Wirkung; diese intellektualen Kräfte ergriffen die Führung. Jeder Augenblick unterlag der Selbstkontrolle, der Selbstbeobachtung; die unterbewußten Kräfte flüchteten sich in die unbedeutenden Kanäle des Lebensgeschmacks, und um die tief natürlichen Quellen des naiven Daseins: Instinkt, Richtkraft, Augenmaß, war es geschehen.

Von Anfang an waren diese unbewußten Kräfte nicht stark. Mit Übertreibungen begann es. Übertreibung ist unzureichende Selbstüberzeugung. Kam ein Mißerfolg, so wurde umgesteuert. In bunter Folge reihten sich die aufgegriffenen, durchgeführten, halberledigten, aufgegebenen Probleme, wie der Tag, die Umwelt, die Gelegenheit sie brachten. Wollte man wagen, von Grundtendenzen zu reden, so könnte man drei benennen, die mehr einer allgemeinen Geschmacksrichtung als innerer Notwendigkeit entsprangen: die unbestimmte preußisch-deutsche Machttendenz, die ererbte dynastische Tendenz der Selbstverteidigung, und in verborgenem Widerspruch mit diesen beiden eine allgemeine Tendenz zur Modernität, vornehmlich im technisch-mechanistischen, gelegentlich im sozialen Sinne. Unausdenkbar der Idealbegriff, zu dem die Verwirklichung solcher Wollungen geführt hätte; eine Art elektrisch-journalistischen Cäsaropapismus.

Zur Tragik fehlte dem Kaiser das Bewußtsein, ja selbst das unbewußte Gefühl des Problems. Er war keine naive Natur, denn der Intellekt saß an seinen Wurzeln, doch eine unerschlossene. Sein Denken geschah in der Tageshelle, im Licht der Tatsächlichkeit; was die Franzosen clarté nennen, fehlte ihm nicht. Mag sein, daß er seit den Schriften Chamberlains, die ihm angepaßt waren, noch Bücher gelesen hat, die mehr als Tatsachen enthielten. Zum Zweifel und Rätsel wurde ihm nichts, und seine echte Religiosität verharrte in der Sphäre dynastischer Kirchlichkeit, die auf einen vernünftigen, geregelten Gottesverkehr hinausläuft.

Zur Genialität fehlte ihm die Richtkraft aus der Tiefe der Seele, die Phantasie aus ihrer Höhe. Seine Fassungskraft auf intellektuellem Gebiet war ungemessen; sein Denken unermüdlich und scharf in hergebrachten Formen; sein Wort interessant und wirksam, oft bewegend, niemals zwingend. Die Beschäftigung mit dem Ich wurde nie überwunden; auch in den Momenten der Einfühlung erwuchs keine unmittelbare Menschenkenntnis, Menschen und Dinge gewannen kein eigenes Leben, sie blieben Requisiten. Das Denken selbst nährte sich von Argumenten, nicht von Erlebnis und Gefühl; und wenn die Schlußfolgerung unangreifbar schien, so war sie schief.

1919

Sein Deutschtum und Judentum

VORWORT

„In den Jugendjahren eines jeden deutschen Juden gibt es einen schmerzlichen Augenblick, an den er sich zeitlebens erinnert: wenn ihm zum ersten Male voll bewußt wird, daß er als Bürger zweiter Klasse in die Welt getreten ist, und daß keine Tüchtigkeit und kein Verdienst ihn aus dieser Lage befreien kann." (Staat und Judentum.)
Dieses Wort aus der Feder des Vierzigjährigen — Rathenau stand damals auf dem Höhepunkt seines geschäftlichen, gesellschaftlichen und literarischen Erfolges — enthüllt zutiefst die Problematik des Mannes. Zeitlebens wird er um die Befreiung von diesem Makel der Zweitklassigkeit ringen: mit sich in der Selbsterziehung zu Tüchtigkeit und Verdienst, in der Anpassung an die Ideale des Preußentums und Deutschtums — Forderungen, die er gleicherweise an seine jüdischen Glaubensgenossen stellt; dann mit den Deutschen, indem er nicht aufhört, ihnen das Unrecht ihrer Judenpolitik vorzustellen und es abzutun fordert. „Das Unrecht, das gegen die deutschen Juden ... geschieht, ist nicht das größte, aber es ist auch eines", heißt es am Ende dieser Polemik.
Zeitlebens blieb Rathenau dem Judentum auch äußerlich verbunden. Aus drei Gründen lehnte er einen Übertritt zum Christentum ab: er sei für den jüdischen Staatsbürger mit geschäftlichsozialem Profit verbunden, also nicht rein ideeller Natur; er müsse als Anerkennung der deutschen Judenpolitik, somit als Akt der Unterwerfung, verstanden werden; schließlich fordere er die Ablegung eines altertümlich gefaßten Glaubensbekenntnisses, während der mosaische Glaube sich ohne Schwierigkeit sowohl mit moderner Weltanschauung als mit den Lehren des Evangeliums vereinbaren lasse.
Eine klare, freimütige Haltung, die mit Skrupellosigkeit oder kühler Berechnung nichts zu tun hat. Wie eindeutig Rathenau andrerseits die Distanzierung des orthodoxen Judentums von Christus ablehnt, zeigen die wenigen Rabbinerbriefe in seiner

Korrespondenz, in denen er sich entschieden zu Christus und zur Botschaft der Evangelien bekannte. Ja, er sah in Christus einen Exponenten des Judentums, in dem die normalen jüdischen Eigenschaften in Richtung auf das Geniale sich umkehren. So habe das Judentum die meisten wahrhaft großen transzendenten Begabungen hervorgebracht. Seine Auffassung von Christus stand der Constantin Brunners nahe. Anfang 1919 schrieb er ihm zum Erscheinen des Buches „Der Judenhaß und die Juden" . . . „Es ist mir ein unwiderstehliches Bedürfnis, Ihnen für Ihr neues Werk zu danken. Mit Ihrer gewaltigen Kontroverspredigt haben Sie den Paganismus gezwungen, Christus herauszugeben. Was gedenken Sie zu tun — wenn Sie mir die Frage gestatten wollen — damit er nicht abermals und länger von den Juden verworfen werde?" Und wenige Tage später: „Rufen Sie die Juden auf zum Christusbund der Juden. Es ist genug, wenn zehn Ihnen folgen. Im Geiste entscheidet nicht major pars, sondern sanior pars."

Es waren aber weit mehr als konventionelle Gründe, die Rathenau dem Judentum verbanden. Schon in seinen frühesten Äußerungen, besonders aber in den Schriften und Briefen der mittleren und späteren Jahre, finden sich Stellen tiefen Verständnisses und leidenschaftlicher Verteidigung des Judentums. Ein Kenner der menschlichen Psyche wie Frank Wedekind hat schon aus der Abhandlung über „Schwachheit, Furcht und Zweck" die heimliche Liebe Rathenaus zum Furchtmenschen herausgelesen. Das war 1904. Er ist überrascht, beglückt, dankbar, sich von einem der wesentlichen Geister der Zeit verstanden zu sehen.

Er liebe den Furchtmenschen, erwiderte er, „schon um Gottes Gerechtigkeit willen. Und ist nicht Schmerz der einzige Adel?" Aber solche Liebe kam aus Einsicht und Betroffenheit, sie war wiedergeboren aus dem Geiste. Die ursprüngliche, eigentliche Liebe Rathenaus, seine leidenschaftliche Sehnsucht gehörte Deutschland und den Deutschen. Er liebte sein Land durch alle Phasen des Liebenden: bewundernd und überschwenglich, verzweifelt und kritisch, verstehend und mahnend. Sein Biograph Harry Graf Kessler sagte von ihm, durch diese Liebe zu Deutschland, durch seinen Wunsch, als Deutscher anerkannt zu werden und seinem Land zu dienen, sei Rathenau „zeitweise in seiner Vernunft getrübt gewesen". Man kann es so nennen. Aber man widerlegt damit die mißbrauchten Formeln von kühler Intellektualität und ehrgeiziger Eitelkeit, in die man ihn gerne sperrte.

Sicher war Rathenau in seiner Liebe zu Deutschland von bezwingender, unerschütterlicher Konsequenz. „Wer sein Vaterland liebt, der darf und soll ein wenig Chauvinist sein", so hatte der Dreißigjährige seine Glaubensgenossen belehrt (Höre, Israel). Und in seinem Festgesang zur Jahrhundertfeier von 1813 fallen vollends die Ketten dieses gefesselten Prometheus der Vaterlandsliebe:

„Mußte sich der Mund verschließen,
Daß das Herz umpanzert bliebe,
Endlich darf es überfließen:
Land, mein Land, du meine Liebe!"

An den Polen Deutschtum und Judentum hatte der Flammenbogen dieses Geistes sich entzündet. Zwar ändern sich, je nach der Stufe seiner geistigen Entwicklung, die Namen dieser Polaritäten. Sie werden Mut und Furcht heißen, Zweck und Zwecklosigkeit, Intellekt und Seele, Wille zur Macht und Transzendenz. Immer aber wird der Kenner in den Spektren dieses Geistes die dunklen Linien jener ersten Elemente wiederfinden.

Es begann mit jener pseudobiologischen „Romantik der Rasse", die das Ende des vergangenen Jahrhunderts kennzeichnete, und die Gefühle des jungen Germanophilen weltanschaulich zu unterbauen schien. Als „Inbegriff der Weltgeschichte" galt ihm damals „die Tragödie des arischen Stammes", jenes „blonden, wundervollen Volkes, das im Norden erwuchs", und dessen Schicksal es sei, „die Welt zu erhöhen und dann zu versinken".

„Eine neue Romantik wird und soll über die Welt kommen: die Romantik der Rasse. Sie wird das reine Nordlandsblut erheben und verherrlichen und neue Begriffe von der Bewertung der Tugenden schaffen. Dann wird sie vergehen, weil die Welt neben der blonden Gesinnung des schwarzen Geistes bedarf und weil das Dämonische sein Recht will."

Solche Verherrlichung erwächst in einem klugen Kopf nur als Gegenbild. Bei Rathenau erstand sie aus dem Konflikt mit der Lebenswelt des Vaters. Vom Wesen her war Emil Rathenau, der Begründer der AEG, das genaue Gegenteil einer polyphonen Natur, ein monomaner, von seinem Werk besessener Geist. Der Vater-Sohn-Konflikt ging tief und führte bis zu Selbstmordabsichten des Sohnes. Erst spät hat Walther Rathenau Geist und Werk des Vaters schätzen und bewundern gelernt. Zunächst aber ist ihm der Vater das Urbild des Zweckmenschen, des schwarzen Geistes, der auch in ihm rumort.

In dem Aufsatz „Höre, Israel!", vom Vater aus dem Buchhandel gezogen und in den „Gesammelten Werken" nicht mitaufgenommen, hält er dem jüdischen Volk den Spiegel vor. „Der Judenaufsatz war als Mahnung gedacht; in der unglücklichsten Stimmung meiner trübsten Zeit wurde er zur Anklage... Heute verstehe ich die Anklage kaum mehr," schrieb er 1914 bedauernd an seinen Freund Schwaner, und ein andermal bekannte er: „Der Ton dieser Schrift war verfehlt. Der Ton war lieblos — oder eigentlich nicht lieblos, sondern grausam. Mit Grausamkeit ändert man keine Menschen."

Nicht eigentlich lieblos. Schon damals sprach er von der „seltsamen, fremdartigen Schönheit der jüdischen Frauen", die in der

Zeit des Ghettos das Lächeln verlernt hätten: „Die gezwungene Heiterkeit dieser Menschen verrät nicht, wieviel alter, ungesättigter Haß auf ihren Schultern lastet. Sie ahnen nicht, daß nur ein Zeitalter, das alle natürlichen Gewalten gefesselt hält, sie vor dem zu schützen vermag, was ihre Väter erlitten haben."

Zittert hier eine Sorge vor der entfesselten „Romantik der Rasse", die er verkündet hat? Ahnt er, wohin die Verherrlichung des Nordlandsblutes höchst dämonisch ein Menschenalter später führen wird, wenn dieses Zeitalter sich erst gewandelt hat und die primitivsten Instinkte sich entfesseln läßt?

Was Rathenau zunächst von seinen Glaubensgenossen fordert, ist ein „Ereignis ohne geschichtlichen Vorgang", ist „die bewußte Selbsterziehung einer Rasse zur Anpassung an fremde Forderungen. Das Ziel dieses Prozesses sollen nicht imitierte Germanen, sondern deutsch geartete und erzogene Juden sein."

Im Zionismus sah Rathenau keine Lösung der Judenfrage. Er ahnte in diesen Versuchen vielmehr einen Rückschritt der Welt, einen Rückfall in den Geist des Nationalismus: „Seit mehr als zweitausend Jahren haben die Juden keinen eigenen Boden mehr besessen. Sie sind dadurch in einen Zustand gekommen, der auch Freiheit von jedem Staatswesen bedeutet, d. h. einen Zustand, der in einigen tausend Jahren in der ganzen Welt verwirklicht sein wird."

frage. Er ahnt in diesen Versuchen eher einen Rückschritt der Welt, einen Rückfall in den Geist des Nationalismus.

„Seit mehr als zweitausend Jahren haben die Juden keinen eigenen Boden mehr besessen. Sie sind dadurch in einen Zustand gekommen, der auch Freiheit von jedem Staatswesen bedeutet, d. h. einen Zustand, der in einigen tausend Jahren in der ganzen Welt verwirklicht sein wird."

Erst spät, 1921, deuteten einige Äußerungen darauf hin, daß er nachdenklicher geworden war. Er nahm sich vor, Palästina aufzusuchen, um sich ein eigenes Urteil zu bilden. Das bedeutete aber keine grundsätzliche Änderung seiner Einstellung, nur ein Zugeständnis an die Realität, an die Mühseligkeit des „Weges der Vernunft". Für sich selbst hätte er eine solche Lösung wohl immer abgelehnt. „Vertreibt man mich von meinem deutschen Boden, so bleibe ich deutsch, und es ändert sich nichts." Die Judenfrage ist nach seiner Meinung nur „durch ein allgemeines Fortschreiten der Sittlichkeit in der Welt lösbar".

Wie sich das Problem Deutschtum und Judentum für Rathenau in immer „höheren Synthesen" auflöste, spiegelt sich Schritt für Wandlung heißen: „Höre, Israel!" (1897), „Von Schwachheit, Schritt in den Schriften und Briefen. Die Hauptstationen dieser Furcht und Zweck" (1904), „Staat und Judentum" (1911), „Zur Kritik der Zeit" (1912), „Zur Mechanik des Geistes" (1913) und „Eine Streitschrift vom Glauben" (1917). Die große erlösende

Wende in seinem Denken muß sich 1906, auf einer Griechenlandreise, vollzogen haben. In der knappen „Breviarium mysticum" überschriebenen Eintragung in sein Reisetagebuch steht der Satz: „Die Seele wird jedem zuteil, der bonae voluntatis ist." Das heißt, so tief die Gebundenheit des Einzelnen an Physis und Erbtum auch wurzeln mag, das Wunder der Seelenwerdung, das Reich Gottes, ist keinem versagt. Der seelenhafte Mensch steht über den Polariäten der Rassen und Völker.

Die männlich-entschiedensten Äußerungen zu unserem Problem finden sich in der Zeitungspolemik „Staat und Judentum", die souveränsten in der „Streitschrift vom Glauben", die er in der Korrespondenz gern das „Kirchenfrevelchen" nannte. In ihren Thesen wird wohl deutlich, was eine geplante letzte Schrift „Die neue Kirche" hätte ausführen sollen.

Vergeblich freilich wird man in dieser Entwicklung eine Wandlung in den Grundauffassungen Rathenaus zu Fragen des Deutschtums und Judentums suchen. Eine Verschiebung der Akzente bestenfalls hat sich vollzogen, und es gibt hier — wie auch in den Schriften zu Wirtschaft, Staat und Gesellschaft — kaum einen Gedanken, der bei aufmerksamer Lektüre nicht bereits in den frühesten Äußerungen, zumindest im Kern, zu finden wäre.

Seine Haltung zu den Deutschen blieb in allen Sätzen unverändert, auch in den bittersten Augenblicken, deren er genug erfahren hat, sei es in der Zeit seiner militärischen Ausbildung, wo man dem Juden die fälligen Beförderungen versagte; sei es auf den Reisen in den Kolonien, wo man ihm zeitweise mit beleidigender Geringschätzung begegnete; sei es während seiner Arbeit im Kriegsministerium als Organisator der Kriegsrohstoffversorgung, wo er sich eines Tages durch einen Bretterverschlag von den übrigen Abteilungen isoliert fand. Zwar zitterte gerade dieses Erlebnis noch Wochen später, als er bereits aus dem Ministerium ausgeschieden war, in ihm nach: „Verzeihen Sie mir," hieß es damals in einem Brief, „es ist mir nicht möglich, anders als in flüchtigster Berührung zu reden und zu hören. Im Innern ist alles so verletzt und wund, daß jedes tiefer dringende Wort mir Schmerzen macht."

Niemals aber, so bekannte er, habe eine dieser Kränkungen ihn unwillig gemacht, nie habe er seinem, dem deutschen Volke, mit einem Wort oder einem Gedanken derlei vergolten. Doch hat seine Liebe zu Deutschland ihn auch nicht gehindert, den Deutschen ihre Schwächen vorzuhalten. Seine Kritik steht in ihrer Offenheit und Unerbittlichkeit neben der Goethes, Hölderlins, Nietzsches:

„Wir Deutsche haben bisher weder Staatsgefühl noch wahren Patriotismus gekannt. Unser Staatsgefühl war bestenfalls die Freude an einer gewissen Machtentfaltung, an äußeren Erscheinungen der technischen Zivilisation. Jeder war Vorgesetzter oder Untergebener oder beides, niemand war civis germanus, deutscher

Bürger." Unser Staatsgefühl sei halb Nationalismus, halb Aggressivität gegen irgend einen Popanz, niemals stolzes Beruhen, idealpolitisches Streben. Wir verstünden uns vorwiegend auf Gedanken wie: „Die Polizei ist schuld, die Juden sind schuld, die Pfaffen sind schuld, und wie bei den Slawen wäre bei uns, wenn Gutartigkeit und Ordnungsliebe uns nicht hemmten, der Pogrom in Form des Glaubenskrieges, der Hexenprozesse, der Judenhetzen die eigentliche Ausdrucksweise unseres primitiven politischen Wollens" (1913).

Als er 1922 den Außenministerposten annahm, wußte er, daß er sich damit zur Zielscheibe gerade jenes primitiven politischen Wollens machte, das er den Deutschen immer wieder vorgehalten hatte. Er kannte den Unverstand und den Haß in seinem Rücken: „Ich habe nur kurze Zeit. Wenn sie mir das Leben nehmen, sie nehmen mir nicht viel. Ich bin wie einer, der beim Packen ist." Und aus Genua schrieb er, wenige Wochen vor seiner Ermordung: „Sie sollten sich um meine Erhaltung keine Sorge machen. Wenn ein unvergeudetes Leben enden soll, so geschieht es nicht aus Willkür, sondern weil es seinen Abschluß gefunden hat. In unserem Leben war alles Gesetz: so waren die Dinge gegeben, so war der Ablauf bestimmt. Nichts war vergeblich, nichts kann weggedacht, nichts geopfert werden. Und wenn Sie aufrichtig prüfen, so finden Sie die Notwendigkeit auch dessen, was Willkür schien."

Seltsam sind die Themen der Einleitung in den Schlußsatz der Symphonie verwoben. Seine Mörder — er muß sie noch wahrgenommen haben — gehörten zu jenen blonden Göttersöhnen, die sein schwarzer Geist so lange bewundert und verherrlicht hat. Schicksale, hatte er gesagt, „kommen aus Trübungen, die das Ewige in der Zeit und im Individuum erfährt."

MAX RULAND

DIE RASSENFRAGE

HÖRE, ISRAEL!

Von vornherein will ich bekennen, daß ich Jude bin. Bedarf es einer Rechtfertigung, wenn ich in anderem Sinne schreibe als dem der Judenverteidigung? Viele meiner Stammesgenossen kennen sich nur als Deutsche, nicht als Juden. Einzelne, zumal solche, die, durch Beruf und Neigung veranlaßt, weniger mit ihresgleichen als mit Stammesdeutschen zu schaffen haben, von denen sie sich auch äußerlich nicht mehr allzu sehr unterscheiden mögen, sind ehrlich genug, den Fahnen ihrer philosemitischen Beschützer nicht länger zu folgen. Ihnen schließe ich mich an.

Die Philosemiten pflegen zu verkünden: „Es gibt keine Judenfrage. Wenn die Juden ihr Land schädigen, so geschieht es durch unzulässige Handlungen Einzelner. Hiergegen schaffe man Gesetze oder verschärfe die bestehenden." Sie haben nicht Unrecht. Die Beantwortung der wirtschaftlichen Frage ist Sache der Gesetzgebung. Aber von der wirtschaftlichen Frage will ich nicht sprechen.

Drohender erhebt sich die gesellschaftliche, die Kulturfrage. Wer ihre Sprache vernehmen will, mag an Berliner Sonntagen mittags um zwölf durch die Tiergartenstraße gehen oder abends in den Vorraum eines Theaters blicken. Seltsame Vision! Inmitten deutschen Lebens ein abgesondert fremdartiger Menschenstamm, glänzend und auffallend staffiert, von heißblütig beweglichem Gebaren. Auf märkischem Sand eine asiatische Horde. Die gezwungene Heiterkeit dieser Menschen verrät nicht, wie viel alter, ungesättigter Haß auf ihren Schultern lastet. Sie ahnen nicht, daß nur ein Zeitalter, das alle natürlichen Gewalten gefesselt hält, sie vor dem zu beschützen vermag, was ihre Väter erlitten haben. In engem Zusammenhang unter sich, in strenger Abgeschlossenheit nach außen: so leben sie in einem halb freiwilligen, unsichtbaren Ghetto, kein lebendes Glied des Volkes, sondern ein fremder Organismus in seinem Leibe.

Es frommt nicht zu forschen, wie das geschah und auf welcher Seite die Schuld liegt. Das Leben fragt nach dem, was ist; und die Geschichte gibt dem Unterliegenden Unrecht.

Es besteht die unbestreitbare Wahrheit, daß die besten Deutschen einen tiefen Widerwillen gegen jüdisches Wesen und Treiben hegen, die am meisten, die nicht viel Worte davon machen und etliche Ausnahmen — gleichsam als seltsame Naturspiele — zugeben. Und wenn die Juden über Breite und Tiefe der Strömung sich zu täuschen trachten, — ein beklommenes Gefühl der Einengung und Verlassenheit werden sie nicht los. Der alte Herrlichkeitsgedanke ist verrauscht, und sehnsüchtiger als sie es gestehen blicken sie aus nach Versöhnung. Aber das Meer der Abgeschlossenheit will sich vor keinem Zauberspruch zerteilen...

Dem Stammesdeutschen ist die Frage so zuwider wie ihr Gegenstand. Er ist zufrieden, wenn das schwärzliche Volk ihm vom Leibe bleibt. Um ihre Zukunft sich zu kümmern, hat er keine Veranlassung. Gelingt die Assimilation doch kaum mit Polen und Dänen.

Und was tut Israel, um vom Banne befreit zu werden? Weniger als nichts. Für auserwählter als andere Leute haltet Ihr Euch freilich nicht mehr, — kaum noch für schlauer. Aber mit dem, was an Euch bleibt, deucht Ihr Euch über alle Kritik erhaben. Meint Ihr, der alte Stammesgott werde seinen König Messias senden, um Euch zu helfen? Ach, es ist Euch nicht aufgefallen, daß er seit ein paar tausend Jahren sich mit Euch nichts mehr zu schaffen gemacht hat! Der Herr des Zornes und des Sieges hatte an einem Volke von Kriegern Gefallen; für ein Volk von Krämern und Maklern interessiert er sich nicht. Der auf Horeb und Zion thronte, zieht nicht nach der Rosenthalerstraße noch nach der Heidereutergasse.

Ihr sprachet, Ihr Schlauen und Weltgewandten: „Wer den Reichtum besitzt, der hat die Macht." Nun habt Ihr den Reichtum — und Eure Reichen sind weniger geachtet als Eure Armen. Eure Redekunst war eitel und Eure Agitation umsonst. Vereine habt Ihr gegründet, — zur Abwehr, anstatt zur Einkehr. Den Besten unter Euch habt Ihr das Leben zuwider gemacht, so daß sie Euch den Rücken kehrten, und als sie abtrünnig wurden, habt Ihr nichts vermocht, als sie zu verwünschen; daher kommt es, daß es ihnen gut geht. Schreiet nicht nach dem Staat und Regierung. Der Staat hat Euch zu Bürgern gemacht, um Euch zu Deutschen zu erziehen. Ihr seid Fremde geblieben und verlangt, er solle nun die volle Gleichberechtigung aussprechen? Ihr redet von erfüllten

Pflichten: Kriegsdienst und Steuern. Aber hier war mehr zu erfüllen als Pflichten: nämlich Vertrauen. Man redet viel vom Rechte des Schwächeren; dies Recht besteht, aber es läßt sich nicht ertrotzen. Keinen Stein wird man Euch wegräumen und keinen Schritt ersparen. Wollt Ihr aber, in Eure Stadtviertel verschanzt, weiter mit falschen Märtyrerkronen stolzieren, — nur zu, man wird Euch nicht wehren.

Doch ich weiß: es sind Einzelne unter Euch, die es schmerzt und beschämt, Fremde und Halbbürger im Lande zu sein, und die sich aus der Ghettoschwüle in deutsche Waldes- und Höhenluft sehnen. Zu ihnen allein spreche ich. Mögen die anderen, so viele oder wenige mich hören, ihres tausendjährigen Rechtes gedenken, zu verfolgen und zu verhöhnen, die ihnen helfen wollen. Ihr aber, ihr Minderzähligen, habt die schwere Aufgabe, die Abneigung Eurer Landesgenossen zu versöhnen, Ihr, die Ihr doch — verzeiht mir! — so wenig geschaffen seid, Euch Freunde zu machen. Dennoch wird es gelingen; und die Enkel der Indifferenten von heute werden Euch folgen.

Ihr fragt, ob ich Euch etwa zum Christentum zu bekehren denke? Gewiß nicht.

Ein Ende der Judenfrage ist die Taufe gewiß nicht. Wenn auch der Einzelne durch die Lossagung sich bessere Existenzbedingungen schaffen kann: die Gesamtheit kann es nicht. Denn würde die Hälfte von ganz Israel bekehrt, so könnte nichts anderes entstehen als ein leidenschaftlicher „Antisemitismus gegen Getaufte", der durch Schnüffeleien und Verdächtigungen auf der einen, durch Renegatenhaß und Verlogenheit auf der anderen Seite ungesunder und unsittlicher wirken würde als die heutige Bewegung.

Was also muß geschehen? Ein Ereignis ohne geschichtlichen Vorgang: die bewußte Selbsterziehung einer Rasse zur Anpassung an fremde Anforderungen. Anpassung nicht im Sinne der „mimicry" Darwins, welche die Kunst einiger Insekten bedeutet, sich die Farbe ihrer Umgebung anzugewöhnen, sondern eine Anartung in dem Sinne, daß Stammeseigenschaften, gleichviel ob gute oder schlechte, von denen es erwiesen ist, daß sie den Landesgenossen verhaßt sind, abgelegt und durch geeignetere ersetzt werden. Könnte zugleich durch diese Metamorphose die Gesamtbilanz der moralischen Werte verbessert werden, so wäre das ein erfreulicher Erfolg. Das Ziel des Prozesses sollen nicht imitierte Germanen, sondern deutsch geartete und erzogene Juden sein. Und zwar wird sich zunächst ein Zwischenstand bilden müssen, der, von beiden Seiten anerkannt, ein Trennungs- und Verbindungsglied zwischen Deutschtum und Stockjudentum vorstellt: ein jüdisches Patriziertum — nicht des Besitzes —, sondern der geistigen und körperlichen Kultur. Dieser Stand wird durch seine Wurzeln von unten herauf immer neue Nahrung aufsaugen und mit der Zeit alles verarbeiten, was an umwandlungsfähigem Material vorhanden ist.

Wenigen Außenstehenden ist es bekannt, daß ein Patriziertum unter den Juden schon vorhanden ist und, ihren höchst konservativen Neigungen gemäß, bereitwillig anerkannt wird. Weit weniger, als man gemeinhin glaubt, wird der Begriff guter Familie von altem und jungem Reichtum verdunkelt, und es stehen ebensoviele ganz arme Häuser in hohem Ansehen, wie steinreiche für plebejisch gelten, obwohl sie mit dem echten Landesadel Fühlung haben. Dieser Zwischenstand, der schon jetzt eine strenge Selbsterziehung übt, würde mit besserem Erfolg nach unten hin wirken, wenn nicht, durch Verhältnisse veranlaßt, die ich weiterhin erwähnen werde, der Prozeß der Loslösung einzelner Teile beständig vor sich ginge.

Aber auch in der breiteren Masse dämmert eine gewisse Selbsterkentnis, und es ist erfreulich, daß auch dort die Benennung „jüdisch" für persönliche Eigenschaften und Handlungsweise eine kompromittierende Färbung angenommen hat. Einmal hörte ich, als von einem Manne gesprochen wurde, der seiner Laufbahn wegen sich hatte taufen lassen, wie ein Stammesgenosse sein Urteil in die Worte faßte: „Gott, wie jüdisch!"...

Seht Euch im Spiegel! Das ist der erste Schritt zur Selbstkritik. Leider ist nichts daran zu ändern, daß Ihr einander zum Erschrecken ähnlich seht und daß daher jedes Einzelnen Unart auf die Rechnung Aller gesetzt wird. Auch hilft es nicht festzustellen, daß Eure südöstlich gestimmte Erscheinung an sich für die nördlichen Stämme nichts Sympathisches hat. Um so mehr habt Ihr zu sorgen, daß inmitten einer militärisch straff erzogenen und gezüchteten Rasse Ihr Euch durch verwahrlost schiefes und schlaffes Einhergehen nicht zum Gespött macht. Habt Ihr erst Euren unkonstruktiven Bau, die hohen Schultern, die ungelenken Füße, die weichliche Rundlichkeit der Formen, als Zeichen körperlichen Verfalles erkannt, so werdet Ihr einmal ein paar Generationen lang an Eurer äußeren Wiedergeburt arbeiten. Ihr werdet es solange aufschieben, die Trachten der hageren Angelsachsen zu parodieren, in denen Ihr ausseht, wie wenn ein Teckel einen Windhund kopiert; Ihr werdet nicht am Strande durch Seemannskleider, in den Alpen durch Wadenstrümpfe die Natur rebellisch machen. Wie in Palästina das Volk Israel ausgesehen hat, weiß ich nicht — die Zeitgenossen scheinen seine Art von Schönheit nicht goutiert zu haben — aber soviel ist gewiß, daß zweitausend Jahre Elend ihre Spuren zu tief einbrennen, als daß sie sich mit Eau de Cologne abwaschen lassen. Haben doch in jener Zeit die Weiber das Lächeln verlernt; ihr Lachen ist grell und unfroh und ihre Schönheit schwermütig geworden. Verstündet Ihr diese seltsame und fremdartige Schönheit, so würdet Ihr sie nicht ersticken in Ballen von Atlas, Wolken von Spitzen und Nestern von Brillanten ...

Zwischen wedelnder Unterwürfigkeit und schnöder Arroganz findet Ihr schwer den Mittelweg. Selbstbewußtsein ohne Anmaßung läßt sich freilich nicht anlernen; nur der erwirbt es, der sich als niemandes Gläubiger noch Schuldner fühlt. Dazu plagt Euch ein maßloses Streben, zu repräsentieren. Könntet Ihr Euch einmal mit fremden Augen sehen, Ihr Sportsmänner auf dem Kutscherbock, Ihr Mäcenaten in den Ateliers, Ihr Vereinsvorstände auf der Rednerbühne! Ihr, die Scharfschützen der Beobachtung und des Sarkasmus, — welche Vergleiche fändet Ihr heraus! Aber, nicht wahr, lieber Leser und Glaubensgenosse: das trifft zwar bei den Anderen zu, doch wir beide sind ganz anders?!
. . .

Alle Rassengeschichte auf Grund historischer Beobachtungen ist gescheitert, weil der gleiche Boden die Gräber verschiedenster Stämme birgt, die über ihn hinweggezogen sind.

Alle Rassenhistorie auf Grund philologischer Forschung ist gescheitert, weil Sprachen austauschbar sind; der Sieger empfängt sie vom Besiegten, der Besiegte vom Sieger.

So bleibt nur die psychologische Forschung: die Beobachtung des Seelenzustandes. Dieser ist unveränderlich und unübertragbar. Als Polarität des Seelenzustandes kann zunächst nur der Gegensatz von Furcht- und Mutstimmung gelten. Schon die Verfolgung dieser Polarität führt zu wichtigen Aufschlüssen, auch zu Rückfolgerungen physiognomischer Art.

Die Zukunft, 6. März 1897

AN HERRN PHILIPPSTEIN, SCHLACHTENSEE

Berlin, 30. 7. 1916

Sehr verehrter Herr Philippstein!

Eine der bedenklichsten Charaktergefahren der heutigen Juden ist Respektlosigkeit, die nicht zu verwechseln ist mit freiheitlicher Gesinnung, sondern sich sehr wohl verträgt mit zweckmäßiger Unterwürfigkeit und schwach entwickeltem Schamgefühl.

Diese Eigenschaft wird überdeckt, wo der Träger in selbständiger Unabhängigkeit steht. Sie tritt, verbunden mit stark materiellen Tendenzen, hervor in Not und Bedrückung, und bemächtigt sich des Wesens so stark, daß der physiognomische Ausdruck einer kaum rückgängig zu machenden Tendenz erschreckend wird, wie man dies in den Proletariaten zu Amsterdam und Warschau tausendfach beobachten kann.

Die schwersten Gefährdungen und Rückschläge werden Ihre Bestrebungen daher von der Seite derer erleiden, denen geholfen werden soll, und die in vielen Fällen undankbar und respektlos, widerwillig und anspruchsvoll sich gegen die Güter wehren werden, die man ihnen bringt...

Mit ergebenstem Gruß Ihr

Rathenau.

VON SCHWACHHEIT, FURCHT UND ZWECK

Wenn man die Vielgestaltigkeit menschlicher Naturen und Charaktere betrachtet, so zweifelt man, ob es möglich ist, eine Ordnung zu erkennen, an der die verworrene Erscheinung sich aufreiht, oder gar ein Grundgesetz zu finden, aus dem sie sich entwickelt.

Und doch bekräftigt das Gefühl und verlangt die Vernunft, daß eine Gesetzmäßigkeit, ja eine Polarität erkennbar sei, aus deren Gegensätzlichkeit das scheinbar Willkürliche Sinn erhalte...

Soll die endgültige Trennung geschehen, so muß der Schnitt tief hinabdringen, bis auf den unbewußten Untergrund menschlicher Stimmung, bis in jene Schichten, in denen menschliches Wesen auf der Grundfeste der organischen Schöpfung ruht. Hier ist das Wollen und Denken noch indifferenziert verschmolzen, hier schlummern die Keime der Persönlichkeit und Individualität noch unbefruchtet.

Die Bezeichnungen, die für diese Grundstimmungen die Sprache herleiht, sind unzulänglich. Denn was wir Mut und Furcht zu nennen gewohnt sind, das kann ein bewußter Affekt, zuzeiten gar ein Ergebnis des Denkens sein. Nicht diese Bedeutung soll hier gezeichnet werden, sondern vielmehr die mutvoll und furchthaft gefärbte Willensstrebung, die Neigung zum Angriff, zum Hervorbrechen, und die Neigung zur Abwehr, zur Flucht. Mit andern Worten, die gewaltige Gegensätzlichkeit, welche die gesamte Schöpfung durchquert, die den Granit gegen den Ton, den Dornstrauch gegen die Mimose, das bewehrte Tier gegen das flüchtige Tier in Kontrast setzt. In diesem Sinne sind Mut und Furcht die gegensätzlichen Urelemente der menschlichen Seelenstimmung; unbeeinflußt vom Erlebnis, unabhängig vom Denken und Wollen, vom Glauben und Wissen. Die Stimmungen beherrschen von der Geburt bis zum Tode das Leben der Menschen, Völker und Rassen; und könnte sich der Geist mit Deutlichkeit in frühere tierische oder vegetative Existenzen versetzen, so würde er die gleiche Polarität des Grundempfindens in diesen einfacheren Seelen wiedererkennen ...

Mut kommt aus Stärke, Furcht aus Schwäche. Die Wehr der Starken ist Kraft und Zuversicht, die Wehr der Schwachen ist Furcht und Flucht. Die Furcht lehrt ihn Gefahren verhüten, indem sie seinen Blick vorschauend in die Zukunft richtet. Vorschauende Furcht ist Sorge; auf Sorge und Hoffnung gründet sich der Aufbau des Geistes, der die Gegenwart verläßt, um in der Zukunft zu leben. Da nun aber der Geist seine Stimmungen und Empfindungen verwirklichen muß, um sie zu begreifen und zu besitzen, so schafft der Sorgen- und Hoffnungsvolle sich Vorstellungen, die im Künftigen liegen, denen er als vermeintlichen Ruhepunkten seines Wollens mit allen Kräften des Denkens zustrebt. Diese Vorstellungen heißen Zwecke, und so wird, im Stande des Denkens, aus dem Furchtmenschen der Zweckmensch: Schwachheit, Furcht und Zweck ist die Stammtafel seines Geistes ...

Die Tugend der Zweckbehafteten ist Barmherzigkeit; die Tugend der Zweckbefreiten ist Mut, dessen Spiegelbild Ehre heißt.

Daß die Werturteile der Zweckfreien — Mut als Tugend, Furcht und ihr Gefolge von Lug, Heimlichkeit und Arglist als Laster — noch heute das Fundament des tatsächlichen westeuropäischen Sittenempfindens bedeuten, und daß an dieser Schätzung die Einführung christlicher Lehren nichts Wesentliches geändert hat, ist an anderer Stelle ausführlich erörtert.

Zwar ist die Barmherzigkeit der Schwachen so sehr mit Unlust gepaart und von wahrer Güte des Herzens verschieden, daß man sie nur eine Tugend wider Willen nennen kann. Dennoch war ihre Erfindung und Einführung in alle Gebiete des Lebens eine gewaltige Sendung, gewaltiger noch als die Erfindung der Kunst ... Ja vielleicht bedeutet diese Sendung die Rechtfertigung der Schwachen in der sittlichen Ökonomie der Welt...

Die Zukunft, 25. Juni 1904

Wie das Leben die Tendenz hat, das Materiell-Anorganische aufzuheben und umzukehren, so hat das Seelenhafte die Tendenz, das Leben und das Organische aufzuheben und umzukehren: indem es nämlich imstande ist, entgegen der Entwicklung und Erblichkeit die Grundvoraussetzungen des Charakters zu modeln, und zwar durch Erkenntnis und Willen.

In diesem höchsten Sinn hat der Satz der Stoiker recht, daß Tugend lernbar sei.

1907

Bei der Vererbung wird nicht Materie übertragen, sondern Form. Die Materie strömt durch die Generationen wie das Wasser im Flußbett: der Fluß bleibt der alte, auch wenn kein Tropfen wiederkehrt. Neue Materie schöpft der Leib beständig aus Luft, Erde und Wasser; und das Stickstoffatom, das heute im Hirn des weißen Papstes vibriert, kann übers Jahr im Blut eines Negersträflings kreisen.

Deshalb ist Vaterschaft und Blutsverwandtschaft nicht nur die der Zellenteilung; denn nicht nur die Zeugung bindet die Form und Eigenschaft der Zelle.

Wer durch die Kraft seines Geistes den Aufbau des Generationenleibes modelt – und jede neue Denkform, Lebensgewohnheit, Lebensbedingung schafft hier Wirkung – der übt Zeugung, Vaterschaft und Vererbung. Dies ist rein materiell zu verstehen: so materiell wie die Mitwirkung eines, der dem Zeichner eine Linie korrigiert.

Zweifellos ist die Vaterschaft und Vererbungskraft Jesu, Luthers, Spinozas und Goethes auf den germanischen Volkskörper stärker als diejenige irgendeines ihrer germanischen Zeitgenossen, dessen „Blut" noch heute in tausend Individuen weiterlebt.

Dies ist die Grenze aller Rassentheorie.

1907

ANTISEMITISMUS

Daß ungermanischer Geist für die Gestaltung der Moderne verantwortlich ist, hat mancher unwillige Denker dem Volksgewissen ins Ohr geraunt, doch stets in der Meinung, zu entarteten Germanen zu sprechen. So suchte man nach einem Ferment und entdeckte es im Judentum. Der Antisemitismus ist die falsche Schlußfolgerung aus einer höchst wahrhaften Prämisse: der europäischen Entgermanisierung; und somit kann derjenige Teil der Bewegung, der Rückkehr zum Germanentum wünscht, sehr wohl geachtet und verstanden werden, wenn er auch die praktische Unmöglichkeit einer Volksentmischung verlangt.

Die Lehre von der semitischen Gärung hat jüngst ein geistvoller Nationalökonom in anziehender Weise mit einer Art verdrießlichen Bewunderung des schuldigen Teils entwickelt, indem er das Neuzeitwesen auf den Kapitalismus, den Kapitalismus auf das Judentum zurückführt. Er denkt also im Ernst daran, dem kleinen Volksstamm, dem die Welt die Hälfte ihres Gesamtbesitzes an religiöser Transzendenz schuldet, nun auch die Summe der materiellen Lebensordnung gutzuschreiben. Der Irrtum liegt in der Verkennung der Tatsache, daß Kapitalismus, so gut wie Technik, Wissenschaft, Verkehr, Kolonisation, Städteentwicklung oder Weltpolitik, nur Einzelerscheinungen der Grundfunktion bedeuten, die in der Verdichtung und ihrer Selbstbehauptung, der Mechanisierung, liegt.

aus: Zur Kritik der Zeit

1912

KRITIK DER RASSE

Von der Erblichkeit haben wir gesprochen. Sie ist uns erschienen als Beschränkung eines geistigen Anfangszustandes, welche die Freiheit des Handelns erschwert, aber nicht unmöglich macht. Denkbar und möglich ist es durchaus, daß ein Australneger sich zum Gelehrten oder Staatsmann seines Volkes aufschwingt; wahrscheinlich ist es nicht, weil erfahrungsgemäß das einer Menscheneinheit zugemessene Quantum an Evolutionskraft im Kampf des Einzellebens aufgebraucht wird...

Somit löst sich das Rassenproblem auf in eine Anwendung des Gesetzes großer Zahlen: in ihrer Form erblicher Ausstattung erweist sich die Zugehörigkeit zu einer animalischen Art oder menschlichen Rasse als Anfangsbeschränkung, als Durchgangskonstellation im Zeitpunkt T; die Möglichkeit beliebigen Vorschreitens in jeglicher Richtung ist dem Einzelnen und der Gesamtheit zu jeder Zeit gegeben, und insofern herrscht Freiheit, ist jede grundsätzliche Rassenbeschränkung ungültig; dahingegen zeigt die Erfahrung großer Beobachtungszahlen, daß von der Freiheit durchschnittlich ein geringer Gebrauch gemacht wird, daß die Erbreihe sich selbst ähnlich bleibt, und insofern ist die Rassenbeschränkung als empirischer Rechnungsfaktor für ein gegebenes Zeitmaß zulässig. Aber selbst innerhalb dieser Empirie scheinen Gesetzmäßigkeiten zu wirken, deren Seltsamkeiten noch der Beobachtung harren: vor allem die eine, welche ich als Umkehrung des Massencharakters bezeichnen möchte. Es hat den Anschein, als ob in den höchsten Individualbildungen eines Stammes gerade diejenigen Kräfte, zur Genialität gesteigert, sich emporringen, an denen die Masse arm ist; so daß gleichsam die ganze Kraft einer Gemeinschaft in einer einzigen Blüte hervorbricht...

aus: Zur Mechanik des Geistes

1913

MUT UND FURCHT IM BILDE HISTORISCHER ETHIK

Die empirische Polarität der furchthaften Seelenferne und der muthaften Seelennähe ist von den wechselnden ethischen Auffassungen der Zeiten und Zonen in verschiedenartiger Annäherung aufgefaßt und ausgewertet worden.

Am klarsten hat der germanische Geist objektiven Sachverhalt sich angeeignet. Das ungeschriebene, bis vor kurzem unausgesprochene und dennoch aller Kirchenlehre zum Trotz die gesamte Kulturwelt beherrschende okzidentale Moralsystem sagt aus: Mut ist Tugend, Furcht ist Laster. Alle Bewunderung wird dem Helden zuteil, alle Verachtung dem Feigen. Die Exzesse des Mutes werden gerächt, aber sie schänden nicht. Die Verbrechen der Feigheit und Heimlichkeit, Lug und Trug, Hinterlist und Verrat sind ehrlos und werden schmählich bestraft. Neutrale Eigenschaften: Barmherzigkeit, Fleiß, Klugheit, Mäßigkeit liegen außerhalb empfundener Wertung, so sehr sie auch von geistlicher und weltlicher Autorität angepriesen werden. Hingenommene Beleidigung dagegen entehrt, denn sie bringt den Makel der Feigheit; ihn tilgt der Zweikampf als offensichtlicher Gegenbeweis des Mutes.

Dieses ritterliche Moralsystem bleibt, dem daseinserfüllten Wesen seiner Erfinder entsprechend, planetarisch. Es krönt die Starken, bändigt oder vernichtet die Schwachen und hält sie in den Erdenschranken menschlicher Schichtung. Die Grenze wird nicht erreicht, die Seele bleibt unberührt. Das System ist edel und sachlich, aber es ermangelt der Transzendenz. Ohne die Reinheit und Klarheit des germanischen Beispiels zu erreichen, nähert sich der Mutkultus der Japaner und Indianer dem durch geheimnisvolle Zusammenhänge verwandten Anschauungskreise.

Trotzig und selbstgewiß verfährt die Moral der semitischen Stämme. Sie nimmt die Partei des Schwachen. Mut wird nicht verkannt, aber er bleibt ethisch ungewertet, wie Schönheit, Kraft und Begabung. Als universelle Tugend gilt die Perle der Furcht: Barmherzigkeit.

Aber so groß ist die transzendente Kraft edleren Menschengeistes, daß aus diesem materiell-utilitarischen Gut ein Überirdisches entkeimen kann: aus banaler Güte wird zweckfreie Menschen-, Feindes- und Gottesliebe. Ein zweiter Zug zur Transzendenz liegt in der rücksichtslosen intellektualen Gewalt der Gottschaffung. Durch unablässige Läuterung im Feuer der reinen Vernunft wandelt sich ein eifersüchtiger, polizeigewaltiger Berggott in den Herrn des Geistes, dessen Gebote absolut sind, und dem man dient, nicht um seiner selbst, sondern um des Geistes willen.

Hier führte die Stärke intellektualen Denkens so nahe an die Grenze transzendenter Wertung, daß die christliche Lehre nur noch die Fessel materieller Deutung und Versprechung abzustreifen brauchte, um den Kern der Liebe, der Entäußerung und des Gottesreiches zu lösen.

Die gräkoromanische Kultur des Mittelmeers, im Indifferenzpunkt germanischer und semitischer Anschauung gelagert, hat alle wertenden Kräfte auf die Schöpfung der Staatsgesinnung gerichtet; eine eigene Ethik ist ihr nicht erwachsen. Ein tüchtiges, muterfülltes Bauernideal liebt die Sehnsucht der juristisch-rituell gesonnenen Römer; Hellas genoß mit Herz und Sinnen den Adel terrestrischer Begabung und spottete derer, denen sie versagt war; die homerische Götterkunde wiederholte das gleiche Spiel in der heitren Ungezogenheit ihrer olympischen Aristokratie. Waren Leib und Geist zur Vollkommenheit gebildet, so fand herakleische Kraft und odysseische Klugheit die gleiche Schätzung, doch immer-

hin mit solchem Beigeschmack germanischer Mutbewertung, daß
die Fülle der Verachtung dem ewigen Vorbild schmähsüchtiger
Feigheit, dem unsterblichen Thersites, gezollt wird.
Aber auch aus dieser sinnlich-transzendenzlosen Welt steht
höchstem Menschengeist der Aufschwung frei; nicht aus dialektischer Schärfe wie beim Judentum, sondern aus ästhetischer Anschauung erhebt sich hier die platonische Transzendenz, die den
tellurisch bewegten Griechengeist zum ersten Mal an jenseitige
Mächte kettet.

aus: Zur Mechanik des Geistes

1913

AN PROF. DR. LANDMANN

Grunewald, 20. 1. 1914

Lieber Herr Professor!

Meine Vorstellungen von der Entwicklung der Menschheit ist
heute nicht mehr eine an Rasse gebundene, wie zur Zeit meiner
frühesten Schriften. Wir alle wissen, wie überraschend die höchsten Gipfel der Stammesbäume sich zueinanderneigen und sich
ähnlich werden; das Phänomen der Menschwerdung stammt nicht
von einem Urpaare, sondern ereignet sich bei einer gewissen
Planetenreihe so vielfach und notwendig, wie im Juni die fremdesten Rosen ohne Verabredung blühen; der Germane und der
Papua sind Enkel von Ahnen, die tief unter beiden standen. Lebenswille schafft Rasse, die nur im Zeitdifferential ein verwertbarer Begriff ist. Und dies alles gilt nur von der intellektualen
Welt! Wie viel freier ist die Welt der Seele! Sie verträgt sich mit
jedem Stande der Physiognomie, des Physikums, der Sinnlichkeit:
Im Buddha geht intellektual anderes vor als in Plato, seelisch das
gleiche.

AN DR. KARL SCHEFFLER, BERLIN

Berlin, 10. 10. 17

Sehr verehrter Herr Doktor!

Es ist richtig, auf das Nationalverhältnis der Juden bin ich nicht
eingegangen, denn für mich steht es fest und selbstverständlich da,
daß ein anderes Nationalitätsgefühl als das deutsche für einen

gebildeten und gesitteten Juden nicht bestehen kann. Ich wüßte keinen, der mir begegnet wäre, der seine Staatszugehörigkeit anders empfunden hätte als ein Bayer, Sachse oder Ostpreuße.

Wir alle wissen, daß die deutschen Stämme nicht einheitlichen Blutes sind, daß sie noch weniger die Nachkommen der taciteischen Germanen darstellen. Daß die Blutmischung der Juden eine ältere ist, hat für mich keine Bedeutung für ihre nationale Eingliederung; ich halte alle Rassentheorien für Zeitspielerei und kenne nur eins, was Völker zu Nationen, Nationen zu Staaten macht: die Gemeinsamkeit des Bodens, des Erlebnisses und des Geistes.

Mit ergebensten Gruß Ihr
Rathenau.

Schloß Bad Freienwalde, „Arbeitszimmer mit gemalten Landschaften"
aus: Hermann Schmitz, Schloß Bad Freienwalde, Ernst Wasmuth Verlag, Berlin 1927

JUDENTUM UND CHRISTENTUM

AN RABBINER DR. DANIEL FINK

Berlin, 1. 6. 1912

Das Christentum oder irgend eine andere Religion für Ausschreitungen verantwortlich zu machen, die in ihrem Namen begangen werden, halte ich nicht für philosophisch zulässig. Nicht die reine Lehre ist es, die Blutschuld auf sich ladet, sondern das Mißverständnis und der geistige Zustand ihrer Bekenner. Selbst die göttlichste Lehre kann in die Lage kommen, mißverstanden zu werden.

In Paulus sehe ich nicht so sehr den großen Propagandisten der christlichen Lehre wie den tief empfindenden Menschen, der die schönsten Zeilen niedergeschrieben hat, die je eine menschliche Hand zu Papier brachte: den großen Hymnus auf die transzendentale Liebe.

Die synagogale Musik ist mir nicht fremd; ich habe sie insbesondere an der Hand der ausgezeichneten Aufzeichnungen des früheren Breslauer Kantors Deutsch eingehend studiert und schätze sie hoch. Eine Parallele zu ziehen zwischen einer rein homophonen Melodik und dem gewaltigen kontrapunktischen Aufbau der deutschen Instrumental- und Chormusik ist mir nicht möglich.

Die Lyrik des Alten Testaments liebe und bewundere ich aufs höchste. Indessen kann ich auch hier — außer in dem vielfach mißbrauchten Wort Lyrik — keine Analogie finden zwischen ekstatischen und inbrünstigen Glaubensäußerungen einerseits und der reinen Verkörperung menschlicher Seelenstimmung in der griechischen und germanischen Poesie anderseits. Die Dichtungen des Jehuda Halevi sind mir nur aus Übersetzungen bekannt; ich habe in diesen eine hohe dichterische Begabung empfinden können, jedoch durchweg den orientalischen Geist wahrgenommen, der in arabischen, teilweise auch persischen Poesien vorwaltet, und sehr wenig, was als der deutschen Dichtung verwandt angesprochen werden könnte.

Die Stellen des Alten Testaments, die Sie zitieren, habe ich sämtlich nachgelesen. Es sind Aussprüche hohen Sittlichkeitsgefühls, die eine edle Barmherzigkeit lehren, jedoch durchweg irdischen und keineswegs transzendenten Inhalts. Sie nennen dies konkret und greifbar und äußern damit ein berechtigtes Lob dieser Verse, die sich auf irdische, ja teilweise auf materielle Dinge: Reichtum und Armut, Not und Linderung beziehen. Die Bedeutung des Neuen Testamentes sehe ich, soweit sich solche Dinge in einem Wort zusammenfassen lassen, in seinem transzendenten Inhalt. Auch hier finden sich ja Gebiete, die dem materiellen Leben angehören, doch gibt es nach meiner Erfahrung kein anderes Gesamterzeugnis menschlichen Geistes – selbst Plato, Franziskus, Eckart einbegriffen – das so sehr die irdischen Gebiete im Schatten läßt, um auf die Höhen des Übersinnlichen und Übernatürlichen als auf das einzig Wesentliche hinzuweisen.

Deshalb bin ich auch nicht in der Lage, wie Sie es tun, Christus als eine politische oder staatsmännische Persönlichkeit aufzufassen, deren Pflichten auf ähnlichem Gebiet wie die von Stein, Hardenberg und anderen gelegen hätten. Vom Standpunkt der Transzendenz gibt es keinen Unterschied zwischen Zöllnern und Pharisäern, Römern und Juden, und politische Aufgaben versinken.

Von diesen Auffassungen ausgehend, kann ich auch der Zugehörigkeit zu kirchlichen Gemeinschaften keine allzuhohe Bedeutung beimessen. Kirche und Religion sind mir nicht identisch, und wenn ich auch den Wert des Ereignisses nicht unterschätze, daß Religionen durch kirchliche Verfassung bis zu einem gewissen Punkte Gemeingut großer Gruppen werden können, so glaube ich doch, daß die Maßnahmen der Lehre, der Popularisation, der Kirchenverfassung, des Rituals und der Kirchenpolitik nicht den vollen Inhalt des individuellen Empfindens erschöpfen können. Ich habe weder mit kirchlich-jüdischem Liberalismus, dem sie mich zurechnen, noch mit Jatho'schen Auffassungen, auf die Sie mich verweisen, mich irgendwie befaßt. Ob die Bande, die mich mit dem kirchlichen Judentum verbinden, stark oder schwach sind, kann ich nicht beurteilen und kann auch zu dieser Frage keine Stellung nehmen. Entscheidend muß für mich die Überzeugung und Empfindung bleiben; kirchenpolitische Erwägungen treten hiergegen in den Hintergrund.

Ich weiß, daß ich mit diesen Zeilen möglicherweise die geistigen Gegensätze vertiefe, die uns trennen, habe aber nicht das Recht, einer mir in hohem Maße sympathischen Gemeinschaft des Denkens zuliebe Grundauffassungen zu verwischen, die von meiner Existenz nicht trennbar sind.

In vorzüglicher Hochachtung Ihr
Dr. W. Rathenau.

EINE STREITSCHRIFT VOM GLAUBEN

Sehr geehrter Herr von Trützschler,

Sie fordern von den deutschen Juden die Bekehrung zum Christentum. In Liebe und Güte, in Haß und Zorn ist diese Forderung durch zwei Jahrtausende oft erhoben worden. Das ist an sich kein Einwand gegen ihre Berechtigung; denn Fragen und Antworten verändern ihr Antlitz und bilden einen Spiegel der Zeit; Ihre Gründe sind nicht die Lavaters, und meine Erwiderung wird nicht die Mendelssohns sein...

Lassen Sie mich zunächst ein Wort über den mosaischen Glauben sagen. Auch er hat im Laufe der Jahrtausende sein Antlitz geändert: er war Stammesglaube, er war Kirchenreligion, er war dogmatische Spekulation, er war dem aufklärenden Deismus, der forschenden Zersetzung unterworfen. Was er in seinem Innersten ist, scheint manchem schwer zu entwirren; es gibt Juden, die an vorgeschichtlichen Riten und an scholastischen Distinktionen hängen, wie es in deutschen Gauen Christen gibt, deren Muttergottesbilder Besuche austauschen, und deren geweihte Symbole in Kutschen einherfahren; es gibt Juden, die den Gottbegriff zum reinen Pantheismus verflüchtigen, wie es Christen gibt, die aus der Heilslehre der Evangelien eine kommunistische Sittenlehre lesen.

Dennoch läßt der reine Begriff des Judentums wie der des Christentums sich zeitlos, im Bilde der Ewigkeit erfassen, und die Trübung des Örtlichen, des Zeitlichen, des Zivilisatorischen bedeutet nicht mehr als die Schliere in der Kristallinse eines Refraktors.

Sie fassen die Judenfrage als eine religiöse; ich habe dem nicht widersprochen, weil sie neben der sozialen Seite eine religiöse hat, die ehedem als die hauptsächlichste galt, und die seit langem kaum mehr nach Gebühr beachtet wird.

Auch die religiöse Frage verlangt eine Lösung, und ich teile Ihre gute Zuversicht, daß diese Lösung nur eine Versöhnung sein kann. Eine Versöhnung, nicht eine Verschmelzung; denn der farbige Reichtum der Dinge auf Erden, der geschaffenen und erzeugten, aus allen Reichen und Zeiten, Elementen und Geistern, ist so herrlich und so unberührbar heilig, daß kein schöpferischer Gedanke fordern darf, ein Organisches, Tiefgegründetes um eines anderen Organischen willen endgültig zu opfern. Alle Versöhnung ist Synthese.

Ich will das höchste Leben des religiösen Bewußtseins und glaube an eine absolute Wahrheit, die sich im endlichen Menschengeist spiegelt. Aber ich halte Religionen und Kirchen für irdische Formen — Mechanisierungsformen nannte ich sie —, die den reinen Glauben umschließen, ihn gegen den Abbruch der Zeiten schützen, ihn den Mengen nach Art und Begabung anpassen. Ich glaube an die Dauer, die heilige Aufgabe und die wachsende Vergeistigung der Kirchen und preise zumeist diejenigen, die ein lebendiges Dasein der Erneuerung und Entwicklung sich organisch bewahren. Ich glaube aber auch an die Möglichkeit eines kirchenlosen Glaubens, der freien Gemeinde und des persönlichen Bekenntnisses. Ich erblicke das Maß der irdischen Glaubenskraft nicht in der Bekennerzahl einzelner Religionsformen, sondern in der Intensität der religiösen Durchdringung des Lebens. Ich glaube an die innere Notwendigkeit der Verschiedenartigkeit der Glaubensform und möchte sie eher gesteigert als verringert sehen; denn wie die Lebenskraft in der Tausendfältigkeit der Form sich auswirkt, so kann die Gotteskraft nur in der Tausendfältigkeit der Strahlung wirken...

Ich will die religiöse Erziehung. Doch weder die religiöse Schule noch die kirchliche Kontrolle der Schule. Der Staat mag durch seine weltlichen Organe die Lehre überwachen, damit sie nichts verkünde, was der Sitte oder einem Glauben zu nahe tritt. Er mag auch die Ausübung und Annahme religiöser Unterweisung fordern und überwachen und ihr Ergebnis prüfen: ein Zwang zur Verbreitung einseitig bestimmter Glaubensformen gebührt nicht der Würde eines mündigen und gebildeten Volkes ... Wenn es ein Reich der intelligiblen Freiheit gibt, und wenn wir dieses das Reich der Seelen und das Reich Gottes nennen dürfen, so soll auch sein Abbild, das Reich des Glaubens, ein freies Reich sein.

Ich grüße Sie in Hochachtung und Ergebenheit

Walther Rathenau.

INTEGRATION

STAAT UND JUDENTUM, EINE POLEMIK

Erwiderung auf einen Artikel des Herrn Geheimrat...

Der heutige kultivierte Jude ist meines Erachtens weniger als irgend ein anderer zeitgenössischer Kulturträger vom Dogmatisch-Religiösen abhängig. Er betrachtet seinen Väterglauben als einen abgeklärten Deismus im Sinne der Philosophen des 18. Jahrhunderts, ist im mythologischen, historischen, exegetischen, dogmatischen, ja selbst im rituellen Bereich der geschichtlichen Nationalreligion wenig bewandert und tritt in der Regel nur anläßlich der sakramentalen Handlungen des Lebens in Berührung mit der Religionsgemeinschaft. Ein so lockeres Verhältnis schafft keine Absonderung; sonst müßte sie bei den weitaus glaubenseifrigeren Katholiken fühlbarer sein als bei den Juden.

Die wahre Ursache der Trennung liegt in tiefer und alter Stammesabneigung.

Die Abneigung der Juden gegen die Germanen war in der Zeit der materiellen Bedrückung lebhaft, ja leidenschaftlich. Seit zwei bis drei Menschenaltern stirbt sie ab und weicht bei den jüngeren Geschlechtern einer rückhaltlosen Anerkennung der Nation, der sie den wertvollsten Teil ihrer Geistesgüter verdanken.

Auf christlich-deutscher Seite ist die Abneigung bis vor etwa zwei Jahrzehnten stark angewachsen, und zwar in gleichem Maße wie die Zahl, der Reichtum, der Einfluß, der Wettbewerb, das Selbstbewußtsein und die Schaustellung der Juden fühlbar wurden. Seit der letzten Antisemitenperiode scheint die deutsche Abneigung stetig geblieben, vielleicht um eine Kleinigkeit rückgebildet zu sein.

Auf ein Erlöschen dieser Abneigung ist kaum zu hoffen, solange der Staat sie durch gegensätzliche Behandlung billigt, anpreist und rechtfertigt, und solange gewisse Stammeseigentümlichkeiten den jüdischen Deutschen seinem christlichen Landsmann erkennbar und verdächtig machen.

Es liegt nahe, den Juden anzuraten, durch eine energische Selbsterziehung, die schon seit einem Jahrhundert von vielen geübt wird, alle ablegbaren Seltsamkeiten zu beseitigen. Vor Jahren habe ich dies ausgesprochen in der Meinung, daß so die edelsten Gegenkräfte des Antisemitismus geweckt und hiermit im eigentlichen Sinne Not zur Tugend werde. Doch habe ich mir nicht verhehlt, daß es hart ist, Opfer als Gegenleistung für Bedrückung zu verlangen, und daß dieses Volksopfer lange Zeitläufte zu seiner Erfüllung braucht...

Den Juden trifft ein sozialer Makel. In die Vereinigung und den Verkehr des besseren christlichen Mittelstandes wird er nicht aufgenommen. Zahlreiche Geschäftsunternehmungen schließen ihn als Beamten aus. Die Universitätsprofessur ist ihm durch stille Vereinbarung versperrt, die Regierungs- und Militärlaufbahn, der höhere Richterstand durch offizielle Maßnahmen. In den Jugendjahren eines deutschen Juden gibt es einen schmerzlichen Augenblick, an den er sich zeitlebens erinnert: wenn ihm zum ersten Male voll bewußt wird, daß er als Bürger zweiter Klasse in die Welt getreten ist und daß keine Tüchtigkeit und kein Verdienst ihn aus dieser Lage befreien kann.

Gleichzeitig aber erfährt er, daß ein Glaubensakt, gleichviel ob innerlich gerechtfertigt oder äußerlich herbeigeführt, seine Abstammung zu verdunkeln, seinen Makel zu tilgen, seine bürgerlichen Nachteile zu beseitigen vermag.

Daß der generationsweise wiederkehrenden, täglich erneuten Versuchung, die dieser eigenartige Ausfluß unsrer Staatsweisheit herbeiführt, ein verhältnismäßig kleiner Prozentsatz der deutschen Juden erliegt, offenbart meines Erachtens die stärkste Eigenschaft des modernen Judentums. Ich weiß, daß Menschen, die sich von ganzem Herzen zum Christentume hingezogen fühlen, auf die äußere Zugehörigkeit verzichten, weil sie mit Belohnung verbunden ist. Diesem Verzicht liegt die Überzeugung zugrunde, daß ein idealler Schritt seine Reinheit verlieren muß, wenn er zu materiellen Vorteilen führt; eine Erwägung, die nicht ganz zu der Vorstellung paßt, die man gemeinhin von der kühlen Berechnung des jüdischen Geistes sich bildet.

Die Forderung der Taufe enthält somit für den gebildeten und gewissenhaften Juden eine doppelt schwere Zumutung: sie legt ihm auf, ein altertümlich-dogmatisch gefaßtes Glaubensbekenntnis abzulegen, von dem er weiß, daß gerade die Verlegenheit, die es ihm bereitet, zur Beibehaltung beiträgt; sie legt ihm ferner auf, sich als einen Menschen zu empfinden, der von der Ablehnung seines Väterglaubens geschäftlich oder sozial profitiert; und zu guter Letzt nötigt sie ihn, durch den Akt löblicher Unterwerfung sich einverstanden zu erklären mit der preußischen Judenpolitik, die nicht weniger bedeutet, als die schwerste Kränkung, die ein Staat einer Bevölkerungsgruppe zuzufügen vermag...

In diesem Zusammenhange darf und muß es ausgesprochen werden: die der preußischen Judenpolitik zugrunde liegenden Vorstellungen sind rückständig, falsch, unzweckmäßig und unsittlich.

Rückständig: denn alle Nationen westlicher Kultur haben diese Vorstellungen aufgegeben, ohne Schaden zu erleiden.

Falsch: denn Maßnahmen, die gegen eine Rasse gedacht sind, werden gegen eine Religionsgemeinschaft gerichtet.

Unzweckmäßig: denn an die Stelle der offenkundigen Verjudung, die bekämpft werden soll, tritt die latente, und zwar auf Grund einer üblen Auslese; gleichzeitig wird eine große, konservativ veranlagte Volksgruppe in die Opposition getrieben.

Unmoralisch: denn es werden Prämien auf Glaubenswechsel gesetzt und Konvertiten bevorzugt, während hunderttausend Staatsbürger, die nichts anderes begangen haben, als ihrem Gewissen und ihrer Überzeugung gefolgt zu sein, in ungesetzlicher Weise und durch kleine Mittel um Bürgerrechte verkürzt werden.

Die deutschen Juden tragen einen erheblichen Teil unseres Wirtschaftslebens, einen unverhältnismäßigen Teil der Staatskosten und der freiwilligen Wohlfahrts- und Wohltätigkeitsaufwendungen auf ihren Schultern. Sie hätten die Mittel in der Hand, um eine unvernünftige Staatsraison in kürzester Zeit unmöglich zu machen. Daß sie in weit überwiegender Zahl staatsfördernd gesinnt bleiben, beweist einen Gemütszug, der praktischem Christentum nicht unähnlich sieht.

Wie dem auch sei: die preußische Judenpolitik hat ihre Glanzzeit überwunden, die mit dem Kampfe Bismarcks gegen den Liberalismus zusammenfiel. Ein Industriestaat von der Bedeutung unseres Reiches bedarf aller seiner Kräfte, der geistigen und materiellen; er kann auf einen Faktor wie den des deutschen Judentumes nicht verzichten. Noch ehe ein Jahrzehnt vergeht, wird der letzte Schritt zur Emanzipation der Juden geschehen sein.

Man kann nicht sagen, daß die deutschen Juden das erste Jahrhundert ihrer beginnenden Freiheit schlecht angewendet haben. Kulturell und materiell haben sie zum Wohl ihres Vaterlandes beigetragen. Ist der Makel sozialer Ungleichheit getilgt, so ist damit auch der offizielle Teil der Volksabneigung gegen die jüdischen

Deutschen beseitigt und der Weg zum herzlichen Verständnis gebahnt. Undankbarkeit und Herzlosigkeit sind niemals Fehler des semitischen Blutes gewesen.

Erwiderung auf das Schreiben eines befreundeten Grundbesitzers

Erstaunt war ich, das populäre Argument des „Staates im Staate" von meinem Freunde aufgenommen zu sehen... Der Jude soll durch die Taufe den Nachweis der Loslösung erbringen; Loslösung wovon? Von seiner Familie? Seiner Religion? Nein: von seiner Nation. Wo liegt diese? Gewerbsmäßige Antisemiten haben den Humor, zu antworten: in der Alliance Israélite; indem sie nämlich eine wenig bekannte internationale Wohltätigkeitsanstalt mit dem Schrecken des Freimaurertums ausstatten. Was würden wohl die deutschen Katholiken antworten, wenn man von ihnen verlangte, sie möchten durch Übertritt zur evangelischen Kirche den Nachweis ihrer Loslösung von ausländischen Religionsorganisationen erbringen?

Ich will meinen Widerpart nicht dialektisch widerlegen, sondern mich mit ihm verständigen. Deshalb komme ich ihm einen Schritt entgegen und nehme an, er habe folgendes gemeint: die Juden stellen die Einheit der Abkunft, die Einheit der Religion und der Familie über die nationale Einheit; sie sind daher schlechte Staatsbürger.

Der erste Teil des Satzes, den ich auf Grund meiner Erfahrung bei zivilisierten Juden aufs entschiedenste bestreite, läßt sich weder für diesen, noch für irgend einen anderen Volksteil beweisen oder widerlegen, abgesehen davon, daß es eine unwürdige Zwecklosigkeit ist, seinem Mitmenschen in die tiefsten Falten seines Gewissens nachzuspüren. Politisch entscheidend ist der zweite Teil: sind die Juden schlechte Staatsbürger oder sind sie es nicht?

Da ist zunächst daran zu erinnern, daß wir nicht mehr im Zeitalter der Gefühlsbehauptungen, sondern in einer wissenschaftlich forschenden Epoche leben. Die fanatische Beschuldigung der Brunnenvergiftung und Hostienschändung führt heute nicht mehr Tausende zur Folter und zum Tode. Wir haben die Möglichkeit, Massenbeschuldigungen versuchsmäßig zu prüfen. Wo ist nun das Material politischer oder krimineller Statistik, das auch nur den Verdacht schlechter Staatsbürgerschaft bei den Juden rechtfertigt? Können fünfmalhunderttausend leicht erkennbare, statistisch überwachte, scharf beobachtete Menschen ein nationales Vergehen so heimlich verbergen, daß kein Reagens sich trübt und kein Zeiger ausschlägt? Und hat man das Recht, in einem wissenschaftlich genannten Zeitalter so unbewiesene, ja negativ widerlegte Massenbehauptungen zur Grundlage einer Politik zu machen?

Weiter. Die Deutsche Judenschaft ist in Handel und Wandel, in Besitz und Kultur so eng an das Wohlergehen der deutschen Länder und des Deutschen Reiches geknüpft, daß kaum ein anderer Teil des Volkes in gleichem Maße leiden würde, wenn die politische Macht Deutschlands sich senkte. Viele der kultivierten Länder bieten den Juden bessere wirtschaftliche Aussichten als Deutschland, fast alle bieten ihnen größere Rechte. Wenn sie dennoch ihr wirtschaftliches und kulturelles Dasein an das Land ihrer Heimat gekettet haben: ist es dann wahrscheinlich, daß sie dem Geschick dieses Landes gleichgültig oder übelwollend gegenüberstehen?

Aber genug der negativen Beweise. Was ist denn eigentlich nationale Gesinnung und Betätigung? Besteht sie lediglich in unterwürfigen Redensarten oder aggressiven Liedern? Dann gebe ich die der Juden gerne preis. Oder besteht sie in liebevoller und hingebender, aufopfernder und freier Kulturarbeit zu Ehren und zum Segen des angestammten Landes? Dann möge der aufstehn, der vor Gott und Gewissen behaupten kann, daß die deutschen Juden ihr Maß von Kulturarbeit nicht ehrlich und reichlich erfüllt haben, daß sie nicht mehr zu Deutschlands Hoheit, Glück und Ehre beigetragen haben als alle berufsmäßigen Antisemiten zusammengenommen. In diesem Zusammenhang ziemt es kaum und beschämt es fast, vom Materiellen zu reden. Dennoch sei die Nebenfrage gestellt; was geschähe wohl, wenn die armselige halbe Million deutscher Juden einmal zehn Jahre lang die Mittel, die sie den Zwecken der allgemeinen Wohlfahrt, den Aufgaben der Forschung und den Werken der Kunst zuwendet, bis zum Eintritt besserer Zeiten aufspeichern wollte? Manches wohltätige Werk bliebe ungeschehen, manches Problem ungelöst, und die deutsche Kunst, so sagen mir einige ihrer hervorragenden Vertreter, könnte auswandern...

Eine unpolemische, aber persönliche Bemerkung mag diese Kontroverse aufklärend beschließen.

Ich kämpfe nicht für den jüdischen Reserveleutnant. Ich bedauere auch nicht den Juden, der sich staatliche Verantwortung wünscht und sie nicht erhält. Wer Verantwortung sucht, der hat sie; vor sich, vor Menschen, vor Gott. Wer Einlaß erbittend sich an Stellen begibt, wo man ihn nicht haben will, tut mir leid; ich kann ihm nicht helfen.

Ich kämpfe gegen das Unrecht, das in Deutschland geschieht, denn ich sehe Schatten aufsteigen, wohin ich mich wende. Ich sehe sie, wenn ich abends durch die gellenden Straßen von Berlin gehe; wenn ich die Insolenz unseres wahnsinnig gewordenen Reichtums erblicke; wenn ich die Nichtigkeit kraftstrotzender Worte vernehme oder von pseudogermanischer Ausschließlichkeit berichten höre, die vor Zeitungsartikeln und Hofdamenbemerkungen zusammenzuckt. Eine Zeit ist nicht deshalb sorgenlos, weil der Leutnant strahlt und der Attaché voll Hoffnung ist. Seit Jahrzehnten hat Deutschland keine ernstere Periode durchlebt als diese; das Stärkste aber, was in solchen Zeiten geschehen kann, ist: das Unrecht abtun.

Das Unrecht, das gegen das deutsche Judentum und teilweise gegen das deutsche Bürgertum geschieht, ist nicht das größte, aber es ist auch eines. Deshalb mußte es ausgesprochen werden. Das beste aber wird sein, wenn jeder von uns in sein menschliches, soziales und bürgerliches Gewissen hinabsteigt und Unrecht abtut, wo er es findet.

1911

Zur Kritik der Zeit

AN WILHELM SCHWANER Berlin, 5. 2. 1915

Lieber Freund!

Habe Dank für Deinen schönen und herzhaften Aufsatz. Daß das Wort vom Geist, der den Körper schafft, mir als das Stärkste erscheint, das die ganze Kette des Gedankens zusammenhält, brauche ich Dir nicht zu sagen. Alle materiellen Fragen der Blutmischung geben nur empirische Durchschnittswerte — die untereinander viel ähnlicher sind als man glaubt — eine ethische und absolute Bedeutung haben sie nicht. Welche Vermessenheit und Gotteslästerung liegt darin, wenn ein Volk sich als das auserwählte betrachtet! Auch bei den Juden war diese Meinung ein Symptom des Verfalls. Der Pentateuch schützt den „Fremdling" — so übersetzt Luther das Wort Goj (Plural Gojim) — wir sagen im kirchlichen Sprachgebrauch „Heide".

Lieber Wilm, in diesen Zusammenhang gehöre ich nicht. Ich kenne die Unterscheidung zwischen Deutschen nicht und bin daher gegen die Abrechnung der Verdienste zwischen deutschen Stämmen und Konfessionen. Es ist die verfluchte Pflicht eines jeden von uns zu tun, was er dem Lande schuldet. Wenn es dabei überhaupt etwas zu erwähnen gibt, so ist es die Tat dessen, der sein Leben verschenkt. Das haben genug von unseren Brüdern aller Bekenntnisse und Familien getan, und das sind die wahrhaft Lebendigen.

Mein Name gehört nicht in diese Reihe...

In herzlicher Gesinnung Dein

W.

Berlin, 23. 1. 1916

Lieber Wilm!

Lieber, unser Werk ist und bleibt das einige und gleiche, soweit wir unserem Lande und unserem Volke dienen, unseres Landes und unseres Volkes Seele suchen und sie lieben.

Hierin ist mein Werk beschlossen; Deines geht weiter. Du dienst Deiner Aufgabe, die schon deshalb mir würdig und achtenswert ist, weil Du ihr dienst, und von der ich nie gefragt habe, ob sie mein Dasein fördern oder vernichten will, denn auf mein Dasein kommt wenig an.

Diese Aufgabe scheint mir auf folgenden Voraussetzungen zu beruhen — wenn ich irre, so weise mich zurecht; aber ich glaube in Deinen Blättern und Schriften die Bestätigung zu finden:

1. Stamm und Blut trennen.
2. Es gibt edleren und unedleren Stamm, edleres und unedleres Blut.
3. Das unedlere Blut hat auf deutschem Boden kein unbedingtes, unerschütterliches Heimatrecht.

Ich nehme zu diesen Sätzen keine Stellung. Ich achte sie als ehrliche Meinung ehrlicher und guter Menschen, die überdies Deine Freunde sind, und denen ich, weit über das Gebiet menschlichen Meinens und Deutens hinaus, die unberührte Empfindung deutscher Brüderlichkeit entgegenbringe.

Aber ich erkenne diese Meinung nicht als die meine an. Nicht weil sie mein Dasein aufhebt — das ist kein Grund — sondern weil mein Fühlen und Denken ihr widerspricht.

Ich habe und kenne kein anderes Blut als deutsches, keinen anderen Stamm, kein anderes Volk als deutsches. Vertreibt man mich von meinem deutschen Boden, so bleibe ich deutsch, und es ändert sich nichts.

Du sprichst von meinem Blut und Stamm, selbst einmal von meinem Volk, und meinst die Juden. Mit ihnen verbindet mich das, was jeden Deutschen mit ihnen verbindet, die Bibel, die Erinnerung und die Gestalten des Alten und Neuen Testaments.

Meine Vorfahren und ich selbst haben sich von deutschem Boden und deutschem Geist genährt und unserem, dem deutschen Volk, erstattet, was in unseren Kräften stand. Mein Vater und ich haben keinen Gedanken gehabt, der nicht für Deutschland und deutsch war; soweit ich meinen Stammbaum verfolgen kann, war es das gleiche . . .

Dein
Walther R.

AN DR. EMIL LUDWIG
Berlin, 17. 5. 1916

Daß ich als Privatmann und Jude unaufgefordert dem Staat einen Dienst geleistet habe, können beide beteiligten Gruppen mir nicht verzeihen, und ich glaube nicht, daß zu meinen Lebzeiten diese Stellungnahme sich ändert. Daß es Ihrer mutigen Anschauung widerstrebt, die Dinge so zu belassen, kann ich begreifen; doch werden Sie innerhalb der Publizistik verschlossene Türen finden, denn mag ein Herausgeber noch so unabhängig denken: sein Mitverleger, das Publikum, hindert ihn an freier Entschließung.

AN EXZELLENZ VON JAGOW
Berlin, 11. 7. 1917

Liebe Exzellenz!

Die politische Seite der Judenfrage stellt sich mir in ganz kurzen Zügen folgendermaßen dar:

In Deutschland lebt etwas mehr als eine halbe Million Juden, also knapp ein Prozent der Bevölkerung. Diese wird man in etwa drei gleiche Teile zerlegen können: Etwa ein Drittel ist vollkommen assimiliert oder, wie ich lieber sagen möchte, regeneriert, denn es lassen sich bei einem Stamm nicht in Geschwindigkeit neue Eigenschaften züchten, sondern nur die ursprünglichen wieder hervorholen. Von diesem regenerierten Teile kennen Sie einige Exemplare. Sie wissen, daß sie äußerlich kaum besondere Merkmale aufweisen, daß sie innerlich echte und brauchbare Staatsbürger sind, und daß sie, wie Sie selbst aussprechen, zum Aufbau der deutschen Kultur und Zivilisation einen ihrer Quantität weit übersteigenden Beitrag geleistet haben.

Das zweite Drittel steht ungefähr auf der Stufe des deutschen Mittelstandes, ist etwas wohlhabender als dieser und hat sich eine Anzahl von spezifischen Eigenschaften bewahrt, die sich in ihrer Durchschnittsmischung qualitativ aufheben und ebenfalls denen des deutschen Mittelstandes, insbesondere des gewerblichen, nicht allzufern stehen. Diese Leute gehen uns zeitweilig auf die Nerven, weil ihre unangenehmen Eigenschaften die sichtbaren, ihre guten die latenten sind. Sie bilden politisch einen Teil des Liberalismus und können, wie ich glaube, nicht als staatsschädlich angesehen werden. Wirtschaftlich sind sie uns fast unentbehrlich, da sie einen starken Einschlag in unsere gewerbliche Intelligenz liefern, ethisch gehen sie allmählich in das erstgeschilderte Drittel auf.

Das dritte Drittel ist jüdisches Proletariat, abermals wohlhabender als das nichtjüdische. Hier treten alle ausgesprochen mittelalterlichen jüdischen Eigenschaften zutage. Die Lebensführung ist rituell, nähert sich der von Ihnen beobachteten östlichen an; ein ausgesprochenes Familien- oder Cliquenwesen hält sie gesellschaftlich zusammen. Politisch sind sie, soweit sie nicht aus Opposition dem Radikalismus sich in die Arme werfen, ziemlich indifferent, keineswegs aber etwa antinational wie Dänen, Polen oder gewisse Elsässer.

Eine politische Gefahr liegt also wohl bei keinem der drei Teile, eine wirtschaftliche Gefahr scharfer Konkurrenz vielleicht beim zweiten, wobei ich jedoch glaube, daß diese Gefahr durch die Steigerung der wettbewerbenden Kräfte eher nützlich ist. Eine kulturelle Gefahr könnte beim dritten Teil erblickt werden, jedoch findet hier keine Propaganda statt, und die Eigentümlichkeiten bleiben ästhetisch, die sich durch instinktive Abwehr neutralisieren.

Antisemitismus lösen alle drei Teile aus. Der erste, indem er durch Einfluß und Vermögen Anstoß gibt, gelegentlich auch durch die uns bekannten, häßlichen Formen des neuen Reichtums, die aber allen nouveau-riches anhaften. Der zweite Teil fordert durch

Wettbewerb die Abneigung heraus. Der dritte Teil wirkt abstoßend und isoliert sich in Oppositionen. Summiert man all diese Übelstände, so glaube ich, daß eine gleich große Bevölkerung von Polen erheblich größere staatliche und kulturelle Gefahren bietet, ohne gleichzeitig die entsprechenden kulturellen, wirtschaftlichen und intellektuellen Vorzüge dem Lande zu bieten.

Die Größe der intellektuellen Vorzüge habe ich im wirtschaftlichen Leben oft ermessen können. Moderne Wirtschaftsform läßt sich ohne Hilfe dieses intellektuellen Einschlages schlechthin nicht mehr durchführen. Wir haben diesen Einschlag viel nötiger als Engländer und Franzosen, die von diesen Qualitäten mehr besitzen als wir...

Wir würden eine große Reihe von schlechten Erfahrungen der letzten Jahrzehnte nicht gemacht haben, wenn etwas mehr von diesem Realismus und Zukunftsgefühl in die deutsche Praxis eingedrungen wäre.

Ich bin mit Ihnen der Ansicht, daß die Amalgamation nicht zu schnell vorschreiten darf. Ich teile weniger Ihre Ansicht, daß sie die endgültige Lösung bedeutet. Die endgültige Lösung wird meines Erachtens sein, daß in einem Lande mit stark gemischter Bevölkerung nach Herkunft ebensowenig gefragt wird wie nach Bekenntnis, und ich sehe diesen Zustand innerhalb der nächsten Jahrzehnte voraus.

In England, vor allem aber in Amerika, ist er eingetreten; er kann sich sehr wohl mit einem gewissen Quantum von gesellschaftlichem Antisemitismus verbinden, der sich dann nur noch auf diejenigen erstreckt, die ihn provozieren, und der meines Erachtens eher nützlich als schädlich ist.

Was Ihre Frage nach dem Vorfall in der Mitauer Synagoge betrifft, so bemerke ich, daß während des Mittelalters in allen Gebräuchen seines kärglichen Kirchenaufbaus das Judentum stark vom Katholizismus (als dem damals herrschenden Gesamtchristentum) beeinflußt wurde. Der sogenannte „Große Fluch" wurde seinerzeit in einer Amsterdamer Synagoge gegen Spinoza ausgesprochen und entspricht ungefähr dem Begriff der Exkommunikation; er wurde im allgemeinen durch Kirchenbuße gesühnt. Von der Anwendung dieses Rituals auf Andersgläubige habe ich niemals gehört; indessen ist es durchaus denkbar, daß bei der völlig freien Entwicklung ritueller Gebräuche, an die kanonisch niemand gebunden ist, diese und jene Gemeinde sich berechtigt fühlt, jede beliebige Weiterbildung im guten oder schlechten Sinne vorzunehmen.

Es wird Sie interessieren, daß meine Streitschrift, die besonders in jüdischen Organen viel besprochen wurde, an keiner Stelle einen Widerspruch ihrer Behauptung erfahren hat, daß das absolute Judentum an kein wie immer geartetes Dogma und an keinen wie immer gearteten Ritus gebunden ist.

In aufrichtiger und freundschaftlicher Ergebenheit der Ihre
Rathenau

AN LEOPOLD SANDER, ERPEL   Berlin, 25. 2. 1918

Es ist zweifellos richtig, daß eine große antisemitisch-agitatorische Bewegung bevorsteht, ja bereits mit großen Mitteln eingeleitet ist. Es ist auch zweifellos richtig, daß jede Aufklärung, die rechtzeitig gegeben werden kann, Nutzen stiftet. Ich halte es aber von unserem Standpunkt aus für nicht richtig, daß irgend jemand sich durch das Vorgehen eines einzelnen Juden betroffen fühlt. Mag angeblich jüdische Solidarität noch so sehr von übelwollender Seite behauptet werden: in Wirklichkeit besteht sie nicht und darf sie nicht bestehen; über eine Gemeinschaft der religiösen Vergangenheit und Gegenwart geht die jüdische Bindung nicht hinaus. (Ein solches Hinausgehen aber würde bekräftigt werden, wenn die Gesamtheit sich betroffen fühlte durch das Vorgehen eines Einzelnen. Wir haben ebensowenig das Recht oder die Pflicht, diese Stellung einzunehmen, wenn ein Jude ein Verbrechen begeht, wenn er politisch Stellung nimmt oder wenn er sich abseits der Gesellschaft stellt. Wir tragen hierfür eine *deutsche* Verantwortung, aber keine jüdische, und insofern könnte ich einen Protest nur dann für richtig halten, wenn er vom ganzen Volkstum ausginge...)

Mit hochachtungsvoller Empfehlung
Rathenau.

AN RECHTSANWALT DR. APFEL, BERLIN
Berlin, 16. 11. 1918

Sehr geehrter Herr Doktor!

Ihr Protest ist berechtigt; ich schließe mich ihm an.

Die überwältigende Mehrzahl der deutschen Juden, unter ihnen viele, deren Vorfahren seit ungezählten Jahrhunderten in Deutschland leben, hat nur ein einziges Nationalgefühl: das deutsche. Wir wollen, wie unsere Väter, in Deutschland und für Deutschland leben und sterben. Mögen andere ein Reich in Palästina begründen —: uns zieht nichts nach Asien.

In Ergebenheit

Rathenau.

AN DR. POUL BJERRE

Dezember 1918

Du bringst es über das Herz, mich auf das Schicksal meiner Ahnen im heiligen Lande, meiner „Rasse", wie Du Dich ausdrückst, zu verweisen. Eine hagadische Sage erzählt: Nach Jerusalems Fall stieg Rahel, die holdselige Mutter unseres Stammes, aus dem Grabe, saß am Rande der Landstraße und sah weinend ihre Kinder in die Knechtschaft ziehen. So gedenkt die Sage des Todes eines Volkes. Ich freilich, und meinesgleichen, da hast Du recht, wir leben, doch wir sind nichts anderes als Glieder einer Nation, wir sind Deutsche. Doch auf uns lasten zwei Jahrtausende des Schmerzes, und wenige von uns können je von ganzem Herzen heiter sein. Willst Du damit die Sorge um mein deutsches Vaterland mildern, daß Du mir die Schmerzen meiner Väter vor Augen hältst?

AN FRAU LISBETH STUBENRAUCH

Berlin, 22. 1. 1919

Die Herrschaft einer jeglichen Schicht im Staate halte ich für verderblich. So sympathisch mir menschlich und persönlich die feudale Kaste war, so sehr habe ich sie bekämpfen müssen, solange sie das Monopol der politischen Macht besaß. Mit gleicher oder größerer Rückhaltlosigkeit würde ich jede neue Schicht bekämpfen, die sich zur Herrschaft drängt, am meisten, wenn es die Schicht des Judentums wäre, obwohl dieses bisher als Schicht kaum existiert hat, sondern lediglich als Abstimmungsgemeinschaft und Ähnlichkeitskomplex.

Ich halte es nicht für wahrscheinlich, daß sich das Judentum in irgendeiner Form als Schicht entwickelt und als solche Macht beansprucht. Daß augenblicklich die Zahl der im öffentlichen Leben stehenden Juden groß ist, ist mir nicht lieb, jedoch ist diese Rückwirkung nicht zu hindern, nachdem die vorausgegangene Kastenherrschaft unter ihren vielen Fehlern auch den begangen hat, eine gesamte Intelligenzgruppe von der Öffentlichkeit fern zu halten.

In Ergebenheit der Ihre
Rathenau.

DEUTSCHES WESEN

Es hat ein Volk gegeben, das sich das auserwählte genannt hat. Es war kein schlechtes Volk, es hat der Welt die Offenbarung, viele Propheten und ein herrliches Buch gebracht. Wegen seines verruchten Stolzes auf Auserwähltheit aber ist es in die vier Winde zerstreut worden, seine Kinder haben zweitausend Jahre in Blut und Tränen gebüßt, und ihrer Buße und Tränen ist noch heute kein Ende.

Gott verhüte, daß auf unser deutsches Volk dieser Frevel falle.

Wir sind kein auserwähltes Volk und wollen es nicht sein. Wir sind ein junges Volk und haben dennoch eine alte, herrliche Vergangenheit. Auf unserem Boden sind große Helden erwachsen, die höchsten Dichter und Philosophen der neuen Zeit haben ihn betreten. Die Musik der Welt ist auf deutschem Boden erstanden.

Wir sind ein junges Volk. Vielleicht keiner von uns stammt unvermischt von taciteischen Germanen, wenige entstammen der Oberschicht, die den deutschen Geist und die deutsche Geschichte geschaffen hat; die meisten sind Kinder der namenlosen, unhistorischen unfreien Unterschicht, von der die Wissenschaft nichts weiß; viele sind zugewandert. Wir sind jung und wissen wenig von uns. Wir wissen, daß sich unsere Jungen gut schlagen. Wir wissen, daß wir organisierbar und disziplinierbar sind, daß wir uns in die mechanisierte Welt vollkommen eingefügt und sie vorwärtsgebracht haben. Wir haben eine gewaltige Wissenschaft und eine bedeutende Technik. Seit dem Ende jener großen Umschichtung, seit hundert Jahren, sind uns höchste Geister nur spärlich erstanden. Doch fühlen wir uns als die Erben und geistigen Nachkommen jener Großen, weil wir sie begreifen, in uns tragen und verehren. Wir dürfen hoffen, daß etwas Verwandtes in uns lebt und sich immer wieder verkörpern wird. Wir ringen um die Form unseres Lebens, unseres Geistes und unseres Staates. Vor allem: wir blicken uns in die Augen und fühlen das herzliche Vertrauen vom einen zum anderen, zum guten Willen und zur reinen Kraft; wir blicken in die lieben Augen unserer Frauen und fühlen die blühende Wärme des Lebens und die gesegnete Verheißung der Zukunft. Eines freilich haben wir vor allen anderen Völkern voraus, eines, das keine Ruhmredigkeit gestattet und keinen Neid herausfordert: die Härte und Schwere der metaphysischen Pflicht. Deshalb ist uns der Blick nach innen und nach oben gegeben, das Streben zur Sache, zu den Dingen und zur Wahrheit: damit wir das Nahe und das Ferne erfassen und begreifen, damit wir die Dinge in ihrer Beziehung zum Kosmos erfühlen, damit wir höchste Gerechtigkeit üben, uns selbst härter prüfen als alle anderen und das Schwerste von uns verlangen. Und deshalb ist uns harter Boden, harter Himmel und hartes Leben gesetzt, damit wir nie erlahmen, im schwersten Dienst den göttlichen Geist zu verherrlichen.

Leichtes Leben, leichte Freude und leichtes Urteil, das anderen freisteht, ziemt uns nicht. Wenn wir die Gnade der bitteren Verantwortung, die auf uns gelegt ist, voll erfassen, so werden wir die dankbarsten aller Menschen und im Stolze des höchsten Dienstes die demütigsten sein.

So sind wir zur Selbstprüfung unseres Charakters zurückgekehrt und haben die Härte der Unerbittlichkeit gewonnen. Mit ihr die äußere Furchtlosigkeit des Bekenntnisses. Wehe dem, der die innerlichen Momente des leiblichen oder geistigen Lebens eines Menschen belauert und belauscht, um seiner zu spotten oder gegen ihn zu zeugen. Er hat das Recht des Zeugens und des Zeugnisses verwirkt, sein eigener Hohn schleudert ihn und die Seinen herab von der Stufe, auf der nach hohem Maße sittlich gewertet wird.

Was wir zu bekennen haben, ist nichts Neues und nichts übermäßig Schweres. Unsere Besten haben es uns oft gesagt, bald spottend, bald schmähend; was sie uns nicht gesagt haben, und was wir uns selbst sagen müssen, das sind die unabsehbaren Folgen und Gefahren einer einzigen wesentlichen Schwäche unseres voluntarischen Charakters.

Uns Deutschen fehlt das persönliche Unabhängigkeitsgefühl, wir neigen zur gewollten Abhängigkeit.

Verwechseln wir nicht Unabhängigkeit mit Zuchtlosigkeit, vermengen wir nicht Abhängigkeit und Treue ...

Es scheint unbegreiflich und ist es nicht, daß wir uns der Eigenart unseres Abhängigkeitsdranges so gar nicht bewußt sind, und daß wir seine sichtbarsten Folgen, die Unselbständigkeit unseres staatlichen Lebens, die militärisch-feudale, die bureaukratische, die plutokratische Bindung, das Vorgesetzten- und Subordinationswesen des bürgerlichen Lebens, den schroffen und zurechtweisenden Verkehrston, das umspannende Netz der Verordnungen und Verbote, die Bevorzugung der Stände, die zopfigen Ungleichheiten und Unfreundlichkeiten amtlicher Behandlung, die Ansprüche der Besitzer und Interessenten, so gar nicht empfinden. Es fehlen uns die Vergleiche. Vorhaltungen Fremder, die überdies in gehässiger Form und falscher Formulierung gemacht zu werden pflegen, lehnen wir mit Recht ab. Doch unsere Auswanderer der letzten Menschenalter sind nicht heimgekehrt, sicher nicht aus Mangel an Heimatliebe, oder aus Liebe zur Fremde, oder aus Geldgier. Sie konnten sich in die Atmosphäre nicht mehr finden, nachdem sie ihnen durch Vergleich bewußt geworden war.

Auf höherer Geistesebene kann der Abhängigkeitsdrang, wie jede menschliche Schwäche, an gewisse Tugenden grenzen. Man rühmt unsere Organisation, besser gesagt, unsere Organisierbarkeit, Pünktlichkeit und Disziplin. Man kann sich bei uns auf alles verlassen. Was befohlen ist, geschieht. Was eingeübt ist, klappt. Was geordnet ist, stimmt. Das ist gut und soll so bleiben. Doch es ist nicht gleichgültig, um welchen Preis das letzte Prozent der Genauigkeit erkauft ist. Eine einzige schöpferische Idee kann um das Tausendfache jede disziplinierte Gewöhnung übertreffen. Unfreiheit auf allen Lebensgebieten rechtfertigt kein Höhepunkt der Präzision. Selbst wenn nationale Monopolstellungen, etwa auf dem Gebiet des Militarismus, durch hundertjährige Überdisziplinierung eines Volkes erlangt werden könnten, wäre es bedenklich, sie zu erstreben; doch gerade der Krieg hat gezeigt, daß solche Sondervorteile nicht bestehen.

Schon auf dieser höheren Ebene beginnen jedoch offenkundige Gefahren. Abhängigkeitsgefühl, auf Geistiges übertragen, bedeutet Autoritätsglauben, Autoritätsüberschätzung, Haften an Überlieferung, an herkömmlichen Denkreihen und Methoden.

In der Wissenschaft hetzen wir den Entwicklungsbegriff und den Historismus zu Tode. Wir wagen keinem Gegenstand unbefangen ins Auge zu sehen, ihn zu werten und auszuschöpfen; wir wollen alles hinten herum über ihn, seine Vergangenheit, Sippschaft, Umstände und Analogien erfahren, verlieren alle Naivität und müssen ihn jedesmal, nachdem wir ihn gutwillig oder mit Gewalt logisch gemacht haben, am Ende schlechterdings billigen. Wir wissen alles, um alles beim alten zu lassen. Die amtliche Wissenschaft ist, nächst dem Interessenten, unsere konservative Kraft.

Die Verfolgung jeder Originalität, sofern sie jünger ist als ein Menschenalter, scheint ihr geboten.

Alle Selbständigkeit und Unabhängigkeit hat sich ins Wirtschaftsleben geflüchtet. Dort herrscht sie jedoch nicht aus starkem Charakter und unbeugsamer Überzeugung, sondern im Dienste des Kampfes um mein und dein. Schlimm genug: Unabhängig und mannesstolz können wir sein, wenn es sich lohnt. Um einer Million willen lohnt es, um lumpiger Ideale willen lohnt es nicht. . . .

Sollen wir zu den tiefsten Geistesformen des Abhängigkeitsgefühls niedersteigen? Wenige allgemeine Andeutungen mögen genügen. Wenn das männliche Selbstgefühl erlischt, so entsteht nicht Empörung und Auflehnung, sondern Passivität. Man muß sich manches gefallen lassen und tröstet sich damit, daß es dem Nächsten nicht besser geht, und daß man sich vor ihm nicht zu schämen braucht. Die Oberen haben auch ihre Schwächen, man klatscht darüber, und ist man nicht größer, so sind sie kleiner geworden. Wo geklatscht und denunziert wird, ist man nicht aufsässig. Nur soll der Nächste nicht aufsteigen, da wäre das Spiel verdorben. Beim Unglück des Nächsten ist man nicht ohne Mitleid, beim ersten Strahl des Glücks bricht Neid aus. Sitzen Klatsch und Neid am Tisch, so steht die Pöbelhaftigkeit vor der Tür. Ist jedoch ein plötzlicher Aufstieg geglückt, so zeigen sich alle Untugenden des Emanzipierten, denn der innerlich Unfreie wird durch Befreiung nicht zum Herren.

Genug. Von diesen niederen Formen haben wir nicht viel zu befürchten. Nur eines: Laßt uns den Neid bekämpfen, er ist nicht weit davon, ein nationales Laster zu sein.

Überblicken wir die Erscheinungsformen des unentwickelten Unabhängigkeitsgefühls und des ausgesprochenen Abhängigkeitsdranges, so dürfen wir sagen: Eine Todsünde belastet uns nicht. Wir sind nicht Sklaven, wie ein Friedrich im Zorn uns genannt hat, wir sind nicht Domestiken, wie jener verbitterte Philosoph behauptete. Es ist nicht unsere Sache, von unseren Tugenden zu reden; dies wissen wir, und das mag genug sein: Die Nachwelt wird Mühe haben zu begreifen, was unser Volk im Kriege pflichtgetreu geleistet und heldenhaft geduldet hat.

Doch eines verschweigen wir uns nicht: Das Abhängigkeitsbedürfnis ist eines der schwersten Hemmnisse des inneren und äußeren Aufstieges, es ist der politische Kardinalfehler eines Volkes.

Denn aller Aufstieg setzt die Würde des innerlichsten Entschlusses, den Adel rückhaltloser Entäußerung und das Herrentum des Wollens zur eigenen Verantwortung voraus. Würde, Adel und Herrentum aber können in gewollter und geduldeter Abhängigkeit nicht erstehen.

aus: An Deutschlands Jugend
Juli 1918

AN LAZARE WEILLER,
Mitglied der französischen Deputiertenkammer

Nein, Herr Weiller, ich habe den Krieg nicht gewollt. Sie sind Franzose, ich bin Deutscher. Wir führen nicht mehr Krieg, doch kann ich Ihnen nicht verwehren, mich als Feind zu betrachten. Wir beide aber stammen von einem Volke, das auf zwei steinernen Tafeln zehn Grundgesetze bewahrte. Diese Gesetze gelten heute in aller Welt, und Sie werden nicht behaupten, daß Landesfeindschaft sie außer Kraft setzt. Eines dieser Gesetze lautet: Du sollst nicht falsches Zeugnis ablegen wider deinen Nächsten.

Neue Zürcher Zeitung, 24. Februar 1919

REVOLUTION DER VERANTWORTUNG

Wessen Blut durch Jahrtausende den Haß und die Pein der Völker aufsog und stillte, der fühlt die ungeheure Kraft der Liebe zum Leiden, der fürchtet nicht den neuen Sturz, quer vorüber vor allem, was tröstet und stärkt, was schützt und sichert, was geachtet und geehrt wird, der erkennt mit Ehrfurcht die schreckliche Gewalt des Segens, der das irdische Erbteil verdampft.

Prometheus Deutschland! Auch wenn du niemals wieder von deinem Felsen dich entkettest, wenn dein dem Gotte verschuldetes Blut in Schmach und Schmerzen über die Erde strömt, leide, leide den großen Segen, der den wenigen, den Starken erteilt wird. Ringe nicht mehr um Glück, denn dir ist anderes beschieden. Nicht Rache, nicht Einrichtungen, nicht Macht und nicht Wohlstand kaufen dich los. Sei, was du warst, was du sein sollst, was zu sein du niemals vergessen durftest. Sei gehaßt und hasse nicht, sei verhöhnt und verteidige dich nicht.

Simson Deutschland! Dein Auge ist blind, deine Stirn ist kahl. Wende deinen Blick in dich, wende deine titanische Kraft gegen dich selbst. Du wirst die Säulen der Erde nicht zerbrechen, das Gericht ist nicht dein. Drehe die Mühle der Philister und singe das Lied Gottes.

Ahasver Deutschland! Du hast nicht Macht zu sterben. Deutsche Füße werden über die Erde ziehen und Heimat suchen. Du wirst ein bitteres Brot essen, und deine Heimat wird nicht deine Heimat sein. Von fremden Türen werden sie dich jagen wegen des Abglanzes in deinem müden Auge.

O du Deutschland! Geliebt in deinem törichten Wahn, zehnfach geliebt in deinem gottvergessenen Irren und Laster, zehntausendfach geliebt in deinem schmachvollen Leiden, was weißt du von deinem Schicksal? Was weißt du davon, daß du um des Geistes willen da bist, um deines Geistes willen, den du nicht kennst, den du vergessen hast, den du verleugnest? Wehe dir! Um seinetwillen darfst du nicht sterben und nicht ruhen. Du bist verhaftet und verfallen, und wenn die Hände der Menschen dich loslassen, so fällst du in die Hände Gottes.

Wir, die wir nicht revolutionären Sinnes sind, die wir keine Revolution gemacht haben und eine geschenkt bekamen, wir, die wir nicht politischen Sinnes sind, die wir glaubenslos und unüberzeugt mit Politik und Weltmacht spielten und scheiterten, wir, die wir nicht für Erdengut geschaffen sind, uns blenden und berauschen ließen, satt und dumm wurden, wir gehen ein in das hundertjährige Armenreich der großen Revolution. Nicht um Glück zu ernten, sondern um das Gesetz zu erfüllen, das Gesetz der Wiedergeburt, der Erneuerung und Beseelung.

aus: Kritik der dreifachen Revolution *Juni 1919*

Sein Philosophieren

VORWORT

Es fällt schwer, Walther Rathenaus philosophisches Denken systematisch zu behandeln. Schließlich war er kein Philosoph vom „Fach"; er achtete sehr wenig auf herrschende Lehrmeinungen und entwickelte seine eigene Terminologie. Die philosophische Fachwissenschaft hat sich deshalb auch nie ernsthaft mit ihm auseinandergesetzt. Für sie war der Großindustrielle WR nur ein „universaler Dilettant" (M. Scheler).

In seiner Wertschätzung von Gefühl und Intuition haßte er nichts so sehr wie Systematik, in der er ein kennzeichnendes Merkmal der „mechanistischen" Zeit sah. Seine romantisch-expressionistische Einstellung erklärt den Verzicht auf jede logisch-erkenntnistheoretische Begründung seiner philosophischen Gedanken. „Mir fehlt zweierlei" – schreibt er in der ‚Kritik der Zeit' – „die Ausführlichkeit ... und die Überredungskunst des dialektischen Beweises, die ich nicht achte. Ich glaube, daß jeder klare Gedanke den Stempel der Wahrheit und des Irrtums auf der Stirne trägt."

Zum Mangel an Systematik kommt seine im eigentlichen Sinn unwissenschaftliche Arbeitsweise: grundsätzlich nannte er nie seine Quellen. Alles rein Wissensmäßige und alle fremden geistigen Einflüsse suchte er in intuitive Kenntnis umzuschmelzen. Alles, was er mit dem Verstand und den Sinnen aufnahm, wurde ihm persönliches Erlebnis.

Walther Rathenau hat bei so berühmten Lehrern wie Helmholtz und Dilthey studiert und sich dann autodidaktisch weitergebildet. Dabei dürfte er sich mehr mit der zeitgenössischen Literatur beschäftigt haben als mit älteren klassischen Werken der Philosophie. Unverkennbar ist der Einfluß der Lebensphilosophie, wie sie durch Nietzsche und Bergson vertreten wurde, mit ihrer Geringschätzung von Rationalität, Abstraktion und Systematik und mit ihrer Hochachtung vor dem Leben als dem tiefsten Prinzip. Auch kannte er Spencer, in dessen Philosophie der Gedanke der organischen Entwicklung im Vordergrund steht, ferner Schopenhauer, Spinoza, Herder und Fichte. Möglicherweise gaben Fichtes „Reden an die Deutsche Nation" sogar das Vorbild ab für den Mahnruf, den er 1918 „An Deutschlands Jugend" richtete.

Seine Weltanschauung wurde aber auch wesentlich durch das Alte und Neue Testament bestimmt, besonders durch die Schriften des Apostel Paulus, dann durch die jüdische Mystik in ihrer letzten Ausprägung, den Chassidismus, den er durch Martin Buber kennenlernte, dessen erste chassidischen Bücher zu Beginn dieses Jahrhunderts erschienen. Er betrieb Hebräisch, um die kabbalistischen Lehren eingehend studieren zu können. Mehrfach, u. a. in den Aphorismen, erwähnt Rathenau den Namen Tolstois, den er zweifellos gelesen hat. Sicher las er auch die zeitgenössische französische Literatur wie Romain Rolland, André Suarès, Paul Claudel und André Gide, zu welchem er sich besonders hingezogen fühlte; er begegnete ihm 1921 in Colpach in der Schweiz. Er war befreundet mit Maximilian Harden und Leopold Wertheimer (Pseudonym Constantin Brunner), mit Gerhart Hauptmann, Hermann Stehr und Stefan Zweig. Darüber hinaus kannte er Richard Dehmel, Carl Sternheim, Frank Wedekind und Fritz von Unruh. Einen ausführlichen Briefwechsel führte er mit Paul Eberhardt und Leopold Ziegler, deren religionsphilosophische Schriften ihn angeregt und beeinflußt haben dürften.

In seinem Philosophieren stand Walther Rathenau den Naturwissenschaften skeptisch gegenüber. Sein 1899 in Hardens gefürchtetem Oppositionsblatt „Die Zukunft" erschienener Aufsatz „Ignorabimus" befaßt sich kritisch mit den Grenzen der positivistisch-naturwissenschaftlichen Erkenntnis. Die Wissenschaft in ihrer Ablehnung metaphysischer Spekulation, in ihrem Streben nach Exaktheit und logischem Beweis „kann nicht Glauben und innere Gewißheit erzeugen; sie wirkt kausal, nicht final." Nur „Ahnung und Gefühl, Erleuchtung und Schauen führen uns in das Reich der Mächte, die den Sinn unserer Existenz beschließen." Es kommt nicht auf die äußere Erscheinung an, sondern auf ihr Wesen. Nicht die empirisch oder rational gewonnene Erkenntnis, sondern allein die innere Erfahrung verleiht eine zweifelsfreie Wahrheit. Für ihn ist alle Wahrheit subjektiv. Zugleich betont er, daß eine Wahrheit um so überzeugender wirke, je widerspruchsloser sie sich darstelle. „Was in letzter Linie kompliziert bleibt, enthält Widersprüche, ist zum mindesten schief und meistens falsch." Dieser zur Vereinfachung neigende und Harmonie anstrebende Subjektivismus, der den Wahrheitsbeweis in die Sphäre des Gefühls verlegt, erklärt vielleicht manche Widersprüchlichkeit in Walther Rathenaus Schriften, letztlich wohl auch die schwache Überzeugungskraft seines philosophischen Weltbildes.

Mensch und Gesellschaft stehen im Mittelpunkt der philosophischen Betrachtungen. Mit beweglichem, wirklichkeitsnahem Verstand durchleuchtete er das moderne Industriezeitalter und wies auf seine von den meisten noch nicht erkannten Möglichkeiten — und Gefahren hin.

In Furcht und Mut glaubte er die Wurzeln des menschlichen Handelns zu erkennen. Furcht und Mut scheiden die Menschen in zwei gegensätzliche Gruppen. Den Furchtmenschen zeichnete er als ein rechenhaftes, zerquältes, begierdesüchtiges, zweckhaftes

Geschöpf, ruhelos eitlem Glücke nachjagend, unfrei, ein Gefangener seines Dämons Intellekt. Ihm stellte er den selbstbewußten, sinnenfrohen, ehr- und opferfreudigen Mutmenschen gegenüber, der „aus der Seelentiefe schöpft" und „einer zweckenthobenen Gottnähe" lebt. Er sah ihn — es erinnert an Gobineau (den er gekannt hat) — im „ritterlichen Germanen edler Rasse und verantwortungsbewußten Herrentums" (Max Scheler) verkörpert. Der Furchtmensch erfaßt die Welt analytisch-zweckhaft; der Mutmensch betrachtet sie mit den Augen des Künstlers und erschaut intuitiv ihre Gesetzmäßigkeiten. Er glaubt, was er empfindet, spricht in Bildern, nicht in Begriffen, „ist doch die abstrakteste Sprache unserer Gedanken nichts anderes als ein verblaßter Hieroglyphenkodex greifbarer Sinnlichkeiten."

Die Polarität von Mut und Furcht, Intuition und Intellekt spiegelt sich für ihn im Laufe der Geschichte wider. Geschichte stellt sich ihm dar als die Vertikalverschiebung zweier Bevölkerungsschichten, die durch die Mut- und Zweckmenschen charakterisiert sind, ja, Zweischichtigkeit sei gerade die notwendige Voraussetzung für alle kulturelle Entwicklung. Kultur entstehe nur in der polaren Spannung einer aristokratisch bestimmten Ordnung, wo „der Obere herrscht, leitet, verantwortet und schützt, der Untere gehorcht, leistet, dient und strebt." Die muthafte Oberschicht, welche die Normen der Ethik und der Gesinnung setzt, werde allmählich von den sich stärker vermehrenden „namenlosen Unterschichten" aufgesogen. Die Folge sei ideelle Richtungslosigkeit und kulturelle Stagnation. Unter den Händen des emanzipierten, illusionslosen Zweckmenschentums entzaubere sich die Welt und wandele sich zu einer „Zwangsorganisation, zu einer lückenlosen Gemeinschaft der Produktion und Wirtschaft."

Diesen Prozeß nannte er „Mechanisierung." In der *Kritik der Zeit* beschrieb er ihre Auswirkungen auf Arbeit, Institutionen und Leben der Menschen. Indem er die „Mechanisierung" auf die Bevölkerungsvermehrung zurückführte, setzte er sich in bewußten Gegensatz zur klassisch-liberalen Schule, insbesondere zu Malthus, und zum marxistischen Sozialismus, die beide den umgekehrten Entwicklungsgang, Technik — Mechanisierung — Bevölkerungsverdichtung, lehrten.

Rathenau war Realist genug, die „Mechanisierung" als eine unvermeidliche „Form des materiellen Lebens" anzuerkennen. Sie ist Schicksal, denn menschlicher Geist hat sie gewollt. Sie allein macht es möglich, eine um Millionen jährlich anwachsende Bevölkerung zu versorgen. Aber sie darf nicht das geistige Leben bestimmen und zum Selbstzweck werden. Vielmehr muß der Mensch sich über sie erheben und ihr Nutznießer bleiben.

In einer Fülle von Beispielen suchte er die für den Menschen tragische Entwicklung der „Mechanisierung" aufzuzeigen: Wissenschaftlichkeit triumphiert über jede metaphysische Spekulation;

die Politik wird mechanisiert, „alle Politik ist Wirtschaftspolitik, Kriegsbereitschaft;" der Staat wandelt sich zum bürokratischen Verwaltungsstaat, außenpolitisch gesehen zur „bewaffneten Konkurrenzgemeinschaft ... Kriege sind im Völkerleben das gleiche, was Examina im bürgerlichen Leben: Befähigungsnachweise;" die Kunst ist säkularisiert, sie hat „ihren transzendenten, ihren religiösen, ihren seelenhaften Inhalt" verloren und sinkt ab zu bloßem Dekorationsgeschäft; Uniformität und Konformität kennzeichnen das gesellschaftliche Leben.

Mechanisierung „entseelt" den betrieblichen Arbeitsprozeß, der Mensch ist ein Schräubchen im Räderwerk, seine Arbeit erschöpft sich in Handgriffen. Mechanisierung „entseelt" die Gesellschaft, sie bringt das Proletariat hervor, ausgenützt von einer kleinen Zahl von Besitzenden. Mechanisierung „entseelt" das Kultur- und Geistesleben, Wünsche und Freuden; Ehrgeiz und unersättlicher Warenhunger, Prestige- und Genußsucht, Anbetung von Macht und Erfolg ersetzen Glauben und Werte. In der seelischen Verarmung liegt für die Menschheit der Fluch der Mechanisierung.

Diese Erkenntnis liegt der neuen sozialen Ethik zugrunde, die Rathenau in der „*Mechanik des Geistes*" zu begründen versucht. Er hielt dieses Buch mit seinem etwas irreführenden Titel für das zentrale Werk seines schriftstellerischen Schaffens und hatte es leidenschaftlich verteidigt. Er beklagte es sehr, daß es in der deutschen Öffentlichkeit nie richtig Aufnahme fand.

Die Lehre vom „Reich der Seele" — so lautet der treffendere Untertitel der „Mechanik des Geistes" — trägt ausgesprochen persönlichen Charakter. Sie ist „nicht nur ein Bekenntnis, sondern auch ein umgeschaffenes Erlebnis," schrieb er 1913 an eine Freundin. Dieses Erlebnis hatte er wahrscheinlich auf einer 1906 unternommenen Griechenlandreise, die nach Kessler der entscheidende Wendepunkt in seinem Leben wurde. Auf ihr gewann er die ihn zutiefst erschütternde Einsicht, daß die Seele sich grundlegend vom Intellekt unterscheidet. „Seele" ist für ihn schöpferisches Leben, geboren aus Freiheit, Liebe und Intuition, ohne „Schwachheit, Furcht und Zweck," das Transzendente schlechthin. Geist und Seele verstand er als die „gewaltige Gegensätzlichkeit, welche die gesamte Schöpfung durchquert." Der Geist mag wachsen, sich erweitern und verfeinern, unendliche Stufen durchlaufen, vom einfachsten Zellenstaat zur Nation und Menschheit aufsteigen, stets bleibt er durch den Zweck beherrscht; und hinter dem Zweck steht die Furcht. Selbst die größten Verstandesleistungen sind daher dem Mißerfolg unterworfen, denn sie sind zweckbestimmt. Der Mensch aber ist ein Grenzwesen zwischen dem Irdischen und Transzendenten. All sein „Handeln ist ein Doppelschritt, halb irdisch, halb transzendent." Im Menschen berühren sich die zweckhaft-intellektuale Welt, die begrenzt ist von Raum und Zeit, von Geburt und Tod, und das „Reich der Seele," das, ewig, göttlich und bar jeder Anschauung, nur ahnend begreifbar ist.

Die Seele ist wunschlos, willenlos und ohne Zweck. Einige werden mit ihr geboren, jeder kann sie erwerben. „Die Seele wird jedem zuteil der bonae voluntatis ist," schreibt er im *Breviarium Mysticum*. Das Agens zum Werden der Seele ist die Liebe. Sie ist für ihn Dienst am Nächsten, schöpferische Arbeit, Verantwortung, Aufopferung. Liebe verbindet die Menschen zur seelenhaften Gemeinschaft, die unaufhörlich sich selbst erneuert, Leben aus Leben zeugt. Durch selbstlose und aufopferungsbereite Hingabe an die Gemeinschaft wird der einzelne Teil eines endlosen Lebensstromes. Der Tod verliert seinen Schrecken.

Nur durch die Entwicklung ihrer Seele können die Menschen die Gefahren der Mechanisierung überwinden und zu einem menschenwürdigen Dasein aufsteigen. Walther Rathenau wurde nicht müde, diese Botschaft zu verkünden, eine Botschaft, die nicht religiösen Grübeleien entsprang, die nicht zu mystischer Versenkung in Gott aufrief, sondern zu aktivem Handeln und selbstloser Hingabe in verantwortungsvollem Dienst. — Er glaubte an Entwicklung und Fortschritt und lehnte Skepsis als vermessen ab. „Alles Tun ruht im Zeitbegriff, und der Wille zum Beharren ist so unmöglich wie der Wille zum Ursprung." Er wollte nicht Überwindung des Materiellen durch mystisches, sich von der Wirklichkeit lösendes Eingehen in Gott, sondern seine Gestaltung und Beherrschung durch den Menschen im Dienste der Seele. „Selbst um der Heiligkeit willen dürfen wir nicht auf Tätigkeit, um der Betrachtung willen nicht auf Naturbeherrschung verzichten." Die Lehre vom „Reich der Seele" gipfelt somit letztlich in der Forderung nach einer sittlichen Erneuerung der gesellschaftlichen, wirtschaftlichen und politischen Ordnung.

Sie ist für ihn eine Art Religion, die keiner Dogmen bedarf und nicht auf die Vermittlung einer Kirche angewiesen ist. In der *„Streitschrift vom Glauben"* wandte er sich gegen jede Form dogmatischen Kirchenglaubens. Glaube ist für ihn nicht die Vertröstung auf künftige Seligkeit, sondern gläubiges Dasein, gläubiges Tätigsein auf dem Boden der Regeln der Bergpredigt. — Er fühlt sich als einen Propheten, der um den rechten Weg weiß, der den Menschen einen Spiegel ihrer Fehler, Schwächen und Nöte vorhält und sie zur Besinnung und Einkehr mahnt. Dieser Prophetismus war aber durchaus modern in seinem Stil. Er verschmähte alle äußeren Attribute des Heiligen Mannes; er glaubte, diese Rolle mit seinem Habitus und seiner sozialen Stellung eines Großindustriellen vereinbaren zu können.

Mitten im Krieg veröffentlichte Walther Rathenau sein drittes großes Werk, „*Von kommenden Dingen,*" das ihn zu einem der meist gelesenen Schriftsteller machte (bis 1929 84 Auflagen). „Das Buch handelt von materiellen Dingen, doch um des Geistes willen."

Es handelt von der Befreiung des Menschen aus Armut, Not und proletarischer Knechtschaft, von seiner Herauslösung aus dem Zweckmechanismus des industriellen Zeitalters. Marx hielt die Beseitigung der Armut und die Abschaffung des Proletariats für eine Frage des ökonomischen Ausgleichs und der gesellschaftlichen Nivellierung, Rathenau jedoch für ein sittliches Anliegen. Ihm ist die Erziehung des Menschen zur Freiheit, Selbstbestimmung und persönlicher Verantwortung wichtiger als alle Verbesserungen der materiellen Lebensbedingungen. Diese spielen nur mittelbar eine Rolle, sofern sie es dem Menschen ermöglichen, sich, frei von Sorgen um das tägliche Brot, geistigen Dingen zu widmen. Daß der Marxismus alle idealistischen Bestrebungen und metaphysischen Fragestellungen verachtete, darin sah er die Schuld dieser Form des Sozialismus. Diese Bewegung „trägt den Fluch ihres Vaters, der nicht ein Prophet war, sondern ein Gelehrter."

Wirtschaftliche und politische Einrichtungen sind nicht autonomer Zweck, sondern sie verhelfen dem Menschen zu einem Leben in Freiheit und Gerechtigkeit. Sie müssen von einer Gesinnung durchdrungen sein, die Besitz, Macht und Ansehen dem Ganzen unterordnet. „Wir sind nicht da um des Besitzes willen, nicht um der Macht willen, auch nicht um des Glückes willen; sondern wir sind da zur Verklärung des Göttlichen aus menschlichem Geiste." Mit diesem Wort schließt Rathenau sein Buch „Von kommenden Dingen." Es könnte das Motto seines Lebens sein.

Er führte ein Leben von höchster Aktivität. Sein Schreiben war eine nie aussetzende Rechenschaft seines Handelns. Sein Philosophieren erwuchs aus dem, was er erlebte und innerlich empfand. Eindringend erforschte er sich selbst, kritisch beobachtete er die Welt, in der er wirkte, um Richtlinien des Handelns für sich selbst und für die andern allgemeingültig zu bestimmen. Sein Leben war ein Ringen um letzte Sinnerfüllung, ein unablässiges Bemühen, die Zwiespältigkeit seines Innern zu überwinden, die zerrissene Wirklichkeit zu einem harmonischen Weltbild zu vereinen.

In seinem wirtschaftlichen und politischen Handeln blieb Rathenau zeit seines Lebens Systematiker und Realist und von einem immer wachen Bewußtsein kontrolliert. In seinem Philosophieren aber lehnte er entschieden jede positivistische Haltung ab. In beiden Bereichen jedoch, dem praktischen wie dem gedanklichen, zeigte er eine ungewöhnliche Begabung für das Spekulative und Intuitive. Sie ließ ihn Probleme erkennen, die sich erst in unserer Zeit in voller Schärfe zeigen.

GÜNTHER JENNE

ERKENNEN UND WISSEN

Es ist das Wesen aller Polaritäten, daß sie nicht zum Ruhepunkt eines absoluten, äußersten Begriffes führen, sondern Relativitäten, Richtungsgrößen bleiben. Wärme und Kälte, Härte und Weichheit, positive und negative Ladung sind relative Begriffe; und wenn die Polarität der Mut- und Furchtstimmung auch ihrerseits nicht absolute Werte erreicht, vielmehr zwischen einer Höchst- und Mindestgrenze der Erfahrung eingeschlossen, alle Abstufungen und Mischungen einer Skala aufweist, so bleibt sie dennoch ein Richtgesetz − und zunächst das einzige − dieses Denkgebietes, denn unser Denken ist polar, und Erkennen heißt Polaritäten aufdecken.

aus: Von Schwachheit, Furcht und Zweck

Beim Prozeß des Denkens sind zwei Vorgänge zu unterscheiden. Während wir nur auf die Reihenfolge der Gedankenbilder zu achten pflegen, weil sie das Tatsächliche, sozusagen den Text des Denkens darstellen, bewegt sich im Untergrunde des Bewußtseins, gleich einer leisen Musikbegleitung, eine Reihe von eigentümlich gefärbten Lust- und Unlustempfindungen. Die Färbung dieser Unterempfindungen ist vielfältig und wechselnd, doch so, daß sie für verschiedenartige Gedankenbilder die gleiche bleibt. Die Begleitung ist früher da als der Gedanke selbst, den man oft erst herbeisuchen muß; sie selbst bildet die Kette der Verknüpfungen, während die Gedanken, wie die Gefäße einer Paternosterkette, unter sich unverbunden, an den Gliedern dieser Kette haften. Hieraus erklärt sich die Bedeutung des Unbewußten, der Phantasie, für das produktive Denken. Die äußerste Klarheit eines Bildes bringt an sich keine Verknüpfung zustande; nur der Gefühlswert einer Erfahrung entscheidet darüber, ob sie Kraft genug haben wird, um als überraschende Assoziation hervorzutauchen, sobald ein späteres Bild den Gleichklang herausfordert.

Daher kommt es, daß die Eigenschaften starken Gefühlswiderhalls beim Aufnehmen neuer Eindrücke und phantasievoll starker Produktivität stets gepaart auftreten.

Ungeschr. Schriften, 1907

Aller Verstand muß sich zuletzt im Unwesentlich-Wirklichen verlieren: die träumende Phantasie allein findet den Aufweg zum Wesentlich-Wahren. Die heutige materiell-unternehmende Welt kann nur bestehen, wenn sie, von ihrer krassen Wertung des analytischen Geistes abkehrend, sich dem Idealen beugt. Nur indem er sich selbst opfert, kann der Verstand sich erhalten.

Ungeschr. Schriften, 1907

IGNORABIMUS

Wenn es wahr ist, daß geistige und politische Größe nicht gleichzeitig einer Nation beschieden sind, so ist der Tiefpunkt unserer Geisteskultur zur Zeit der letzten Kriege genugsam erklärt. Die Generation um 1870, Söhne romantischer Neuerer und bürgerlicher Revolutionäre, hatte das seltene Glück, in allen großen Fragen des Lebens mit den Vätern zu harmonieren; ein auskömmliches geistiges Erbe wurde in Behaglichkeit aufgezehrt ... Rätsel auf Rätsel der sichtbaren Welt löste sich auf; und jedesmal erschien, was der sinkende Schleier enthüllte, klar, einfach und selbstverständlich. Der Materialismus hob sein Haupt. Mit zudringlichen Fäusten, mit Hebeln und mit Schrauben nahte er sich den Toren des Übersinnlichen und wähnte den Augenblick gekommen, das Wesen der Schöpfung als einer zerlegten Maschine mit den Augen des Meisters zu überschauen.

In diesen Zeitläuften erschien und erregte ungemessenes Aufsehen eine Schrift: Du Bois-Reymonds „Über die Grenzen der Naturerkenntnis." Ungleich seinem Freunde und Nachbarn, Helmholtz, der als größter produktiver Forscher unserer Zeit mit dem Strahl des Gedankens immer neue Gebiete des Wissens aus dem Dunkel hob, war Du Bois Gelehrter im Sinne der Renaissance, ein Humanist und Polyhistor, der das wissenschaftliche Erkennen seiner Epoche wie in einem Brennpunkte vereinigte. Niemand war so wie er geeignet, bei allen bedeutsamen Wendepunkten das Fazit der Bestrebungen zu ziehen und der Welt vorzuhalten.

In der Frage nach dem Wesen der Kraft, der Materie und des Denkens und nach ihrem Zusammenhang lautete sein strenges

Verdikt: „Ignorabimus!" In immer erneuten Wendungen und mit schillerndem Reichtum an Bildern und Gleichnissen hatte er zunächst nachgewiesen, was uns heute so gewiß erscheint: daß das Problem des Zusammenhanges von Denken und Erscheinung sich nicht aus der Betrachtung von Bewegungen und Kräften lösen lasse; dann hatte er dieses Problem, weil ihm die Naturerkenntnis, die physikalisch-mathematische Methode, hilflos gegenüberstand, für schlechthin und in alle Zeiten unlösbar erklärt. Es mag sein, daß dies Verdammungsurteil, verkündet von dem berufenen Fürsprecher der Naturwissenschaft selbst, etwas beigetragen hat, den Materialismus bescheidener zu stimmen. Doch durfte nun auch die physikalisch positive Schule sich ihres gesicherten absoluten Monopols an Erkenntnis rühmen und auf alle spekulativen Strebungen, die endgültig aus dem Bereich wissenschaftlichen Beginnens ausgestoßen schienen, mit überlegenem Bewußtsein herabblicken. Das metaphysische Denken war bald, und nicht allein für den Naturforscher, dem Du Bois noch gestattet hatte, eine Meinung über solche Dinge sich zu bilden, eine Art Pudendum geworden, eine Sache, bei der man sich nicht gern ertappen ließ...
Aber wenn wir uns eingestehen, daß die Naturerkenntnis, an Befriedigung arm und mannigfach bedingt, nicht das ist, was sie vorgibt: primäre Erkenntnis; daß sie die letzten Fragen des Denkens einfach deshalb nicht beantworten kann, weil diese ihr nicht zugemutet werden dürfen —: kann etwa die ursprüngliche Betrachtung des Ich, meiner Empfindung, meiner Gedanken, meiner Wünsche und Ziele der Aufgabe besser genügen und auch nur um Haaresbreite der Wahrheit näherführen?
„Was ist Wahrheit?" fragte Pontius Pilatus; aber Jesus schwieg. Und noch heute wissen wir nicht genau, was Wahrheit eigentlich ist.
Der Satz zweimal zwei gleich vier, oder A gleich A, ist sicherlich wahr und höchst beachtenswert; aber er ist nur ein Werkzeug praktischer Erkenntnis, nicht Erkenntnis der Dinge selbst. Auch die gesamte Logik und die reine Mathematik enthalten nur formale Wahrheiten, nicht Welterkenntnis; und die Philosophen, die aus solcherlei Identitäten ein System der Welt zu erbauen glaubten, gleichen Leuten, die Taler in Markstücke, Markstücke in Pfennige und Pfennige in Doppelkronen umwechseln und sich dabei schließlich einen Profit versprechen. Es kann ja wohl einmal gelingen, aber auch unter Geschäftsleuten gilt das nicht als Tüchtigkeit.

Schwankender ist schon die Wahrheit aller „historischen" Sätze — wenn es gestattet ist, unter dieser Bezeichnung alle Spezialerfahrungen geschichtlicher, naturgeschichtlicher, geographischer, philologischer Art, kurz, alle Einzelurteile zusammenzufassen, die auf Beobachtung und Überlieferung beruhen...
Der wissenschaftliche Wert aller Spezialurteile mag noch so wichtig sein: ihr Erkenntniswert ist gering. Und je mehr wir den Gebieten wirklicher Erkenntnis nahen, um so mehr verschwimmt der Begriff der „Wahrheit" im Nebel. Von den Gesamturteilen zunächst, den Gesetzen und Gesetzmäßigkeiten, gilt das eben Gesagte. Nur daß der Wahrheitsbeweis dieser Erkenntniselemente unendlich heikler und verwickelter ist. Denn hier soll glaubhaft gemacht werden, daß der behauptete Zusammenhang besteht, und in allen Fällen besteht, und daß das Gegenteil dieses Zusammenhanges nirgendwo besteht und nie bestanden hat. Schon hierdurch häufen sich die Widersprüche: noch mehr aber, weil jedes Einzelgesetz, allein für sich betrachtet, in seiner anscheinenden Kasuistik die Vernunft zur Widerrede reizt, so daß es um so viel mehr Interesse erweckt, als es paradoxer und herausfordernder auftritt. Und schon hier stellt es sich heraus, daß nicht sowohl die Zahl der Bestätigungen als die subjektive Bewertung der Ausnahmen, Widersprüche und Inkongruenzen die Entscheidung über wahr und falsch herbeiführt. Ein einziger Tierschädel, der in einer gewissen Formation gefunden wird, kann ein hundertfach bestätigtes geologisches Gesetz über den Haufen stoßen und tausend weitere Bestätigungen von vornherein wertlos machen. Auch kann eine einzige unwiderlegt widerspruchsvolle Schlußfolgerung denselben Satz dem deutschen Gelehrten unannehmbar machen, an dem der englische Kollege unbeanstandet jahrzehntelang festhält, bis eine neue Fassung erscheint, die beiden unrecht gibt; und hierin spricht sich abermals der stark persönliche Charakter dieser Wahrheiten aus.

Nun aber der eigentliche Born positiver Erkenntnis: die wissenschaftlichen Theorien, Erklärungen und Gesamtlehren. Hier gilt das Wort πάντα ῥεῖ: was gestern Irrtum war, ist heute Wahrheit, morgen Zweifel und übermorgen Lüge. Im halbfertigen Zustande heißen die Wahrheiten Hypothesen, und wann eine Hypothese zur richtigen Wahrheit wird, das stellt, genau genommen, nur die Meinung der Fachgenossen durch Stimmenmehrheit fest.

Das Licht war zu Anfang ein unmittelbarer Ausfluß des göttlichen Wesens. Später wurde es zu einem Strom feinsten Fluidums, das von irdischen Körpern stammte. Eine Weile war es eine

Wellenbewegung der kleinsten Teilchen eines eigens dazu beschafften Lichtäthers. Heute ist es eine periodisch oszillierende elektrische Erscheinung...

Noch immer wartet Pontius Pilatus auf Antwort — denn es gibt gar keine Wahrheit. Es gibt Wahrheitswerte — der Begriff der Wahrscheinlichkeit sagt etwas anderes — die sich messen und vergleichen lassen, aber keine Wahrheit. Das Kennzeichen der Wahrheitswerte liegt in der Eigenschaft, die Vorstellung der Welt zu vereinfachen, ihr Maß und ihre Begrenzung in der Art der Widersprüche, die sie übriglassen, und in deren stets subjektiver Bewertung. Ermittelt werden die Widersprüche, indem man nach allen nur irgend möglichen Richtungen hin durch Gedanken und Handlungen aus dem zu Prüfenden Folgerung auf Folgerung zu ziehen sucht und diese mit den tatsächlich sich ergebenden Erscheinungen vergleicht. Diese Recherche ist ein erweiterter Begriff des wissenschaftlichen Experimentes, da sie die gedankenmäßige Prüfung und auch die vergleichende Anwendung anderer Wissensgebiete, zum Beispiel die historische Prüfung, mit umschließt; sie mag deshalb als „Experiment im weiteren Sinne" bezeichnet werden.

Wenn nun die scheinbaren Grenzgebiete des Naturerkennens in Wirklichkeit metaphysischer Art sind: wo liegt dann im Bereich der Tatsächlichkeiten das „Experiment im weiteren Sinne?" Wie soll der irdische Apparat beschaffen sein, mit dem sich Geistiges, jenseits der Erfahrung Liegendes, wägen und messen läßt? Gibt es außerhalb der verstiegensten Ethik und der religiösen Schwärmerei einen Bezirk des Lebens, in dem aus transzendenten Vorstellungen handgreifliche Folgerungen gezogen werden müssen? Ja, auf solchem Boden bewegen wir uns Stunde für Stunde, bewußte und instinktive, gleichgültige und bedeutende Handlungen und Vorstellungen spielen sich auf dieser Bühne ab, ohne daß wir Ungewöhnliches wittern; kaum daß zuzeiten feiner geartete Naturen, die sich von gläubigen Vorurteilen und Gewöhnungen befreit fühlen, durch eine Unsicherheit, ein Schwanken, einen Zweifel auf das Ungewöhnliche des Schauplatzes aufmerksam werden. Ich spreche von dem Gebiet der Handlungen, die nicht beeinflußt werden durch Interessen: wobei ich unter Interessen das Streben nach Konsequenzen verstehe, die in irgendeiner beabsichtigten Art auf uns zurückwirken sollen. Ich kann keine Tat vollführen, deren Folgen jenseits meiner Lebenszeit liegen — wie: für Hinterbliebene sorgen, für ein Gesetz stimmen, eine Straße anlegen, einen Forst pflanzen — ohne einen Schritt ins Überweltliche zu tun.

Wenn ich einen Lebensberuf wähle, politisch Partei ergreife, ein Buch veröffentliche: wo nicht ausschließlich praktische Interessen mich hier bestimmen, üben unbewußte metaphysische Erwägungen ihre Wirkung. Wenn ich den mir allein bekannten letzten Wunsch eines Verstorbenen ausführe, wenn ich die Gesetze einer beliebigen Sittlichkeit auch im geheimen befolge, wenn ich ohne utilitarischen Dusel und Polizistenfurcht dem Kitzel widerstehe, um einer Blume willen eine Pflanze zu beschädigen, so übersetze ich jedesmal eine metaphysische Wahrheit in des Lebens Alltäglichkeit; und jede dieser Handlungen ist für eine metaphysische These genau so gut ein „Experiment" wie eine Interferenzerscheinung oder eine Klangfigur für eine physikalische. Ich sage nicht, daß diese Handlung durch transzendente Erwägung veranlaßt sei; mag sie immerhin dem Instinkt, der Vererbung, der Gewöhnung oder der Suggestion entstammen: für das Experiment genügt, daß sie mir homogen, eigentümlich, notwendig oder sympathisch sei. Um es paradox zu fassen: in dem Augenblick, wo ich ein hungriges Tier füttere, ohne mein leibliches oder geistiges Auge an seinem Behagen weiden zu wollen oder mir die ewige Seligkeit zu erhandeln, in diesem Augenblick besitzt für mich eine korrespondierende transzendente Erkenntnis genau denselben Wahrheitswert, wie in dem Augenblick, wo ich ein zerbrechliches Glas in der Hand trage, der Satz von der Anziehung der Erde. In mir, in mir selbst liegt der Grund für das „Experiment im weiteren Sinn" zur Erforschung metaphysischer Wahrheiten.

Ich höre Einwand über Einwand: „Wie, die Wahrheit unermeßlicher Gebiete sollte der Persönlichkeit, der Willkür, der Stimmung unterliegen? Es sollte keine Gemeinschaft der Erkenntnis bestehen? Mein Nachbar sollte seiner Unsterblichkeit sicher sein und ich nicht einmal eine Seele haben? Solche Aftererkenntnis ist trotz Wahrheitswert und Experiment keine Wissenschaft, nein, eitel Taschenspielerei. Wir verlangen eine Erkenntnis, die allen Landeskindern gemeinsam sei, wie das ABC und das Bürgerliche Gesetzbuch."

Selbst wenn Wissenschaft nur das wäre, was sich lehren läßt: läßt sich dann etwas anderes lehren und lernen als Methode? Gleichviel, ob jemand mich die Tanzkunst oder die Physik lehrt: er kann mir nur zeigen, „wie man es macht." Wie ich es mache, wie ich meine Beinmuskeln errege, wie ich meine Gedanken forme, wie ich aus physikalischen Experimenten meine Schlüsse ziehe — die vielleicht den seinigen ganz entgegengesetzt sind — das lehrt er mich nicht. Je mehr eine Wissenschaft formal ist, wie

Logik oder Mathematik, so daß sie selbst nur Methode ist, um so vollständiger läßt sie sich „lehren." Je substantieller, desto mehr bleibt dem Geist des Lernenden überlassen. Lehren aber läßt sich auch die Methode metaphysischen Denkens und unter ähnlich gearteten Menschen vielleicht auch etwas vom Inhalt. Und was nun meinen Nächsten und seine Erkenntnis angeht — ja, was geht denn mich mein Nächster und seine Erkenntnis an? Ich mag die Erscheinung, die ich meinen Nächsten benenne, lieben und verehren, hassen oder verachten: aber wer ist mein Nächster, und was weiß ich von ihm? Entsteht doch sein Wesen eigentlich erst durch meine metaphysische Überzeugung. Aber ganz hiervon abgesehen: seine Gedanken sind nicht meine Gedanken, seine Liebe, sein Haß, seine Ziele sind nicht die meinen. Ich weiß nicht, ob nicht vielleicht er die Farbe, die wir beide Rot nennen, so empfindet wie ich eine, die wir beide als Grün bezeichnen. Ich weiß nicht, ob seine Nase etwa den Duft der Rose so riecht wie meine den Duft der Petersilie. Die Verschiedenheiten unseres Geschmackes in so vielen Fällen lassen auf derartige Abweichungen schließen. Zweifellos ist sein ganzes Weltbild von dem meinen so verschieden wie unser Temperament, unsere Sinne, unsere Sorgen und unser Glück, — und ich sollte darauf bestehen, daß unsere Erkenntnis des Übersinnlichen identisch sei?

Wären meine Sinne nicht zufällig auf die Empfindung von Licht und Schatten, Wärme und Druck eingestellt, sondern auf Magnetismus, elektrische Ladung, Dichte und Affinität — und warum sollte dies bei den Bewohnern irgendeines benachbarten Planeten nicht der Fall sein? — so wäre mein sinnliches Weltbild von dem gegenwärtigen unendlich verschieden, ohne doch um Haaresbreite weniger „wahr" zu sein: ebenso ist das übersinnliche Bild der Welt, sein Entstehen und Vergehen, sein Wechseln und sein Bestand, gebunden an den Inbegriff meiner geistigen Kräfte; denn sie sind, mehr noch als meine Sinne, ein voller und natürlicher Ausdruck meiner Persönlichkeit. Jede Erkenntnis ist, je feiner und subtiler, desto persönlicher: die Formalien des Denkens, Mathematik und Logik, sind Sache der ganzen Welt; Ästhetik und Ethik sind Sache einer Rasse und eines Zeitalters, Erkenntnis des Übersinnlichen aber ist Sache der Individualität.

Wissenschaft oder Nichtwissenschaft: es ist ein Streit um Worte. Was wir wollen, ist: hinausgelangen über das ewige Gestern und Heute der Welt der Handgreiflichkeiten; und unser Weg: die Deutung und Erfüllung unseres eigenen Ich. Vielleicht unbewußt, jedenfalls uneingestanden, handelten die alten Philosophen nicht anders; wenn sie von den Zinnen ihrer Weltsysteme herab die absolute Wahrheit verkündeten, sollten wir ihnen glauben, daß der Sturmlauf der Deduktion sie hinaufgeführt habe. Aber ein verräterischer Ariadnefaden leitete immer wieder durch ein Hinterpförtchen in das freundliche Gelände ihrer eigenen Wünsche, Zuneigungen und Vorurteile zurück und leider oft genug auf die abgetretene Straße der landläufigen Zeitanschauungen. Seien wir rücksichtsloser! Gestehen wir ein, daß wir uns als Mittelpunkt der Schöpfung setzen und daß wir uns Welten konstruieren, die zu uns passen und uns rechtfertigen, und verlangen wir von jedem, der uns belehren will, vorher ein Bild seiner eigenen Persönlichkeit. Wer ethische und soziale Systeme deduzieren will, der nenne uns zunächst seine Sympathien und Antipathien für diesen und jenen menschlichen und gesellschaftlichen Zustand, als das, was beweisen, nicht, was bewiesen werden soll. Wer noch den Mut hat, eine allgemein gültige Ästhetik zu formulieren, der gebe zuerst eine Analyse seines eigenen Geschmackes und seines eigenen Kunstempfindens, auf dessen Apotheose er ja doch hinauswill; wer eine generelle Philosophie der sinnlichen und übersinnlichen Welt auf dem Herzen hat, der zeige uns seine Sittenanschauung und seinen eigenen inneren Menschen. Und kann man angesichts der Tausende von möglichen Philosophien das Bedürfnis nach einer Lehre, die etwas mehr vom „Absoluten" an sich hat, nicht vergessen, so nehme man den Begriff aller in sich einheitlichen Systeme und suche aus dem mächtigen Zusammenklange den reinen Grundton herauszuhorchen, — gewiß ein liebsames Unternehmen für feine Ohren.

Mag man die hier entwickelte Auffassung, wenn jedes Kind einen Namen haben muß, als „Subjektivismus" bezeichnen, mag man ihr Willkür und Mangel an positivem Ergebnis vorwerfen: was ich beabsichtigte, war, unserer Zeit einmal wieder das Recht auf metaphysisches Denken zu vindizieren, als einer ehrlichen Arbeit, die nicht mehr noch weniger in den Wolken angelt als die „exakte" Forschung und die der Welt zuzeiten nicht weniger, sondern mehr Bedürfnis ist als diese ...

Das stolze letzte Zeitalter des Realismus und der Naturwissenschaft ist verwelkt; es hat Früchte getragen, aber nicht für den Geist. Es hat die Welt reicher, aber nicht wertvoller gemacht, es hat unser Wissen, nicht unsere Erkenntnis erweitert. So lange die Naturwissenschaft aus der Pandorabüchse der Technik Verkehr und Komfort spendete, war für Geisteswissenschaft kein Bedarf. Wer nach seinem zwanzigsten Jahr eine philosophische Überzeugung aussprach, wurde betrachtet wie ein Leutnant, der Verse macht.

Nun ist die Zeit der Entdeckungen vorüber, und die Physik arbeitet nur noch für den Reporter und die Belustigung höherer Kreise. Wir ersticken in technischen Lebensannehmlichkeiten, und es ist nachgerade schwerer geworden, ein Bedürfnis zu finden, als es zu befriedigen. Ziehen wir die geistige Bilanz, so sehen wir uns dem Bankerott gegenüber. Angesichts unserer oft eingestandenen Unfähigkeiten in sozialen, sittlichen, gesetzgeberischen, politischen, philosophischen Fragen erkennen wir, daß die Lauge der Nichts-als-Naturwissenschaft vom Bilde unserer Erkenntnis nicht sowohl den dunkelnden Firnis gelöst, als die einzelnen Züge des Werkes beschädigt habe. Nach neuen Ideen und Idealen lechzen Wissenschaft und Kunst: Tatsachen und Formen sind uns zum Überdruß geworden. Die Märchen unserer Dichter müssen wir als Philosophie, Vereinsdebatten als Ethik, Tischreden als Staatskunst in Zahlung nehmen. An die Lehre vom Übermenschlichen klammern wir uns als höchsten Glaubenssatz, um uns jedem Athleten zu Füßen zu werfen. Snobismus gilt uns als Lebenskunst, Gelegenheitmacherei als Politik, ein neuer Modeartikel als Kunst. Genug davon! Zu den aufgerollten Bilderbogen der Ereignisse brauchen wir einen Text, wir brauchen Ziele zu unseren Strebungen, Überzeugungen zu unserem Kenntniskram: wir brauchen lebendigen Geist und neue Gedanken. Freilich glauben wir nicht mehr an eine alleinige, absolute, selig machende Philosophie, die da kommen soll, über die falschen Lehren zu triumphieren; aber wir glauben auch nicht an die ewigen Schranken, die die angeblich einzig wahrhaftige Naturerkenntnis umschließen. Ja, es gibt jenseits der Naturerkenntnis eine Erkenntnis, die freier und reicher, nicht obgleich, sondern weil sie persönlicher ist. Darum löschen wir von den alten Tafeln das starre Gebot „Ignorabimus" und schreiben mit entschlossener Hand an die Tore der Zukunft: „Creabimus."

Die Zukunft, 19. März 1898

Selten liegt die Wahrheit in der verschmitzten neuen Formel, meist liegt sie offen zutage, vor aller Augen, nur durch ihre Offenkundigkeit verborgen: das reine Herz muß sie finden.

aus: An Deutschlands Jugend 1918

EIGENSCHAFTEN

VON SCHWACHHEIT, FURCHT UND ZWECK

Der Zweckmensch ist ein Geschöpf des Leidens... In Ketten der Angst geschmiedet kennt er nicht die Ruhe der Seele, die heiter, frei und selig macht...
Das Lachen, dem lebenskräftigen Menschen ein Naturlaut der Freude, ist dem Klugen eine Reaktion auf Witzempfindung. Das heißt: auf schnell erkannte Unstimmigkeit in der Maske der Übereinstimmung; eine halbe Schadenfreude. Für das Verkehrte, Törichte, Schwache, vor allem das Unzweckmäßige ist sein Blick geschärft; deshalb ist er ein mißtrauischer Pessimist, ein satirischer, kritischer Zweifler. Bewunderung ist ihm ein verhaßtes Gefühl, denn ihn erhebt sie nicht, sondern wirft ihn zurück...
Wie die Dinge, die der Zweckmensch fürchtet, tatsächliche und greifbare sind, so muß sein Geist sich unablässig mit Tatsächlichkeiten mühen. Er ist lernbegierig, lüstern nach Wißbarem, neugierig. Neben den Tatsachen läßt er einfache Zusammenhänge gelten; eine mechanische Klarheit und handgreifliche Theorie scheint ihm zweckdienlich. Die Freude am Gedanken, das Denken als Selbstzweck ist ihm fremd. Die Welt als Schöpfung frommt ihm nicht. Bewältigung der Erscheinung durch den Geist ist ihm gespenstige Spekulation. Kein Wunder; denn alles reine Denken nährt sich aus Kräften der Seele...
Er kennt nicht die Freude an eigener Kraft und Schönheit, noch an Kraft und Schönheit der Welt. Hat er aber keine Freude in sich selbst, so muß er an Freude spendende Dinge glauben und ihrer begehren.
So lechzt er nach dem, was ihm Ersatz der Freude ist: nach Genüssen...
Die Schuld seiner Organe den Dingen aufbürdend, erhofft er vom schwer Erreichbaren, was seine im Genuß versagende Natur ihm verwehrt...
Der Kraftlose beneidet den Starken um seine Gewalt. In dem Bewußtsein, daß er aus eigenem Wesen Gewalt nicht üben kann, trachtet er, Kraft durch Macht zu ersetzen. Aus Sklaverei erstanden, will er Sklaven befehlen, von Furcht gepeinigt, will er Furcht erwecken. Das Schwert, das sein Arm nicht heben kann, sollen

Stärkere, Zahlreichere, Zahllose, durch Klugheit, List, Vertrag und Recht Gefesselte für ihn schwingen. Nicht die Freude am Schaffen und Walten beseelt ihn; unpersönliche Macht sagt ihm nichts. Denn das innere verantwortungsvolle Wesen des Herrschens bleibt ihm fremd; die äußere Gebärde, Wink und Kniefall ist ihm alles. Und schließlich begnügt er sich mit dem Schein der Macht, sofern noch dieser Furcht oder Neid erwecken kann ..?

Er braucht unablässig Trost und Gewißheit; und die er in dem erschöpften Schrein seiner Brust nicht findet, heischt er vom Nächsten. Das Urteil andrer ist ihm wichtig. Er ist sich selber nur, was er andern scheint. Er begehrt, fordert und bettet Anerkennung. Und die ist ihm die liebste, die, gleichviel ob in pergamentner oder metallischer Fassung, dauernd und weithin sichtbar ein für alle Male quittiert und der Nachprüfung enthebt.

So ist, was Menschen Eitelkeit und Anmaßung zu nennen pflegen, der Bescheidenheiten tiefste, denn sie ist wahrhafte Unterwürfigkeit. Der Eitle spricht zur Welt: Ihr seid meine Richter und Gebieter. Erst wenn Ihr mich anerkennt, bin ich mir selbst ein Mensch; deshalb flehe ich Euch an (am liebsten zwänge ich euch): lobt mich, bewundert mich, redet von mir, damit ich Euch glaube, was ich mir selbst bezweifle. Und so wird er den Menschen zum Ekel. Denn er verlangt beides von ihnen, das sie niemals zugleich geben: Bewunderung und Knechtsdienst. Er will sie betrügen, daß sie erst zu ihm aufblicken und dann von ihm getreten werden. Er bedarf ihrer, damit sie ihm Lebenskraft schenken, und will sie doch verachten dürfen. Deshalb ist er als Herr unmöglich.

Also steht dem Furchthaften der Sinn nach Dreierlei: nach Genüssen, Macht und Anerkennung. Daß Reichtum seine Sache ist, mag man ermessen...

Er ist Erfinder der Superlative und Hyperbeln. Denn nach Sklavenart ist er gewohnt und einverstanden, daß ihm ungern und nur zur Hälfte geglaubt wird.

Menschensucht. Einsamkeit nährt Furcht. Deshalb flüchtet er unter Menschen, zumal seinesgleichen, die ihm zu allerlei dienen. Sie betäuben durch Geschwätz, füttern seine Neugier, lassen sich Wirkung gefallen und gewähren den Trost gleicher Artung und Interessen. So groß ist bei einzelnen die Menschensucht, daß sie kaum ihren Nächsten erblicken, ohne seiner im Geist zu begehren. Sie wollen wissen, wer er ist und was er treibt; sie wollen einen Eindruck irgendwelcher Art auf ihn machen, ihm gefallen, imponieren oder auffallen und, wenn alles versagt, wenigstens in ihrer

Art ihn dadurch überwinden und besitzen, daß sie ihn kritisieren. Das Gespräch der Menschensüchtigen ist nicht Mitteilung, sondern Kampf, aus dem sie gestärkt hervorgehen, wenn sie den Gegner durch Kenntnis, Argumente oder Übertreibung zum Nachgeben gezwungen haben.

Natürlich bilden im Auge des Zielbewußten die Menschen dieser Zeit eine Staffel des Wertes und der Vorzüglichkeit. So versucht er, mit gierigem Arm von Sprosse zu Sprosse zu klettern, und vergißt, daß den Oberen seine Gegenwart verhaßt, den Zurückgebliebenen seine Unteransicht lächerlich ist.

Denkweise. Seinen Gedanken ist er selbst der einzige Mittelpunkt. Wie an einen elastischen Faden geheftet, schnellt jede seiner Vorstellungen auf das eigene Ich zurück. Seine Gedanken machen Ausflüge, keine Forschungsfahrten; deshalb kommen ihre Läufe über einfache Bewegungsformen und kleine Entfernungen nicht hinaus. In der unmittelbaren Denknähe seines Ich freilich kennt er Weg und Steg; deshalb ist er Meister der Begründungen, Ausflüchte und dialektischen Künste.

„Wie stehe ich zu dieser Sache und Tatsache? Was kann ich damit anfangen? Was ist sie wert?" Dies sind die Denkformen seiner egozentrischen Auffassung, die sich unablässig in Bewertungen und Kritiken äußert.

Selbst wenn der Geist, mit lockerem Zügel sich selbst überlassen, seine Straße wählen darf, träumt der Zweckhafte höchst persönliche und praktische Dinge: „Gesetzt, dies und das passiert: was werde ich antworten? Wie werde ich mich benehmen? Wie werde ich wirken?" Und so wird er zum Schauspieler seiner selbst.

Kein Wunder, daß er bald jede instinktive Regung seiner Seele kennt wie den Mechanismus einer Uhr und mit diskretem Vergnügen sich selbst über die Schulter blicken lernt. Dieser Kunst, auf der ein gut Teil Wirkung unsrer heutigen Literatur beruht, verdankt er den unbegreiflich intimen Einblick in die Seelen der anderen und ihre zartesten Äußerungen. Freilich vernichtet solche Unzucht des Geistes die letzten Spuren unbefangener Naivität; und so steht der Zweckmensch ratlos vor den momentanen, kraftvollen Entschließungen des Starken, die, wie von einem Gotte diktiert, unantastbar wie die Wahrheit selbst hervorbrechen, ohne daß es des Denkens bedarf. Denn nur der reine, selbstvertrauende Instinkt ist solcher Sicherheit des Anspruches, der Abwehr und des Urteiles fähig, die unbeirrbar ist durch geschwätzige Rabulistik...

Die Zukunft, 25. Juni 1904

AN FRANK WEDEKIND   Berlin, 21. 11. 1904

Sehr geehrter Herr Wedekind

Der Starke. Gewiß ein Idealbild! Wie auch sein Gegenpart. Denn beide sind „Polaritäten", wenn ich so sagen darf, wie warm und kalt, positive und negative Elektrizität und ähnliche Kontraste. Die absoluten Pole sind undenkbar, und alle Specimina sind Stufen...
Der Furchtmensch. Nur ein idealer Leser und Divinator konnte fühlen, daß ich ihn liebe. Schon um Gottes Gerechtigkeit willen. Ist Er denn nicht der einzig Unglückliche? Und ist nicht Schmerz der — einzige Adel? Sind nicht Luzifer und Prometheus die höchsten Menschenträume? Sind nicht olympische Götter — und Menschen — kalte herzlose Idole?

Lassen Sie mich eins vertrauen, was ich glaube, nicht behaupte: Alles Geniale ist engste Mischung der beiden Elemente. Woher sonst das Rezeptive, Divinatorische, das Mitklingen aller Schmerzen? — Und alle Profile beweisen's. Die Griechen waren Furchtmenschen, das habe ich gesagt...

Der Starke hat in dieser Welt nichts mehr zu schaffen. Kämen Herkules und Ajax wieder, so fänden sie ihr Brot nur noch als Athleten. Thersites aber, und allenfalls Ulyß, spreizten sich als hundertfache Millionäre. Nicht einmal den Krieg im Osten entscheidet persönliche Tapferkeit: sondern die Klugheit des Schiffskonstrukteurs, des Verpflegungsorganisators; Disziplin, die auf Furcht beruht — und Geld.

Diese Eigenschaften begleiten den Adel der Seele und sind identisch: Blick fürs Wesentliche, Bewunderung, Vertrauen, Wohlwollen, Phantasie, Selbstbewußtsein, Einfachheit, Sinnenfreude, Transzendenz.

Diese Neigungen verraten Sklavenseelen und sind identisch: Freude an der Neuigkeit, Kritiklust, Dialektik, Skeptizismus, Schadenfreude, Sucht, zu glänzen, Geschwätzigkeit, Verfeinerung, Ästhezismus.

Furcht ist atavische Erinnerung an ausgestandene Leiden. Mut atavische Erinnerung an siegreiche Kämpfe. Eifersucht Erinnerung an erzwungene Enthaltsamkeit. Das hat Michelangelo wundersam ausgesprochen: Liebe ist die Erinnerung an die Schönheit des Paradieses.   Ungeschr. Schriften, 1907

KRITIK DER ZEIT

GEIST DER MECHANISIERUNG

Durch die Mitte des vergangenen Jahrhunderts geht ein Schnitt. Jenseits liegt alte Zeit, altmodische Kultur, geschichtliche Vergangenheit, diesseits sind unsere Väter und wir, Neuzeit, Gegenwart ... Wir erkennen diesseits der Epochengrenze, etwa seit Beginn der fünfziger Jahre, die nicht mehr unterbrochene Gleichförmigkeit eines Zeitalters, das bis zu diesem Augenblick nur größenhafte Steigerungen und technische Verschiebungen erlebt hat ... Unstet und gesellig, sprunghaft, gedankenbegierig und sehnsüchtig, interessiert, kritisch, strebend und hastend ist die Stimmung nun schon des dritten Geschlechtes westlicher Menschen ...

Betrachtet man die zentrischen Gebilde unserer Zeit, so ist es aber merkwürdig und fast erschreckend zu bemerken, wie sehr diese Wesen trotz aller Verschiedenheit des Himmelsstrichs, der Herkunft und Vergangenheit einander gleichen.

In ihrer Struktur und Mechanik sind alle größeren Städte der weißen Welt identisch ...

Nicht mindere Einförmigkeit begegnet im Geistigen. Im täglichen und nächtlichen Spiel werfen die Städte der Welt einander ihre Bälle zu: ihre Launen, Moden, Leidenschaften, Lieblinge, ihre Vergnügungen, Freuden und Künste, ihre Wissenschaften und Werke tauschen sie aus und finden am Wechsel Gefallen. Das gleiche Theaterstück wird in Berlin und Paris gespielt, die gleiche Ladenauslage prangt in London und New York, das gleiche wissenschaftliche Problem hält sie in Atem, der gleiche Skandal macht sie lachen, die gleiche Küche ernährt sie, der gleiche Hausrat umgibt sie. Nie waren im Mittelalter zwei benachbarte Städte eines Landes: Nürnberg und Köln, Genua und Venedig, einander im wesentlichen so ähnlich wie heute London und Paris, New York und Berlin.

So kommt es, daß die städtischen Zeitgenossen dieses Kulturkreises in unerhörter Weise sich verstehen, ja zuletzt gar einander gleichen; so daß mancher Reisende, der in einem Nachtschlaf Berlin mit Paris vertauscht, sich eigentlich nur darüber wundert, daß er beim Aussteigen andre Sprachlaute vernimmt als beim Abschied...

So haben wir zeitlichen Stillstand und örtliche Einform als Wesen dieser bewegtesten und mannigfaltigsten aller Zeiten, die sich stündlich mit Neuigkeiten sättigt und keinen Gedanken so feierlich betont wie den der örtlichen, nationalen und persönlichen Individualität...

Mit einer Verwechslung von Kontinuität mit Kausalität wird häufig die Frage nach der Herkunft der Neuen Zeit beantwortet. Ihre Ursache, so heißt es meistens, liegt im Verkehr. Und woher kommt der Verkehr? Von der Maschine. Und die Maschine? Von der Entwicklung der Technik. Woher stammt die Technik? Sie ist angewandte Wissenschaft. Wie kam die okzidentale Wissenschaft empor? Sie war das gegensätzliche Erzeugnis der Scholastik. Und so fort bis zu Adam und Eva...

Eine Geschichte, das Werden und Vergehen politischer Formen, geistiger Ziele, Erlebnisse und Träume, Wechsel von leidenschaftlichen, friedlichen und tätigen Epochen, Aufstieg, Ausbreitung und Niedergang, kurz das, was im Leben des einzelnen dem freien, heroischen und tragischen Schicksal entspricht: eine Geschichte ist nur denjenigen Gemeinwesen beschieden worden, die von einer Oberschicht beherrscht, von einer stammverschiedenen Unterschicht getragen waren...

In einem zweischichtigen Volke, das durch fremde Kolonisation und Erschließung des Landes in veränderte Lebensweise geraten war, hat die Unterschicht von den Umwälzungen den größeren Nutzen gezogen, sich rascher vermehrt und allmählich einen großen Teil der Oberschicht aufgezehrt...

Es soll schon jetzt ausgesprochen werden, daß nach der hier vertretenen Auffassung die Doppelerscheinung der Ursachen durch eine Doppelerscheinung der Wirkung unserer Zeit den Stempel aufprägt: die Verdichtung schafft sich in der sichtbaren Welt ihre Kompensation, die ich Mechanisierung nennen will, und die darauf hinzielt, einem übervölkerten Planeten die Möglichkeit der Subsistenz und Existenz ungeahnter Menschenschwärme abzuzwingen; die Umlagerung spricht sich in der geistigen Verfassung unserer Völker als Entgermanisierung aus, die ein neues, für die Aufgaben der Mechanisierung seltsam geeignetes Menschenmaterial erschaffen hat.

Indem nun der veränderte Volkskörper dem Mechanisierungsdrang sein Bestes liefert: neugierig forschende Geschlechter mit leidenschaftlichem Interesse für Tatsachen, Zusammenhänge und Anwendungen; indem wiederum die Mechanisierung diesen Menschenschlag fördert durch Assoziation, Organisation und Werkzeug, verzweigen und verweben die Wirkungskomplexe sich so mannigfach, daß man einer einheitlichen Erscheinung gegenüberzustehen glaubt, die gerade deswegen einzigartig und unerklärlich wirkt...

Die Mechanisierung der Welt

Gegeben ist die Größe der menschlichen Einzelleistung, gegeben die bewohnbare Erdoberfläche, gegeben, aber praktisch fast unerschöpflich und nur an den menschlichen Arbeitseffekt gebunden, die Menge der greifbaren Rohstoffe, praktisch unermeßlich sind die verwertbaren Naturkräfte. Aufgabe ist es nun, für die zehnfach, hundertfach sich vermehrende weiße Bevölkerung Nahrung und Gebrauchsgüter zu schaffen ...

Dies war nur auf einem Wege möglich: wenn der Effekt der menschlichen Arbeit um ein Vielfaches gesteigert und gleichzeitig ihr Erzeugnis, das produzierte Gut, auf das vollkommenste ausgenutzt werden konnte. Erhöhung der Produktion unter Ersparnis an Arbeit und Material ist die Formel, die der Mechanisierung der Welt zugrunde liegt ...

Die Hilfsmittel dieser doppelten Übung der Effektsteigerung sind Organisation und Technik. Organisation, indem sie Produktion und Verbrauch durch Unterteilung, Vereinigung und Verzweigung in die gewollten mechanischen Bahnen lenkt, Technik, indem sie die Naturkräfte bändigt und sie bald in gewaltigen Massenbewegungen, bald in chemischen Wirkungen, bald in elektrischen Strömen, bald in mechanisch kunstfertigen Handgriffen den neuen Produktions- und Verkehrsorganisationen ausliefert...

Gemeinsam ist aber allen diesen Erscheinungsformen ein Geist, der sie seltsam und entschieden von den Lebensformen früherer Jahrhunderte unterscheidet: ein Zug von Spezialisierung und Abstraktion, von gewollter Zwangsläufigkeit, von zweckhaftem, rezeptmäßigem Denken, ohne Überraschung und ohne Humor, von komplizierter Gleichförmigkeit: ein Geist, der die Wahl des Namens Mechanisierung auch im Sinne des Gefühlsmäßigen zu rechtfertigen scheint...

Mechanisierung der Produktion

Jeder, der ein Erzeugnis des alten Handwerks in Händen hält, etwa ein Buch, eine Truhe, einen Schlüssel, empfindet an diesen Gegenständen etwas Organisches, wie es den Schöpfungen der Natur eignet. Das Werk ist genau gearbeitet, aber nicht mathematisch. Der Naturstoff, dem es entstammt, ist geformt, aber nicht verwandelt. Es besitzt eine innere Festigkeit, die den Einwirkungen des Gebrauchs und der Zeit widersteht und ihnen doch einen seltsam verschönernden Einfluß gestattet. Es ist selbst im größten Reichtum sparsam, denn es ist ein durchdachtes, für sich alleinstehendes Werk, ein Stück Menschennatur.

Die Maschine kann dergleichen nicht schaffen. Sie erzeugt mathematische, schnurgerade, kreisrunde, spitze, scharfe, polierte Dinge, die sich nicht abschleifen, sondern schartig werden. Sie spart am Material, aber sie knausert nicht mit Ornament, denn dies macht ihr keine Arbeit. Auch überträgt sie gern praktisch erwiesene Kunstgriffe von einer Materie, von einer Form auf die andere. Sie formt mit gleicher Unbeteiligtheit ein Gebetbuch und eine physikalische Waage. Vor allem aber setzt sie an die Stelle der Dauerhaftigkeit die bequeme Erneuerung. Hausgesponnenes Linnen und Papierservietten sind Sinnbilder dieses Gegensatzes...

Durchaus verständlich! Denn die Mechanisierung will produzieren. Reparaturwerkstätten sind ihr kostspieliger als Fabriken; anstatt zu flicken, schmilzt sie um. Hier kommt ihr ein psychologischer Kreislauf zunutze; die Möglichkeit des Wechsels erzeugt den Wunsch nach Wechsel, dieser Wunsch wiederum unterstützt das Erneuerungsprinzip...

So schafft die Mechanisierung sich selbst ungeheuerste Hilfskräfte in dem Warenhunger der Menschen, in der Irrealität, Leblosigkeit und Schattenhaftigkeit ihrer Produkte und in der Mode...

Mechanisierung der Organisation

Den Kern dieser unsichtbaren Ordnung der wirtschaftlichen Welt bildet die Einrichtung des Besitzes, und zwar in der auf das strengste an die Person gebundenen Form des erblichen Besitzes.

Damit nun diese höchst persönliche Einrichtung den mannigfachen Bildungen und Bewegungen der mechanisierten Produktionsform sich anschmiegen konnte, mußte sie in analoger Weise wandelbar und unpersönlich werden. Der Besitz mußte bis ins Kleinste teilbar, bis zum Größten anhäufbar, er mußte beweglich, austauschbar, fungibel, seine Erträge mußten vom Stamme trennbar und für sich verwertbar sein. Kurz, der Besitz mußte im Abbilde den Aufgaben der mechanisierten Wirklichkeit, der Arbeitsteilung, Arbeitshäufung, Organisation und Massenwirkung entsprechen lernen, er mußte mechanisiert werden.

Den mechanisierten Besitz nennen wir Kapital. Der Vorgang, der von außen und physikalisch betrachtet als mechanisierte Gütererzeugung erscheint, dieser Vorgang stellt sich von innen, menschlich und organisatorisch betrachtet, als Kapitalismus dar.

Daher wird der Kapitalismus andauern, solange das mechanisierte Produktionssystem Bestand hat; er wird andauern, gleichviel ob alles Kapital der Welt in den Händen einer Person oder eines Gemeinschaftskörpers vereinigt wird, und somit das, was man heute Transaktion nennt, zur bloßen Buchung herabsinkt. Man kann daher von dem Aufhören der privatkapitalistischen Gesellschaft reden, vorläufig aber nicht von dem Aufhören der kapitalistischen Produktionsweise ...

Der anonymen, selbsttätig wirkenden und rationalen Organisation des Besitzes steht, nicht minder mächtig, wechselseitig sie stützend und von ihr gestützt, eine zweite Organisation gegenüber, die Organisation des Staates ... Ihn als bewaffnete Produktionsvereinigung auf nationaler Grundlage hinzustellen, wäre vielleicht verfrüht; ihn als mystische Institution oberhalb der mechanisierten Wirtschaft und Gesellschaft zu betrachten, sicherlich verspätet ...

Mechanisierung und Gesellschaft

Konnte vorzeiten ein Deutscher sich rühmen, Christ, Untertan, Bürger, Familienvater und Zunftgenosse zu sein, so ist er heute Subjekt und Objekt zahlloser Gemeinschaften ...

Diese Bindungen bedeuten die Verzweigungen der Nervenfasern im bloßgelegten Innern der mechanistischen Wirtschaft. Um aber das Gewebe der Gesellschaft, der belebten Trägerin der Mechanisierung, vollkommener zu erblicken, muß das Auge auch auf den Einschlag dieser lebendigen Kette gerichtet werden: den Beruf.

Aus diesen beiden Elementen: Bindung und Beruf, entwickelt sich die entscheidende Eigenschaft der mechanisierten Gesellschaft, ihre Homogenität... Denn eine reichliche Ansammlung in letzter Linie ähnlicher Vorkommnisse erzeugt übereinstimmende Geistesdispositionen; die Anwendung gleichartiger Denk- und Arbeitsformen wirkt entscheidender als die Ungleichartigkeit der Anwendungs- und Arbeitsgebiete; die Gleichförmigkeit der Arbeitszeit und Erholungsdauer entscheidender als die Verschiedenheit der Arbeitsstelle; die Gleichwertigkeit der Einkommen entscheidender als die Ungleichheit der Quellen, aus denen sie fließen... Vor allem aber trägt die zunehmende Intellektualisierung der Berufe dazu bei, gleichartige Menschen zu schaffen... Fügt man dem physischen und intellektuellen Ausgleich der Lebensbedingungen die Wirkungen eines beständig wachsenden Volkswohlstandes hinzu, so erhält man die Grundbedingungen der Mittelstandstendenz, die für die mechanisierte Gesellschaft bezeichnend sind.

Dieser homogenisierten Gemeinschaft sind gemeinschaftliche Urteile und Ziele noch nicht erwachsen, es sei denn solche von handgreiflicher Utilität; es ist, als sei dem Gesamtkörper ein Innenleben noch nicht erwacht oder als seien seine ersten Regungen vom Lärm der Interessen übertäubt...

Von der ideenbildenden Fähigkeit des deutschen bürgerlichen Intellektualismus aber hängt es ab, ob und wann er berufen ist, die Verantwortung für das kulturelle und politische Leben zu übernehmen, die ihm nach dem Lauf der mechanischen Entwicklung beschieden ist...

Mechanisierung und Leben

Die umgestaltete Produktionsform, die umgestaltete Gesellschaft und Welt wirken auf das Einzelleben zurück; sie schaffen ihm neue Vorstellungen, Aufgaben, Sorgen und Freuden und formen die Persönlichkeit derart, wie die Maschine beim Einlaufen ihren Teilen die rechte Gefügigkeit gibt...

Die Erlernung des Berufes bringt weitere Kenntnis von Methoden und Hilfsmitteln, seine Ausübung an wechselnden Stellen und Orten neue Erfahrung von Lebensverhältnissen, Umgang und Organisation...

Die Arbeit selbst aber ist nicht mehr eine Verrichtung des Lebens, nicht mehr eine Anpassung des Leibes und der Seele an die Naturkräfte, sondern weitaus eine fremde Verrichtung zum Zweck des Lebens, eine Anpassung des Leibes und der Seele an den Mechanismus. Denn mit Ausnahme der wenigen freien Berufe, deren Wesen ungeteilt und Selbstzweck ist, der künstlerischen, wissenschaftlichen und sonsthin schöpferisch gestaltenden Arbeit, ist der mechanisierte Beruf Teilwerk. Er sieht keinen Anfang und kein Ende, er steht keiner vollendeten Schöpfung gegenüber; denn er schafft Zwischenprodukte und durchläuft Zwischenstufen. Auch er kann angepaßten Naturen eine absolut erscheinende Befriedigung gewähren, insbesondere da, wo er mit Vorrechten und Befugnissen winkt; im allgemeinen aber trägt er seine Belohnung nicht in sich, sondern hinter sich, er verlangt nicht sowohl Liebe als Interesse...

So wird in der Schule des Berufes der Mensch seltsam gemodelt. Mag ihm die Arbeit eine Freude sein, so ist nicht mehr die Freude des Schaffens, sondern des Erledigens ... Die Arbeit wird extensiv, wie die Produktion es geworden ist; die glückbringende Arbeit ist die, welche sich vervielfältigt...

Von der Flut zusammenhangloser Eindrücke bestürmt, zwischen Langeweile und Interesse eingespannt, eilig, rastlos, sorgenvoll und überbürdet, leidenschaftlich aber lieblos wirkend, zehrt er von Geist und Seele, um einen Tag zu leben; und ist der Tag verlebt und verbracht, so verfällt er der Erschöpfung, die nicht Ruhe, sondern Genüsse verlangt.

Die Genüsse des Berufsmenschen sind ebenso extensiv wie seine Arbeit. Der Geist, nachzitternd von den Erregungen des Tages, verlangt in Bewegung zu verharren und einen neuen Wettlauf der Eindrücke zu erleben, nur daß diese Eindrücke brennender und ätzender sein sollen als die überstandenen. In Worte und Töne sich zu versenken, ist ihm unmöglich, weil die Gedankenflucht des Schlaflosen ihn durchfiebert. Gleichzeitig pochen die gequälten, unterdrückten Sinne an ihre Tore und verlangen Berauschung. So werden die Freuden der Natur und Kunst mit Hohn ausgeschlagen, und es entstehen Vergnügungen sensationeller Art, hastig, banal, prunkhaft, unwahr und vergiftet...

Aber selbst in diesen Tollheiten und Überreizungen liegt etwas Maschinelles. Der Mensch, im Gesamtmechanismus Maschinenführer und Maschine zugleich, hat unter wachsender Spannung und Erhitzung sein Energiequantum an das Schwungrad des Weltbetriebes abgegeben...

*Der Mensch im Zeitalter der Mechanisierung
und Entgermanisierung*

Wir müssen uns daran erinnern, daß ein Rassenwechsel, die Aufzehrung einer Oberschicht mit dem Verdichtungs- und Mechanisierungsprozeß Hand in Hand ging. Ja, es bestand zwischen diesen Erscheinungen eine doppelte, zum Kreislauf geschlossene Kausalverbindung: die Verdichtung brachte den Rassenwechsel hervor, und der Rassenwechsel allein konnte die Voraussetzungen der entfesselt fortschreitenden Verdichtung schaffen, die Mechanisierung der Produktion, der Gesellschaft und des Lebens.

Denn die germanischen Herren des Abendlandes waren unfähig, diesen Prozeß heraufzuführen, unfähig selbst, ihn zu erleiden... Das mechanistische System konnte nicht von diesen Menschen aufgebracht werden, die in ihrer Unmittelbarkeit es kaum erfaßten... Die Gesamtheit der neuzeitlichen Umwälzung fordert zu ihrer Erklärung neben der Verdichtungswirkung den Rassenwechsel.

Wäre der Wechsel jedoch unvermittelt und von Grund auf erfolgt, so hätte er die mechanistische Zivilisation nicht gezeitigt. Das Volk bedurfte noch lange germanischer Geistesleitung und bedarf noch heute germanischen Einschlages. Dieser Beschränkung verdankt das geistige Wesen Westeuropas, insbesondere Deutschlands, die Erhaltung seines transzendenten Inhalts, verdankt Kunst und Geisteswissenschaft ihre Freiheit und ihre Innerlichkeit, verdankt die Forschung ihre Aufopferung und Wahrheitsliebe, verdankt das Erwerbsleben seine Weitherzigkeit, das öffentliche Leben Unbescholtenheit, Hingebung, Mut und Treue. Genau in der Abstufung, in der vom Norden nach dem Süden, Südwesten und Südosten hin der germanische Einschlag sich abschwächt, verdunkeln sich die Eigenschaften, die er den Völkern einprägte. Skandinavien, England, Deutschland, Holland, das zisleithanische Österreich und die Schweiz bilden noch heute das Weltzentrum und die Schule der Kulturqualitäten, welche die gräkoromanischen Länder großenteils verloren, die übrigen niemals besessen haben...

*Die Triebkräfte der Mechanisierung sind der Ehrgeiz und der
Warenhunger der Unterschichten.*

Ehrgeiz und Warenhunger arbeiten sich in die Hände. Der eine zwingt den Menschen, sich immer fester in das Joch der Mechanisierung einzupressen; er steigert seine Erfindungskraft, seinen produktiven Willen. Der andre erhöht sein Verbrauchsbedürfnis und läßt ihn doch gleichzeitig empfinden, daß nur ein emsig schaffendes Organ die Lust des Kaufens dauernd genießen darf.

Die Summe der beiden Haupttriebkräfte aber steigert sich zu einem Gesamtwillen, der entschiedener als irgendeine andre Erscheinung die Seele unserer Epoche kennzeichnet, indem er ihr den Stempel des nach außen gerichteten Strebens aufprägt. Diese Übermacht des substantiellen Wesens über die Seelenkräfte, dieses Zweckmenschentum, das dem Wesen furchthafter Stämme entspringt, setzt die okzidentale Rassenverschiebung in das hellste Licht psychologischer Betrachtung ...

Kennzeichnend für die Mechanisierung ist:

das Streben nach dem ausschließlich Vernünftigen. Noch immer gehört unser waches Leben der Aufklärung, dem Rationalismus: wie könnte es anders sein in einer Zeit, die uns beweist, daß Furcht stärker ist als Mut, Fleiß stärker als Kraft, Klugheit stärker als Träume? Einer Zeit, die beständig das Wort im Munde führt: daß sie weiß, was sie will, und den Erfolg als Gesetz betrachtet?

Wir müssen anerkennen, daß niemals, solange die irdische Menschheit besteht, eine Weltstimmung so einheitlich einen so ungeheuren Kreis von Wesen beherrscht hat, wie die mechanistische. Ihre Macht scheint unentrinnbar, denn sie beherrscht die Produktionsquellen, die Produktionsmethoden, die Lebensmächte und die Lebensziele: und diese Macht beruht auf Vernunft ...

Trotzdem aber die Mechanisierung noch lange nicht ihren Zenit erreicht hat, ... trägt sie schon heute den Tod im Herzen. Denn im Urgrund ihres Bewußtseins graut dieser Welt vor ihr selbst ... Die Welt sagt, sie weiß, was sie will. Sie weiß es nicht, denn sie will Glück und sorgt um Materie. Sie fühlt, daß die Materie sie nicht beglückt und ist verurteilt, sie immer von neuem zu begehren ...

Wer lehrt den zweifelnden Menschen dieser Zeit, was er schätzen, lieben, begehren, erstreben darf? ... Es ist, als sei die Welt flüssig geworden und zerrinne in den Händen. Alles ist möglich, alles ist erlaubt, alles ist begehrenswert, alles ist gut ... Der Mensch aber begehrt Glauben und Werte. Er fühlt, daß er Unersetzliches besessen hat; nun trachtet er das Verlorene mit List wiederzugewinnen und pflanzt kleine Heiligtümer in seine mechanisierte Welt, wie man Dachgärten auf Fabrikgebäuden anlegt. Aus dem Inventar der Zeiten wird hier ein Naturkult hervorgesucht, dort ein Aberglauben, ein Gemeinschaftsleben, eine künstliche Naivität, eine falsche Heiterkeit, ein Kraftideal, eine Zukunftskunst, ein gereinigtes Christentum, eine Altertümelei, eine Stilisierung. Halb gläubig, halb verlogen wird eine Zeitlang die Andacht verrichtet, bis Mode und Langeweile den Götzen töten.

Dennoch ist dieses Spiel nicht verächtlich, weil es aus Sehnsucht stammt...

Unbewußt fühlt sich unsere Zeit angewidert vom Denken, vom mechanistischen Denken ... Sie sehnt sich nach einem jenseits des Beweisbaren stehenden Sinn und schrickt davor zurück, weil er ihr willkürlich scheint; und er ist willkürlich, weil er nicht in ihrer Seele liegt ... Die Zeit sucht ihren Sinn und ihren Gott, sie sucht ihre Seele, die im Gemenge des Blutes, im Gewühl des mechanistischen Denkens und Begehrens sich verdüstert hat.

Sie sucht ihre Seele und wird sie finden; freilich gegen den Willen der Mechanisierung. Dieser Epoche lag nichts daran, das Seelenhafte im Menschen zu entfalten; sie ging darauf aus, die Welt nutzbar und somit rationell zu machen, die Wundergrenze zu verschieben und das Jenseitige zu verdecken. Dennoch sind wir wie je zuvor vom Mysterium umgeben ... Die drei Strahlen der Seele: die Liebe zur Kreatur, zur Natur und zur Gottheit konnte die Mechanisierung dem Einzelleben nicht rauben; für das Leben der Gesamtheit wurden sie zur Bedeutungslosigkeit verflüchtigt. Menschenliebe sank zum kalten Erbarmen und zur Fürsorgepflicht herab, und bedeutet dennoch den ethischen Gipfel der Gesamtepoche; Naturliebe wurde zum sentimentalen Sonntagsvergnügen; Gottesliebe ... trat in den Dienst diesseitiger und jenseitiger Interessen und wurde so nicht bloß unedlen Naturen verdächtigt.

Es gibt wohl keinen einzigen Weg, auf dem es dem Menschen nicht möglich wäre, seine Seele zu finden, und wenn es die Freude am Aeroplan wäre. Aber die Menschheit wird keine Umwege beschreiten. Es werden keine Propheten kommen und keine Religionsstifter, denn diese übertäubte Zeit läßt keine Einzelstimme mehr vernehmlich werden...

Das Größte und Wunderbarste ist das Einfache. Es wird nichts geschehen, als daß die Menschheit unter dem Druck und Drang der Mechanisierung, der Unfreiheit, des fruchtlosen Kampfes, die

Hemmnisse zur Seite schleudert, die auf dem Wachstum ihrer Seele lasten. Das wird geschehen nicht durch Grübeln und Denken, sondern durch freies Begreifen und Erleben. Was heute viele reden und einzelne begreifen, das werden später viele und zuletzt alle begreifen: daß gegen die Seele keine Macht der Erde standhält...

Nichts anderes ist erforderlich als die Gewißheit des Lebens und Wertes unserer Seele; denn es handelt sich nicht darum, die Seele zu erzeugen, sondern zu entfesseln, und durch diese Gewißheit ist sie frei und des Aufstiegs fähig.

Diese Erkenntnis ist nicht neu, sondern sehr alt; wie denn alle Worte, die außerhalb alltäglicher Not der Geist im Laufe der Jahrhunderte der Menschheit zugerufen hat, stets das Gleiche bedeuten, nämlich: achte auf deine Seele. Hier bedürfen wir der Erinnerung deshalb, weil in einer Zeit, die sich ihrer Entseelung bewußt wird, solche Erfahrungen eine gewaltige Realität erlangen, eine Realität, die unabhängig von aller religiösen und philosophischen Vereinzelung dasteht...

Nein, es wird und kann nichts weiter eintreten als das Begreifen, daß die Seele wachsen kann, und daß es wiederum Dinge gibt, die sie verkleinern und vernichten können. Und dieses Begreifen wird nicht in Dithyramben oder Bußpalmen ausklingen, sondern in Selbstgewißheit und Schweigen. Die heißen Wünsche der Menschen werden schweigen lernen, die Wünsche nach käuflichen Freuden, nach maßloser Bereicherung an äußeren Eindrücken, nach Beschleunigung des Lebensschritts, nach Extensivwirtschaft und Raubbau des Geistes...

aus: Zur Kritik der Zeit

1912

VOM REICH DER SEELE

ZUR MECHANIK DES GEISTES

Die Evolution des erlebten Geistes

Geist nenne ich den Inbegriff alles innerlich Erlebenden... Als das wesentliche Besitztum meiner geistigen Inventur betrachte ich die durch Erinnerung festgelegte Evolution meines inneren Erlebens... Aus Natur und Schaffen, Liebe und Transzendenz wird im Menschen die Seele geboren, ja wesentlich gesprochen: sie wird nur aus Liebe geboren, denn Liebe umfaßt die andern drei Kräfte insgesamt... Den Begriff der Seele fasse ich als den Inbegriff der höchsten Geisteskräfte, die uns bekannt sind, und die... aus den niederen Geisteskräften sich nicht analytisch herleiten lassen...

Die Seele ist kein Kampfmittel. Rationell betrachtet, im Sinne des Kampfes um Nahrung, Lust und Nutzen ist sie ein Hemmnis. Der seelenhafte Mensch erscheint der Zeit als Idiot, dem sie nicht immer die Ehre des Kreuzes erweist. Nicht in der Einöde und nicht auf der Straße, nicht am Altar und nicht im Gefängnis fände die reine Seele ihre Zuflucht, und den hoffnungslosen Kampf gegen die Klugheit ließe man sie nicht erst beginnen. Die Klugheit des Intellekts in seinen Formen der Kriegführung, der Geschäfte, der Diplomatie, der Technik und des Verkehrs beherrscht die Welt so vollkommen, daß im Sinne dessen, was man Entwicklung nennt, die Seele den unerhörtesten Rückschritt bezeichnet. Die Dichtung, spottend, klagend, sehnsüchtig, schildert nichts andres als die Leiden, welche die Seele bringt...

Der Triumph des Intellektes ist der Zweck. Hierin äußert sich die gewaltige Identität des gesamten niederen Naturwillens...

Leben, Nahrung und Lust, und Mittel zur Lust, Nahrung und Leben: dies ist der Inbegriff des erdgebundenen Wollens und Denkens.

Die Seele aber will nichts. Sie trägt in sich Streben und Erfüllung, Zwieklang und Auflösung. Ihr Wesen ist zweckfrei und im Sinne der Erscheinungswelt zwecklos ... Ihre eigene Kraft hebt sie entsagend hinweg von der Welt, jenem Licht entgegen, in welchem das Außen und das Innen verschmilzt. Die Begriffe der Zweckfreiheit, der Willenlosigkeit sagen nichts mehr; sie wird zum schlechthin Absoluten ...

Wer die ersten stillen Regungen des Seelenlebens erfahren hat, bedarf der Beweise nicht. Ihm besteht die innere Gewißheit, lebendiger als alles andere Erleben, daß hier eine neue Beschaffenheit des Geistes beginnt, die, von den intellektualen Beschaffenheiten vollkommen gesondert, neue Kräfte, Freuden und Schmerzen und ein Leben über dem Leben erschließt ... Schon im frühen kindlichen Leben, beschleunigt durch vertiefende Einflüsse, Einsamkeit, Naturnähe, Leiden, können die seelenhaften Triebe zum Vorfrühling erwachen ...

Als Seelenlose erkennen wir die Menschen, die wir vordem nach Furcht und Zweck benannt haben. Es bedarf keiner Erwähnung mehr, daß diese Bezeichnung der Seelenlosigkeit nicht bildlich, sondern in ihrem wortgetreuen Sinne zu verstehen ist; das Urbild des organisch vollendeten, gleichwohl seelenlosen Menschen erblicken wir in denjenigen Urzeitlichen, deren Leben in Sinnenwerk, in materieller Furcht und Hoffnung, gleichviel ob irdischer oder überirdischer Zentrierung, verläuft ...

Täglich berühren wir uns mit respektablen Menschen anständiger Herkunft, gewählter Sitte, lebhaften Geistes, denen die Seele mangelt. Sie erscheinen als besonnene, durchaus tätige Menschen, von unablässigen Zweckgedanken bewegt, die sie mit der Sorge um eigene und der Nachkommen Existenz, mit dem Bewußtsein selbstgewählter Pflichten, mit Gewohnheit und Beschäftigungsdrang, ja gelegentlich mit Ehrgeiz, Habsucht und Sammlerwahn zu erklären suchen. Die Zielbewegung ist ihnen Selbstzweck geworden; theoretisch von der Notwendigkeit endgültigeren Lebens überzeugt, gönnen sie mit Gewissenhaftigkeit sich künstlich zubereitete Erholungszeiten, die sie in entfernten Gegenden, an Plätzen maßvoller Unterhaltung oder unter Büchern verbringen. Indem sie aus anerzogener Bedenklichkeit über das Gebiet des niederen Sinnengenusses hinausstreben, streifen sie die Landschaft mit einem flüchtigen Blick, um eine kuriose Einzelheit zu erhaschen, betrachten ein Kunstwerk in der Absicht, es kritisch zu bewältigen und bildungsmäßig zu verwerten. Aber während dieser Sparzeit verläßt der gewohnheitsmäßige Zweckgedanke sie keinen Augenblick; er treibt sie rasch in das Joch zurück, dem sie das Bewußtsein ihres Lebenswertes verdanken.

Über den Sinn ihres Lebens lassen diese mitunter intellektuell bedeutenden Menschen sich nicht befragen...

Die Zeit wagt nicht mehr über sich selbst nachzudenken... Denn im Innersten fühlt sie die Zwecklosigkeit ihrer Zwecke, die Torheit ihres Glücks, die Irrealität ihres Handelns, die Selbstvernichtung ihres Wissens, die Unnotwendigkeit ihrer Kunst, die Willkür ihrer herkömmlichen Lebensformen und Sitten... Diese Not bedrückt uns deswegen härter als alle früheren Nöte, weil sie selbst geschaffen ist... In uns liegt die Schuld und in uns die Lösung; von den Mächten haben wir nichts zu erwarten als die Hilfe, die sie gutem Willen zollen...

Seele und Intellekt

Wo der Intellekt außerhalb statistischer Erfahrung operiert, also sinnlich und dinglich denkt, ist er dem Irrtum preisgegeben. Von logischen Fehlern freilich droht ihm keine Gefahr, denn sie sind selten, so oft man auch von ihnen sprechen hört: der normale Irrtum besteht vielmehr darin, daß das Wesentliche der Tatsachen und Zusammenhänge unterschätzt oder verkannt wird, während Nebensächliches und Nebendinge sich aufdrängen. Auswahl des Entscheidenden aus der Unzahl der Tatsachen, richtige Abschätzung unvergleichbarer Kräfte und Worte sind intellektuell nicht zu erringen. Das Kriterium sachlichen Denkens ist Intuition...

Die Seele aber, welche nicht denkt, sondern schaut, ist des Irrtums nicht fähig...

Ohne zu argumentieren, ist sie ihres Glaubens sicher; sie schmeckt und wittert gleichsam die Wahrheit, den Irrtum und die Lüge. Deshalb duldet sie nichts Schiefes und nichts Kompliziertes; die Erschaunisse, welche die Seele dem Intellekt zur Formung übergibt, sind klar wie der Tag und jedem Kind begreiflich...

Auf niederer, materieller Stufe nennen wir diese Schaukraft, diese unbewußte, unlernbare und unkonstruierbare Sicherheit des Wählens, gesunden Menschenverstand; auf höchster, vergeistigter Stufe heißt sie Intuition...

Bedarf der Verstand des intuitiven Einschlages, somit seelenhafter Hilfe, um sein praktisches Geschäft des Denkens und Entschließens über das alltägliche Maß hinaus zu besorgen, so ist er dennoch nicht fähig, das Wesen des Seelenhaften zu erfassen, weil es Widersprüche zu seiner Erfahrung auslöst. Die Seele aber begreift den Intellekt vollkommen, sie empfindet ihn als wichtiges, zwar nicht zulängliches, vielmehr der Richtkraft bedürftiges Organ; sie begreift die Notwendigkeit seiner Fehler, die Eigenart seiner Irrungen, und erblickt sie vornehmlich in ungestillten Wünschen, die seit jeher Väter falscher Gedanken waren...

Sollen wir zur zusammenfassenden Kritik der Seele schreiten, so wiederholen wir, daß ihre Kräfte nicht Fortsetzungen noch Entwicklungsstufen der Intellektualkräfte bedeuten. Die Kraft der Seele ist die höhere, insofern sie die Kraft des Geistes begreift, ohne von ihr begriffen zu werden. Sie ist irrational, insofern ihr an den Zwecken und Erfüllungen des animalischen Daseins nichts liegt, so daß sie geradezu diesem Dasein verhängnisvoll werden kann. Sie ist überirdisch, insofern sie ihre Erfüllung in sich selbst trägt, und in diesem Sinne ist sie von höchster Realität und von eigenem Recht. Sie ist transzendent, indem sie über sinnliche Erfahrung hinaus das Gesetz in sich erlebt und intuitiv erschaut. Indem sie aber das erschaute Gesetz in die Welt hinabträgt, steigert sie das gemeine Dasein über intellektuelles Maß und erringt über den zweckhaften Intellekt auch die praktische Überlegenheit. Sie weist auf ein seliges und göttliches Leben und auf ein selbstvergessenes ruhendes Glück in sich selbst, indes der Intellekt, solange er konsequent und wahrhaft bleibt, nur Genüsse oder nüchtern geordnete Idealzustände versprechen kann, die nicht einmal Genüsse sind...

Evolution des erschauten Geistes

Jedes Gedankensystem ist ein Abbild des Denkenden. Seine Gültigkeit liegt nicht in der Kraft der Logik und der Beweise — denn Denken ist nicht sowohl Schließen, als Wählen — sondern in der Gültigkeit des Menschen und seiner Intuition...

Dennoch geht es nicht an, das intuitive Element lediglich als eine zu duldende oder nicht zu duldende Spielart des Denkens zu klassifizieren und zu erledigen. Will die intellektuale Philosophie das Bild der Welt in adäquater, für menschliche Einsicht nicht zu übertreffende Weise beschreiben, so liegt ihr die Beweislast ob, daß die intellektualen Kräfte tatsächlich die höchsten Kräfte des menschlichen Geistes ausmachen. Kann sie diesen Beweis nicht erbringen, gibt es vielmehr ... geistige Kräfte oberhalb der intellektualen, so muß sie sich begnügen, die Welt dialektisch-mechanisch zu beschreiben...

Intellektuales Denken hat das volle Recht, die Welt auf ihre dialektische Durchlässigkeit zu prüfen; ihre Werte und Würden kann sie intellektual nicht durchdringen...
Eine neue Kunst des Denkens und der seelischen Einsicht wird vielmehr entstehen müssen, die, ohne den rationalen Besitz der Philosophie anzutasten, das Recht beanspruchen wird, sich eigene Zugänge zu den Werten des Lebens zu bahnen und über Abgrenzung und Benennung mit der intellektualen Disziplin sich zu verständigen...
[Sie] geht von dreifacher innerer Erfahrung aus:
Die erste Erfahrung lautet: Geist ist [unendlich] teilbar. Die Teilbarkeit erfährt das Ich an sich selbst...
Die zweite Erfahrung lautet: Geist ist kombinierbar. Bestandteile des Geistes schmelzen im Ich zu einer Einheit zusammen, die dem naiven Sinn so homogen scheint, daß sie als das schlechthin Unteilbare, als das Individuum bezeichnet werden konnte...
Die dritte Erfahrung lautet: Geist wirkt auf Geist. Mit der Erkenntnis, daß das Ich nicht solipsistisch auf sich selbst gestellt ist, verbindet sich die erweiterte Einsicht dessen, was wir vom Geist, der nicht Ich ist, empfangen, und dessen, was wir ihm geben...
Aus diesen drei Grunderfahrungen des inneren Erlebens: Teilbarkeit, Kombinierbarkeit und Wechselwirkung des Geistes geht hervor, daß eine Mechanik des Geistes möglich ist, wenn nämlich unter Mechanik im denkbar weitesten Sinne verstanden werden darf die Beschreibung eines Ganzen, seiner Teile und ihrer Wechselwirkung...
Der Geist schafft das Erscheinungsobjekt. Und zwar ist der affizierte Geist der Schaffende, er schafft unter dem Eindruck des affizierenden Geistes. Prüft man aber das Geschaffene in seinem Verhältnis zu den schaffenden Elementen, so ergibt sich: es ist ein vollkommenes Gleichnis oder Symbol. Denn in dem Erscheinungsobjekt kann nichts Willkürliches enthalten sein; jeder seiner Züge ist bedingt durch die entsprechenden Modalitäten der schaffenden Elemente: so wie ein Spiegelbild nichts enthalten kann, als was durch das gespiegelte Objekt und die spiegelnde Fläche bedingt ist, während gleichzeitig jede optische Eigenheit dieser beiden Komponenten im Bilde adäquaten Ausdruck finden muß...
Die Ordnung des Erscheinungswesens, so wie sie sich darstellt, [ist] als System vollkommener Symbole zu überblicken...
Die Betrachtung der vereinbarten Erscheinungswelt nötigt uns, drei der Beobachtung unmittelbar benachbarte Hauptgebiete der

Schöpfung herauszugreifen und zu durchforschen: die voratomistische Welt, die atomistische Welt und die organische Welt...

Der Sinn der Dreiteilung ... besteht darin, zwei Ruhepunkte in der unendlichen Serie zu schaffen, die vom primitivsten zum reifsten Erscheinungsgebiet überleitet...

Ist nun die Schöpfungsserie der Symbole eine Serie wachsender Kombiniertheit, so können wir die Serie des schaffenden Geistes nicht anders als gleichermaßen eine Serie wachsender Kombiniertheit denken.

Die Kombinationsstufe, auf der wir leben, ist die organische Welt, die Welt der Zelle. Im Bilde der Erscheinung sind wir millionenfach bevölkerte Zellenstaaten und unterscheiden uns, aufsteigend von der Alge bis zum Tiefseeforscher, nach Zahl und Rasse unserer inneren Staatsangehörigen. Unser Bewußtsein ist das Staats- und Gemeinschaftsbewußtsein dieser gewaltigen Symbiose oder doch ihres wesentlichen Teiles; es ist geistige Summe, Resultat eines Additionsprozesses, den wir kennen wollen...

Aller Geist, der uns begegnet, auf uns wirkt, von uns leidet oder von uns vorausgesetzt wird, ist kombinierter Geist, Kollektivgeist, geistiges Massenphänomen...

Wie kann eine Gemeinschaft, ein Volk, eine Versammlung, eine Stadt im Sinne und in der Art eines Einzelwesens denken, fühlen, wollen? Und wie geht es innerlich im Kollektivwesen zu, wenn dies geschieht? ... Nehmen wir als Beispiel eine revolutionär erregte Stadt ... Alles wird in dieser Stadt verändert scheinen: jede Straßenmenge kann sich augenblicklich in eine Volksversammlung verwandeln — was zu andrer Zeit selbst dann nicht geschähe, wenn willkürlich aller Verkehr gesperrt würde; jede Versammlung wird unerwartete und meistens einhellige Beschlüsse bringen; die fremden Straßengänger werden sich begrüßen und befreunden; fleißige und politisch teilnahmslose Menschen werden ihren Geschäften fernbleiben und für Ziele leben, die ihnen gleichgültig sind; Frauen werden ihre Wirtschaft und ihre Kinder verlassen, um Reden zu hören, die sie nicht verstehen; entschlossene Glieder der Behörden, die nie einen Einwand gelten ließen, werden, nicht aus Furcht, sondern aus Ergriffenheit, parlamentieren; Gewinnsucht, Geschäftssinn, Sparsamkeit, Zurückhaltung und Subordination sind beiseitegesetzt zugunsten kaum verstandener, höchst verschieden aufgefaßter Abstraktionen und Begriffe, die man noch vor wenigen Wochen bei der Zeitungslektüre gewohnheitsmäßig überschlug.

Hier stehen wir nicht mehr vor einer Summe von Einzelerscheinungen, sondern vor dem Phänomen eines sichtbar gewordenen Kollektivempfindens. Was ist geschehen? ... Es sind Hemmungen aufgehoben. Gewohnte Hemmungen umschließen für gewöhnlich, gleich kapillaren Häutchen, die Tropfen der Einzelempfindungen und hindern sie am Zusammenfließen. Zerreißt die Hemmung, so rinnen die Einzelempfindungen zu einem Gesamtbewußtsein zusammen und bestimmen das Kollektivphänomen ...

[Auch im Einzelbewußtsein] tritt nichts zutage, was nicht zuvor schweigend in den Tiefen geruht hätte. Das Vergessene schlummert und ist dennoch gegenwärtig; das scheinbar Neue ist ein Unbewußtes, das plötzlich erwacht. In dunklem Grunde liegt jede Leidenschaft, jeder Wahnsinn, jede Ahnung und jede Erkenntnis; sie steigen empor, und wir fühlen, daß wir von jeher mit diesen Dämonen vertraut waren. Gefesselt oder befreit sind sie Genossen unseres innern Reiches, und das Spiel unsres Bewußtseins ist nichts als Bändigung und Entbindung maniakalischer Elemente ...

[Von den Elementen des Kollektivgeistes ist jedes] nur solange als Exponent zu betrachten, als es gewissermaßen in Amtsfunktion auftritt; ruht es, so ist es der Gemeinschaft verloren. Aber es ruht nicht nur zeitweise; es gibt einen Moment, in dem es endgültig aus seiner Lebensgemeinschaft ausscheidet; es stirbt. Es stirbt und wird geboren, aber die Gemeinschaft lebt, sie überlebt Tode und Geburten, sie lebt aus Geburten und Toden. Nur nach dem Gesetz der großen Zahlen bleibt sie sich im Querschnitt gleich, zum mindesten stetig, wenn auch in keinem Augenblicke identisch; sie lebt zweifach, einmal das Leben des innern und äußern Ergehens, sodann das Leben ihrer Wiedergeburten und ihrer Tode. In der Standhaftigkeit der Erscheinung beim unablässigen Wechsel des Substrats gleicht sie dem Wasserstrahl und dem Lichtstrahl; deshalb sei das formgebende Prinzip dieses Strömens, das man schlechthin als das Prinzip des Lebens zu deuten versucht hat, der Kürze halber als Strahlphänomen bezeichnet ...

Das Strahlphänomen wird zum unbegrenzten Weltprinzip unseres materiellen Denkens, indem es alle Materie aufhebt und jedes Einzelphänomen umfaßt ...

[Da die Welt nur Ausdruck des erzeugenden Geistes ist, hat es auch Gültigkeit für die absolute Welt des Geistes.]

Was bedeutet es, daß ein kollektives Gebilde sich fortpflanzt? ... Welche Grundbedingungen müssen gegeben sein, damit in einer Gemeinschaft das Gesetz der Seelenwerdung erfüllt werde? ... Die erste Voraussetzung ist inneres Leben des Gemeinwesens, und dieses Leben ist geistige Berührung und geistiger Austausch. Hieraus ergibt sich als zweite Notwendigkeit die innere Abgrenzung ...

Niemals ist in einem Volk oder einer Stadtgemeinschaft seelische Kultur erwacht, ohne daß ein leidenschaftliches Nationalgefühl, Stammesbewußtsein und Heimatsempfinden lebendig war, niemals ist eine engere menschliche Vereinigung seelisch produktiv geworden, ohne daß ein Band der Herzen sie zusammenhielt. Die staatenbildende und nationale Kraft der Völker, ihre Fähigkeit, sich als eine Einheit zu empfinden, diese Einheit höherzustellen als alles individuelle Leben, in ihr aufzugehen, für sie sich hinzugeben: dieses transzendente Gefühl erhöhter Ordnung ist schlechthin die Voraussetzung und der Maßstab aller seelischen Gemeinschaft, gleichviel ob sinnbildlich die Ordnung gekettet sei an die Symbole des Landes, des Stammes, des Staates, der Dynastie oder des Gottes ... Echtes Gemeinschaftsgefühl hält sich in selbstbewußtem Gleichgewicht gleich fern von Haß und Überhebung; sein Maß ist nicht Aggressivität, sondern Opfermut.

Dürfen wir in diesem verbundenen und verbindenden Kräftepaar das eigentliche Moment der geistigen Addition, den Faktor erblicken, der den Gemeinschaftsgeist zur Seelenentfaltung zusammenfaßt, so erscheint die neue Erkenntnis uns bald als Selbstverständlichkeit vertraut: denn was sollte anderes den inneren Grund jener wunderbaren Verschmelzung ausmachen, wenn nicht das alte, allzu rätselhafte Band der Hingabe, der Verwebung, der Entäußerung und des Opfers? Das Element aber dieser Kräfte ... ist die Liebe ...

Seele entsteht durch Liebe. Diesmal jedoch erscheint die Wahrheit uns in ihrer objektiven Form; nicht mehr als hinzunehmende Erfahrung innern Erlebens, sondern als begreifliche Gesetzmäßigkeit der vereinbarten Welt. Im gleichen Licht des erschauten Tages begegnet uns die zweckfreie Außerweltlichkeit der Seele, die sich vormals durch Einkehr uns offenbarte ...

[Intellekt entsteht] aus der Summierung lebendiger Elemente zu Individualgeschöpfen. Menschliche Seele aber entsteht nicht nur in der Vereinigung Mensch und Mensch, sondern zugleich und nochmals in der innern Verschmelzung menschlicher Kräfte zur Einzelseele. Es tritt somit innerhalb des menschlichen Geistes ein der Liebeskraft analoges Streben auf, das mit der fälschlich benannten Eigenliebe nichts gemein hat, eine für sich stehende, namenlose Konzentrationskraft, die uns aus innerer Erfahrung vollkommen vertraut ist ...

Das unendliche Aufsteigen des Geistes, dessen zwei nächst benachbarte Stufen uns bekannt und begreiflich sind: durch Zweck zum Intellekt, durch Liebe zur Seele, dieses Urphänomen müssen wir als ein Gegebenes, der Kritik Entrücktes hinnehmen... Vom Begriff der Individualität müssen wir abstrahieren, sofern er die Abgrenzung des Mein und Dein in sich trägt, denn in einem Reiche, an dessen Eingang die Liebe steht, verschmelzen Kräfte und Eigenschaften. In diesem Stande werden, zum zweiten, Strebungen und Begierden, die Triebkräfte des intellektualen Kampflebens, gegenstandslos und widersinnig. Endlich kann das Bewältigungsmittel der komplexen Erscheinung, das intellektuale Denken, seine Herrschaft nicht behaupten, die schon beim Herannahen seelenhafter Instanzen im Grunde erschüttert wird; fast möchte man wagen, aus der Erfahrung intuitiver Anschauung eine positive Vorstellung adäquater Einsicht herzuleiten.

Wollte man somit das Reich der Seele mit Namen und Begriffen unseres Vorstellungskreises kennzeichnen, so würde es als Reich der Entäußerung, des Friedens und der göttlichen Einsicht zu benennen sein...

Ethik der Seele (Evolution des praktischen Geistes)

Nichtig ist jede Sittenlehre, welche lockt und droht. Fürchten und Hoffen ist Sache der intellektualen Welt und unseres intellektualen Anteils, dieser aber wird nicht gelenkt vom Ethos, sondern vom Gesetz. Unser seelischer Anteil aber, der nicht fürchtet und nicht hofft, sondern anschaut, bedarf des Gesetzes nicht; er bedürfte, wäre er voll bewußt und erstarkt, auch nicht der Ethik, denn er trägt seine Richtkraft in sich selbst...

Das ethische Prinzip, auf unserer Weltstufe das einzige und universale, lautet: Erweckung und Aufstieg der Seele ... Das absolute Sittengesetz ist für den unerlösten Intellekt eine Verkündigung und Erkenntnis, für die erlöste Seele ein identisches Lebensprinzip; scheinbar imperative, in Wirklichkeit nur richtungsweisende Form kann es annehmen für den Zwischenstand des bald entschiedenen Seelenkampfes. In dieser Form lautet es: „achte auf deine Seele"...

Liebe haben wir als die Kraft erkannt, die durch Verschmelzung der Geisteselemente Seele befreit; im äußern Verbande der Individuen als Kollektivseele, im innern Verbande des Einzelwesens als Einzelseele. Liebe steht daher auf dem Gipfelpunkte aller irdischen Werte, sie ist zugleich das höchste Gut, die höchste

Tugend und die höchste Kraft. Gleichviel ob sie nach außen zum Zusammenklang der Wesen drängt, ob sie nach innen die Teilgeister des Einzellebens zur Verschmelzung glüht, sie bleibt, wie innere Erfahrung lehrt, die gleiche Macht, unreduzierbar, nur durch sich selbst begreiflich, ausschließlich und in sich selbst begründet. In eben dem Augenblick, wo Liebe uns ergreift, zum Menschen, zur Gottheit oder zur Kreatur, löst sich jede Spannung des eignen Wollens, wir sind nicht wir selbst, und sind doch zum ersten Male wahrhaft wir selbst, wir leuchten, und mit uns die Welt, in einem neuen Lichte, dagegen ist alles Denken und Begehren ein vergessener Schatten. Ein neues Bewußtsein und ein neues Begreifen öffnet die Augen; ist es ein Mensch, so leben wir in ihm, ist es die Natur, so lösen wir uns hin und werden in ihr geboren.

Die intellektuale Welt ist der Liebe feindlich. Ihre gewaltige, materiell sich steigernde Mission der mechanisch-geistigen Entwicklung vermag sie nur durch Entfesselung aller irdischen Kräfte zu erfüllen; sie entfesselt sie durch Kampf und Wettstreit. Sie umfängt ihre Kreatur mit der Täuschung des individuellen Wesens und Glücks, mit der Täuschung, daß mein nicht dein sein kann, und peitscht das begehrende und fürchtende Geschöpf in die Feindschaft, den Haß und die Vernichtung des Nächsten. Diese abgesonderte Stellung der Verteidigung und des Angriffs hat man Individualität genannt; den Meister dieser bösen Kunst hat man als Übermenschen gepriesen. Nur in den letzten, unlösbar scheinenden Paradoxien ihres Arbeitsplanes, da wo die intellektuale Natur das Unerhörte verlangt, daß selbstberauschte Kreatur freiwillig die Fackel des Lebens weiterreiche, um ewigem Verzicht entgegenzuschreiten: an diesen Wendepunkten läßt sie die Gewalt der Liebe zu, um das Opfer zu erzwingen; sie schafft als höchste irdische Belohnung, mit allem Feuer der Sinne umkränzt, die Liebe der Geschlechter, sie schafft, mit stillem Glück und Leiden verwoben, die Liebe der Mütter...

Es gibt kein ethisches Handeln, sondern einen ethischen Zustand; der Zustand der Liebe und der Seelenhaftigkeit, innerhalb dessen ein unsittliches Tun und Sein nicht mehr möglich ist... Wichtig, nach dem Begriff ethischen Lebens, ist alles, was in der Richtung der Transzendenz und der Liebe orientiert ist. Wichtig ist daher jedes innere Erlebnis, jedes mitfühlende Anschauen der Natur, jedes empfundene menschliche Schicksal, jedes erkannte Gesetz...

Uns liegt ob, das Spiel des Lebens möglichst ernst zu nehmen;

wenn Lockung und Strafe zum Schemen werden, muß im mittelbaren Sinne nochmals Liebe eingreifen und den Glauben bestärken, daß die Sendungen der Vorgeschrittenen auf Erden nicht beendet sind, solange noch ein Tropfen unerlösten Blutes im Zwange der Angst und Begierde kreist...

Dies Leben wird nicht geführt um unsertwillen, sondern um der Gottheit willen. Wir sind nicht mehr Besitzer, sondern Verwalter unsres Sein und Haben; wir sind der erste Diener im Staate unsres geistigen und leiblichen Ich, berufen, um unsere und der Welt Seele zu hüten und sie unberührt und stark in die Hände der Allheit zu legen...

Unsere Sendung ist, solange die Seele nicht vollkommen erstarkt in sich selber ruht, zum Leben um des Gottes willen und zur Leistung um der Welt willen uns zu ermutigen...

So wie alles Große auf Erden von Menschen geschaffen worden ist, die schuldig oder sündlos die Schmerzen der Schuld und Sünde erlebten, Himmel und Abgrund im Herzen trugen, Verworfenes und Heiliges mit gleicher Liebe begriffen, so ist das Reich der Seele nicht den Schuldlosen am nächsten, sondern den Dämonischen, die aus der Tiefe ihrer Schmerzen die Wandlung des Leides erfahren haben.

So ist das Leid der erste Weg zur Seele. Es ist der Weg im Sinne des Ethos, und alle Menschheit im Laufe der Generationen schreitet ihn. Der zweite Weg ist das Schweigen...

Vom Weg des Schweigens, der durch das Gebiet der Erkenntnis zur Intuition, von der Intuition zur Seele führt, zweigt sich ab der Weg der Betrachtung, der die Welt des Sinnlichen mit der Welt des Seelischen verbindet...

Sünde ist nicht Verletzung eines Gesetzes oder Gebotes, sondern ein Urzustand. Dieser Urzustand, aus dem wir uns befreien, ist die natürliche Durchgangsepoche der animalisch-intellektualen Welt... [Das Göttliche liegt] in der aufstrebenden Richtung... Der Begriff des Ungöttlichen [verschmilzt] mit dem des Durchlaufenen, hinter uns Liegenden, der Begriff des Sündhaften mit dem des erledigten Intellektualen, das die ganze bisherige Schöpfung umfaßt; der Begriff des Göttlichen beginnt... mit der Seele und umfaßt alle kommenden Reiche...

Alle Sünde ist Mangel an Liebe, und alles Leiden kommt aus der Sünde, eigner und fremder. Wut, Haß, Eifersucht, Mißgunst, Neid, Scham, Gier, Furcht sind Leiden aus eigener Sünde, Mitleid, Gram, Kummer, Sorge, Zorn sind Leiden aus fremder und eigener Sünde...

Deshalb ist die Sünde konstant; jede Lieblosigkeit bringt ein Leiden in die Welt, das in Ewigkeit fortwirken kann. Kann; denn schon dem intellektualen Menschen ist ermöglicht, was dem seelenhaften an sich beschieden ist: das Leiden zu mindern und die Liebe zu mehren. Die niederen, weil unschweren Tugenden der Gerechtigkeit, Barmherzigkeit und Dankbarkeit erfüllen das notdürftig; die erste, indem sie das als verdient erachtete Leiden ohne Bitterkeit hinnimmt, die beiden andern, indem sie, gleichviel aus welchen Motiven, Keime der Liebe ausstreuen oder bewahren. Die hohe Tugend der Selbstverleugnung aber vollbringt das eine, wahre und tätige Opfer der Liebe, dem Intellekt unendlich schwer, der Seele selbstverständlich: Freude für Leid der Welt einzutauschen. In diesem Sinne wirkt das Seelenhafte und Seelengerichtete irdisch-eudämonistisch, und in diesem Sinne haben die Religionen, die das freiwillige Sühneopfer preisen, recht; der Opfernde zieht das Leiden der Welt an sich und saugt es auf; der sündhafte Keim wird getötet, bevor er ins Kraut schießt und neue Frucht tragen kann...

Ästhetik der Seele

Die rezeptive Beziehung zur Natur, welche wir Naturempfinden nennen, und die produktive Beziehung zur Natur, welche wir Kunst nennen, sind in ihrer reinen Form Funktionen der Seele. Sie sind es nicht immer gewesen; so, wie die Sprache, das Denken, der Glaube, sind sie zuerst aus nothaften, zweckhaften und spielenden Trieben geflossen. Aber in gleichem Schritt, wie sie aus den Banden des Zweckes sich lösten, traten sie aus der Domäne des Intellekts in den Bereich der Seele über, und ihre Aufnahme in das Gebiet reiner, überintellektualer Empfindung vollendete die Läuterung von zweckhaften Schlacken...

In früheren Schriften [Grundgesetz der Ästhetik, Ges. Schriften, Bd. 4, Seite 49] habe ich ästhetisches Empfinden definiert als die unbewußte Wahrnehmung einer natürlichen und latenten Gesetzmäßigkeit. Diese Definition beschreibt das Wesen der rätselhaften Empfindung, aber sie erklärt das letzte nicht: das Glück, das sie in uns auslöst.

Aus der Erkenntnis der Seele wird dieses Glück begreiflich. In einer Wahrnehmung, die nicht bewußt, und dennoch im höchsten Maße sicher und untrüglich ist — denn selbst eine primitive Empfindung, wie die des vollkommenen Kreises, steht unantastbar und dennoch befreit von jedem messenden Wissen da — in solcher Wahrnehmung gewinnt der Geist die Zuversicht eigener freier Kräfte, die nicht an die Not des Intellekts, des Zwecks und des Bedürfnisses gebunden sind. In dieser Zuversicht liegt die früheste Ahnung des Seelenhaften, früher als die aus Furcht und Leiden erwachsende Religiosität, und früher als die aus grübelndem Sinn genährte Spekulation. Das Glück aus Natur und Kunst ist Ahnung der Seele und daher irdisch-göttlich; aber über diese Ahnung hinaus, die in staunendem Schreck schon der erste von Menschenhand gezogene geometrische Riß anklingen ließ, bringt es die Kunst auf der höchsten Staffel ihres Parnasses nicht. Vom Tage ihrer Geburt an war sie zweckfrei, auch wenn sie zu Zwecken mißbraucht wurde: denn das Glück, das sie spendet, hat mit ihrer Verwendung nichts zu tun; und somit war sie überintellektual. Aber bis zum Tage ihres Verendens bleibt sie an die Sinne gebunden und somit der organischen Welt verfallen; das letzte Reich der Seele betritt sie nicht.

Im Wesen der Freude an Kunst und Natur, das ist an mittelbar und unmittelbar erschauter Schöpfung, ist somit eine Verkündung der Seele von Anfang an gegeben; und so mechanisch der Satz von der latenten Gesetzmäßigkeit anmutet: er bedeutet die sichtbare Seite einer Evolution, deren inneres Geschehen transzendent ist. Denn entsprechend dem überintellektualen Wesen der Seele liegt der Akzent des Satzes auf der Unbewußtheit des Erkennens. Wird eine natürliche Gesetzmäßigkeit bewußt erkannt, so entsteht Wissenschaft; das Verhältnis zum Angeschauten wird ein intellektuales; wird eine bewußt gewordene Gesetzmäßigkeit künstlerisch verwertet, so entsteht ein Kunstrezept, das Verhältnis zur Produktion wird ein mechanisches. Deshalb ist die Flucht vom Erkannten zum Unerkannten die Geschichte der Kunst; was gestern mit intuitivem Blick erschaut, mit ungewöhnter Hand geformt wurde, ist heute Kunstauffassung und wird morgen zum erlernbaren Rezept, zur toten Handfertigkeit. Und deshalb ist nach Goethes Wort „das Gute stets das Neue", deshalb ist Kunst so ewig jung wie Natur und der produktive Mensch ein stets sich verjüngender ...

Echte Kunst macht die Gesetze des Organischen, des Schicksals, der Seele und des Göttlichen fühlbar: sie stammt aus dem Erlebnis echter Menschlichkeit, ist gestaltet in der Erkenntnis des Wesentlichen, ausgedrückt in der Sprache der Persönlichkeit und führt zur Erschütterung der Seele. Denn sie erfüllt uns mit der Gewißheit, daß wir nicht im Chaos der Willkür und des

Zufalls beruhen, sondern im göttlichen Kosmos; wir verlöschen im Selbstischen und erstehen im Gefühl der Würde und Gnade höchster Gemeinschaft...

Pragmatik der Seele

[Eine Meinung erscheint] nur dann als vertrauenswürdig, wenn sie ... in der Wirklichkeit des Tages haftet ... Deshalb steht jetzt die Aufgabe bevor, im offenkundigen Leben die Wurzeln des Seelenreiches zu finden...

Man sagt, daß der Wille nach Macht die Welt vorwärtstreibe. Schwiege er, so entbehrten wir der Führung und Initiative, des wirkenden und organisierenden Gedankens; die Welt müßte ermüden, veralten, verdummen, ja verhungern...

Was auf Erden käme an dämonischer Gewalt dem Willen zur Macht, dem Ehrgeiz gleich, wenn wirklich er dies Unerhörte vollführt hat! Aber wir blicken ihm ins Herz und finden, daß er sich eitel brüstet. Er ist nicht schöpferisch...

Nähern wir uns den wahrhaft Großen, den Schöpfern der Gedanken und Werke, so erkennen wir Menschen, die der Sache dienen. Ist ihre Sache Ordnen und Herrschen, so werden sie ihr getreu sein, nicht anders, als wenn ihre Sache Leisten und Gehorchen wäre. Schein, Nebenwirkung und Lohn bedeutet ihnen nichts; auf Besitz, Macht und Leben verzichten sie, wenn ihrer Sache gedient ist. Diese Liebe zur Sache ist transzendent, denn sie ist zweckfrei und intuitiv, phantastisch und divinatorisch sind auch die Geisteskräfte, die sie entfesselt.

Solcher Art waren und sind die Menschen, die den weltlichen Dingen ihre Formen gegeben haben. Die Leidenschaft, die sie bewegt, ist die gleiche, die den Künstler, den Forscher, den Handwerker und Bauer beseelt; sie heißt Schaffensfreude. Ein weiteres Hochgefühl des tätigen Menschen muß sich in ihnen zur herrschenden Empfindung steigern, jenes Bewußtsein, durch den Willen geistiger, ja göttlicher Kräfte zu einem Wirken berufen zu sein, das den ganzen Menschen hinnimmt, das den rastlosen Kampf gegen die eigene Unvollkommenheit verlangt, das nicht ohne weiteres übertragbar ist und daher die Würde einer persönlichen Last und Notwendigkeit verleiht. Dieses Bewußtsein bezeichnen wir mit dem Namen der Verantwortung...

Schaffensfreude und Verantwortung werden noch lange die menschliche Betriebsgemeinschaft erhalten und führen, wenn der

Motor des Ehrgeizes längst erkaltet ... ist, und die Kräfte werden um so reicher und reiner wirken, je weniger sie von Lohn, Üppigkeit und äußerer Ehre versucht, bedrängt und beschämt werden ...
Wir alle wissen, daß schon heute, in dieser Zeit des Begehrens, die erleuchtetsten und geistigsten Geister den Lebensweg wählen, der sie am weitesten vom Besitz hinwegführt. Wir wissen, daß es das vornehmste Merkmal der Staatentüchtigkeit ist, wenn die Träger hoher Verantwortung mäßig, ja dürftig zu leben bereit sind. Wir wissen, ... daß schöpferische Menschen von ihrer Lebensführung unabhängig sind. Wir wissen, daß die Reichsten unserer Zeit im Besitz eine Verantwortung zu sehen beginnen, daß sie mehr und mehr es würdig finden, sich dieser Bürde bei Lebzeiten zu entledigen, anstatt sie der Willkür des Erbganges zu überantworten. Es gehört wenig Voraussicht dazu zu erkennen, daß die Zeit naht, die, sofern sie die Institution des Privateigentums beibehält, das Erbrecht aufs engste beschränkt und den überwiegenden Teil des persönlichen Einkommens der Gemeinschaft zuführt ... [Die Arbeit nimmt eine neue Form an:] ... was ursprünglich aus Gier und Furcht geschah, geschieht aus innerlichem Bewußtsein. Arbeit wird nicht Selbstzweck, aber Menschenpflicht; Lohn und Strafe, Gewinn und Gefahr verblassen, die Aufgabe besteht.

Da nun die Aufgabe Sache der Gemeinschaft ist, so folgt die Solidarität des Werkes und der Ziele. Nicht eine gesetzliche Zwangsanstalt, die den Starken und Begabten zwingt, die Früchte seines Lebens widerwillig auszuliefern, damit Schwache und Unbefähigte Muße finden, ihn durch Mehrheit zu beherrschen; nicht ein falscher Altruismus, der paarweise den Gesunden für den Kranken opfert, sondern das freie Bewußtsein, daß es unedel ist, zu schwelgen, feige, aufzuspeichern, gewalttätig, zu sperren; daß materielles Glück nur im Schaffen und in der Verantwortung gegeben ist, daß Arbeit Menschenrecht und Menschendienst bedeutet, ist der Sinn unsres weltlichen Standes ...

1913

AN DR. PAUL EBERHARDT
Eichenberg b. Orlamünde   Grunewald, 12. 7. 1915

Sehr geehrter Herr Doktor!

Aus Ihrer Ablehnung des Entwicklungsprinzips kann ich mir das eigene innere Erleben noch nicht erklären. Meine Erinnerung reicht weit in die Kindheit zurück. Das Entstehen dessen, was wir

— ich glaube, beide — Leben der Seele nennen, scheint mir ein Weg der Entwicklung.

Meine Vorstellung ist etwa die:

Der Mensch steht an der Grenze zweier Welten.

In der Welt des Denkens ist er alt und erfahren; sie beginnt von ihm abzufallen.

In der Welt der Seele ist er kindlich neu und jung, er tastet Schritt für Schritt vorwärts.

Die Welt des Denkens ist geordnet nach dem Prinzip von Raum und Zeit; sie steht unter der gedachten Ordnung der Entwicklung.

Die Welt der Seele ist Erfüllung; sie bedarf der gedanklichen Ordnung nicht mehr.

Unter der Spezies des Denkens betrachtet — das wir noch nicht entbehren können — ist die Welt der Seele nicht die letzte, die Welt des Denkens nicht die erste.

Es gibt somit eine „Gottseite" und eine „Weltseite" als Richtung der Schöpfung.

Die Welt des Denkens verlangt die Tat, die Ethik und Sinnlichkeit. Wir dürfen vor der Reife diese Modalitäten der Weltseite nicht verlassen.

Die Welt der Seele ruht (von jener Seite betrachtet). In ihr löst sich Denken, Tun und Werten in Gott...

AN FRAU MINKA GRÖNVOLD

Grunewald, 16. 2. 1912

Meine liebe gnädige Frau!

Herzlichen Dank für Ihren guten Brief, den ich nach meiner Heimkehr aus Hamburg erst heute beantworten kann.

Die Wortbezeichnungen halte auch ich für unwesentlich, weil jeder seine eigene Sprache spricht und sprechen muß. Ich selbst habe mich an folgende Namen gewöhnt: Instinkt — das unterbewußte, undifferenzierte Denken. Das Denken des Leibes.

Geist — das bewußt differenzierte Denken. Das Denken des Gehirns. Niedere Form: Verstand. Höhere Form: Vernunft.

Seele — das unbewußt differenzierte Denken. Das Denken des Herzens. Der Beginn des neuen Lebens.

Das Absolute oder Transzendente — das Denken ohne Schranke der Persönlichkeit. Das Universelle, Göttliche, Übersinnliche.

Aber das sind Wörterbuchunterscheidungen. Man kann das alles auch anders nennen. Wichtig ist nur, daß man die Begriffe empfindet...

VON KOMMENDEN DINGEN

Fluch und Überwindung der Mechanisierung

Die Mechanisierung ist Schicksal der Menschheit, somit Werk der Natur; sie ist nicht Eigensinn und Irrtum eines einzelnen noch einer Gruppe; niemand kann sich ihr entziehen, denn sie ist aus Urgesetzen verhängt. Deshalb ist es kleinliche Verzagtheit, das Vergangene zu suchen, die Epoche zu schmähen und zu verleugnen. Als Evolution und Naturwerk gebührt ihr Ehrfurcht, als Not Feindschaft... Mechanisierung als Not aber ist entwaffnet, sobald ihr heimlicher Sinn offenbart ist...

Das Wesen der Mechanisierung schließt Universalität ein; sie ist die Zusammenfassung der Welt zu einer unbewußten Zwangsassoziation, zu einer lückenlosen Gemeinschaft der Produktion und Wirtschaft. Da sie aus sich selbst erwachsen, nicht durch bewußten Willen auferlegt ist, da keine Satzung Arbeit und Verteilung regelt, sondern ein allgemeiner Notwille, so erscheint die ungeheure Arbeitsgemeinschaft dem einzelnen nicht als Solidarität, sondern als Kampf. Solidarität ist sie, insofern des Geschlecht sich durch planvolles Wirken erhält und jeder sich auf den Arm des andern stützt, Kampf ist sie, insofern der einzelne nur so viel Anteil an Arbeit und Genuß erhält, als er erringt und erzwingt...

Mechanisierung ist eine materielle Ordnung; aus materiellem Willen mit materiellen Mitteln geschaffen, verleiht sie dem irdischen Handeln eine Richtungskomponente ins Ungeistige... Mittel ist alles, Ding, Mensch, Natur, Gott; hinter ihnen steht gespenstisch und irreal das Ding-an-sich des Strebens: der Zweck. Der nie erreichte, nie erreichbare, nie erkannte: ein trüber Vorstellungskomplex von Sicherheit, Leben, Besitz, Ehre und Macht, von dem je so viel erlischt, als erreicht ist, ein Nebelbild, das beim Tode so fernsteht wie beim ersten Anstieg. Ihm drohend gegenüber erhebt sich, realer und tausendfach überschätzt, das Furchtbild der Not. Von diesen Phantomen gezogen und getrieben, irrt der Mensch vom Irrealen hinweg zum Irrealen hin; das nennt er Leben, Wirken und Schaffen, das vererbt er als Fluch und Segen denen, die er liebt...

Der Mensch ist zum Interessenten geworden; irgendeine kümmerliche Theorie hat ihm und seinesgleichen Abhilfe aller Bedrängnis versprochen, sie schließen sich zusammen, nennens Partei oder Interessenvertretung, verallgemeinern ihre umgekehrten Beschwerden zu einem positiven Idealbegriff und entrüsten sich, daß der Widersacher, vom entgegengesetzten Interesse ausgehend, nicht zum gleichen Ideal gelangt...

Der Einzelmensch ist Endzweck; in ihm endet die Reihe der sichtbaren Schöpfung und beginnt die Reihe der Seele, ist in ihm die Seelenkraft erwacht, so bedarf er nicht mehr der irdischen Vorzüge und Vorteile; Armut, Krankheit, Einsamkeit müssen ihm dienen und ihn segnen; das Volk aber ist seine Mutter, die ihn im Erdendasein überlebt, sie braucht Schönheit, Gesundheit und Kraft zum ewigen Werke des Gebärens. Hier löst sich der Widerspruch: Was heißt es, nichts für sich begehren und dennoch für den Nächsten sorgen, der doch auch andererseits nichts begehren sollte? Der Nächste und der Fernste sind unser aller Mutter und Brüder zugleich; damit sie leben und zeugen, ist unser Einzelleben ein geringer Preis. Deshalb ist es nicht unwürdig noch materiell befangen, der Gemeinschaft die Güter und Kräfte zu ersehnen und zu schenken, die man für sich selber nicht achten soll...

Wie setzt sich die transzendente Aufgabe in die pragmatische um? Die transzendente Aufgabe lautet: Wachstum der Seele, wie lautet die pragmatische?

Sicherlich lautet sie nicht: Steigerung des Wohlstandes. Selbstverständliche und leicht erfüllbare Menschenpflicht ist die Beseitigung aller Not und drückenden Armut; die Kosten eines Rüstungsjahres würden ausreichen, um die Blutschuld der Gesellschaft zu tilgen, die heute noch den Hunger und seine Sünden in ihrem Schoße duldet...

Sowenig wie Wohlstand ist Gleichheit die äußere Forderung unserer Seelen. Welcher irregeleitete Gerechtigkeitssinn konnte je auf die Forderung der Gleichheit verfallen? Wie wenig wissen wir vom tiefsten Innern unseres Nächsten? ... So wie die Ungleichheit zweier Höhen sich dem Auge verschärft durch die Wahl gleicher Basis, so muß die Ungleichheit der Geschöpfe bis zur Karikatur hervortreten bei gewaltsamer Ausgleichung der Lebensbedingungen. Wir finden uns damit ab, daß Mechanismen des Lebens, die der radikalen Ordnung des Lebens dienen: Strafrecht und Polizei, Verkehr und Handelsrechte zur Gleichheit streben, die den Schlechteren gegen den Besseren schützt; was darüber hinauslangt, ist unbedachter Drang eines verirrten Gerechtigkeitsgefühls, das nicht der Verantwortung, sondern dem Neide entspringt.

Niemals kann Gleichheit die irdische Forderung unseres seelischen Lebens verwirklichen. Kann es die Freiheit? ...

Mag es schwer sein, Freiheit zu umschreiben; ihr Gegensatz, der Zwang, ist leicht zu erkennen. Er ist für jeden Organismus, Mensch, Volk oder Staat dasjenige innere oder äußere Gesetz der Hemmung, das nicht von innerer Notwendigkeit des eigenen oder des umfassenden Wesens verhängt ist. Kriterium für Zwang und Freiheit ist somit die Notwendigkeit; gefordert wird von den Befürwortern gottgewollter Abhängigkeiten der Nachweis, daß diese Notwendigkeit in Wahrheit und in solchem Maße besteht, daß die Aufhebung der Hemmung zum Zusammenbruch oder zur Verkümmerung des Organismus führt. Verwegene Überhebung ist es, in der Abhängigkeit an sich den Selbstzweck zu erblicken; dieser Gedanke führt zur Sklaverei, nur die organische Notwendigkeit erträgt den Namen des Gotteswillens.

Liegt die Ursache der Beschränkung und Abhängigkeit nicht in der Lebensnotwendigkeit des eigenen oder umfassenden Organismus, sondern im Willen und der Gewalt eines fremden Organismus, so ergibt sich der Stand der Knechtschaft ... Wir wollen die gerechte Form des Lebens finden, die den Seelenweg der Menschheit öffnet. Dieser Weg verlangt organische Entfaltung, Selbstbestimmung und Selbstverantwortung; er kann nicht der Weg des Zwanges sein noch der vorbestimmten Abhängigkeit. Wir wissen eins: Knechtschaft ist der Gegenpol der seelischen Forderung ...

Mit der Forderung der seelischen Freiheit und des seelischen Aufstiegs verträgt es sich nicht, daß die eine Hälfte der Menschheit die andere, von der Gottheit mit gleichem Antlitz und gleichen Gaben ausgestattete, zum ewigen Dienstgebrauch sich zähme. Man wende nicht ein, daß beide Hälften nicht sich, sondern der Gemeinschaft leben und schaffen; denn die obere Hälfte wirkt unter freier Selbstbestimmung und unmittelbar, die untere wirkt, indem sie ohne Blick auf ein sichtbares Ziel mittelbar und im Zwange der oberen dient. Niemals sieht man einen Zugehörigen der oberen Schicht freiwillig niedersteigen; der Aufstieg der unteren aber wird durch Vorenthalt der Bildung und des Vermögens so vollkommen verhindert, daß nur wenige Freie in ihrem Kreise einen Menschen erblicken, der selbst oder dessen Vater den untersten Ständen angehört hat ...

Daß die im Rechte und Besitz Beharrenden ihre hartherzige Meinung im besten Glauben vertreten, weil ihnen das Bestehende so absolut gültig, so fest gefügt, unabänderlich und unersetzlich scheint, daß nur der allgemeine Zusammenbruch an seine Stelle treten könnte, diese urteilslose Einseitigkeit und unfreiwillige Verhärtung hat nichts so sehr verschuldet wie der Kampf und Kampfplan der sozialistischen Bewegung...

Der Sozialismus erwächst aus materiellem Willen; in seinem Mittelpunkt steht die Teilung irdischer Güter, sein Ziel ist eine staatlich-wirtschaftliche Ordnung. Mag er heute bestrebt sein, aus andern Weltauffassungen fremde Ideale herbeizuholen, so ist er doch nicht aus ihrem Geiste geboren; er bedarf ihrer nicht, ja sie müssen ihn stören, denn sein Weg führt von der Erde zur Erde, sein tiefster Glaube ist Empörung, seine stärkste Kraft ist gemeinsamer Haß, und seine letzte Hoffnung ist irdisches Wohlbefinden. Die ihn emporführten, glaubten an die Unfehlbarkeit der Wissenschaft, mehr noch, sie glaubten an ihre zielsetzende Kraft. Sie glaubten an unausweichliche materielle Menschheitsgesetze und an ein mechanisches Erdenglück... Ziele setzen heißt Glauben. Doch das ist kein echter Glaube, der, aus Wunschumkehrung einer zeitlichen Not stammend, das Bestehende verneint, um die Weltordnung in eine Maßregel zu verwandeln. Echter Glaube stammt aus der Schöpferkraft des Herzens, aus der Phantasie der Liebe; er schafft Gesinnung, und ihr folgt willenlos das Geschehen. Niemals wird Gesinnung durch Einrichtungen erlistet; und weil der Sozialismus um Einrichtungen kämpft, bleibt er Politik; er mag Kritik üben, Mißstände beseitigen, Rechte gewinnen: niemals wird er das Erdenleben umgestalten, denn diese Kraft gebührt allein der Weltanschauung, dem Glauben, der transzendenten Idee...

Diese Strebung trägt den Fluch ihres Vaters, der nicht ein Prophet war, sondern ein Gelehrter, der sein Vertrauen setzte nicht in das menschliche Herz, dem alles wahrhafte Weltgeschehen entspringt, sondern in die Wissenschaft. Dieser gewaltige und unglückliche Mensch irrte so weit, daß er der Wissenschaft die Fähigkeit zuschrieb, Werte zu bestimmen und Ziele zu setzen; er verachtete die Mächte der transzendenten Weltanschauung, der Begeisterung und der ewigen Gerechtigkeit.

Deshalb hat der Sozialismus niemals die Kraft gewonnen, zu bauen; selbst wenn er unbewußt und ungewollt in seinen Gegnern diese produktive Kraft entzündete, verstand er die Pläne nicht und wies sie zurück. Nie hat er auf ein leuchtendes Ziel zu weisen vermocht; seine leidenschaftlichen Reden blieben Beschwerden und Anklagen, sein Wirken war Agitation und Polizei. An die Stelle der Weltanschauung stellte er die Güterfrage und selbst dies traurige Mein und Dein des Kapitalproblems sollte mit geschäftlichen Mitteln der Wirtschafts- und Staatskunst gelöst werden. Mag hie und da ein unbefriedigter Denker Auswege ins Ethische, Reinmenschliche, Absolute gesucht und angedeutet haben: diese Gewalten wurden niemals als die Sonnenzentren der Bewegung verehrt, sondern allenfalls als matte Seitenlichter ästhetisch geduldet; im Mittelpunkt der Bühne saß der entgötterte Materialismus, und seine Macht war nicht Liebe, sondern Disziplin, seine Verkündung nicht Ideal, sondern Nützlichkeit.

Aus der Verneinung entsteht Partei, nicht Weltbewegung. Der Weltbewegung aber schreitet Prophetensinn und Prophetenwort voran, nicht Programmatik. Das Prophetenwort ist ein einiges, ideales Wort; mag es Gott, Glaube, Vaterland, Freiheit, Menschentum, Seele heißen: Besitz und Besitzverteilung sind ihm schattenhafte Nebendinge; selbst Leben und Tod, Menschenglück, Elend, Not, Krankheit, Krieg sind ihm nicht letzte Ziele und Gefahren.

Niemals hat der Sozialismus die Herzen der Menschheit entflammt, und keine große und glückliche Tat ist jemals in seinem Namen geschehen; er hat Interesse erweckt und Furcht geschaffen; aber Interessen und Furcht beherrschen den Tag, nicht die Epoche. Im Fanatismus einer düsteren Wissenschaftlichkeit, im furchtbaren Fanatismus des Verstandes, hat er sich abgeschlossen, zur Partei geballt, im unfaßbaren Irrtum, daß irgendeine einseitig losgelöste Kraft endgültig wirken könne. Doch der Dampfhammer vernichtet nicht den Eisenblock, sondern verdichtet ihn; wer die Welt umgestalten will, darf sie nicht von außen pressen, er muß sie von innen fassen...

Wir werden ohne Scheu eine Wegstrecke neben der Bahn des Sozialismus wandern und dennoch seine Ziele ablehnen. Wollen wir in der innern Welt das Wachstum der Seele, so wollen wir in der sichtbaren Welt die Erlösung aus erblicher Knechtschaft. Wollen wir die Befreiung der Unfreien, so bedeutet dies nicht, daß wir irgendeine Güterverteilung an sich für wesentlich, irgendeine Abstufung der Genußrechte für wünschenswert, irgendeine Nützlichkeitsformel für entscheidend halten. *Es handelt sich weder darum, die Ungleichheiten des menschlichen Schicksals und Anspruchs auszugleichen, noch alle Menschen unabhängig oder wohlhabend oder gleichberechtigt oder glücklich zu machen; es handelt sich darum, an die Stelle einer blinden und unüberwindlichen*

Institution die Selbstbestimmung und die Selbstverantwortung zu setzen, dem Menschen die Freiheit nicht aufzuzwingen, sondern ihm den Weg zur Freiheit zu öffnen. Welche menschlichen und sittlichen Opfer dies fordert, ist gleichgültig, denn es wird nicht Nützlichkeit und Vorteil erstrebt, sondern göttliches Gesetz. Würde durch dieses Gesetz die Summe des äußeren Glücks auf Erden vermindert, so verschlüge es nichts. Würde der Weg der äußeren Zivilisation und Kultur verlangsamt, so wäre das nebensächlich. Wir werden ohne Leidenschaft erwägen, ob diese Nachteile eintreten; wenn es nicht geschieht, so ist das keine Anpreisung oder Ermunterung für unseren Gang. Denn der bedarf keiner Überredung und keiner Versprechung; im Sichtbaren will ihn die Würde und Gerechtigkeit unseres Daseins und die Liebe zum Menschen, im Jenseitigen will ihn das Gesetz der Seele...
Das Ziel aber, zu dem wir streben, heißt menschliche Freiheit.

Staat und Staatsgesinnung

Jede der Forderungen, die wir aus sittlichen, gesellschaftlichen und wirtschaftlichen Erwägungen erhoben haben, stärkt die Macht und Fülle des Staates. Er wird zum bewegenden Mittelpunkt alles wirtschaftlichen Lebens; was die Gesellschaft treibt und schafft, geschieht durch ihn und um seinetwillen; er verfügt über Kräfte und Mittel seiner Glieder mit größerer Freiheit als die alten Territorialherrschaften; der größere Teil des Wirtschaftsüberschusses fließt ihm zu; in ihm verkörpert sich der Wohlstand des Landes. Die wirtschaftlich-gesellschaftliche Schichtung ist aufgehoben, folglich übernimmt er die ganze Machtfülle der jetzt herrschenden Klassen; die geistigen Kräfte, über die er verfügt, mehren sich, die Torheit der Produktion, die Unverantwortlichkeit des Verbrauchs sind in neue Bahnen gelenkt und werden der Erhaltungskraft, soweit nötig der Verteidigungskraft dienstbar. Dieser zum sichtbar gewordenen Volkswillen erhobene Staat kann kein Klassenstaat sein...
Der Volksstaat setzt voraus, daß jede Bevölkerungsgruppe in ihm zur Geltung komme, daß jede berechtigte Eigenart des Volkes sich in seinen Organisationen spiegle, daß jeder verfügbare Geist der ihm adäquaten Aufgabe dienstbar gemacht werde...
Nicht Einrichtungen, nicht Verfassungsparagraphen und Gesetze schaffen den Volksstaat, sondern Geist und Wille. Ist die Gesinnung gewonnen, so folgen die Einrichtungen, soweit es ihrer

überhaupt bedarf, gefügig nach. Er gibt altertümliche, formal erstorbene Gesetzesschalen, die mit freiem Lebensinhalt erfüllt sind; es gibt neuzeitliche, elastische Verfassungen, die durch eigenen Willen zur Unfreiheit erstarren.

Es bedürfte bei uns nicht der Änderung eines geschriebenen Wortes, um die Herrschaft des Feudalismus, des Kapitalismus und des Bürokratismus zu brechen; es bedürfte nur des Willens. Aber eines Willens, der aus der Tiefe der Volksseele stiege, von der Kraft der Nation getragen, und von der Erkenntnis dessen, was hemmt und was wiederzukämpfen ist, geleitet...

Der Staat darf . nicht als Zweckverband gelten, als bewaffnete Produktiv- und Verkehrsassoziation, seine Zugehörigkeit als lästige und kostspielige Mitgliedschaft eines Vereins, der wertlose Rechte gewährt und aus dem man nicht austreten kann. Noch weniger darf der Staat ... als eine erweiterte Polizeimacht erscheinen, die ungerufen in alle menschlichen Verhältnisse sich eindrängt...

Der Staat soll sein das zweite, erweiterte und irdisch unsterbliche Ich des Menschen, die Verkörperung des sittlichen und tätigen Gemeinschaftswillens. Eine tiefe Verantwortung soll den Menschen an alle Handlungen seines Staates binden, die gleiche Verantwortlichkeit soll ihm bewußt machen, daß jede Handlung, die er begeht, eine Handlung des Staates ist. Wie im Anblick der transzendenten Mächte kein Denken oder Handeln gering oder gleichgültig sein kann, so gibt es innerhalb des Staates keinen verantwortungslosen Bereich. Die dreifache Verantwortung: den göttlichen, den inneren und den staatlichen Mächten gegenüber, schafft jenes wundervolle Gleichgewicht der Freiheit, das nur dem Menschen beschieden ist und ihn zum Grenzbewohner des planetaren Reiches erhebt. Indem wir die Richtung des Gewissens zum Staate so fest gewinnen, daß die Tendenz ins Unbewußte versinkt und zur Natur wird, haben wir das Maß der Staatsgesinnung geschaffen, das die Nation zur echten überpersönlichen Einheit erhebt und unsterblich macht...

Schaffen Bildsamkeit und Fügsamkeit, Autoritätsrespekt und Abhängigkeitsgefühl die handlichsten Untertanenverbände, so ist doch der Untertan nicht das letzte Ziel des Staates. Wie bei meisterlichen Bauwerken sollen alle Glieder zugleich lasten und tragen; zeigt uns der westliche Nachbar den haltlosen Organismus eines Volkes, wo jeder herrschen und keiner leisten will, es sei denn, daß man ihn düpiert oder entflammt, so schreckt uns der Osten durch die tödliche Apathie der Massen, die, bis zur Zermalmung belastet, verkommen oder in Gewalt ausbrechen. Unsere Gefahr ist Unselbständigkeit und Mangel an Selbstbewußtsein, Verantwortungslust und eigenem Urteil...

Was wir brauchen, ist Unabhängigkeit, Adelsgefühl, Herrenhaftigkeit, Verantwortungswillen, Großmut, Freisein vom Vorgesetzten- und Untergebenengeist, von Kleinlichkeit und Mißgunst. In dieser Forderung liegt die ganze deutsche politische Zukunft beschlossen, sie ist nicht eine Frage der Einrichtung, sondern des Charakters. Jeder künftige Politiker, sofern er nicht Macht oder Interessen vertritt, wird sich bewußt bleiben müssen, daß die Erweckung neuer sittlicher Kräfte die Grundbedingung unserer Gestaltung bildet, und daß die Institutionen nachgiebig und beweglich der menschlichen Entwicklung folgen, wie die Rinde dem Wachstum des Stammes. Sind wir vor hundert Jahren zur Nation, vor fünfzig Jahren zur Staatsnation geworden, so müssen wir von jetzt an durch innere Neugeburt zur politischen Nation und zum Volksstaat erwachsen...

aus: Von kommenden Dingen   1917

GLAUBE

... Ich glaube, daß die sinnliche Welt das Buch ist, aus dem wir Bilder und Gleichnisse der Betrachtung schöpfen, und der Kampfplatz, auf dem unser Wille die Laufbahn von der Kindlichkeit der Begierde bis zur reifenden Einkehr durchmißt.

Ich glaube, daß der Geist unendliche Stufen durchläuft, von undenklicher Zersplitterung bis zum Geist des Ätheratoms, vom Geist des Minerals, der organischen Substanz, der Zelle, der Pflanze und des Tieres bis zum Geist des Menschen, und abermals in undenkbarer Folge aufwärts. Diese Welt der Geister ist die wahre Welt, von ihren Grenzen wissen wir wenig, doch die wunderbare Mannigfaltigkeit des Gesetzmäßigen fügt es, daß unter unseren Augen geistige Gebilde mit eigenem Bewußtsein entstehen, Zellenstaaten, Ameisenhaufen, Bienenschwärme, Menschenstädte und Menschennationen.

Jede Geistesstufe bildet sich eine Erscheinungswelt aus dem, was sie zu fassen vermag; die Welt, die der Granit begreift, ist eine andere als die der Zelle, die menschliche, von Geist und Sinnen erschaffene Welt ist eine andere als die des Regenwurmes.

Die Geistesformen, die hinter uns liegen, gipfeln in einem einzigen Willen: zur Selbsterhaltung und Arterhaltung. Dieser Wille hat sich ein stets verfeinertes Werkzeug geschaffen, das wir auf menschlicher Stufe Intellekt nennen; der grobe, unmittelbare Wille zur Erhaltung aber hat sich zugespitzt zum mittelbaren Willen; dessen Gegenstand nennen wir Zweck.

Intellekt und Zweck beherrschen die ganze organische Stufenfolge bis zum Menschentum, vom Geist der Alge bis zum Geist des Staatsmannes sind sie nur gradweise verschieden.

Der Mensch aber ist ein Geschöpf der Grenze. In ihm endet die zweckhaft-intellektuelle Geistesform und entsteht eine höhere. Im Menschen erwachen Gefühlsreihen, die nicht mehr der Erhaltung dienen, ja ihr entgegenwirken können. Ideen und Ideale, Liebe zum Nächsten, zur Menschheit, zur Schöpfung, zum Überweltlichen erfüllen das Leben des Menschen und sind zweckfrei, sie dienen uns nicht, sondern wir dienen ihnen und sind bereit, für sie uns zu opfern.

Hier beginnt das nächst höhere Geistesreich, das Reich der Seele. Seiner sind wir nicht stärker teilhaftig, als etwa die Zelle des intellektualen Reichs teilhaftig ist. In diesem Reich und seiner Anschauungswelt sind wir unmündige, stammelnde Kinder. Deshalb können wir seine Welt, die nicht mehr die Welt der raumzeitlichen Vorstellungen und Begriffe ist, nur ahnen, nicht erfassen.

Von dieser Grenze aus scheidet sich alles Seiende. Die durchlaufenden Welten erscheinen als die Weltseite der Schöpfung, was ihnen angehört, wird im Sinne der Einsicht zum Unwesentlichen, im Sinne der Ethik zur Sünde. Der Gottseite der Schöpfung, dem Kommenden, das uns als Vollendung erscheint und das der Beginn neuer unendlicher Stufenfolge ist, streben wir entgegen, und es steht bei uns, wie weit wir in uns und um uns das kommende Reich schon im irdischen Dasein verwirklichen.

Dies ist die Sendung des Menschengeschlechts: die mittlere Reihe der Schöpfung zu vollenden und die höhere Reihe der Welten zu beginnen, und dies ist seine Verantwortung: aus niederem Geist göttlichen Geist zu verklären. Erlösung aber bedeutet, daß diese Verklärung aus eigener Kraft nicht möglich ist, daß dem guten Willen die rettende Kraft zu Hilfe kommt.

Guter Wille, Vertrauen und Liebe öffnen unsere Herzen den göttlichen Strahlen, die uns allerwärts umfließen, und helfen die Herzen unserer Brüder öffnen. Hierin ist alle Glaubens- und Sittenlehre beschlossen; es gibt kein Tun und Vollbringen, das selig macht, selig macht nur die Gesinnung. Es gibt kein sittliches Handeln, sondern einen sittlichen Zustand, der unrechtes Handeln ausschließt. Es gibt keine absoluten Werte außer jenen dreien, die uns dem Reich der Seele entgegenführen, alle anderen irdischen Güter sind bestenfalls Mittel.

Ich glaube, daß im vollendeten Reich der Seele alle Erscheinungen und Kategorien der intellektualen Welt beendet sind, mit ihnen die kämpfende Individualität, die Vergänglichkeit und die intellektuale Einsicht. Hier liegt die Grenze unserer Sprache und Vorstellungskraft. Es versagen alle Symbole.

Nur ein geringes und unvollkommenes Bild möchte ich andeuten, um eine Abstufung zu versinnlichen, die vom raumzeitlichen Erkennen hinweg die Richtung zu einer unmittelbaren, adäquaten Einsicht ahnen läßt. Man lehrt uns die Geschichte eines Landes, und wir gewinnen ein zeitliches Bild. Es geschieht, daß wir später dieses Land durchstreifen, es reiht sich Erlebnis an Erlebnis, Ort an Ort, auf den Linien unserer Fahrt durchdringen wir das Gleichzeitige. In der Erinnerung aber verschmilzt alles, es entsteht in uns ein Bild, in dem das Räumlich-Zeitliche in eine untrennbare Einheit verwachsen ist, das wir mit allen inneren und äußeren Sinnen besitzen. Wir wissen mehr, als wir gesehen und erfahren haben. Unser Geist hält uns eine eigene Schöpfung vor Augen, und wohin wir ihn konzentrieren, glauben wir wahrzunehmen, was ist und was war, was sein kann und was nicht sein kann, fast möchten wir sagen, was werden wird. Und dennoch: dies alles nicht an der doppelten Schnur von Raum und Zeit, sondern innerlich, gefühlt, organisch.

Ich glaube, daß mein einfaches Bekenntnis nichts enthält, was nicht in höchster Vollkommenheit in den heiligen Schriften aller Zeiten verkündet ist. Was wir in uns zu schaffen glauben, wird stets die einseitige, dunkle Spiegelung der nie zu erfassenden Wahrheit sein. Doch die Mannigfaltigkeit der Spiegelungen in der Vielzahl der Seelen gibt uns die Vielseitigkeit des Erlebnisses, deren wir bedürfen, und die Wiederkehr der großen Züge gibt uns die Gewißheit einer abgebildeten Wahrheit. Unser Glaubensleben aber wird neu und lebendig, wenn nicht tote Schriften und verbriefte Ordnungen das Wort verwalten, sondern wenn es von neuem beginnt, in allen Herzen zu zeugen und zu keimen.

Für unser weltliches Leben entnehmen wir dem Glauben und dem Wort die Werte und die Maße. Nennen wir es das Reich des Himmels, das Reich Gottes oder das Reich der Seele: was uns ihm nähert, ist gut, was uns entfernt, ist schlecht. Glück, Leben, Wohlstand, Macht, Kultur, Heimat, Nation, Menschheit sind die höchsten irdischen Werte.

aus: An Deutschlands Jugend   1918

Seine Leistungen in der Wirtschaft

VORWORT

Weder die großen wirtschaftlichen Erfolge Walther Rathenaus noch seine umfassenden wirtschaftstheoretischen Einsichten erklären sich lediglich mit seiner Thronfolge in der AEG. Ja, nach dem Urteil mancher seiner Freunde lagen im Ökonomischen sogar seine höchsten Begabungen. Schon von dem Gymnasiasten Walther Rathenau hatte Thomas Edison (bei einem Besuch im Haus seines Geschäftsfreundes Emil Rathenau) gesagt: „Er weiß mehr, als ich je begreifen werde."

Nach weitläufigen Studien an der Berliner Universität unter so bedeutenden Lehrern wie dem Strukturpsychologen Wilhelm Dilthey, dem Physiker L. F. Helmholtz, dem Mathematiker Lazarus Fuchs und dem Nationalökonomen Gustav Schmoller promovierte er 1889 mit der Dissertation über *Die Absorption des Lichts in Metallen*. Seine bald folgenden Veröffentlichungen (*Elektrochemische Werke*, 1895; *Elektrische Alchymie*, 1900; *Physiologie der Geschäfte*, 1901) zeigen, daß er scharf zu beobachten und praktisch zu folgern verstand. Walther Rathenau erwarb im eigenen Namen fünf Patente, viele andere im Namen der AEG registrierte Patente mögen auf ihn zurückgehen. In diesen von seinem Vater gegründeten Konzern trat er 1892 als technischer Beamter der Aluminium-Industrie AG in Neuhausen (Schweiz) ein. Er entwickelte für sie ein Verfahren, Alkali und Chlor auf elektrolytischem Wege herzustellen. Die dabei gemachten Erfahrungen wertete er in den Elektrochemischen Werken in Bitterfeld aus, dem ersten Spezialunternehmen dieser Art, wo er außerdem Verfahren zur Gewinnung von Chrom, Ferrosilicium, Magnesium und Natrium entwickelte und dazu beigetragen hat, daß die reichen Braunkohlenlager industriell genutzt wurden. Für seine aufsehenerregenden Erfolge wurde er in den Vorstand der 1894 unter dem

Vorsitz von Wilhelm Ostwald gegründeten Deutschen Elektrochemischen Gesellschaft berufen.

1899 kehrte er von Bitterfeld nach Berlin zurück und übernahm als Mitglied des Direktoriums der AEG ein selbständiges Ressort, die Abteilung für den Bau von Kraftwerken. Er entwickelte sofort das Auslandsgeschäft; unter seiner Leitung wurden Kraftwerke in Amsterdam, Baku, Buenos Aires, Malmö, Manchester und anderen Städten gebaut. Durch den Aufbau von solchen neuen Gesamtbetrieben wurde sein Interesse auch auf die Probleme der Betriebsführung gelenkt. Er selbst entwickelte die Methode des Betriebsvergleichs, die dann von der Betriebswirtschaftslehre in technischer und kaufmännischer Hinsicht weiter gepflegt wurde und zu einer umfangreichen Theorie der Ermittlung und Berechnung von Selbstkosten wuchs.

Von 1902 ab beschäftigte sich Rathenau stärker als früher mit der finanziellen Seite der Großindustrie. Er gab die „Abteilung Kraftwerke" an Georg Klingenberg ab und trug als Geschäftsinhaber der Berliner Handelsgesellschaft neben Carl Fürstenberg dazu bei, daß die AEG die allgemeine Krise der Elektroindustrie rasch überwinden konnte. Seit 1912 Vorsitzender des Aufsichtsrates der AEG, übernahm Walther Rathenau drei Jahre später noch das Erbe seines Vaters und wurde nun mit außerordentlichen Vollmachten ausgestattet, so daß sein Titel „Präsident" dem einzigartigen Strukturwandel in der Führung eines der größten deutschen Unternehmen gerecht wurde. Er bestimmte über das Kriegsende hinaus die Geschäftspolitik der AEG. Wesentlich auf ihn geht es zurück, daß die technisch-wissenschaftlichen Arbeiten während des Krieges fortgesetzt wurden, daß die AEG sich seit 1917 in der Ausführung von Kriegsaufträgen zurückhielt, daß sie die Friedensfabrikation vorantrieb und nach dem Kriege die Beziehungen zum Ausland neu knüpfte.

Am klarsten von allen deutschen Wirtschaftsführern sah er die Notwendigkeit, die Rohstoffversorgung der Kriegsindustrie sowie die übrige Wirtschaft für eine erwartete längere Kriegszeit zentral zu planen; Reichskanzler Bethmann-Hollweg beauftragte ihn mit der Schaffung eines entsprechenden Amtes.

In der kurzen Zeit vom 15. August 1914 bis Ende Mai 1915 hat er die Kriegsrohstoffabteilung aufgebaut, für die Denkweise der Zeit ein völlig neuartiges Unternehmen. Die Times schrieb 1915: „Dr. Rathenau blieb acht Monate im Kriegsministerium und konstruierte seine Maschine, die jetzt wie jede andere Staatseinrichtung arbeitet, wie die Post, der Telegraph oder die Eisenbahn. Die neuen Gesetze, die die neue Organisation decken mußten, sind seit ihrer Annahme nicht verändert worden. Die neuen Geschäftsprinzipien haben keine Reibung verursacht. Die größte wirtschaftliche Organisation in der Weltgeschichte arbeitet ohne Stokkung."

Wirtschaftstheoretische Fragen, betriebs-, volks- und weltwirtschaftliche Probleme haben Rathenau dauernd beschäftigt und fanden in Briefen, Aufsätzen und umfangreichen Veröffentlichungen ihren Niederschlag — weniger in täglichen Aufzeichnungen: „Ich hasse Notizbücher. Wer viel notiert ist ein Subalterner oder ein Dummkopf. Der Schädel eines Kaufmanns muß einige tausend Zahlen beherbergen, und diese Zahlen müssen leben und gehorchen."

Im Aufsatz *Vom Wesen industrieller Krisen* schloß er sich der Theorie der Überkapitalisation an; er meint, Krisen müssen dann entstehen, wenn zuviel Kapital in fixen Anlagen festgelegt worden ist, so daß das Restkapital für den Betrieb zu knapp wird. Im *Geschäftlichen Nachwuchs* schreibt er: „Ich behaupte, daß noch niemals in der wirtschaftlichen Welt wahrhaft Großes geleistet worden ist von einem Menschen, dem der persönliche Erwerb wichtig oder die Hauptsache war." Hier steht auch der später mißdeutete Satz: „Dreihundert Männer, von denen jeder jeden kennt, leiten die wirtschaftlichen Geschicke des Kontinents und suchen sich Nachfolger aus ihrer Umgebung. Die seltsamen Ursachen dieser seltsamen Erscheinung, die in das Dunkel der künftigen sozialen Entwicklung einen Schimmer wirft, stehen hier nicht zur Erwägung. Hier soll zunächst die Frage beantwortet werden, um wen es sich handelt: es handelt sich um den Nachwuchs städtischer Herkunft, normaler Bildung, bürgerlichen Standes, kurz, um die zweite oder dritte Generation der Erwerbenden und Leitenden."

In den *Erwägungen über die Erschließung des deutsch-ostafrikanischen Schutzgebietes* und der *Denkschrift über den Stand des südwestafrikanischen Schutzgebietes*, zwei Gutachten nach den im Auftrag des Reichskanzlers Fürst von Bülow zusammen mit Staatssekretär Berhard Dernburg unternommenen Reisen nach Ost- und Südwestafrika (1907 und 1908), ging Walther Rathenau auf viele kommerzielle und Verwaltungsprobleme der deutschen Kolonie ein und erwies sich mit Betrachtungen über die Zukunft des Kolonialismus zum erstenmal in einer öffentlichen Schrift als ein hellsichtiger, von Verantwortungssinn erfüllter Politiker.

Der Aufsatz *Massengüterbahnen* (1909) sah Eisenbahnlinien vor, die ausschließlich dem Güterverkehr dienen sollten, um die

Frachttarife für Rohstoffe, Zwischenprodukte und Fertigwaren und damit die Produktion insgesamt zu verbilligen. Eine systematische Wirtschaftstheorie lehrbuchartig zusammenzustellen, ist nicht die Absicht Rathenaus gewesen; in der *Mechanik des* Geistes sagt er: „Bei aller Ehrfurcht vor der Wissenschaft konnte ich mir von ihr keine Lebensweisung holen, so wenig wie der Geschäftsmann aus Lehrbüchern der Wirtschaft und der Staatsmann aus Werken der Staatskunst seine Entschlüsse ziehen kann." Er war der Ansicht, daß die Existenzsicherung der ungeheuer vermehrten Bevölkerung nur durch die fortschreitende Mechanisierung der Welt und den Übergang von der Individualwirtschaft zur Universalwirtschaft ermöglicht werden könne. Allerdings stelle die gegenwärtige Wirtschaftsordnung noch nicht genügend Mengen an Nahrung und Gebrauchsgütern her; denn es fehle eine Industriewissenschaft, die Standortfrage sei nicht gelöst, die Produktion arbeitet nicht billig genug, die Arbeitsteilung habe die Handelswege noch nicht genügend verkürzt. Monopole dienten nur der Bereicherung einzelner, und die Erbschaft der Vermögen „verurteilt den Proletarier zu ewigem Dienst, den Reichen zu ewigem Genuß." Die gegenwärtige „Plutokratie" des Kapitalismus müsse, wie der soziale Kampf es letzthin will, dadurch überwunden werden, daß alle Menschen an der gegenwärtigen kapitalistischen Wirtschaftsform Anteil erhalten, so sagt er in *Von kommenden Dingen*.

Die Verteilung des Mehrwertes, wie der marxistische Sozialismus es verlangt, helfe gar nichts, weil der Mehrwert viel zu gering ist (Sozialisierung und kein Ende). Heilung der kranken wirtschaftlichen und gesellschaftlichen Zustände sei nur durch eine entsprechende Produktionspolitik zu erwarten, die die Unterscheidung in Arme und Reiche aufhebt und das Verantwortungsgefühl des einzelnen stärkt. — Diese Gedanken standen direkt im Widerspruch zu den Theorien etwa von Franz Oppenheimer, der zuerst die Löhne angehoben wissen wollte, die dann den Verbrauch bzw. die Produktionserweiterung automatisch nach sich ziehen würden. Walther Rathenau schrieb ihm 1918: „Wenn eine Fabrik mir übergeben wird — und mag sie Deutschland heißen — die technisch und organisatorisch unvollkommen arbeitet, so fange ich nicht damit an, daß ich die Ansprüche der Aktionäre, Angestellten und Beamten zur Hauptsache mache, sondern ich ordne zunächst den Produktionsprozeß. Dann habe ich die Mittel, um alle zu befriedigen."

Ziel einer entproletarisierten Gesellschaft müsse es sein, eine aus horizontal zusammengefaßten Wirtschaftszweigen bestehende Gesamtwirtschaft zu schaffen und sie verstandesmäßig, organisch zu ordnen, so daß Arbeitsteilung, Rationalisierung und Standardisierung, Forschung und Verbesserung evolutionär fortschreiten. „Wir müssen das emporläutern; revolutionär etwas ertrotzen zu wollen, hilft nichts" *(Probleme der Friedenswirtschaft).* — „Die Sozialisierung soll und wird kommen als Sache der Gerechtigkeit und des Machtausgleichs. Den plötzlichen Wohlstand bringt sie nicht" *(Arbeit,* 1919). Dabei erwartet Walther Rathenau aber nicht die marxistische Sozialisierung, d. h. die entschädigungslose Enteignung. Der Leistung der Einzelpersönlichkeit — man ist versucht, etwa an puritanisch-calvinistische Vorbilder zu denken — bleibt aller Spielraum. Für Rathenau bedeutete dieser Spielraum Lohn im Materiellen wie im Geistigen — das Hauptziel bleibt eben immer die Entwicklung der Seele; Hugo Stinnes dagegen leitete aus dem „Spielraum" die Berechtigung zur Schaffung vertikaler Trusts ab.

„Das marxistische Evangelium ist ins Moratorium versetzt," heißt es in dem Aufsatz *Arbeit,* und eine staatliche Zwangswirtschaft, die der Krieg notwendig gemacht hatte und die z. B. auch von Leopold von Wiese als einzige Rettung aus der düsteren Nachkriegssituation betrachtet wurde, hat Walther Rathenau nun entschieden abgelehnt. In zwei 1920 gehaltenen Reden stellte er fest: „Ich bin auch deshalb kein Anhänger des Wortes Planwirtschaft in dem Sinne, in dem es heute entstellend gebraucht wird. Meine Freunde [Rudolf] Wissel und [Wichart von] Moellendorff haben dieses Wort geprägt und haben es in gutem Geiste geprägt. Es hat leider allmählich durch den Sprachgebrauch eine Bedeutung angenommen, als ob es verbunden sei mit irgendwelcher staatlichen Zwangsregelung. Diese staatliche Zwangsregelung ist abzulehnen und der Gedanke ... der organischen Wirtschaft ist lediglich der Gedanke der freien Selbstverwaltung, der freien, selbstgeschaffenen Ordnung."

Daß seine Wirtschaftstheorien und Prognosen als utopisch abgetan wurden, berührte Walther Rathenau kaum. „Gegen den Vorwurf des Utopismus bin ich unempfindlich," sagt er im *Neuen Staat,* wo er mit prophetischer Sicherheit über sein Werk urteilt: „Wer ausspricht, was der Menge ungewohnt, unbequem und unverständlich ist, wird des höhnischen Grußes der Überlegenheit gewohnt. Ist dann, nach Jahren, das Wort erfüllt, so heißt es: wir haben es alle gesagt."

EBERHARD SCHMIEDER

GESCHÄFTSFÜHRUNG

ELEKTROCHEMISCHE WERKE

Vor ungefähr drei Jahren waren die Techniker zu der Überzeugung gelangt, daß die Elektrochemie, deren Aussichten sehr verschieden beurteilt werden, durchaus an das Vorkommen von Wasserkräften gebunden sei. Das leuchtete ein; denn jeder elektrochemische Prozeß bedeutet Umsetzung mechanischer Energie in chemische, und mechanische Energie — Betriebskraft — ist nirgends billiger zu beschaffen, also wo sie, für andere Zwecke unbenutzbar, Tag und Nacht die Bergabhänge herunterfließt. Deshalb waren die großen elektrochemischen Werkstätten am Rheinfall, in Froges, in Vallorbes entstanden, und deshalb wurden ähnliche in Schweden geplant.

Wasserkräfte sind ökonomisch nutzbar nur bei hohem Gefälle; hohes Gefälle findet sich aber nur in stark gebirgigen Landstrichen. So war anzunehmen, daß die neue Industrie, wo nicht aus Deutschland überhaupt, so doch aus Norddeutschland hinweg sich nach den Alpen oder nach Skandinavien hinziehen würde. Und doch besitzen wir gerade im Herzen Norddeutschlands eine Energiequelle, die in den meisten Fällen den Kampf gegen die Wasserkräfte aufnehmen kann, die aber bisher aus mancherlei Gründen noch nicht vollständig erschlossen worden ist. Die mächtigen Braunkohlenlager im Gebiet der Elbe, Saale und Mulde liefern ein Material, dessen Heizwert im Verhältnis zum Gewicht so gering ist, daß es in ökonomischem Sinne nur in engen räumlichen Grenzen als transportfähig gelten kann. In einzelnen Distrikten gelingt es, durch Brikettierung oder durch Destillation diese Kohlen zu leichter transportablen Produkten zu verarbeiten; in anderen Gegenden dient das Brennmaterial nur dem relativ kleinen Bedarf der ansässigen Industrie und der benachbarten Städte. Die Leichtigkeit der Produktion und die Schwierigkeit des Absatzes halten die Preisbildung in Schranken. Nicht alle Industrien mit großem Bedarf an Heizmaterial können die Braunkohlen, die bedeutende Wärmemengen, aber nicht allzu hohe

Temperaturen erzeugen, für ihre Betriebe verwenden. Es ist nicht wahrscheinlich, daß sich eine Eisen-Industrie auf ihrer Grundlage entwickelt. Aber die Elektrochemie verlangt nichts Besseres. Sie bezieht ihren ganzen Energiebedarf — und Energie ist fast ihr alleiniges Requisit — aus ihren Kesseln und Maschinen; und um, direkt aus der Grube kommend, unter den Kesseln verfeuert zu werden, dazu ist diese Kohle wie geschaffen. Die Elektrochemie ist also berufen, die ungemessenen Mengen kalorischer Energie, die das scheinbar wertlose Material enthält, in der Form chemischer Verbindungen aufzuspeichern und den auf diese Weise transportfähig gemachten wirtschaftlichen Wert in alle Länder zu verschicken.

In Bitterfeld tritt dieses Bild mit großer Schärfe hervor. Hier sind die Kohlenlager in meilenweiter Ausdehnung dem Tagebau zugänglich; trotz guter Verkehrsbedingungen beschränkt sich die örtliche Industrie fast vollständig auf Tonwaren, und der Wert des Brennmaterials hat sich danach so eingestellt, daß im Vergleich mit Steinkohlen an den Erzeugungsstellen im Rheinland und in Schlesien der gleiche Betrag an Heizwert hier ungefähr die Hälfte kostet.

Obwohl eine noch unberührte Wasserkraft von viertausend Pferdekräften im Besitz unserer Freunde war, glaubte ich, nach einer Studienreise durch das Braunkohlengebiet zu Anfang des Jahres 1893, empfehlen zu sollen, daß die neue Fabrikation in Bitterfeld angelegt werde; wenige Wochen darauf hatten wir Terrain und Kohlen uns gesichert. Noch gegen Ende desselben Jahres begann ein anderes großes elektrochemisches Unternehmen, seine Werke nach Bitterfeld zu verlegen, und jetzt ist eine dritte Fabrik, deren Leitern wir das auf die örtlichen Verhältnisse bezügliche Material zur Verfügung gestellt hatten, in nächster Nachbarschaft im Bau begriffen. Im Laufe zweier Jahre ist hier eine chemische Industrie entstanden, deren Kapital auf sechs bis sieben Millionen Mark geschätzt werden darf.

Der allgemeinere Teil unseres Programms: die Erschließung unserer norddeutschen Braunkohlenfelder für elektrochemische Betriebe, an der wir tätigen Anteil genommen haben, hat, wie ich hoffe, zu einem Fortschritt geführt.

Die Zukunft, 31. August 1895

ABSCHIEDSREDE

gehalten am 7.7.1902, als WR aus der Abteilung Zentralstationen der AEG ausschied.

„... Meine Absichten und Bemühungen waren diejenigen, von denen ich wünschen kann, daß sie jeder meiner Nachfolger immer wieder zur Geltung bringen wird. Ich habe, solange ich die Ehre hatte, diese Abteilung zu führen, nach zwei Dingen getrachtet: Zunächst die Interessen der Gesellschaft zu vertreten. Die Gesellschaftsinteressen nach außen zu vertreten, war möglich durch schweren Kampf. Es war möglich durch Konzilianz... Ich habe die Interessen nach innen zu vertreten versucht nicht durch Konzilianz, sondern durch Anspornung aller Kräfte...

Außer den Interessen der Gesellschaft habe ich als zweites Prinzip mir vorgesetzt, jedem Beamten Gelegenheit zu geben, alle guten Eigenschaften zu entfalten und zu entwickeln, deren er fähig ist... Ich weiß, daß die Fähigkeiten der Menschen verschieden sind und daß nicht jeder jede Position ausfüllen kann, aber ich halte es für eine Forderung der Gerechtigkeit, daß man jedem Gelegenheit gibt, die beste Position auszufüllen, deren er fähig ist...

Wir haben nicht in erster Linie Kaufleute und Ingenieure nötig, sondern wir haben Menschen nötig, die zwar eine kaufmännische und Ingenieur-Bildung haben, daneben aber etwas Besseres sind, nämlich Menschen von gesundem Menschenverstand. Kaufleute und Ingenieure gibt es genug, gesunden Menschenverstand gibt es zu wenig, aber in dem Lande, in dem wir leben und geboren sind, wo er zu denjenigen Eigenschaften gehört, deren fast alle fähig sind, läßt er sich entwickeln. Und wenn die Anforderungen ... die ich an die Herren gestellt habe, manchmal scharf gewesen sind, so muß ich die Definition dahin präzisieren, daß ich neben der Berufstätigkeit bei allen, mit denen ich zu arbeiten gehabt habe, in hohem Maße appelliert habe an die Fähigkeit, Situationen zu übersehen, die Fähigkeit, in den Gedanken Ordnung zu schaffen und die geordneten Gedanken geordnet auszusprechen...

Ich schließe mit der Wiederholung meines Dankes für Ihre Mitarbeiterschaft und mit dem Wunsche, daß jeder von Ihnen in die Lage kommt, seine ganzen Kräfte und seine ganzen Fähigkeiten zu entfalten, soweit es irgend im Rahmen seiner Fähigkeiten möglich ist; mit dem Wunsche, daß unsere Abteilung und das Ganze, dem sie angehört, unsere Gesellschaft, noch eine lange Reihe schöner, großer Erfolge erleben und an einer Kulturaufgabe mitzuwirken haben wird, wie sie großen Unternehmungen beschieden ist. Denn diese Unternehmungen sind nicht allein dem Geldgewinn bestimmt, sondern sie sollen die Technik fördern und nationaler Arbeit und Intelligenz Geltung schaffen!..."

EUPLUTISMUS

... Sicherlich wäre es das Einfachste, durch das bekannte Rezept der Verstaatlichung des Kapitals neben andern Beschwernissen auch die ganze Frage der Geldherrschaft ihres Inhaltes zu entledigen. Ich muß diese Hoffnung Jüngern überlassen; denn einem, der vierzig Jahr lang sich in Menschenkenntnis und im Einmaleins geübt hat, fehlt die Unbefangenheit, die solches Glaubens Würze ist.

Wenn es nun doch bei der Anhäufung der Schätze fürs erste sein Bewenden haben muß, so gestehe ich, daß das Szepter des Reichtums in den Händen von Männern, wie des alten Krupp, Pullmans oder Montefiores mir ungefährlicher scheint als die Insignien politischer Macht bei legitimen und konstitutionellen Fürsten von der Art Louis Philippes oder Friedrich Wilhelms IV.

Der erträglichste und deshalb erstrebenswerteste Zustand der Geldherrschaft scheint mir daher erreicht zu sein, wenn die Tüchtigsten, Fähigsten und Gewissenhaftesten auch die Reichsten sind. Ich möchte für diesen Zustand der Kürze halber das Wort „Euplutismus" gebrauchen. Nach Euplutismus strebt in dunklem und verworrenem Drang der Volkswille und die Gesetzgebung aller Länder. Warum sollte dies Streben nicht endlich einmal ehrlich ausgesprochen und mit geeigneten Mitteln verfolgt werden?

Nur annähernd wird der Zustand des Euplutismus erreichbar sein. Mit ähnlicher Annäherung vielleicht, wie es uns heute gelingt, die Weisesten zu Volksvertretern, die Tapfersten zu Heerführern, die Gerechtesten zu Richtern und die Edelsten zu Herrschern zu machen. Ist aber das Ziel an sich erstrebenswert, so ergeben sich die Wege von selbst.

Solcherlei Wege sind:
Progressive Einkommensteuer,
Hohe Abgaben auf Erbschaften, Mitgiften und Schenkungen,

Besteuerung des nichtarbeitenden Vermögens, in erster Linie der fremden Anleihen,
Verringerung der zufälligen Monopole durch Verstaatlichungsrechte auf Bergwerke, Verkehrsunternehmungen und städtischen Grund und Boden,
Vernichtung der Monopole für Staatslieferungen,
Staatliche Kontrolle der Konventionen, Syndikate und Trusts,
Hohe Dotierung der oberen Staatsbeamten,
Reiche Zuwendung von Staatsmitteln für Zwecke der Wissenschaft und Kunst.

Beschluß

Suche die materiellen Bedürfnisse deiner Zeit zu erkennen,
Suche die einfachsten Mittel zu finden, um ihnen zu genügen,
Lerne durch Organisation deine Arbeitskraft vervielfachen,
Setze von deinen Konkurrenten voraus, daß sie gescheit, fleißig und ehrlich sind,
Aber ahme ihnen nicht blindlings nach, fürchte sie nicht und traue ihnen nicht,
Und bemühe dich, gescheiter, fleißiger und ehrlicher zu sein als sie...

1901

GESCHÄFTLICHE LEHREN

Daß Geschäfte gemacht werden, um Geld zu verdienen, scheint vielen ein selbstverständlicher Satz. Dennoch habe ich noch niemals einen wahrhaft großen Geschäftsmann und Unternehmer gesehen, dem Geldverdienen die Hauptaufgabe seines Berufes war, und ich möchte behaupten, daß wer am persönlichen Geldgewinn hängt, ein großer Geschäftsmann überhaupt nicht sein kann.

Der Händler und Krämer, der von der Arbeit des Tages lebt, will und muß in erster und letzter Linie an sein Einkommen denken, denn er setzt seine leibliche und geistige Kraft in gleicher Weise in Lebensunterhalt um, wie der Fabrikarbeiter und Beamte; nur mit dem Unterschiede, daß er eine gewisse, meist scheinbare Selbständigkeit der Verfügung und Arbeitseinteilung sich erhält.

Der Gegenstand, auf den der Geschäftsmann seine Arbeit und seine Sorgen, seinen Stolz und seine Wünsche häuft, ist sein Unternehmen; es heiße wie es wolle: Handelsgeschäft, Fabrik,

Bank, Reederei, Theater, Eisenbahn. Dies Unternehmen steht ihm gegenüber wie ein körperlich lebendes Wesen, das durch seine Buchführung, Organisation und Firma ein unabhängiges wirtschaftliches Dasein führt: es schuldet ihm Geld oder leiht ihm welches, es verdient oder verliert, es wächst oder es kränkelt, es besoldet Angestellte, schreibt Briefe, wirbt, bittet, droht und verklagt; es feiert Jubiläen, vermählt sich und pflanzt sich fort, verzieht, wandert aus, stirbt und ersteht von neuem.

Der Geschäftsmann kennt kein anderes Trachten, als daß dieses Geschöpf zu einem blühenden, starken und zukunftsreichen Organismus erwachse; materielle Wünsche außerhalb des Bereiches seiner Unternehmung hegt er nicht. Denn er weiß, wenn sie zu genügender Tragfähigkeit erstarkt, daß alle Belastungen gesteigerter Lebensführung, standesgemäßer Repräsentation, ja selbst vorstrebenden Ehrgeizes ihr auferlegt werden können, und in gleichem Maße wie diese scheinbaren Güter ihm erschwinglich werden, verlieren sie an Wert.

Und zwar schwindet zuerst die Freude an käuflichen Dingen. Denn wie die Fähigkeit des Menschen zu extensivem Genießen beschränkt ist, so ist seine Kraft zu besitzen eng begrenzt. Wenn einer zwölf Landsitze eignete und verurteilt wäre, auf jedem der zwölf einen Monat zu verbringen, so besäße er von allen nicht ein einziges, sondern wäre überall ein Fremdling.

Was von werbender Tätigkeit verbleibt, ist Macht und Machtzuwachs. Macht aber bedeutet die Fähigkeit, Gedanken in Wirklichkeit umzusetzen; sie kann nur den befriedigen, der Gedanken hat, und zwar verständige Gedanken. Denn nichts kommt dem geistigen Ekel gleich, den einer empfindet, der eine Torheit oder Abgeschmacktheit verwirklicht hat, so daß sie, unzerstörbar erstarrt, ihm oder jeden des Weges Kommenden in ihrer Ungeschlachtheit vor Augen steht.

Seltsamerweise erträumen diejenigen, die von ferne nach Reichtum und Macht streben, etwas ganz anderes, als was die Verwirklichung ihnen gewähren kann, die nämlich Verantwortung und Arbeit ist: sie träumen von üppigem Leben, maßloser Freiheit und äußeren Ehren. Und so zeigt sich hier abermals Natur in ihrer Rätselhaftigkeit, wie sie Wesen und Erscheinung zu unfaßbaren Kontrasten kuppelt: was nach außen Assoziation, ist nach innen Individuum; was nach außen Bewegung, ist nach innen Empfinden; was nach außen Kunst, ist nach innen Leidenschaft — und, bei dem vorliegenden ärmlicheren Beispiel: was nach außen Glanz und Freiheit, ist nach innen Arbeit und Verantwortung.

... Gewiß gibt es unter der großen Zahl von Geschäften, die täglich und stündlich abgeschlossen werden, viele, die nur einseitig nützlich oder beiderseitig schädlich sind. Aber dies liegt an der Fehlerhaftigkeit menschlicher Voraussicht, an zufälligen Schwachheiten oder an der Einwirkung nachteiliger Zeitverhältnisse. Im Wesen der Geschäfte selbst ist solcher Mißstand nicht begründet, und die höhere Einsicht erfordert, daß gerade die stärksten Kontrahenten sich derartig einseitigen Transaktionen enthalten: denn auf die Länge der Zeit kommt nichts so teuer zu stehen, als was man zu billig erworben hat.

Bedürfnisse erkennen und schaffen ist die Grundlage aller Geschäfte. Wer den Anspruch stellt, daß die Nation ihm einen Teil der Verwaltung ihrer Interessen anvertraue und ihm einen Teil ihres Vermögenszuwachses überlasse, darf nicht glauben, daß es als Gegenleistung genüge, wenn er den Entschluß faßt, in einer Großstadt die Zahl der tausend vorhandenen Galanteriewarenläden um einen zu vermehren. Fällt es ihm nicht bei, dem Publikum eine neue Bequemlichkeit, eine neue Ware oder eine neue Anregung zu schaffen, so bedeutet seine wirtschaftliche Leistung nur eine versuchte Besteuerung seiner Konkurrenten. Die Klage über Schärfe des Wettbewerbs ist in Wirklichkeit meist nur eine Klage über Mangel an Einfällen.

Des ferneren sollte ein Geschäftsmann bedenken, daß die Interessen, die er erregen und sich dienstbar machen will, entweder sehr starke oder sehr allgemeine sein müssen. Wer eine Million umzusetzen wünscht, muß tausend Menschen zu dem schweren Entschluß zwingen, je tausend Mark bei ihm gegen Waren einzutauschen, oder er muß seinen Einfluß so stark über die Menge verbreiten, daß hunderttausend Menschen sich gedrängt fühlen, mit ihm um zehn Mark zu handeln. Freiwillig suchen ihn weder die Tausend noch die Hunderttausend auf, denn sie alle empfinden längst andere Bedürfnisse der Anschaffung, die zurückgedrängt werden müssen, wenn der neue Geschäftsmann Erfolg haben soll. Also fordert die Ökonomik der Welt mit Recht von ihm, daß er sie durch seine Gedanken und Vorkehrungen bereichere, wenn er sich selbst bereichern will.

In diesem Zusammenhang sind die Anforderungen der Bevölkerungsklasse zu betrachten, die sich Mittelstand nennt. Als ein bedeutendes und produktives Glied des wirtschaftlichen Körpers verdient diese Klasse Dasein und Förderung; wieweit ihre einzelnen Angehörigen Selbständigkeit verdienen, hängt von der

Selbständigkeit ihrer Entschlußkraft, ihrer Erfindungsgabe und ihrem Urteilsvermögen ab. Jeder individuellen, künstlerischen oder örtlich notwendigen Tätigkeit wird diese Selbständigkeit zuzusprechen sein; fehlt sie, so ist der goethische Rat zur Stelle: Immer strebe zum Ganzen, und kannst du selber kein Ganzes werden, als dienendes Glied schließ an ein Ganzes dich an...

Ist im Vorangegangenen der Wert des geschäftlichen Gedankens zum Ausdruck gekommen, so soll dennoch nicht behauptet werden, daß mit der „großen Idee" allein etwas Erhebliches geleistet oder gar erreicht sei. Große Ideen im Sinne einer geschäftlichen Phantastik liegen auf der Straße; ein jeder berufsmäßige Prüfer und Beurteiler sogenannter Zeitfragen mag sie auflesen. Zwei Meere durch einen Kanal verbinden, einen unerschlossenen Kontinent mit einer Bahn durchkreuzen, Seen austrocknen, die Kohlenwerke der Welt zu einem Syndikat vereinen, die Petroleumquellen dreier Erdteile monopolisieren, ein Land mit dem Kupfernetz elektrischer Kraftübertragung umspannen — welche Schwierigkeit liegt darin, ein Dutzend solcher Probleme auf weißes Papier zu zeichnen? Derjenige, der sie ausführt, und dessen Namen sie dereinst tragen, ist selten derselbe, der sie zum erstenmal nannte. Das Wolkenschiff des Gedankens durch feste Taue im Erdreich verankern, die Notwendigkeit der Realisierung ermessen, die Mittel erfinden und die Widerstände besiegen, das ist das Werk des großen Geschäftsmannes.

Leitsätze

Daß der Geschäftsmann nur nach dem Erfolg beurteilt wird, ist vielleicht seine beste Erziehung. Der Staatsbeamte und Soldat wird für Einzelleistungen belobt und findet hierin eine Tröstung und Stärkung seines Selbstbewußtseins. Der Wert des Handelns liegt aber nicht in einer Reihe von Bravouren, sondern in der Durchführung des Großen und Ganzen.

Im allgemeinen lege auf Verhandlungen keinen zu großen Wert. Ist deine Geschäftspolitik — mit anderen Worten: deine Voraussicht der zukünftigen Entwicklung — richtig, arbeitest du mit geeigneten Mitteln und in zutreffender Schätzung deiner Kräfte, so werden die Geschäfte dich aufsuchen, und die Verhandlungen werden nebensächlich werden. Die größte geschäftliche Stärke

— und eigentlich die einzige — ist der Vorsprung. Im Gegenstand, in Beziehungen, in technischen Erfahrungen, in Organisation, in Arbeitsweise. Befasse dich heute mit den Geschäften, die andere in einem Jahr machen werden, und du bedarfst keiner Kunstgriffe, keiner Diplomatie und keiner Verhandlungskunst.

Eine Schwierigkeit besteht darin, das Gleichgewicht zu finden zwischen umfassender und eindringender Arbeit. Denn der Tag hat nur vierundzwanzig Stunden, und jede Stunde, die der Verantwortliche der Einzelarbeit widmet, läßt das Werk führerlos. Dies verkennen häufig die Techniker und sonstigen Spezialisten, die aus Liebhaberei oder Eitelkeit die elegantesten Aufgaben nicht ihren Hilfskräften überlassen wollen. Ein Direktor, der konstruiert, ist unbrauchbar; als Direktor sicher, meist auch als Konstrukteur.

Den entgegengesetzten Fehler begehen oberflächliche Naturen, die der Schulung entbehren: sie treiben beständig hohe Politik und wissen nicht einmal, welche Massen und Kräfte sie in Bewegung setzen. Sind sie gescheit genug, ihre Schwäche zu empfinden und zu rechtfertigen, so beschwichtigen sie sich mit dem Gedanken, daß sie nicht alles einzelne übersehen können und daß die eindringende Vertiefung ihnen nur gelegentlichen Einblick schaffen würde.

Das letzte ist wahr; aber der gelegentliche Einblick wird für den, der Symptome abzuschätzen weiß, zum umfassenden. Ein großer Geschäftsmann liebt die Einzelheit; er sucht sie in freien Stunden auf und erblickt sie hinter jeder grundsätzlichen Verfügung.

*

Das Bewußtsein eines Unternehmens ist seine Statistik. Sie ist richtig aufgebaut, wenn jedes Glied einen empfindlichen Nerven ins Gehirn sendet, der Spannung und Temperatur getreulich anzeigt.

Wenn zwei Dritteile aller deiner Entschlüsse richtig sind, so sei zufrieden. Versteife dich nicht darauf, alles richtig zu machen, sondern handle nach den Grundsätzen, an die du glaubst. Nicht alle Wege führen nach Rom; Zickzackwege bestimmt nicht.

Glaube nicht, etwas dadurch zu erreichen, daß du alle Einwände vorwegnimmst und widerlegst. Niemand läßt sich ad absurdum führen.

Es ist nicht möglich, einen Menschen zu überzeugen, geschweige zu überreden. Führe neue Tatsachen und Gesichtspunkte an, aber insistiere niemals. Die beste Stärke liegt darin, neue Vorschläge zu ersinnen, sobald starke Einwände erhoben werden.

Es ist eine nützliche Gewohnheit, vor allen noch so ernsten Verhandlungen ein paar Minuten allgemeine Unterhaltungen zu führen. Man erkennt im voraus die Stimmung, die Absichten und oft das Ergebnis.

Wer sich beklagt, daß er zuviel zu tun hat, beweist, daß er nicht organisieren kann. Napoleon hätte nie abgelehnt, Spanien zu erobern, mit der Begründung, er sei überlastet. — Wer dagegen zu wenig zu tun hat, beweist, daß er überflüssig ist.

1902—1908

ANMERKUNG ZUM KONSUMANTEIL

In einem industriell gut funktionierenden Lande muß der Konsumanteil der arbeitenden Kräfte beständig wachsen. Unter gutem industriellen Funktionieren ist zu verstehen, daß alle wirtschaftlichen Kräfte (Kapital, Hände, Boden) angespannt arbeiten; daß die Industrie sich aller bekannten technischen Mittel bedient; daß die Einteilung der Produktion in bezug auf die relative Wichtigkeit aller Produkte vernünftig ist. Diese drei Bedingungen scheinen in Deutschland und in den Vereinigten Staaten heute annähernd erfüllt zu sein...

Erst in neuester Zeit ist auf dem deutschen Arbeitsmarkt ein Verhältnis entstanden, das man als ein normales Handelsverhältnis bezeichnen kann: es gibt keinen unverwendbaren Überschuß an Händen mehr; der Markt braucht sich auf, Angebot und Nachfrage halten einander das Gleichgewicht. Damit ist eine gesunde Preisbildung möglich, die zugunsten des Arbeiters wirkt und ihre Grenze nur in der Minimalrente findet, die der Kapitalist von seinem Unternehmen verlangen zu müssen glaubt. Die Erfahrung zeigt, daß Arbeitervereinigungen in regelmäßigen Abständen mit Erfolg ihn zwingen, seine Rente zu mindern. Hinzu kommt, daß die Vermehrung des Kapitals rascher fortschreitet als die Vermehrung der Hände; auf die Länge muß sich also der Nutzungswert des Kapitals im Verhältnis zum Nutzungswert der Hände verringern.

Angenommen, vor fünfzig Jahren habe ein Arbeiter einen Tag gebraucht, um einen Strohhut herzustellen und jetzt sei eine Maschine erfunden worden, an der der Arbeiter zehntausend Strohhüte täglich herstellt: so ist klar, daß in jener Zeit ein anderer Arbeiter, der den Hut erwerben wollte, mindestens den Wert eines Tagewerkes daran setzen müßte, um nur den Arbeitsanteil am Werte des Hutes zu bezahlen. Heute wäre dieser Arbeitsanteil so irrelevant geworden, daß praktisch nur der Rentenanteil zu zahlen bliebe.

Wollte man hiergegen einwenden, daß inzwischen auch der Ertragswert, also die Kaufkraft der Arbeit, im selben Maß gesunken sei, so widerspräche das nicht nur der Erfahrung, sondern der Möglichkeit. Denn wir haben gesehen, daß auf einem ausgeglichenen Arbeitsmarkt der absolute Wert der Arbeit (gemessen an Lebensbedingungen im Verhältnis zum Kapitalwert) nicht sinken kann. Da aber in jeder Generation die Ergiebigkeit der Arbeit sich ungefähr verdoppelt, so müßte, wenn eine entsprechende Entwertung der Kaufkraft erfolgen sollte, der absolute Arbeitswert sich in jeder Generation halbieren.

Ein anderes Moment kommt hinzu. Mit steigender Ergiebigkeit der Arbeit wachsen die Ansprüche an den Intellekt des Arbeiters. Eine ideale Fabrik wäre eine, die wie ein riesiges Uhrwerk automatisch funktioniert und nur eines einzigen Arbeiters als Aufseher bedarf. Die Krafterzeugungsindustrie und die technische Chemie nähern sich diesem Zustand. Dieser Arbeiter als Aufseher aber hätte ausschließlich geistige Arbeit aufzuwenden und wäre vor eine sehr große Verantwortung gestellt. Geradezu wahnsinnig müßte der Unternehmer sein, der diesem Mann gegenüber auch nur den Versuch machte, seine Position auf dem Arbeitsmarkt zur Geltung zu bringen, um den Lohn des Mannes zu kürzen. Denn zunächst spielt es in seiner Ökonomie keine Rolle: der Lohn ist in der Kalkulation ein sehr kleiner Faktor. Auch würde ein Versehen des Mannes ihn tausendmal mehr kosten als die Lohnersparnis. Im Gegenteil: der Arbeitgeber wird glücklich sein, wenn er nicht zu wechseln braucht; er hat ein lebhaftes Interesse daran, daß der Mann sich gut ernährt, Muße zum Nachdenken hat, zufrieden und guter Laune ist. Die Verhältnisse in Amerika bestätigen, daß der gut bezahlte Arbeiter außerordentlich viel mehr leistet als der schlecht bezahlte. Vorauszusetzen ist dabei freilich, daß seine Arbeit genug intellektuellen Spielraum bietet.

1908

ÜBER EIN REICHSELEKTRIZITÄTS-MONOPOL

Als wichtige Aufgabe der künftigen Finanzpolitik des Reiches erscheint es mir, daß die Einnahmen möglichst unabhängig gemacht werden von Abgaben und Steuern und daß Eingänge geschaffen werden, die sich in stärkerer Progression vermehren, als dies allgemein bei Konsumartikeln der Fall zu sein pflegt. Erfahrungsgemäß sind die stärksten Einnahmesteigerungen zu erwarten aus Industrialbetrieben, und als solche kommen wiederum in Frage diejenigen, die konkurrenzlos ohne Schädigung des Wirtschaftslebens gehandhabt werden können, also in erster Linie Elektrizität, Brennmaterialien (Kohlen, Petroleum), Bodenprodukte (Kali).

Allerdings handelt es sich hier um eine Politik der Zukunft, denn die Anfangseinnahmen werden im Verhältnis zum gegenwärtigen Reichsbudget von nahezu drei Milliarden keine erhebliche Rolle spielen. Dagegen werden sie eine dauernde, starke Steigerung erfahren und in wenigen Jahrzehnten sich zu Positionen erheben, die mit den größten Einzeleinnahmen des Budgets vergleichbar sein dürften.

Ein staatlicher Betrieb für Monopole ist schwer zu handhaben. Es empfiehlt sich, modernere Wege zu beschreiten, wie solche von den Kommunalverwaltungen bereits vielfach angestrebt werden (Königsberg, Straßburg, Darmstadt, Rheinisches Elektrizitätswerk). Der Gedanke der neuen Monopole würde darin bestehen, daß Besitzer das Reich ist, während die Exploitation durch Pachtgesellschaften erfolgt. Die Pachtgesellschaft hat für Verzinsung der jeweils verausgabten Beträge aufzukommen und den überschießenden Gewinn zu teilen. Die Verträge sind in kurzen Intervallen kündbar. Das Reich ist am Kapital der Pachtgesellschaften (das relativ klein sein kann) angemessen beteiligt, ernennt eine Anzahl von Aufsichtsratsmitgliedern bzw. Kommissarien und kontrolliert die Geschäftsführung. Ein unrechtmäßiger Gewinn könnte von einer Pachtgesellschaft nicht gemacht werden, da sie bei der Liquidation allen Besitz herzugeben hat. Eine unordentliche Geschäftsführung würde durch geeignete Auswahl der Kräfte und dauernde staatliche Kontrolle zu vermeiden sein.

Als erstes großes Monopol würden die Elektrizitätsbetriebe ins Auge zu fassen sein. Durch ihre Verstaatlichung würde dem Gesamtwirtschaftsleben insofern ein wesentlicher Dienst geleistet werden, als man dem Idealzustand der Elektrizitätserzeugung und -verteilung sich mit einem Schlage stärker nähern würde, als dies bisher durch eine wenn auch tätige private Initiative möglich war, da die zersplitterten Interessen der Kommunen, Kreise, Provinzen und Staaten entgegenstanden.

Technisch würde erreicht werden:
a) einheitliche Konzentration der Elektrizitätserzeugung an den geeignetsten Stellen (Wasserkräfte, Kohlenlager, Industriezentren);
b) gleichmäßige Verteilung der Leitungen über das ganze Reich nach dem Bedarf der Groß- und Kleinindustrie, der städtischen Beleuchtung und des landwirtschaftlichen Konsums, in einheitlichen Netzen;
c) möglichste Einheitlichkeit der Tarife;
d) Verbilligung der Erzeugung durch Wegfall kleiner, ungeeignet gelegener, schlecht rentabler, schlecht verwalteter Werke und überflüssiger Verwaltungsapparate;
e) Verwertung großer Maschineneinheiten, modernster Einrichtungen und Ausgleich der Konsumkurve durch Heranziehung chemischer Industrien oder anderer Dauerkonsumenten.

Von größter Bedeutung wird die Vereinheitlichung der Elektrizitätsbetriebe in dem Augenblick, wo die Frage der elektrischen Bahnen aktuell wird, denn der enorme Konsum dieser Bahnen kann von den gegenwärtigen Elektrizitätswerken nicht befriedigt werden und würde, wenn nicht Verständigungen mit den vorhandenen Unternehmungen erfolgen, dazu führen, daß ein zweites Leitungsnetz in Deutschland neben das bestehende gelegt werden muß und daß beide Klassen von Anlagen nebeneinander herlaufen. Von der Größe des Strombedarfs der Bahnen kann man sich ein Bild machen, wenn man berücksichtigt, daß nach Elektrifizierung der Verkehrsnetze innerhalb Groß-Berlins eine Milliarde Kilowattstunden jährlich erforderlich werden, also fünfmal so viel, als das größte Elektrizitätswerk Europas, die Berliner Elektrizitätswerke, gegenwärtig liefern.

Briefe an Dr. Wermuth,
Staatssekretär im Reichsschatzamt 6. und 27. 4. 1911

WIRTSCHAFTSORDNUNG

MECHANISIERUNG

Wie eng die wirtschaftliche Evolution mit der Volksvermehrung sich verknüpft, ist evident. Einzelwirtschaft bedeutet Abgeschlossenheit, Nachbarlosigkeit. Gesamtwirtschaft bedeutet enge Berührung, Zusammenschluß. Einzelwirtschaft kann nur aus dem vollen schöpfen, ohne Rücksicht, wie viel, wie wenig übrig bleibt. Gesamtwirtschaft lebt von Ersparnis; Ersparnis an Zeit, Kraft, Material, Lagerverlust, Reibungsverlust. Gesamtwirtschaft ist noch heute ebenso undenkbar bei spärlicher Bevölkerung, wie Einzelwirtschaft bei großer Dichte. Gesamtwirtschaft muß daher mit Naturnotwendigkeit eintreten, sobald eine gewisse Verdichtung stattgefunden hat...

Die Verdichtung schafft sich in der sichtbaren Welt ihre Kompensation, die ich Mechanisierung nennen will, und die darauf hinzielt, einem übervölkerten Planeten die Möglichkeit der Subsistenz und Existenz ungeahnter Menschenschwärme abzuzwingen; die Umlagerung spricht sich in der geistigen Verfassung unserer Völker als Entgermanisierung aus, die ein neues, für die Aufgaben der Mechanisierung seltsam geeignetes Menschenmaterial erschaffen hat...

Erhöhung der Produktion unter Ersparnis an Arbeit und Material ist die Formel, die der Mechanisierung der Welt zugrunde liegt...

Wenn somit die Mechanisierung ursprünglich in der Gütererzeugung wurzelt, so blieb sie nicht lange auf dies Gebiet beschränkt. Freilich bedeutet dieses noch heute den Stammbezirk ihrer Verzweigung und Überschattung; denn die Gütererzeugung bleibt das zentrische Gebiet des materiellen Lebens, dasjenige, mit dem sich alle übrigen in mindestens einem Punkt berühren.

Mechanisierung aber erblicken wir, wohin wir auch über die Provinzen menschlichen Handelns das Auge schweifen lassen; allerdings treten ihre Formen derartig komplex und vielgestaltig auf, daß es vermessen dünkt, den ganzen Umriß des ruhelos bewegten Bildes zu umfassen. Dem wirtschaftlich Betrachtenden erscheint sie als Massenerzeugung und Güterausgleich; dem gewerblich Betrachtenden als Arbeitsteilung, Arbeitshäufung und Fabrikation; dem geographisch Betrachtenden als Transport- und Verkehrsentwicklung und Kolonisation; dem technisch Betrachtenden als Bewältigung der Naturkräfte; dem wissenschaftlich Betrachtenden als Anwendung der Forschungsergebnisse; dem sozial Betrachtenden als Organisation der Arbeitskräfte; dem geschäftlich Betrachtenden als Unternehmertum und Kapitalismus; dem politisch Betrachtenden als real- und wirtschaftspolitische Staatspraxis...

Den mechanisierten Besitz nennen wir Kapital. Der Vorgang, der von außen und physikalisch betrachtet als mechanisierte Gütererzeugung erscheint, dieser Vorgang stellt sich von innen, menschlich und organisatorisch betrachtet, als Kapitalismus dar.

Daher wird der Kapitalismus andauern, solange das mechanisierte Produktionssystem Bestand hat; er wird andauern, gleichviel ob alles Kapital der Welt in den Händen einer Person oder eines Gemeinschaftskörpers vereinigt wird, und somit das, was man heute Transaktion nennt, zur bloßen Buchung herabsinkt. Man kann daher von dem Aufhören der privatkapitalistischen Gesellschaft reden, vorläufig aber nicht von dem Aufhören der kapitalistischen Produktionsweise...

Zweifellos ist es der schwerste Vorwurf, welcher der Zivilisation unserer Zeit gemacht werden kann, daß sie die Beschränkung eines Proletariats zuläßt, wenn unter einem solchen eine Bevölkerungsklasse verstanden wird, deren Angehörige unter normalen Verhältnissen zu selbständiger Verantwortung und unabhängiger Lebensführung nicht vordringen können. Die schärfste Zuspitzung dieses Vorwurfs: daß nämlich innerhalb dieser Klasse zeit- und stellenweise Not und Elend haust, wird als berechtigte Klage durchweg anerkannt und Abstellung der Übel mit Ernst und nicht ohne Erfolg angestrebt; so daß die Frage des Notstandes hier ausgeschieden werden darf...

Die große und ernste Aufgabe einer Reform des Proletariats ... muß einsetzen an dem Punkte der höchsten Ungerechtigkeit: bei der lebenslänglichen, ja erblichen Unentrinnbarkeit des Proletarierschicksals. Die Lösung ist möglich, wenn sie darauf abzielt, die Einsperrung der Vermögen, ihre allzustarre Kettung an Personen, Familien, Genossenschaften zu sprengen, eine gerechtere Bindung des Wohlstandes an wirtschaftliches und geistiges Verdienst zu sichern und jedem die geistigen Werkzeuge erschwinglich zu machen, die zum Wettkampf befähigen. Diese Gesamttendenz habe ich vor Jahren mit dem Namen Euplutismus bezeichnet; ihre Mittel bestehen vornehmlich in der Beseitigung aller Rechte, die den Charakter von Privatmonopolen tragen, in der Beschränkung des Erbrechts, in einer gegen mühelose und ungerechte Bereicherung gerichteten Gesetzgebung, in der Ausgestaltung der Volkserziehung...

Rekapitulieren wir kurz den Kreisprozeß: Im Augenblick heftiger Disharmonie wird den Völkern eine Wirtschaftsform aufgezwungen, die eigentlich für geeinigte Völker bestimmt ist. Getrennt bildet man sie aus; es zeigt sich, daß eine bevorzugte Nation die unvergleichlich größten Vorteile zieht, weil sie die besten Voraussetzungen besaß. Diese Nation erhebt sich aus politischer und wirtschaftlicher Nullität zum bestimmenden Faktor und besiegelt diese Stellung mit dem Schwertknauf. Der Moment zur wirtschaftlichen Einigung ist verpaßt; die friedliche Konkurrenz wird zur wirtschaftlichen Rüstung, und die Nationen stehen feindlicher als zu Beginn der Episode einander gegenüber...

Mechanisierung entspricht wirtschaftlicher Notwendigkeit: verzehnfachte Bevölkerung auf unveränderter Bodenfläche verlangt neue Wirtschaftsmethoden. Der Kern der Mechanisierung ist der Produktionsprozeß. Er teilt mit anderen undurchgeistigten oder irrationalen Prozessen ähnlicher Art — wie zum Beispiel dem Prozeß der persönlichen Bereicherung oder des Ausbaus von Unternehmungen — die Tendenz, in unablässiger Selbsterregung den Umtrieb zu steigern, und zwar in doppelter Progression: einmal so, daß die Produktionssteigerung die Bevölkerung verdichtet, und gleichzeitig die Verdichtung wiederum die Produktion erhöht; sodann in dem Sinne, daß die Menge der Verbrauchsgüter den Einzelverbrauch anregt und wiederum der vermehrte Einzelverbrauch neue Verbrauchsgüter verlangt...

aus: Zur Kritik der Zeit 1911

IRRWEG DES SOZIALISMUS

Dieses Buch handelt von materiellen Dingen, jedoch um des Geistes willen. Es handelt von Arbeit, Not und Erwerb, von Gütern, Rechten und Macht, von technischem, wirtschaftlichem und politischem Bau, doch es setzt und schätzt diese Begriffe nicht als Endwerte ... Für unsere Erwägungen wird ... in Anspruch genommen: daß alles irdische Handeln und Zielen in dem einen Sinne seine Rechtfertigung findet: in der Entfaltung der Seele und ihres Reiches ...

Dieses Buch trifft den dogmatischen Sozialismus ins Herz. Denn er erwächst aus materiellem Willen; in seinem Mittelpunkt steht die Teilung irdischer Güter, sein Ziel ist eine staatlich-wirtschaftliche Ordnung. Mag er heute bestrebt sein, aus anderen Weltauffassungen fremde Ideale herbeizuholen, so ist er doch nicht aus ihrem Geiste geboren; er bedarf ihrer nicht, ja sie müssen ihn stören, denn sein Weg führt von der Erde zur Erde, sein tiefster Glaube ist Empörung, seine stärkste Kraft ist gemeinsamer Haß und seine letzte Hoffnung ist irdisches Wohlbefinden.

Die ihn emporführten, glaubten an die Unfehlbarkeit der Wissenschaft, mehr noch, sie glaubten an ihre zielsetzende Kraft. Sie glaubten an unausweichliche materielle Menschheitsgesetze und an ein mechanisches Erdenglück.

Nun aber beginnt selbst die Wissenschaft zu erkennen, daß ihr vollkommenstes Gewebe dem Willen nichts anderes sein kann als dem Wanderer eine vortreffliche Landkarte ... Welcher Pfad mir aber vorgeschrieben ist, wohin mein Herz, meine Pflicht mich zieht, kann ein Kartenblatt mir nicht sagen. Wissenschaft mißt und wägt, beschreibt und erklärt, aber sie wertet nicht, es sei denn nach dem Maßstabe konventioneller Satzung. Ohne Wertung und Wahl aber besteht kein Ziel ...

Keinen ihrer Ruhmestitel schlägt unsre Zeit höher an als die Überwindung der Sklaverei. Leibeigen ist niemand; Untertan heißt der Mensch nur noch in anmaßenden Erlassen; er selbst nennt sich Staatsbürger, genießt ungezählte persönliche und politische Rechte, gehorcht niemand als der Staatsgewalt, bündelt, wählt und verwaltet. Er verdingt sich nicht, sondern schließt Arbeitsverträge, er ist nicht Knecht und Geselle, sondern Personal, Arbeitnehmer und Angestellter; er hat keinen Brotherrn, sondern einen Arbeitgeber, und der darf ihn nicht schelten noch strafen. Er kann kündigen und seiner Wege gehen, er darf feiern und wandern, er ist, wie er sagt, ein freier Mann.

Und doch seltsam! Gehört er nicht zu den wenigen, die man gebildet und vermögend nennt, so sitzt er nach wenigen Tagen in den Räumen eines andern Arbeitgebers, bei der gleichen achtstündigen Arbeit, unter der gleichen Aufsicht, mit gleichem Lohn und mit gleichen Genüssen, mit gleicher Freiheit und mit gleichen Rechten. Niemand zwingt ihn, niemand tritt ihm in den Weg, und dennoch verläuft sein frühalterndes Leben ohne Muße und ohne Sammlung. Die mechanische Welt tritt ihm entgegen als ein verworrenes Rätsel, das eine Parteizeitung einfarbig beleuchtet; die höhere Welt erscheint im Ausschnitt einer billigen Predigt und eines populären Abrisses; der Mensch erscheint als Feind, wenn er dem fremden, als wortkarger Genosse, wenn er dem eigenen Kreise angehört, der Arbeitgeber als Ausbeuter, der Arbeitsraum als Knochenmühle...

Doch das bürgerliche Leben ist frei. Hier herrscht der Wettbewerb, der Starke und Kluge mag wagen und gewinnen, hier beschränken ihn nur notdürftige Gesetze und Regeln; dieser Kampfplatz steht allen offen. Und abermals: der Eintritt gelingt nicht. Der Kreis ist heimlich geschlossen, sein Bundesmerkmal ist Geld. Wer hat, dem wird gegeben; was einer besitzt, das vermehrt sich, doch zunächst muß er besitzen. Er besitzt, was seinen Vorfahren gehörte, was sie ihm als Erziehung und Kapital hinterließen. In reichen, unerschlossenen Ländern mag es gelingen, daß der ersparte Pfennig sich mehrt; je älter und unergiebiger das Land, desto teurer der Einkauf in den werbenden Stand.

So erheben sich gläserne Mauern von allen Seiten, durchsichtig und unübersteiglich, und jenseits liegt Freiheit, Selbstbestimmung, Wohlstand und Macht. Die Schlüssel des verbotenen Landes aber heißen Bildung und Vermögen, und beide sind erblich.

Wirtschaftlich betrachtet ist die Welt, in höherem Maße die Nation, eine Vereinigung Schaffender; wer Arbeit, Arbeitszeit oder Arbeitsmittel vergeudet, beraubt die Gemeinschaft. Verbrauch ist nicht Privatsache, sondern Sache der Gemeinschaft, Sache des Staates, der Sittlichkeit und Menschheit.

Hier entsteht eine Antinomie. Alles, was erzeugt wird, vergeht, vergeht durch Verbrauch. Bestenfalls hat es zur Erzeugung neuer Dinge gedient, die wiederum durch Verbrauch vergehen. Wird nun jedes Gut für den Verbrauch erzeugt und dient jeder Verbrauch der Lebenserhaltung und Lebenssteigerung, warum dann den einen Verbrauch als berechtigt, den anderen als schädlich hinstellen? Wenn alles den gleichen Weg nimmt, so bleibt schließlich nur die Frage der Reihenfolge.

Die Reihenfolge ist es tatsächlich, und zwar die Reihenfolge des Bedarfs, die den Fluß der Begriffe vom notwendigen Verbrauch bis zum frivolen Luxus ordnet. Luxuriös ist jeder Verbrauch, solange ein ursprüngliches Bedürfnis unbefriedigt bleiben muß, das an seiner Statt hätte gestillt werden können...

Damit gemeinhin Reichtum entstehe, müssen Tausende bewogen werden, einen Teil ihres Besitzes herzugeben; dazu sind sie nur bereit, wenn ein dringender Wunsch ihnen nur gegen dieses Opfer erfüllt werden kann. Diesen dringenden Wunsch, mag er verständig oder töricht sein, nennt man einen wirtschaftlichen Bedarf befriedigen. Doch dieser Vorsatz genügt nicht: denn der Wettbewerb ist zur Stelle; er reißt einen Teil der Bedarfsdeckung an sich und verkleinert den Nutzen, und schließlich erntet der Unternehmer statt der erhofften Schätze nur eine mäßige Rente oder ein mittleres Arbeitseinkommen.

Die Aufgabe der Bereicherung wird also nur dann gelöst, wenn der Unternehmer den Wettbewerb beschränken, den Nutzen nach Gutdünken bemessen oder den Kreis der Opferwilligen beliebig ausdehnen kann. In diese Lage bringt ihn nur das anerkannte oder erzwungene Monopol...

Wir haben den Wirtschaftskreis des Verbrauchs, des Besitzes und des Anspruchs umschritten und dürfen die gewonnenen Wertungen in grundsätzlicher Form dem Gedächtnis einprägen.

1. Der Gesamtertrag menschlicher Arbeit ist zu jeder Zeit begrenzt. Verbrauch, wie Wirtschaft überhaupt, ist nicht Sache des einzelnen, sondern der Gemeinschaft. Aller Verbrauch belastet die Weltarbeit und den Weltertrag. Luxus und Absperrung unterliegen dem Gemeinwillen und sind nur soweit zu dulden, als die Stillung jedes unmittelbaren und echten Bedarfs es zuläßt.

2. Ausgleich des Besitzes und Einkommens ist ein Gebot der Sittlichkeit und der Wirtschaft. Im Staate darf und soll nur einer ungemessen reich sein: der Staat selbst. Aus seinen Mitteln hat er für Beseitigung aller Not zu sorgen. Verschiedenheit der Einkünfte und Vermögen ist zulässig, doch darf sie nicht zu einseitiger Verteilung der Macht und der Genußrechte führen.

3. Die heutigen Quellen des Reichtums sind Monopole im weitesten Sinne, Spekulation und Erbschaft. Der Monopolist, Spekulant und Großerbe hat in der künftigen Wirtschaftsordnung keinen Raum.

4. Beschränkung des Erbrechts, Ausgleich und Hebung der Volkserziehung sprengen den Abschluß der Wirtschaftsklassen und vernichten die erbliche Knechtung des untersten Standes. Im gleichen Sinne wirkt die Beschränkung luxuriösen Verbrauchs, indem sie die Weltarbeit auf die Erzeugung notwendiger Güter verweist und den Wert dieser Güter, gemessen am Arbeitsertrage, ermäßigt.

Auf diesen Grundsätzen ruht das System des wirtschaftlichen Ausgleichs und der sozialen Freiheit...

Überblicken wir die große Zahl wahrhaft vorbildlicher Unternehmungen, und zwar unter völliger Abstraktion vom historisch Gewordenen, lediglich auf das Seiende und Werdende den Blick gerichtet — denn überall hat die Substitution des Grundes stattgefunden — so haben wir folgendes festzustellen:

Fast ausnahmslos tragen diese Unternehmungen die unpersönliche Form der Gesellschaft. Niemand ist ständiger Eigentümer; ununterbrochen wechselt die Zusammensetzung des tausendfältigen Komplexes, der als Herr des Unternehmens gilt. Die ursprüngliche Veranstaltung, daß mehrere wohlhabende Kaufleute sich zusammentaten, um gemeinsam ein Geschäft zu errichten, dessen Anforderungen die Kräfte eines einzelnen überstiegen, ist zur historischen Fiktion geworden. Fast im Vorübergehen erwirbt dieser und jener einen oder mehrere Anteile, die er bezeichnenderweise Papiere nennt; er erwartet einen Ertrag oder eine Wertvermehrung; in vielen Fällen denkt er an möglichst raschen Verkauf. Die Tatsache, daß er Mitglied einer geschlossenen Gesellschaft geworden ist, kommt kaum zu seinem Bewußtsein; häufig hat er nur gleichsam auf die Prosperität des einen oder andern Geschäftszweiges gewettet, und das Symbol dieser Wette ist ein Papier. Zugleich aber besitzt dieser Erwerber noch andre, vielleicht zahlreiche andre Papiere; er wird zum Kreuzungspunkt verschiedenartiger Besitzrechte und auch die Zusammensetzung dieser Anrechte wechselt. Manchmal kennt er sie nur dem Namen nach; man hat ihm zum Erwerbe geraten; er hat eine Zeitungsnotiz gelesen; er ist einer allgemeinen Neigung gefolgt.

Dieses Verhältnis aber bedeutet die Entpersönlichung des Eigentums. Das ursprünglich persönlichste Verhältnis eines Menschen zu einer greifbaren, genau bekannten Sache ist zu einem unpersönlichen Anspruch auf einen theoretischen Ertrag geworden.

Die Entpersönlichung des Besitzes bedeutet jedoch gleichzeitig die Objektivierung der Sache. Die Besitzansprüche sind derart unterteilt und beweglich, daß das Unternehmen ein eigenes Leben gewinnt, gleich als gehöre es niemand; ein objektives Dasein, wie es vormals nur in Staat und Kirche, in städtischer, zünftischer oder Ordensverwaltung verkörpert war.

Dieses Verhältnis drückt sich im Lebensprozeß des Unternehmens aus als eine Schwerpunktverschiebung; zum Mittelpunkt werden die leitenden Organe einer Beamtenhierarchie; der Gemeinschaft der Eigentümer verbleibt das souveräne Recht der Bestimmung, doch dieses Recht wird mehr und mehr theoretisch, indem eine Mehrzahl anderer Kollektivorganismen, etwa Banken, mit der Wahrung ihrer Rechte betraut werden, und indem diese Treuhänder wiederum unmittelbar an der Verwaltung des Unternehmens mitwirken.

Schon heute ist der paradoxe Fall denkbar, daß das Unternehmen sein eigener Eigentümer wird, indem es aus seinen Erträgen die Anteile der Besitzer zurückkauft. Das deutsche Gesetz schränkt diesen Vorgang ein und verlangt, daß dem Vorbesitzer sein Stimmrecht gewahrt werde; ein organischer Widersinn der vollkommenen Loslösung des Besitztums vom Besitzer besteht jedoch nicht...

Die Bevölkerungszunahme, der wachsende Wohlstand, der steigende Bedarf an Dingen, die nicht unmittelbar der notwendigsten Lebenshaltung dienen, lassen die landwirtschaftliche Grundlage der zivilisierten und dichtbewohnten Staaten unzulänglich werden. Mechanisierte Produkte werden gefordert, und um sie zu erzeugen, werden Grundstoffe jeder möglichen mineralischen und organischen Konstitution benötigt. Kein europäisches Land genügt sich selbst durch Bodenfülle und klimatische Reichhaltigkeit, um diese Mittel sämtlich aus seinen Flanken hervorzubringen; sie müssen gekauft und bezahlt werden. Für die Tauschzahlung werden zunächst die eigenen Überschußprodukte herangezogen; doch bleibt noch immer für die Länder des europäischen Kontinents ein gewaltiger Restbedarf zu decken und zu bezahlen. Wie bezahlt man ihn? Es gibt nur ein einziges Mittel: die Lohnarbeit. Man kauft mehr Rohstoff, als man für den eigenen Bedarf nötig hat, veredelt ihn und führt das fertige Produkt aus, um durch den Wertunterschied den eigenen Verbrauch zu entgelten. Man wird zum Lohnarbeiter der Welt, das Land wird zur Lohnwerkstatt. Und da jeder in der Lage ist, sich um einen Anteil an der Gesamtarbeit zu bemühen, so entsteht ein Wettbewerb aller auf dem Weltmarkt der Arbeit; dieser Wettbewerb spielt sich ab in den Formen des Kampfes um Ausfuhr. Denn Ausfuhr ist, gemeinwirtschaftlich betrachtet, nicht bloßer Ausdruck der Erwerbslust der Industriellen, sie ist auch nicht der übermütige Drang strotzender Gewerbe, sie ist Verkauf einheimischer Arbeitsleistung zur Abdeckung der Warenschulden, die jedermann macht. Denn jedermann kleidet sich in fremde Wolle und Baumwolle, verzehrt fremde Nahrungsmittel, gebraucht Maschinen aus fremdem Metall oder Erzeugnisse dieser Maschinen aus fremden Substanzen...

So stehen wir vor einer Epoche, die den wirtschaftlichen Nationalismus wo nicht an die Grenze der Binnenwirtschaft der Gruppen, so doch bis zu einer starken Verminderung des internationalen Austausches steigern wird. Da gewinnt die Handels- und Zahlungsbilanz eine Bedeutung, wie sie kaum zur Zeit der ältesten französischen Wirtschaftslehre auf andrer Gedankengrundlage ihr zugesprochen wurde; es entsteht ein neuer Begriff: der Neomerkantilismus.

Auf die Dauer kann kein Land, soweit es nicht Empfänger ausländischer Renten ist, seine Einfuhr anders bezahlen als mit Waren, denn der Gesamtbetrag seiner Umlaufsmittel reicht kaum für die Deckung einer Quartalsrechnung hin. Ausfuhr ist somit weder Selbstzweck noch eine Art von Übermut der Wirtschaft, wie manche glauben, sondern Schuldenzahlung; nicht die Ausfuhr ist das primär bestimmende Element der Wirtschaftsbeziehung, sondern die Einfuhr. Würde aus irgendeinem Grunde die Ausfuhr unterbunden, während die Einfuhr unentbehrlicher Stoffe andauerte, so würde das Land seine Wertschriften und Besitztitel exportieren müssen und somit allmählich die wirtschaftliche Oberhoheit den Fremden ausliefern, das heißt verbluten.

Was gemeinhin bei Verbrauchsaufwand und Bezahlung gilt, das gilt auch hier: Meinen Importverbrauch kann ich bestimmen; die Art der Exportzahlung bestimmt der andre. Es steht ihm frei, mein Güterangebot zu verschmähen, sei es, weil die Art, sei es, weil der Ursprung ihm nicht gefällt, er kann es beliebig entwerten, indem er ihm Zollschranken entgegensetzt, die einseitig den Verkäufer belasten, sofern er nicht Monopolware anzubieten hat. Wirksamer noch als Zollschranken können Schranken der Schikane, der Handels- und Verkehrsbehinderung, ja selbst des nationalen Eigengefühls aufgerichtet werden, indem dieses dazu gebracht wird, unter Preisopfern der einheimischen Erzeugung freiwillig den Vorzug zu geben. Die Entwertung des Zahlungsmittels aber bedeutet Verteuerung des Einkaufs, und da dieser vor allem die unentbehrlichsten Grundprodukte umfaßt, kommt das betroffene Land in die Lage, unökonomischer als andre zu produzieren und somit abermals an Ausfuhrkraft einzubüßen.

aus: Von kommenden Dingen

1916

VOM AKTIENWESEN

In höherem Maße als andere europäische Industrialwirtschaften ist die deutsche Erzeugnis und Besitz gesellten Kapitals. Sie ist jung, und rasch emporgestiegen, deshalb konnte sie dem ruhigen

Schritt des Familienreichtums nicht nachgehen; sie hatte den Wettbewerb mit den höchsten Leistungen fremder Technik und Massenbewältigung zu bestehen, deshalb mußte sie sich auf die Gesamtheit des Nationalvermögens stützen, die Form der Aktiengesellschaft oder, besser gesagt, der Wirtschaftsvereinigung wählen und den Reichtum des Kapitalisten durch Aktien oder Anteile, den Wohlstand des Sparers durch Schuldverschreibungen gewinnen...

Substitution des Grundes habe ich in anderen Schriften die Erscheinung genannt, die alle menschlichen Einrichtungen im Laufe ihres Alterns zu befallen pflegt: die Einrichtung behält ihren Namen und einzelne Züge ihrer ursprünglichen Wirksamkeit, obgleich unmerklich ihre Voraussetzungen, häufig ihre Ziele und ihr inneres Wesen sich geändert haben, ähnlich wie es mit einer verlassenen Muschelschale geschieht, in der Generationen fremder Geschöpfe nacheinander ihre Wohnung aufschlagen. Auch die Wirtschaftsgesellschaft ist von dieser Erscheinung betroffen worden: sie ist in ihrem heutigen Wesen etwas durchaus Verschiedenes von dem, was ihre westlichen Erfinder und Gesetzgeber, Franzosen, Belgier und Engländer, gewollt und geschaffen haben.

Die Verwaltung einer Großunternehmung übertrifft an Arbeitsumfang, an Personalaufbau und an raschem Wechsel der Aufgaben die Regierung eines Kleinstaates von heute und die eines Großstaates vor hundert Jahren. Ich wüßte keine Zeit und keine Stelle der Erde, Amerika eingeschlossen, wo jahraus, jahrein mit gleicher Geschwindigkeit, Sicherheit, Verantwortung ein ähnliches Tagesmaß von Verfügungs- und Verwaltungsarbeit schöpferischer Art geleistet worden wäre wie an den leitenden Stellen unserer Großunternehmen. Von staatsmännischer Arbeit unterscheidet sich diese Tätigkeit durch die Ausschaltung hemmender Instanzen, durch die Notwendigkeit schleunigster Entschließung und durch die Ungeteiltheit der Verantwortung; von früherer Geschäftsarbeit unterscheidet sie sich durch den Umfang des Gebiets, den stetigen Wechsel der Aufgaben und Probleme und durch das Verwaltungswerkzeug der Organisation. ...

Die Großunternehmung ist heute überhaupt nicht mehr lediglich ein Gebilde privatrechtlicher Interessen, sie ist vielmehr, sowohl einzeln wie in ihrer Gesamtzahl, ein nationalwirtschaftlicher, der Gesamtheit angehöriger Faktor, der zwar aus seiner Herkunft, zu Recht oder zu Unrecht, noch die privatrechtlichen Züge des reinen Erwerbsunternehmens trägt, während er längst und in steigendem Maße öffentlichen Interessen dienstbar geworden ist und hierdurch sich ein neues Daseinsrecht geschaffen hat. Seine Fortbildung im gemeinwirtschaftlichen Sinne ist möglich, seine Rückbildung zur rein privatwirtschaftlichen Bindung oder seine Aufteilung in kleine Privatpartikel ist undenkbar.

Bedeutende Umwälzungen im Wesen und Gedanken unserer Wirtschaft stehen uns bevor, von denen an anderer Stelle gehandelt werden soll. Der Krieg, mehr ein weltrevolutionäres denn ein politisches Ereignis, hat den Bau der wirtschaftlichen und sozialen Ordnung Europas in so viel Monaten in Trümmer gelegt, als Äonen von Friedensjahren es vermocht hätten. Aus diesen Trümmern wird weder ein Reich des sozialen Kommunismus hervorbrechen, noch ein neues Reich frei spielender wirtschaftlicher Kräfte. Auch dem Wesen der Unternehmung wird nicht die Verstärkung des privatwirtschaftlichen Gedankens beschieden sein, sondern die bewußte Einordnung in die Wirtschaft der Gesamtheit, die Durchdringung mit dem Geist der Gemeinverantwortlichkeit und des Staatswohls.

1917

DIE NEUE WIRTSCHAFT

Es erscheint als ein vollkommener Widerspruch: Wirtschaft zu belasten und zugleich zu verbilligen; in belasteter Wirtschaft die Löhne zu steigern und die Lebenshaltung zu heben. Es gibt nur einen Weg, um das widerspruchsvolle Problem zu lösen: es ist nötig, von der Gütererzeugung auszugehen und den Wirkungsgrad menschlicher Arbeit so zu steigern, daß eine verdoppelte Produktion die Belastung zu tragen vermag und dennoch ihre Hilfskräfte besser entlohnt und versorgt; was vierzig Milliarden Gütererzeugung nicht tragen und erschwingen, das leisten achtzig.

Die bestehende Wirtschaftsordnung löst die Aufgabe nicht, noch weniger die kommunistische. Die Ordnung, zu der wir gelangen, wird eine privatwirtschaftliche sein, wie die gegenwärtige, doch keine ungezügelte. Ein Gemeinschaftswille wird sie durchdringen, der gleiche, der heute alles solidarische Menschenwerk durchdringt, mit Ausnahme eben des wirtschaftlichen Schaffens; eine Sittlichkeit und Verantwortung wird sie durchdringen, die heute jeden Dienst an der Gemeinschaft adelt...

Der Sozialismus war geneigt, eine Umgestaltung der Wirtschaft und Gesellschaft von der Beseitigung der Kapitalrente und von der Verstaatlichung der Produktionsmittel zu erwarten. Diese

Hoffnung entsprach dem Stande der mechanistischen Frühzeit: der aufsteigende Unternehmergewinn fiel als eine dem vierten Stande abgepreßte Bereicherung ins Auge, die Privatunternehmung erschien als eine der Arbeitermenge trotzende Zwingburg. Wir beginnen einzusehen, daß die Kapitalrente nichts weiter bedeutet als die Rücklage, deren die Industrialwirtschaft der Welt alljährlich zu ihrem eigenen Wachstum bedarf, daß dieser Rentenertrag nach Abzug eines mäßigen — allerdings willkürlichen — Verbrauchsanteils des Kapitalisten restlos wiederum der Wirtschaft zugeschlagen wird. In anderen Schriften habe ich dargelegt, daß die Willkür und Bemessung dieses Verbrauchsanteils sittlicher und wirtschaftlicher Korrekturen bedarf; doch selbst die Aufhebung des Vorzugsverbrauchs würde die Lebensbedingungen der Gesamtheit nicht wesentlich verbessern.

Vor allem kann das alte, sinnlos gewordene Recht aus der Zeit des Kräfteüberflusses nicht unangetastet bleiben, das Recht eines jeden, der es bezahlen kann, über nationale Arbeitskräfte zu persönlicher Bequemlichkeit und Schaustellung oder zu beliebigen, vermeintlich wirtschaftlichen Zwecken nach Gutdünken zu verfügen. Der Begriff des häuslichen und ländlichen Dienstes ist reformbedürftig; niemand kann in einem freien Lande Knecht oder Magd sein; es gibt Arbeitgeber und Arbeitnehmer, und dieses Verhältnis ist nach Zahl und Art nicht der Willkür, der Trägheit, Üppigkeit oder Spekulation anheimgestellt, sondern dem sozialen und wirtschaftlichen Bedürfnis. War es bis dahin jedem Erben und Mitgiftempfänger freigestellt, sich mit einem Troß von Lakaien zu umgeben, oder wenn er sich wirtschaftlich zu betätigen wünschte, Arbeiter, Meister, Beamte anzuwerben, mit ihren Kräften und mit zusammengerafften Betriebsmitteln sich auf einem beliebigen, ihm interessant und aussichtsvoll dünkenden Gebiete industriell zu üben, so wird künftig die sachliche Bedürfnisfrage entscheiden müssen...

1917

EINE SOZIALISIERUNG

Sozialisierung gibt dem Mitwirkenden das Bewußtsein, daß er unmittelbar für die Gemeinschaft, nicht auf dem Umwege über das Interesse eines Unternehmers arbeitet. Das ist ein rein erzieherisches Prinzip; es kommt dem Vorstellungsvermögen der Massen entgegen, die auch in dem stärkst belasteten, ja praktisch expropriierten Unternehmer den übermächtigen Feind erblicken. Eine wirtschaftliche Bedeutung hat die Sozialisierung — es kann nicht oft genug wiederholt werden — auch wenn sie auf sogenannte reife Betriebe beschränkt bleibt, schon deshalb nicht, weil die Mehrwertrechnung falsch ist, und weil auf dem Wege der reinen Vermögenspolitik, mit geringerer Erschütterung und ohne Kosten, dem Staat der wesentliche Teil der Großwirtschaft ohnehin zufällt.

Juni 1919

aus: Kritik der dreifachen Revolution

DER MEHRWERT

Die Revolution des Güterausgleichs ist die Revolution des ultrademokratischen, des sozialdemokratischen Bürgers, der Umkehrungswunsch aller häuslichen Sorgen, der harten Arbeit, des freudlosen Lebens, der Wohnungsnot, der städtischen Plagen, der Vorgesetztenbrutalität, des herausfordernden Luxus; Hamlets Klage: des Rechtes Aufschub, der Übermut der Ämter und die Schmach, die Unrecht schweigendem Verdienst erweist. Sie ist die klassische Revolution, die Revolution der Schule. In ihrem Hintergrunde steht die große Theorie, die tröstliche und plausible Lehre vom Marxischen Mehrwert. Es handelt sich nur darum, ein Mittel anzuwenden, deren es viele gibt, um den Mehrwert gerecht auf alle Bürger zu verteilen, und alsbald sind alle der Sorgen ledig, die Arbeitszeit sinkt auf sechs, auf vier Stunden, auf wenige Lebensjahre, alles Elend verschwindet, jeder ist wohlhabend.

Diese Lehre hat die Welt umschritten, auf ihr ruht das ganze Lehrgebäude der rechtgläubigen Sozialdoktrin, doch sie ist falsch. In fünfundsiebzig Jahren hat niemand sich die Mühe genommen, sie durch Rechnung zu widerlegen.

Der Mehrwert ist so klein, daß er keinen sozialen Faktor bedeutet. Überdies darf er nur zum kleinsten Teil verbraucht, das heißt zur Aufbesserung der Lebenshaltung verwendet werden, drei Viertel sind zur Akkumulation, das heißt zur Erweiterung des Produktionsapparates, unentbehrlich.

In der Zeit des mittleren Kapitalismus, als Marx schrieb, als die Industrie in ihren Anfängen, der Reallohn gering, der Nutzen groß war, mag der verbrauchbare Mehrwert ausgereicht haben, um die Lebenshaltung des Arbeiters wo nicht entscheidend, so doch merklich zu verbessern. Aus einzelnen überlieferten Angaben über den damaligen Umsatz und Nutzen von Maschinen- und Lokomotivfabriken möchte ich schließen, daß bei vollkommener Aufteilung eine Aufbesserung des Lohnes um die Hälfte möglich gewesen wäre.

Um den Mehrwert in unserem Zeitabschnitt zu ermitteln, sind vier Wege gegeben: Man kann ausgehen erstens von den Erträgnissen des einzelnen Werkes, zweitens vom Rentenertrag der im Inland werbenden Produktionsmittel, drittens vom Nationaleinkommen, viertens von der jährlichen nationalen Ersparnis. In jedem Falle ergibt sich das gleiche: der Mehrwert bleibt erheblich hinter der Größenordnung von zehn Milliarden jährlich zurück; er dürfte bei angespannter kapitalistischer Produktion und unter den nicht wiederkehrenden Voraussetzungen der Vorkriegszeit auf höchstens sechs Milliarden zu beziffern sein.

Dieser Betrag ist aber niemals voll verbraucht worden und darf nicht verbraucht werden; er hat der Erweiterung unserer Wirtschaftsmittel gedient und muß ihr auch ferner dienen; diese Erweiterung deckt sich wesentlich mit dem Begriff der nationalen Ersparnis. Ein weiterer Teil ist aus Sparkassen und Banken in Taschen der kleinsten Sparer geflossen und hat schon bisher zur Aufbesserung der allgemeinen Lebenshaltung beigetragen. Ein dritter Teil von etwa $1^{1}/_{2}$ Milliarden hat den Aufwand der Wohlhabenden bestritten. Dieser Betrag ist verteilbar und verbrauchbar; er macht auf den Kopf der Bevölkerung fünfundzwanzig Mark aus, erheblich weniger als eine der durchschnittlichen Lohnaufbesserungen.

Hier sei bemerkt: Es muß ein für allemal der Irrtum abgetan werden, irgendein Wirtschaftssystem — mit Ausnahme des reinen Kommunismus, der eine gänzlich veränderte Weltkultur voraussetzt — könne an sich einen Wohlstandsausgleich schaffen. Die Aufgabe des vollkommenen Wirtschaftssystems ist: die Arbeitszeit zu verkürzen, die Arbeit zu vergeistigen und den Ertrag zu erhöhen. Wohlstandsausgleich ist nicht Sache der Wirtschaft, sondern Sache der Gesellschaft. Sie erzielt ihn innerhalb der erwünscht und gerecht erachteten Grenzen durch Besteuerung. Deshalb ist der populäre Gedanke entschädigungsloser Sozialisierung einzelner Erwerbsgebiete, etwa der Industrie, des Großhandels, des Großgrundbesitzes, ein Widersinn. Ist Sozialisierung eines Teils der Wirtschaft im Sinne des gewählten Wirtschaftssystems nötig, so muß sie geschehen. Sie kann aber nicht verbunden werden mit einer willkürlichen Bestrafung der betroffenen Wirtschaftssubjekte. Will der souveräne Staat sich Besitz und Einnahmen verschaffen, so muß er nach Leistungsfähigkeit und Gerechtigkeit alle Begüterten gleichmäßig heranziehen, und zwar auf dem Wege der Steuer, er kann nicht zugunsten des Kaufmanns den Landwirt oder zugunsten des Landwirts den Fabrikanten enteignen.

Durch Rentenentwertung und Besteuerung sei der Ausgleich der Vermögen, Einkommen und Lebenshaltungen innerhalb der vorgeschriebenen Grenzen erfolgt: so ist zwar einer an sich berechtigten sozialen Forderung genügt, dennoch können wir uns des Ergebnisses nicht ungetrübt freuen.

Man glaubte gegen Kapitalismus zu kämpfen und kämpfte gegen Armut. Man kämpfte gegen Armut und wurde von ihr besiegt.

Dies ist nicht allein eine Folge des Krieges. Auch ohne den Krieg hätte der Ausgleich nicht zum Wohlstand, sondern zur Dürftigkeit geführt. Nun führt er zur Not.

Juni 1919

aus: Die Revolution des Güterausgleichs

ARBEIT

Vom Sternenkult Babylons brachten die Hebräer die heilige Planetenzahl Sieben ins gelobte Land. Sie erfanden den Sabbat und schrieben den Jahrtausenden das Arbeitsjahr von dreihundert Arbeitstagen vor. Die Vorschrift ist alt und geheiligt, nicht unabänderlich. Es kann auch ein Arbeitsjahr von zweihundert, von hundert Arbeitstagen geben. Es kann auch das alte Jubeljahr der Muße auferstehen.

Seit der Revolution haben wir uns in dieser Richtung bewegt; es sieht aus, als sollte es dabei bleiben.

Einer Versammlung von Arbeiterräten sagte ich: Erinnern Sie sich, was geschieht, wenn ein Ameisenhaufen zerstört wird. Die Folge ist nicht Ruhe, sondern verhundertfachtes Gewimmel, und nach Stunden ist der Haufen heil...

Von allem, was wir hatten, ist uns nichts geblieben als unsere Arbeit. Sie müßte verdoppelt werden, wenn wir genesen sollen. Wir haben sie verkürzt, mit Recht, auf den Achtstundentag: doch nun sollte kein Mann eine Stunde feiern. Das Gegenteil geschieht: Stunden verkürzen sich, Tage fallen aus, und innerhalb der beschränkten Dauer sinkt abermals die Leistung. Auf einer Werft schlug früher ein Mann 450 Niete am Tage ein, heute fünfunddreißig...

Es ist nötig, die Verantwortung des Arbeiters so gewaltig zu steigern, daß er nicht nur seinen Vorteil will, sondern auch das Gedeihen seines Gewerbes will, der Wirtschaft will, des Staates will; will und wollen muß. Hemd und Rock müssen ihm gleich wert sein.

Ist dies möglich, so öffnet sich ein Fernblick, der die Zukunft der Welt in neuem Bilde zeigt.

Infolge der Auflösung des Arbeitsmarktes und der souveränen Stellung des Arbeiters im Produktionsprozeß wird es künftig zwei Arten von Wirtschaftsstaaten geben: solche, die den Arbeiter bekämpfen und zugrunde gerichtet werden; und solche, die sich mit ihm verbünden und aufsteigen...

Eine Sozialisierung und Demokratisierung der Haut ist unmöglich, wenn nicht gleichzeitig das Fleisch und das Knochengerüst sozial und demokratisch durchdrungen, jedoch in organischem Aufbau durchdrungen ist. Wir haben das Hirn demokratisiert — Parlament und Regierung — wir stehen im Begriff, die Haut zu sozialisieren — die peripherischen Elemente — das ist halbe, aussichtslose, ja verderbliche Arbeit, sofern wir unterlassen, den staatlichen und wirtschaftlichen Leib mit organischem Demokratismus und Sozialismus zu durchsetzen.

Die nackte Wahrheit ist: Wir treiben der Diktatur entgegen, der proletarischen oder der prätorianischen. Weshalb? Weil die Mühle des Landes leer läuft, sich zerreibt statt zu mahlen, weil nicht gearbeitet wird.

Je weniger geschafft wird, desto maßloser steigt die Ware, sinkt der Geldwert, steigt der Lohn, sinkt die Kaufkraft... Früher wurde gearbeitet, weil Zwang bestand: wer nicht schaffte, bekam nichts. An die Stelle des Zwanges ist der kategorische Imperativ getreten: schaffe, wenn du willst, daß andere schaffen.

1919

BUCHUNG UND WIRKLICHKEIT

Die Aufgabe der Welt heißt: Nacharbeiten.

Rechnet man, so ergibt sich, daß die Nacharbeit mindestens ein Jahrzehnt braucht, wenn stramm gearbeitet wird. Mehr als ein Jahrzehnt, wenn schlapp gearbeitet wird.

Am liebsten möchte die Welt gar nicht arbeiten.

Die Arbeitszeit ist verkürzt, und der Wirkungsgrad der Arbeit ist unter die Hälfte gesunken. Große Klassen der Bevölkerungen leben von Schieberei und Spiel; Müßiggang und Vergnügungssucht erinnern an die Zeiten der Pestilenzen. Eine geschwächte, unwissende und unerzogene Jugend wächst heran. Neben der Schieberei blüht Weltverbesserung und Geschwätz. Der Planet schwatzt, daß man es bis zum Neptun hört.

Jeder Erwachsene macht Projekte. Jede Sekunde wird ein Weltverbesserungsvorschlag fertig. Jeder Handlungsgehilfe reformiert die Volkswirtschaft, jeder Notabiturient reformiert die Gesellschaft, jede höhere Tochter reformiert die Sitte. Warum nicht? Als die Technik keine Grenze kannte, war es das Perpetuum mobile, nun da das politische Abenteuer herrscht, ist es die Weltbeglückung.

Furchtbar wird die Not sein, die alles das in Ordnung bringt, die den Menschen den einfachen Satz klarmacht: die Welt produziert weniger, als die Menschen brauchen. Die Menschen leiden materiell nicht daran, daß sie ausgebeutet werden, sondern daß sie zu wenig schaffen.

Die Entente, die nicht begreifen will, daß sie nicht beides haben kann: Rache und Vorteil, fördert den Produktionsausfall von zweihundert Millionen europäischen Menschen. Sie leugnet die Solidarität der Weltproduktion und wird sie so lange leugnen, bis ihre unteren Klassen keine Lust mehr haben, zu hungern und zu frieren wie die Besiegten...

Die Steuern sind nötig und haben ihr Gutes. Es ist aber ein Irrtum zu glauben, daß Produktionsprobleme auf finanziellem Wege gelöst werden können. Produktion ist materielles Schaffen, Finanz ist Aufteilung von Rechten und Ansprüchen. Wenn ein leistungsfähiges Unternehmen finanziell zerrüttet ist, so kann man es sanieren; wenn ein Unternehmen unfähig ist zu leisten und zu produzieren, so sind die geschicktesten Finanzregierungen vergebliche optische Kunststücke. Solange wir den Wirtschaftskörper nicht sachlich produktiv machen, werden wir jedes Jahr neue Besitzumschichtungen vornehmen, bis zuletzt nur noch falsch deklarierende Schieber übrigbleiben, und alles das, noch bevor die Entschädigungsleistungen begonnen haben.

Es muß also unsere Wirtschaft produktiv gemacht werden. Es muß das Gleichgewicht zwischen Erzeugung und Verbrauch erzwungen werden. Wie macht man das?

Erstens darf nichts ausgeführt werden, was für die Produktion unentbehrlich ist.

Zweitens darf nichts eingeführt werden, was für den Verbrauch überflüssig ist.

Drittens darf nichts Überflüssiges für den Inlandsmarkt erzeugt werden, sondern nur Notwendiges ...

aus: Was wird werden

9. 1. 1920

DIE NEUE GESELLSCHAFT

Es gibt wirtschaftliche Forderungen, und es gibt gesellschaftliche. Beide berühren sich: die wirtschaftliche Reform geht aus von der Erzeugung und Verteilung der Güter, die gesellschaftliche Reform geht aus vom Aufbau der sozialen Schichten. Beide Reformen bezwecken das gleiche: Hebung und gerechten Ausgleich des Wohlstandes.

Die Fehler unseres Gesellschaftsaufbaus waren:

Anhäufung des Vermögens und der Macht in wenigen Händen,
Übermäßige Ungleichheit des Einkommens,
Müßiggang großer Schichten,
Erblichkeit des Proletariats,
Unmöglichkeit des Aufstiegs.

Eine rein mechanische Aufteilung der Vermögen und Einkommen würde nichts nützen. Es kämen auf den einzelnen ein paar hundert Taler mehr Vermögen und ein paar hundert Mark mehr Einkommen, aber der Wirtschaftsprozeß wäre zerrüttet, der Geldwert sänke, und die Ungleichheit wäre bald wieder da.

Hand in Hand mit den gesellschaftlichen Reformen muß die Hebung des Produktionsprozesses gehen, die auf anderen Blättern geschildert ist. Die Hauptfehler aber werden sofort beseitigt:

1. Durch die politische Revolution ist die alte, starre Schichtung beweglich geworden. Die politische Macht ist nicht mehr Alleinbesitz der feudalen, agrarischen, bureaukratischen und kapitalistischen Klasse.
2. Die großen Agrarvermögen werden abgetragen dadurch, daß der Großgrundbesitz nicht mehr wie bisher durch seinen Einfluß auf die Verwaltung sich den Steuern und Lasten entziehen kann; dadurch, daß die Fideikommisse und Majo-

rate abgeschafft werden; dadurch, daß eine gerechte Agrarpolitik die Riesengüter aufteilt und in bäuerliche Siedlungen verwandelt.
3. Die Kriegsgewinne werden zurückgezahlt.
4. Eine obere Vermögensgrenze wird festgesetzt.
5. Eine stark ansteigende Einkommensteuer wird erhoben, die in ihren obersten Stufen bis zu 90% ausmacht.
6. Das Erbrecht wird begrenzt. Große Erbschaften werden stark besteuert.
7. Luxuriöser Aufwand und Verbrauch wird beschränkt und scharfer Steuer unterworfen.
8. Das Bildungs- und Fortbildungswesen wird gehoben und jedem Befähigten zugänglich.
9. Beteiligung der Arbeiter und Beamten an Ertrag und Verwaltung der Unternehmungen.

Was wird hierdurch erreicht?
1. Abbau der großen Vermögen und Einkommen zugunsten des Staates und der Minderbemittelten; Übertragung der Lasten auf die stärkeren Schultern.
2. Aufhebung der schroffen Gegensätze in Einkommen und Lebensführung; die Schichtung ist nicht mehr starr und erblich; Auf- und Abstieg findet statt; es gibt nicht mehr Bourgeois und Proletarier, sondern alle sind Bürger mit gleichen Lebensansichten.
3. Die Beschränkung des Müßiggangs, der überflüssigen und unsittlichen Berufe hebt die Produktion, das Volkseinkommen und den Wohlstand.
4. Die Beschränkung des Luxus und Aufwandes erspart Nationalvermögen, verbessert die Handelsbilanz und die Kaufkraft, lenkt die Gütererzeugung auf wertvolle, der Allgemeinheit nützliche Produktion und vermehrt abermals den Wohlstand.

Der Einwand, daß große Vermögen nötig sind, um Kapital für die Industrie zu schaffen, ist falsch. Viele mittlere Vermögen werden stärkere Beteiligung an wirtschaftlichen Unternehmungen liefern als wenige große. Es muß nur die Sparkraft und der Sparwille gehoben, unnützer Kapitalexport verhindert werden.

Die Gesellschaft muß volkstümlich, die Wirtschaft sittlich werden.

1919

KOSMISCHE WIRTSCHAFTSORDNUNG

Den Aufbau einer kosmischen, durchgeistigten und abgestimmten Wirtschaftsordnung habe ich in der *Neuen Wirtschaft* dargestellt. Die Wirkung ist gewaltige Beschränkung der Vergeudungen und Verluste an Stoff, Kraft, Menschenarbeit und Transport, gewaltige Steigerung des Wirtschaftsgrades, erhöhte Leistung bei verbilligten Kosten, erhöhter Lohn bei verminderter Arbeit.

Diesen Aufbau will ich hier nochmals schildern. Sein Gedanke ist: Selbstverwaltung, nicht Staatswirtschaft; freie Initiative, nicht Bürokratie; Macht zur Ordnung, nicht Willkür.

Gleichartige Gewerbe sind zusammengefaßt zu gildenartigen Vereinigungen, die selbstverwaltend ihre Arbeit ordnen und miteinander in Wechselwirkung treten. Sie tragen in sich die Verantwortung geordneter und zweckmäßiger Arbeit, sie gipfeln in einem Wirtschaftsparlament, in dem alle widerstrebenden Interessen sich ausgleichen. In und neben dem Staat der Politik erhebt sich ein Staat der Wirtschaft, dem größeren vaterländischen Bau untergeordnet, doch in sich selbst geschlossen.

Und dies wird das Bild aller künftigen Zivilisationsgestaltungen sein: der politische Staat als Hauptbau, jedoch nicht als einziger Staatsbau. Mit ihm verwachsen, dienend, jedoch innerlich frei der Wirtschaftsstaat, der Kulturstaat, der Religionsstaat.

Für den Wirtschaftsstaat löst sich das Problem der Verantwortungszuteilung zwischen allen wirkenden Kräften: im Einzelunternehmen wie in den Gilden wie im Wirtschaftsparlament haben Staat und Wirtschaftsführer, Angestellte und Arbeiter Sitz und Stimme.

Hier löst sich auch jener Widerspruch: Wenn dem Einzelunternehmen die Gefahr droht, daß die neu hinzutretenden Einflußkräfte der Arbeiter und Beamtenschaft fürs erste weniger Sinn für das Geschick des Werkes als für ihre eigenen Interessen haben; wenn angesichts der Freizügigkeit des Arbeiters die lebenslängliche Vergnüpftheit des Wirtschaftsführers mit dem Einzelunternehmen. den größeren Wirtschaftidealismus, die weiterstrebende Politik vorerst dem Führer zuspricht: in den höheren Organisationsstufen, den Gildenvertretungen und dem Wirtschaftsparlament wird dies Verhältnis sich ändern, wo nicht umkehren. Denn für die Gesamtwirtschaft des Landes, für die Gesamtwirtschaft des Gewerbes hat auch der Arbeitnehmer das ganze Interesse, und hier tritt auch er nicht mehr auf als der Vertreter einer Lohngruppe, sondern eines Berufes. Erscheint sonach beim Einzelunternehmen der Einfluß

der zufällig gerade dort beschäftigten Arbeitsgruppe vorerst mehr als eine Gewissenskonzession, weniger als ein organisches Element: bei den höheren Stufen wird er zur Notwendigkeit und zum Segen.
Die Wirtschaft muß umgedacht werden. Das ist nicht leicht. Man muß die Vorstellungskraft haben, die den jetzigen anarchischen Zustand in einen natürlichen Organismus umschafft, so etwa, wie aus den zerrütteten Staatsgebilden Europas und des Erdkreises allmählich ein geordneter staatsrechtlicher Gesamtkörper geformt werden muß.

Verwechseln wir nicht Wirtschaftsaufbau mit Gesellschaftsaufbau. Wir haben davon gesprochen, daß ein Teil der Systemfehler nicht durch Sozialisierung der Unternehmungen zu beseitigen ist, sondern durch Steuergesetzgebung. Diese Steuergesetzgebung ist auch ihrerseits nicht Selbstzweck; sie ist auch nicht ein Ganzes, sondern nur ein Teil.

Das gesellschaftliche Ganze, um das es sich handelt, heißt Ausgleich und Versittlichung.

Ausgleich ist Beseitigung erblicher Gebundenheiten, erblicher Gegenbegriffe wie Proletariat und Bürgertum, erblicher Gegensätze der Bildung und Lebenshaltung, der Leitung und Leistung, der Macht und Abhängigkeit. Ausgleich ist ferner die Aufhebung der äußersten Kontraste im Ausmaß des Besitzes und Verbrauchs.

Versittlichung ist die Beseitigung der falschen Menschenauswahl. Im alten Staatswesen konnte nur der zu etwas kommen, der den herrschenden Klassen angehörte. Im bestehenden Wirtschaftsleben hat der Schlaue und Verlogene, der Reißer und Macher wo nicht bessere, so doch mindestens gleiche Aussichten wie der Tätige, Rechtliche und Sachliche. Versittlichung ist die Abstellung des Unfugs in der Produktion, die ein Drittel ihrer Stoffe, Kräfte und Transporte auf törichte, häßliche und schädliche Erzeugnisse richtet. Versittlichung ist die Abstellung des sinnlosen luxuriösen Aufwandes und des drohnenhaften Müßiggangs.

Das ist nicht weltfremder und schönheitsfeindlicher Puritanismus, sondern Einkehr zu sittlicher und geistiger Gesundung.

Nun tritt aber gelegentlich eine wahrhaft puritanische Richtung hervor, eingeleitet von theoretischen Köpfen, die das, was ihnen als wahr und wirksam einleuchtet, durch Übersteigerung noch etwas wahrer und wirksamer machen wollen und dadurch ertöten.

aus: Nach der Flut 1919

WELTWIRTSCHAFT

ENGLANDS INDUSTRIE

Alte Kultur, ruhmvolle Tradition und Gewöhnung weist den Engländer zum Konservativismus und warnt ihn vor Abenteuern und Versuchen im täglichen Leben. Den Amerikaner dagegen begeistert das Risiko; er stürzt sich in jedes neue Wagnis in dem Bewußtsein, daß auf hundert Opfer ein Erfolg entfällt, der tausendfach entschädigt. Selbst die besonnenere deutsche Industrie ist heute schnell entschlossen, Neuerungen einzuführen, wenn Rechnung und Wahrscheinlichkeit sie befürworten, ohne die mathematische Sicherheit abzuwarten, die erst sich meldet, wenn es zu spät ist. Ja, so weit ist man bereits yankisiert, daß Zahlen nicht mehr schrecken; Aktienwesen und eine freiere Auffassung des Bankgebarens haben hier im ausbreitenden Sinn gewirkt. Der Engländer aber ist konservativ, ist nicht durch Armut genötigt, sich auf gefährliche Wagnisse einzulassen, und da er gern im eigenen Geschäft, mit eigenem Geld arbeitet, fragt er vor jeder Neuerung so lange: „Will it pay?" bis sein Betrieb veraltet ist.

Eine schwere Belastung der englischen Industrie sind endlich die Gewerkvereine. Der englische Arbeiter träumt nicht von Zukunftsgesellschaft und internationaler Herrlichkeit, sondern von der Verbesserung seiner Lebensbedingungen. Und er hat es vermocht, diesen Träumen solche Nachwirkung zu geben, daß heute der Fabrikant sein willenloses Werkzeug geworden ist. Die Gewerkschaft schreibt ihm vor, wieviele und welche Arbeiter er zu beschäftigen hat; welche Tagelöhne er zahlt, welche Stücke er im Stücklohn vergeben darf, und welche Stücklohnsätze gelten. Sie genehmigt oder verbietet die Aufstellung arbeitsparender Maschinen, die Ausdehnung, Spezialisierung und Erweiterung des Betriebes. Vielleicht wären auch die deutschen Sozialisten mit solcher Machtbefugnis nicht unzufrieden; sie werden dergleichen aber schwerlich gewinnen, solange sie nach scheinbar Höherem streben, nämlich nach eindrucksvollen Wahlziffern und dem Schatten politischen Einflusses. Denn ebensolange werden sie gezwungen sein, populäre und allgemein gehaltene Versprechungen ohne Fälligkeitstermin auszuschreiben, während nur ein pragmatischer Arbeitsplan die innere Stärke verdichten könnte — freilich auf Kosten der äußeren Breite.

So wäre denn der in einer seltsamen Lage, der heute in England eine neue Industrie begründen sollte. Rohstoffe und Verkehrsmittel findet er in ausreichender Menge. Beim Techniker beginnt die Schwierigkeit. Deutsche Schulung, Gelehrsamkeit und Praxis ist nicht zu haben. Was zu haben ist, kostet so viel wie unsere beste Qualität. Der Kaufmann arbeitet um den fünften Teil kürzer und kostet um ein Drittel mehr als in Deutschland. Er ist tüchtig, aber er schafft nur, was alltäglich und in landläufiger Übung zu erledigen ist. Verwickeltes und Anormales bezeichnet er als unmöglich und läßt es heiter und ohne Bedauern liegen. Zweifellos freut er sich, wenn das Geschäft gut geht; doch sieht er den Mißerfolg als eine nicht weiter zu erörternde Privatangelegenheit des Chefs an. Die hier erwähnten Eigenschaften bedeuten übrigens keineswegs Lässigkeit; sie entsprechen der Tatsache, daß das reine Handelsgeschäft noch immer in England das Normale bleibt, und daß dieses große und ganz in überlieferten Bahnen bearbeitete Erwerbsgebiet jeden, der sich ihm mit herkömmlichen Fähigkeiten widmet, ohne Schwierigkeit ernährt. Von dem, was der Industrielle auf dem Arbeitsmarkt zu erwarten hat, war bereits die Rede; so braucht nur noch erwähnt zu werden, daß die allgemeinen Unkosten jedes Geschäftes kaum erschwinglich sind und daß Verwaltung und Vorstand und der Manager in vielen Fällen das aufzehren, was von der Ertragskraft des Unternehmens übrigbleibt.

Diesen Erwägungen entsprechende Tatsachen beobachtet jeder, der England heute industriell betrachtet. An mustergültigen Anlagen erfreut man sich selten. Auch die gewaltigen Gebilde, wie sie heute die deutsche und amerikanische Technik aus Einzelindustrien vereinigt, um die Erzeugung des Endproduktes aus seinen Urbestandteilen unter einer Obhut zusammenzuhalten, wird man vergebens suchen. Die Textilindustrie ist noch immer vorbildlich, aber mehr aus handelsgeschäftlichen als aus industriellen Ursachen. Die gewaltige Kohlenförderung geschieht mit zurückgebliebenen Einrichtungen, die Metalltechnik ist der amerikanischen und deutschen nicht ebenbürtig, obwohl ihre wirtschaftlichen Voraussetzungen nicht übertroffen werden können. Die chemische Industrie ist von der unseren weit überflügelt, weil die englische Wissenschaft nicht die Kraft hat, die verzweigten Quellen dieser schwarzen Kunst in den Strom der Technik zu leiten, und weil das Gewerbe die Gelehrtenarmee nicht aufzutreiben vermag, die sich jährlich aus unseren Hochschulen rekrutiert. Ähnlich häufen sich die Schwierigkeiten in der Elektrotechnik.

Als diese Disziplin, um deren wissenschaftliche Grundlagen englische Gelehrte sich hohes Verdienst erworben haben, begann, eine Industrie zu werden, lag sie in den Händen von abenteuernden Empirikern, die durch unwissendes Tasten der Wissenschaft kühnlich vorgriffen. So lange hielt England fast mit Amerika Schritt. Dann wurde die Praxis zur vielwissenden, rechnenden Technik: und England mußte aus Mangel an geeigneten Kräften die konstruktive Führung abtreten, obwohl noch immer hervorragende Spezialisten die Forschung vertiefen halfen. ...

Es ist nicht zu bezweifeln, daß die Engländer sich über die Lage ihrer Industrie im internationalen Rennen klar sind. Der Groll gegen Deutschland hat seinen Urgrund in der Nebenbuhlerschaft der Werkstatt und des Arsenals.

Die Voraussetzungen des industriellen Rückganges sind zu ernst und liegen zu tief, als daß sie jemals ausgeglichen werden könnten, solange Industrie mit den heutigen geistigen und wirtschaftlichen Mitteln betrieben wird. So hat man es denn in Erwartung größerer, bisher mit kleineren Mitteln versucht.

Zuerst kam das Made in Germany. Wie man weiß, ein Fehler; denn dieser Apothekertotenkopf wurde zur Ehrenmarke, und die englischen Kolonien lernten zum erstenmal ihre Lieferanten kennen.

Dann erfand man eine Art von ideellem Schutzzoll. Man erweckte auf wirtschaftlichem Gebiet das „National feeling" und erreichte, daß das englische Publikum heute für einheimische Waren ungefähr dieselbe Vorliebe hegt, wie das deutsche Publikum für ausländische sie immer gehegt hat. Staat und Gemeinden schützen diese Empfindungen und haben sich gewöhnt, bei Ausschreibungen das billigere ausländische Angebot zugunsten des teureren englischen zu verwerfen. Hieraus mag man entnehmen, welches Interesse die Industrie Englands daran hat, politische Zwischenfälle mit Deutschland hervorzuheben und in so und so vielen Pounds, Shillings und Pence wirtschaftlichen Nationalgefühls umzusetzen. Durch diesen ökonomischen Patriotismus finden sich manche Industrien wesentlich gestärkt, manche in ihrer Existenz erhalten.

Dennoch kann der ideelle Schutz den Industriellen Großbritanniens auf die Dauer nicht genügen. Er ist vom subjektiven Ermessen abhängig und erschlafft mit der fortschreitenden industriellen Distanzierung. So scheint es unabwendbar, daß irgendeine Regierung, sei es die nächste, sei es die übernächste, vom Windstoß erfaßt und gezwungen werden wird, die große englische Überlieferung des Freihandels zu brechen und das Land zum Schutzzoll zu führen. Dieser Entschluß wird die größte handelspolitische Maßnahme seit Einführung der Goldwährung und seit der Gesetzgebung Mac Kinleys bedeuten.

Mit Recht würden unsre englischen Freunde belustigte Gesichter machen, wenn wir uns einfallen ließen, ihnen einen Rat zu geben. Denn keine Nation hat jemals besser gewußt, was sie zu tun hatte. Aber sie können uns nicht verwehren, ihnen etwas zu prophezeien und zu erwägen, was passiert, wenn die Prophezeiung eingetroffen ist. Denn hiernach haben auch wir unsre Entschlüsse einzurichten, die uns etwa vor die Frage stellen könnten, ob zur Zeit eines Schutzzolles deutsch organisierte Industrien in England von Nutzen sein könnten.

Dies wird schwerlich der Fall sein; denn ein englischer Schutzzoll kann nicht dauern. Zunächst deshalb nicht, weil Treibhausschutz zwar ein junges Pflänzchen kräftigt, einen Waldbaum aber verweichlichen und zerstören muß. Auch eine geschützte englische Industrie wird den Weltmarkt nicht wiedererobern. Der Kampf um den Weltmarkt aber ist es, der die Technik frisch und schöpferisch erhält. Schreitet die Technik nicht fort, so werden sich die Kolonien für die Waren des Mutterlandes bedanken und schweren Zwiespalt heraufbeschwören.

Vor allem aber fordert die Handelsmetropole und das Handelsmonopol der Erde den Freihandel. Was wir Deutsche an englischem Industrieexport verlieren, würde allzureichlich aufgewogen durch den Zuwachs des hanseatischen Handels. Und wenn nicht auch dann noch immer unsere Regierung Märkte und Börsen als eine Schmach empfindet, so könnte es sehr wohl sein, daß die eine oder andre der Weltbörsen, etwa die der Metalle, sich in solcher Zeit von England freimacht.

Wie also? Kann England seine Industrie dem Handel opfern? Ich glaube: ja. Die geographische, wirtschaftliche und kulturelle Sendung Englands ist, das Meer zu regieren und Marktplatz und Messe aller Länder zu sein, der Rialto der Welt. Diesem Monopol ist die Landwirtschaft zum Opfer gefallen; und mit Recht. Die Industrie, richtiger: die industrielle Weltstellung, wird ihr folgen.

Und England wird nur um so mächtiger in seinem alten Beruf dastehen.

Es gibt Leute bei uns und anderswo, die glauben, England sei ein Weltstaat, so stark etwa wie Frankreich und ebenso dicht bevölkert. Nein: dieses Inselreich ist der Markt der ganzen und das Verwaltungsgebäude eines vollen Dritteils der bewohnten Erde. Ob in diesem Riesenpalast irgendwo abseits ein wenig gehämmert, gegossen, gekocht oder gesponnen wird, ist im größeren Sinn ohne Bedeutung. Wir anderen sind Handwerker, die von ihrer Arbeit leben. Diese aber leben vom Regieren und vom Beschützen.

1906

VIER NATIONEN

England

Wenn mehrere Jahrhunderte guter Einkochung eine gewisse Gleichförmigkeit oder gar Reinheit der Rassen bewirken können, so ist England eine der bevorzugten Nationen der Welt. Die Gleichförmigkeit wird sichtbar nicht nur in der übereinstimmenden Schönheit und Tüchtigkeit der Körper, sondern auch in einem seltenen Gleichklang der Interessen und in dem, was aus beidem folgt. ...

Aus der Gleichförmigkeit der Rasse und der Interessen entsteht eine seltene Einheitlichkeit der Politik. Man kann sagen, daß die beiden gegensätzlichen Parteien sich kaum erheblicher unterscheiden als zwei liberale Schattierungen unsres Reichstages, etwa Nationalliberale und Freisinnige. Die wechselnde Regierung der beiden Parteien, die auf diese Weise patriotische Verantwortung teilen, verleiht der englischen Politik die Stetigkeit eines Mittelwertes.

Eine weitere Folge ist die Gleichartigkeit des Geschmacks und der Sitten, die durch ungestörte Überlieferung sich steigert. In den gleichförmigen Straßen Londons birgt jede Fassade das gleiche Heim, und man möchte meinen, daß an einem bestimmten Tage zur selben Stunde neun Zehntel aller Engländer dasselbe erleben und verrichten.

Endlich ergibt sich eine Übereinstimmung des Urteils, der Zuneigung und Abneigung, die nach außen sich als eine der stärksten öffentlichen Meinungen darstellt, stärker vielleicht und zugleich verständiger als die französische, und die nach innen eine Kräftigung der Überzeugung des einzelnen hervorruft, die durch den germanischen Optimismus des Volkes zu selbstbewußtester Sicherheit anwächst. Vielleicht gibt es kein Land der Erde, in dem aus freiem Bewußtsein so viel gebilligt und so wenig gemäkelt wird; tritt zeitweilig ein witziger Mann kritisch und mit Sonderlingsansprüchen dem englischen Geist entgegen, so erweist er sich meist als fremdartiger, enterbter Kelte.

Das politische Imperium Englands bekunden die Atlanten; das wirtschaftliche erkennt jeder, der in den Straßen der City die Messingschilder der Haustüren betrachtet. Was in fernfremden Ländern an Finanz- und Verkehrsunternehmungen, an Betrieben und Industrien geschaffen wurde, ist zum großen Teil England zinsbar. Dies politisch-wirtschaftliche Doppelreich hat der Heimatinsel im Lauf der letzten Menschenalter große Reichtümer geschenkt und einen beispiellos umfassenden und wohlhabenden Mittelstand geschaffen.

Wohlhabenheit, verbunden mit der Kraft des Stammes, führte zu einem Gleichgewicht des Wollens und Könnens, das uns nur aus fernen Zeiten bekannt ist. Durch Übung und Landleben ist der Leib gekräftigt, durch mäßige Arbeit der Geist angeregt. Durch Überwissen nicht beengt, bewegt sich die Phantasie in den ruhigen Bahnen einer Denkart, die sie common sense nennen; Angst, Sorgen, verwickelte Gedanken und Eifer lehnen sie ab und lassen nur, wo es nötig wird, eine gewisse Eile und Raschheit der Entschließung zu. ...

Diese innere und äußere Verfassung erzeugt eminente Politiker, Gubernatoren und Berufsleute. Auch Geschäftsmänner; aber mit der Einschränkung, daß sie nur in klaren und reichlichen Verhältnissen, bei guten Preisen und mildem Wettbewerb fortkommen.

Hier liegt die Begrenzung englischer Erwerbsfähigkeit. Der Verkehr hat die Produzenten der Welt sehr nahegerückt; das Zeitmaß des technischen Fortschritts, der Bemühung, der Ersparnis und der Ausdehnung wird von den Vorgeschrittensten bestimmt; wer sich besinnt oder rastet, wird überrannt.

Dem technischen Fortschritt steht entgegen der Wunsch, eine frohe, begüterte und sportfreudige Jugend mit lexikographischer Kenntnis nicht zu überlasten; steht ferner entgegen die Abneigung gegen experimentelle und nicht nachweisbar gewinnbringende Anlagen.

Das Arbeitsmaß des einzelnen ist begrenzt durch die Gewohnheit eines erholungsreichen Lebens; die Neigung, über Ersparnisse nachzusinnen, liegt nicht im Wesen eines Gentleman. Starke Konzentration und Ausdehnung der Unternehmungen wird nicht angestrebt, wo sie sich nicht durch die Verhältnisse aufdrängt; das Herkommen erfordert, das Bestehende zu erhalten und in Ruhe zu entwickeln.

England beginnt zu empfinden, daß es der amerikanisch-deutschen Strömung des Erwerbslebens nicht mehr dasselbe Kraftmaß entgegenträgt, das den größten Teil des neunzehnten Jahrhunderts hindurch vorhielt. Verschiedene Neuerungen werden besprochen, aber keine kann die Eigenschaften der Nation, die nur an den Schwächen ihrer Vorzüge leidet, umgestalten. Und vielleicht ist sie dieser Umgestaltung auf unbestimmte Zeit enthoben: so lange nämlich ihre Aufgabe mehr auf der Seite des Erhaltens als auf der des Erwerbens liegt.

Frankreich

Dieses Land, so erklärte einer seiner Gelehrten, wurde ehemals von blonden Franken beherrscht, während es jetzt dunklen gallolatinischen Südrassen gehört. Die Verehrung des Herkommens und der Gesinnung wurde durch die Revolution vernichtet; seitdem herrschen die bürgerlichen und plebejischen Talente: Advokaten, Journalisten und Unternehmer. Das Land versüdlicht sich, seine Ideale nahmen den Weg vom Glück zum Genuß, von der Ehrfurcht zum Beifall, von der Erkenntnis zur Sensation, vom Geist zum Witz. Große Tugenden sind noch immer vorhanden: Tapferkeit, Ehrliebe, Ritterlichkeit; aber sie wollen sich nur noch vor Zuschauern sehen lassen.

In diesem Lande entscheidet die allgemeine Meinung, also der Schein. Und da wenig der Sache wegen, viel des Zweckes wegen geschieht, so ist der Schein höchster Zweck. Schon die Menschen Corneilles sprachen beständig von „ma gloire", „ma renommée"; und in der heutigen Literatur bildet neben der Liebe die Geltung fast die einzige Triebkraft.

Frankreich konnte im öffentlichen und wirtschaftlichen Leben dem modernen Aufbau sich nicht entziehen, der auf Organisation, somit auf Hierarchie und Beamtentum beruht. Aber der Franzose ist Beamter wider Willen; er mag nicht für ein anderes einstehen und wirken, sondern nur für sich selbst. Weder Lehre noch Arbeit beglückt ihn an sich, sie sind ihm Mittel zum Zweck. Deshalb lernt er am liebsten Formelhaftes, also Prüfbares, und erarbeitet am liebsten in sich Geschlossenes, das sich darbieten läßt.

Da nun Bedürfnisse und Aufwand diese Menschen sehr beschäftigen, so wird die Laufbahn eine bedeutende Frage, an der auch die Frauen teilnehmen. Und so prüft sich jeder beständig, ob er nicht eigentlich größerer Beachtung, höherer Bezahlung und beträchtlicheren Einflusses würdig wäre, findet sich vielfach zurückgesetzt, gibt der Intrige schuld und sucht Abhilfe durch Protektion.

Wo die öffentliche Meinung herrscht und der Wunsch, zur Geltung zu kommen, da wird geredet. Selbst in Sitzungen nachdenklicher Geschäftsleute, die nicht erwarten, einander über ihre Interessen belehren zu können, liebt man das eigene Wort; und bei inneren Beratungen rollen die Tiraden „la grandeur de la nation" und „le développement de l'industrie." Wo aber viel geredet wird, da bekommt man wenig Auskunft. „On réfléchira sérieusement;" „études approfondies;" „examiner de très près:" Das sind die Antworten von Leuten, die sich nicht entschließen können.

Nüchtern und geschäftig ist der kleinere Gewerbetreibende. Auch ihm ist das Geschäft nur Mittel; es soll dem Vierzigjährigen die Rente schaffen, mit der er behaglich lebt, seinen Sohn zum Beruf, seine Tochter in garnierter Jungfräulichkeit zur Heirat präpariert. Aber bis zur Ruhezeit leiht er dem Geschäft seine ganze Kraft, ein überlebender mittelalterlicher Handwerker und Gewerbler, dem die hundertjährige Überlieferung und Lehre nicht durch Heimatkriege zerrissen wurde. Freilich ist er im Zeitenlauf gealtert; seine Arbeitskraft reicht für ein ganzes Menschenleben nicht mehr aus, und seine karge Nachkommenschaft kann die Bevölkerung des Landes nicht vermehren.

In den Händen dieses Bourgeois liegt die Verwaltung des großen französischen Nationalvermögens, das, gleichaltrig mit dem Stande des Besitzers, in fast ungestörtem Zuwachs gewuchert hat. In fruchtbarem Kulturland und Weinbergen, in Bauten, Kanälen, Bahnen und Kolonialwerken liegt es erstarrt, in Metallen, Rentenansprüchen und Verschreibungen ruht es flüssig in den Banken. Aber der Eigentümer, gewinnsüchtig als Geschäftsmann, geizig als Rentner, wagt nicht, sein flüssiges Vermögen zu beleben; er begnügt sich lieber mit kleinsten Erträgen, als daß er Unternehmungen fördert, die Reichtümer versprechen. Nicht mit Unrecht; denn so oft der französische Sparer durch landesüblich pomphafte Versprechungen sich bewegen ließ, den Beutel zu öffnen, wurde er schmählich betrogen und verlor, was er hatte. Und so redet unter der Decke der nationalen Phrase die Handlung ein aufrichtiges Zeugnis des unausgesprochenen Bewußtseins: Mißtrauen dem Finanzmann, Mißtrauen dem Unternehmer, Mißtrauen dem Beamten. Robert Macaire geht um. Frankreichs wirtschaftliche Bedeutung liegt in seinem liquiden, aber trägen Reichtum und wird so lange bestehen, als ihn das tätigere Kapital der übrigen Wirtschaftsländer nicht ebenso überflügelt, wie die persönlichen Vermögen der französischen Reichen von den Dollarmächten überflügelt worden sind. Die Bedeutung der französischen Industrie und Unternehmung, die noch zur Zeit von Eugeniens großer Weltausstellung den ersten Platz des Kontinents behauptete, erlahmt aus Mangel an Menschen und an Vertrauen. Frankreich spielt in der Weltwirtschaft die Rolle des verdrossenen, vorurteilsvollen Rentners, der in der Fremde sich nicht zurecht findet, in der Heimat sich nicht wohlfühlt. Und wenn er durch das Fenster seiner Grenzen den Völkerkessel Deutschlands erblickt, der unter einem Druck von sechzig Millionen Menschen zittert, so fragt er sich sorgenvoll, ob das westliche Vakuum noch genügend geschützt sei.

Vereinigte Staaten

Wer zum erstenmal mit Amerikanern sich unterhält, bekommt leicht den Eindruck von außergewöhnlichen Menschen. Eine klare Sachlichkeit tritt ihm entgegen, ein abgewogenes und doch kühnes Urteil, ein selbstverständliches Bewußtsein der eigenen Meinung und Person und eine überraschende Sicherheit und Objektivität in dem, was sie wollen. Die Gedanken tragen ein lebhaft bildliches Kleid, denn die Sprache ist in schöpferischer Bewegung; die Ausdrucksweise liebt eine gewisse Souveränität, mit der sie das Ungewöhnliche in faßliche Grenzen verweist und hochfahrende Meinungen durch praktische Vorschläge verkörpert und bekräftigt. Auch bei Frauen, selbst bei Kindern findet man den freigearteten Ton sicherer Entschiedenheit, der alle Phrase und Unklarheit, Ängstlichkeit und Zurückhaltung, Sentimentalität und Kritiklust abweist.

Gewöhnt man sich an amerikanisches Wesen, so erkennt man die Einförmigkeit dieser schönen Eigenheiten. Denn auch die Einförmigkeit des Landes ist groß; man sagt, weil die rassebildende Kraft der Luft und des Bodens mit ungeschichtlicher

Geschwindigkeit die zuwandernden Völkerbrocken zur Einheit verschmilzt. Diese Einheit ist nicht in gleichem Maße wie die englische eine Übereinstimmung der Interessen und Gewohnheiten, wohl aber des Körperlichen und des Intellektes, der Ideen und der Sprache. So haben es die Amerikaner leicht: in jedem von ihnen denkt und spricht der universale Geist des Landes, und dem Fremden erscheint der Mangel an Individualität als Stärke des einzelnen. Er ist es, sofern die Betrachtung die Gesamtheit einer Bevölkerung, nicht das Individuum als Einheit sich wählt.

Tritt man diesem Geist näher, so erkennt man: er ist natürlich und gesund, aber seelenlos. In diesem Lande gibt es kein großes Glück und keinen großen Schmerz, wenig Leidenschaft, keine Sehnsucht, keine Phantasie und keine Transzendenz. In diesen Menschen ist etwas Knabenhaftes. Ohne starke Sinnenfreude ist all ihr Denken auf das Materielle gerichtet; die Tatsache beherrscht das Land, und ihre Übertreibung, die Sensation. Rein materiellen Menschen erscheint dies Denken und Tun phantastisch. Das ist es nur in der handgreiflichsten Richtung, im Dienst der Dimension. Menge und Größe ist den Amerikanern das Wichtigste, wie bei uns den Kindern; der Superlativ ist ihr Inbegriff. „The biggest boat in the world," „the highest tree," „the quickest train," „the most expensive picture." Das sind ihnen Dinge, die keiner Erläuterung bedürfen. Fast alle ihre Schriftsteller verehren materielle Zahlen und Maße, und selbst die Religion nähert sich den materiellen Formen des Geschäfts- oder Sanitätsbetriebs.

So ist der Verstand der Yankees klar und folgerecht, aber banal. So wenig wie Individualität des Wesens, kennen sie Persönlichkeit der Denkform. Auch ihre größten und kühnsten Unternehmungen und Transaktionen, wie die meisten ihrer Erfindungen und Konstruktionen, beruhen auf herkömmlichen Rezepten. Allen Schwierigkeiten gehen sie aus dem Weg; kommt eine Fabrik technisch in Rückstand, so läßt man sie zugrunde gehen, arbeitet sie eine Weile mit Schaden, so setzt man sie außer Betrieb. Auch Zusammenhänge, Kenntnisse und Naturgesetze, wenn sie dem Geist zu verwickelt werden, läßt man beiseite. Deshalb, und weil die demütige Tätigkeit des Lernens den Amerikanern nicht zusagt, ist der Bildungsstand, mit wenigen Ausnahmen, gering.

Seltsam kontrastierend mit der Verehrung des Dinglichen und Tatsächlichen, nicht auf Unwahrhaftigkeit, sondern auf Größenfreude beruhend, ist eine Neigung zum Übertreiben. Wer, aus der positiven Mitteilungsweise folgernd, alle Angaben der Amerikaner ernst nimmt, gerät leicht in Irrtum.

Man hat Amerika das Land der unbegrenzten Möglichkeiten genannt; eine Bezeichnung, die zutrifft, wenn man den Erdteil mit Blicken betrachtet, die auf das Handgreifliche gerichtet sind. In Wahrheit ist in diesem Land, solange die Rasse sich gleichbleibt, alles Wichtige unmöglich: unmöglich ist eine amerikanische Kultur, unmöglich eine amerikanische Geistesführung, unmöglich eine amerikanische Philosophie, Wissenschaft, Kunst oder Religion, unmöglich selbst eine amerikanische Geschichte. Möglich ist lediglich Erwerb, Technik und Politik; diese drei in großen, selbst größten Abmessungen, aber ohne Individualität des Gedankens.

Die großen Erfolge Amerikas auf dem Gebiete des Erwerbs beruhen weder auf der Stärke der Bildung noch des Fleißes noch der Zucht. Dennoch sind sie zum größten Teil Verkörperungen ideeller Werte von hoher Bedeutung. Jeder Amerikaner ist ein geborener Unternehmer. Er fürchtet Verantwortung nicht, sondern sucht sie auf; er strebt nicht nach Universalität, sondern nach Spezialisierung; er ruht nicht, bis er ein für ihn geeignetes Projekt gefunden hat, hängt ihm an mit Konsequenz, Rücksichtslosigkeit, fast mit Leidenschaft; er handelt entschlossen, kühn, kraftvoll und optimistisch. Unternehmer ist er als Stiefelputzer und als Arbeiter, als Kellner, Pastor, Arzt oder Künstler. Er dient nie und will sein eigenes Schicksal führen. Bricht er nieder, so ist er weder erstaunt noch entmutigt: er beginnt von neuem. Auch fürchtet er weder Niederbruch noch Ruin; und dieser Mut (der freilich tausende Existenzen vernichtet), trägt Früchte, die kein zweites Land kennt. Spezialkonstruktionen wie die Setzmaschine, die registrierende Kasse, die Schreibmaschine, die ein Menschenleben zur Ausarbeitung erforderten, konnten nur in einem Lande gelingen, wo Menschen jahrzehntelang ihr Alles auf eine Karte setzen. Dieser Mut, dem es denn auch oft gelingt, gleichgesinnte Teilnehmer zu erwärmen, schafft, gleichsam auf dem Wege des Experimentes, große Unternehmungen und Ordnungen, die, wenn sie mißlingen, keine Verzweifelten hinterlassen, wenn sie glücken, das Wirtschaftsleben gewaltig fördern. Man kann sagen, daß in den Vereinigten Staaten jeder wirtschaftliche Gedanke Anhänger, und jede Vereinigung Kapital findet.

Und das Land rechtfertigt diese Zuversichtlichkeit. Auf abgesondertem Erdteil, gegen feindliche Rivalität geschützt, birgt es in seinen Flanken jede Materie und Kraft, deren der Haushalt der heutigen Welt bedarf. Und diese Schätze, unter gemäßigtem Himmelsstrich, in unerschöpflicher Fülle angestaut, sind leicht zu heben, fließen auf natürlichen und künstlichen Straßen ohne Reibungsverlust in die Riesenstädte, die Behälter, wo man sie sammelt, zubereitet und verwandelt, und erreichen den Weltmarkt so mühelos und wohlfeil, daß Sorglosigkeit, Verschwendung und Zwischengewinn sie nicht hindern können, die Waren anderer Länder zurückzudrängen. Daher ist Amerika das Land der großen Spielräume und der Wirtschaft aus dem Vollen; der Sparsamkeit bedarf es bei so reichen Quellen nicht, und von dem, was Amerika vergeudet, könnte Deutschland leben.

Deshalb erträgt Amerika viel höhere Löhne, Gehälter und Gewinne als die alten Länder, und während die erhöhte Lebensführung einen intelligenten und gutgelaunten Mittelstand schafft, wird das Land, das nicht die Not des Sparens kennt, der größte Verbraucher der Erde. Hierdurch aber bessern sich abermals die Bedingungen der Produktion; denn Amerika kann seine Erzeugungsmethoden aufs äußerste spezialisieren und durch Massenherstellung verbilligen, während die übrigen Länder ihre Werkstätten mit verschiedenartigen, oft widersprechenden Fabrikaten füllen müssen, um den notwendigen Umsatz zu erreichen.

Die Spezialisierung der Produktion gestattet die höchste Ausnutzung der menschlichen Arbeitskraft; sie gestattet aber auch die umfangreichsten Einrichtungen zur Arbeitersparnis. Und hierin sind die Amerikaner unermüdlich; der hochbezahlte und zum Gentleman entwickelte Arbeiter verrichtet nicht stumm und stumpf sein mechanisches Tagewerk, sondern sinnt nach, die ihm anvertraute Maschine zu verbessern, und erreicht es oft, seinen eigenen Handlangerdienst als Erfinder überflüssig zu machen.

So schließt sich der Kreis der Wechselwirkung zwischen den Kräften des Landes und den Eigenschaften seiner Bewohner: der Reichtum des Bodens und der Tiefe, die Mühelosigkeit seiner Gewinnung richtet den Geist der Menschen auf materielles Schaffen und rechtfertigt jedes kühne und verständige Unternehmen. Kühnheit und Optimismus der Menschen schafft täglich neue Gewinnquellen, und der Gewinn wird durch keine innere Reibung, Enge der Bedingungen und erzwungene Sparsamkeit beeinträchtigt. Diese Freiheit gestattet günstige Lebensbedingungen und fördert durch diese die Intelligenz; sie macht zugleich das Land aufnahmefähig und befruchtet damit die Gütererzeugung aufs neue.

Daß in diesem selbsterregend sich steigernden Kreislauf nicht menschliche, sondern physische Gegebenheiten die ursprüngliche Triebkraft bedeuten, bestätigt sich, wenn man betrachtet, wie alle Volksgattungen in Amerika zur erfolgreichen Tätigkeit sich entwickeln, während die Amerikaner außerhalb ihres Landes, in den engeren Verhältnissen Europas, nichts mit sich anzufangen wissen. In ihrem Lande selbst sind sie ausersehen, die reichsten und mächtigsten Unternehmer der Welt zu werden. Hätten sie nicht die Gewohnheit, alle paar Jahre einmal durch mutwillige Krisen ihr Gebäude gleich Kindern zu zertrümmern, so wäre das, was man die amerikanische Gefahr nennt, schon jetzt, nach kaum einem Menschenalter amerikanischen Aufstiegs, den alten Völkern empfindlich fühlbar. Die amerikanische Vorherrschaft der Wirtschaft, besiegelt durch den weltgeschichtlichen Akt der Gesetzgebung McKinleys, besteht und kann nur von Unkundigen bezweifelt werden. Wie weit sie für die europäischen Nationen eine Gefahr bedeuten wird, hängt davon ab, ob diese Nationen gezwungen sein werden, für alle Zeit die wirtschaftliche Entwicklung als Maß der Volkskräfte gelten zu lassen.

Deutschland

Die Grenzen zu lang und ohne natürlichen Schutz, von rivalisierenden Völkern umgeben und eingebuchtet, ein kurzer Strand, die Bodenschätze im Norden mäßig, im Süden null, die Scholle von mittlerer Fruchtbarkeit, die wirtschaftliche Entwicklung alle hundert Jahre durch Kriege und Einbrüche zertreten: so bildet Deutschland den rechten Gegensatz zu Amerikas glücklicher Grundlage. Nicht diesen Voraussetzungen verdanken wir es, daß Deutschland heute um den zweiten Preis der Weltwirtschaft ringen darf, sondern dem Geist: ethischen Werten.

Das Erbteil der germanischen Stämme ist Individualität, Idealismus, Transzendenz, Treue und Mut. Die slawische Mischung brachte Gehorsam, Zucht und Geduld. Der jüdische Einschlag gab eine Färbung von Skeptizismus, Geschäftigkeit und Unternehmungslust.

Der Deutsche lernt um der Erkenntnis willen. Bis in die Tiefen des Volkes hinein herrscht der Drang, zu lernen, zu lesen, sich zu bilden. Die deutschen Schulen, trotz großer Unvollkommenheiten, die Hochschulen und Universitäten in vollkommenerer Wirksamkeit, entlassen ihre Zöglinge mit einer Wissensmenge, die fast zu schwer für junge Schultern ist; so daß man sich fragen mag, ob nicht in den Räumen des Gehirns die Bibliothek den Fechtsaal einengt und Urteil und Entschließung verkümmert. Der Hang zum Individualismus aber fügt es, daß jeder Gelehrte sich auch als Forscher verantwortlich fühlt und ein Gebiet seiner Wahl, ob groß oder klein, mit Treue bearbeitet und verwaltet. Hierauf beruht die deutsche Wissenschaft und Technik, die nicht wie ein fremder Geist über dem Volke schwebt, sondern kräftig seine Lebensfunktionen durchdringt. Kaum der kleinste industrielle Betrieb arbeitet ohne einen wissenschaftlich geschulten Techniker. Fast möchte man sagen: Wo ein Schwungrad sich dreht und eine Retorte kocht, da steht ein Ingenieur oder Chemiker daneben; und seltsam, wenn dieser Mann in seinen Mußestunden nicht über das Problem seines Tagewerkes sich Gedanken macht.

Der Deutsche arbeitet um der Sache willen. Einerlei, ob es seine oder die Sache eines andern ist: hat er sich ihr vermählt, so dient er ihr; nicht des Lohnes und der Anerkennung wegen, sondern aus Hingebung und Liebe. Gewissenhaft und bescheiden fügt er sich gern der Organisation und Disziplin. Er will befehlend gehorchen. Hierauf beruht unser Beamtenstand.

Wissenschaft als Technik und Beamtentum als Organisation haben unser neueres Wirtschaftsleben geschaffen. Es gibt heute kein Land, das so wissenschaftlich, so straff organisiert, so forschungslustig und so sparsam seine Produktion betreibt wie Deutschland. Bewundernswert ist diese Sparsamkeit; ohne sie könnten die kargen Rohstoffe des Landes die Herde der Industrie nicht erwärmen. Außer Asche und Rauch gehen wenige Produkte in Deutschland verloren, und es ist vielleicht hart, aber nicht zuviel gesagt, wenn man behauptet, daß wir von Rückständen leben.

Da, wo ein kühnes und gesundes Unternehmertum die Führung übernahm, sind aus den Elementen Technik und Organisation Erwerbsgemeinschaften erwachsen, die fast über das Maß unserer wirtschaftlichen Berechtigung hinausragen. Denn unser Wohlstand, obgleich in zwei Jahrzehnten verdoppelt, ist jung und nicht also gefestigt, daß wir, wie England zuvor, als Unternehmer für die Welt uns auftun dürften. So ist denn Deutschland im Aufschwung seiner Kohlen- und Eisenindustrie, seines Maschinenbaus, seiner Schiffahrt, Chemie und Elektrizität bis an die Grenzen seiner Mittel vorgedrungen und befindet sich heute in der unbequemen Lage eines Landwirtes, der in sein gedeihendes Gut für Besserungen mehr als den Ertrag eines Jahres hineingesteckt hat.

Daß ein Unternehmertum in Deutschland sich gebildet hat, zumal ein so mächtiges, wie unsere finanziellen und industriellen Gebilde es aufweisen, ist seltsam genug. Zum Teil hat Wettbewerb und Vorbild des Auslandes beigetragen, zum Teil der mit dem Wohlstand steigende Wagemut. Daneben ist ein fremder Einfluß zu spüren, der der Genügsamkeit und Zurückhaltung des Deutschen wenig zusagt: der Einfluß des Judentums. Diese Auswirkung eines an sich vielleicht einseitigen und übermäßigen Geschäftsdranges hält einer Schwäche unseres Volkscharakters, die vielleicht aus Zeiten der Leibeigenschaft, der Armut und Bedrückung herrührt, die Waage. Gemeint ist eine gewisse Kleinlichkeit, die nützlich sein kann, wenn sie sich im Sinn der Sparsamkeit äußert, die aber, wenn sie sich zur häßlichen Eigenschaft der Engherzigkeit und des Neides verdichtet, manches gute und große Werk verdirbt.

Beruht die Entwicklung unserer deutschen Wirtschaft auf ethischen, nicht auf physischen Qualitäten, auf dem Wesen der Menschen, nicht des Landes, so scheint hier ein altes und großes Verhängnis zum Guten gewendet. Der transzendente und individualistische Sinn der Deutschen, der sich vorzeiten in inneren Kämpfen, Religionszwist und fruchtloser Spekulation aufrieb, hat in den wissenschaftlichen, organisatorischen und kampfgerechten Aufgaben des Wirtschaftslebens ein Gebiet gefunden, das ihn zu einem Wert von hoher Realität erhebt. So ist aus der einstigen Schwäche eine Stärke erwachsen, die auch bei uns, in einem mäßig begüterten Lande, dem politischen Imperium ein wirtschaftliches an die Seite stellt.

1907

DEUTSCHE GEFAHREN UND NEUE ZIELE

... Eine Periode des Schutzzolls war für die jüngeren Wirtschaftsländer nötig; in einzelnen, vor allem in Amerika nach der Gesetzgebung McKinleys, hat sie Wunder gewirkt. Mit Recht hat man diese Wirkung dem Schutz der Treibhausscheiben verglichen: die zarte Pflanze erstarkt, der Baum sprengt die Enge. Unsere Industrie entwächst von Tag zu Tag dem Bedürfnis des Schutzes: aber in dem Maße, wie sie nach außen wirken will, wird ihr fühlbar, daß nicht sie allein aus dem Mittel der Hegung Nutzen zog.

Von uns und Amerika haben die Völker gelernt; Zollmauern sind längs jeder Landesgrenze getürmt und erhöhen sich alljährlich, und im Innern der Staaten werden nationalistische Kräfte in den Dienst des Geschäftes gezogen, um den letzten Zufluß von Auslandsgütern abzudämmen.

Von allgemeiner Ungeübtheit im wirtschaftlichen Denken zeugt die häufige Behauptung, der Zoll werde vom Käufer getragen. Das geschieht nur insoweit, als die Inlandsware des Käufers in ihrer Herstellung teurer ist als der Auslandspreis. So werden unsere Landwirtschaftsprodukte tatsächlich nahezu um den vollen Zoll verteuert; die meisten Industrialprodukte dagegen haben mit einer ausgebildeten Erzeugung des Einfuhrlandes zu konkurrieren, die nicht gestattet, auch nur einen Teil des Zolls aufzuschlagen.

Dieser friedliche Krieg der Nationen bietet der Zukunft Deutschlands schwerere Gefahren als irgendeine Waffendrohung. Er entwertet unser Zahlungsmittel, er zwingt uns auf die Dauer, teuer zu kaufen und billig zu verkaufen und somit unentgeltliche Arbeit für das Ausland zu leisten. Es ist kein Zweifel, daß unsere Gegner Kenntnis dieser Lage haben, denn sie unterstützen jede nationalistische Importhetze und verengern so das Netz der wirtschaftlichen Einkreisung, nachdem die politische Einkreisung zur Unzerreißbarkeit gediehen ist. Um so weniger würden sie erstaunt sein, wenn wir es wagten, die Lage anzuerkennen und durch gerechte Ansprüche ihre Folgerungen zu ziehen.

Es ist weder durchführbar noch wünschenswert, daß wir zum sogenannten Freihandel zurückkehren; vor allem können und dürfen wir nicht ohne Gegenseitigkeit der Leistung uns zolltechnisch entblößen. Aber die Blütezeit der Hochzölle ist in der Welt vorüber; das werden über lang oder kurz alle wirtschaftlich tätigen Nationen empfinden. Ein Abbau der Mauern wird geschehen, sonst fallen alle Vorteile dem Lande zu, das nichts zu kaufen und nichts zu zahlen braucht: Amerika.

Ein schweres Hemmnis wird die Tendenz der freieren Bewegung in Deutschland finden, denn hier ist das Gebäude des Hochzolls in der Agrarpolitik verankert, die gleichzeitig eine der Grundlagen des preußischen Feudalismus bildet.

Man geht bei uns von der Ansicht aus, daß der hegemonische Staat die Kräfte seiner Führung und Verteidigung nur aus den Schichten des Grundbesitzes ziehen könne, und stellt sich daher die Aufgabe, den landwirtschaftlichen Großbetrieb, der in seiner heutigen Konstituierung und Belastung mit der Weltkonkurrenz nicht Schritt halten kann, auf gesetzgeberischem Wege seinen Besitzern zu erhalten. Dies geschieht durch eine weitgreifende Zoll- und Einfuhrregelung, die sich auf alle Agrarprodukte erstreckt und manche um nicht viel weniger als die Hälfte des Auslandpreises belastet.

Der Zweck ist für den Augenblick erreicht. Die Einkommen der

Großwirtschaft haben sich gewaltig gehoben, der Wert vieler Güter hat sich innerhalb zweier Jahrzehnte verdoppelt, die Durchschnittsverzinsung, auf den Wert der sechziger Jahre bezogen, beläuft sich auf mindestens zehn bis zwölf Prozent, während die Erwerber industrieller Werte seit jedem beliebigen Zeitpunkt innerhalb dieser Periode eine Rente von höchstens acht Prozent im Durchschnitt erlangt haben, die sich materiell noch reduziert, wenn alle Aktienemissionen über Nennwert in Rechnung gezogen werden.

Der Zweck ist erreicht, für den Augenblick. Denn der Mehrertrag wird kapitalisiert; die Lebensführung, der Erbanspruch und die Belastung schließen sich dem Mehrwert an. Noch bevor ein Menschenalter vergeht, werden wiederum die Landwirte über geringes Erträgnis und hohe Zinslasten klagen, nachdem sie sich mit der Wertsteigerung des Bodens stillschweigend abgefunden haben.

So steht der Gefahr der wirtschaftlichen Erstickung ein Hochzollsystem zur Seite, das in den Interessen des Großgrundbesitzes, somit in der mächtigsten Quader des preußischen Regierungsbaus verankert ist. An einer Gesetzgebung, die ihren Urhebern Kopf für Kopf Renten von Tausenden, Zehntausenden und Hunderttausenden bedeutet, ist nicht zu rühren. Mithin ist selbst für den Fall, daß der Abbau der industrialen Hochzölle sich allmählich vollzieht, eine wirtschaftliche Freundschaft mit allen Ländern überwiegenden Agrarexportes in absehbarer Zeit ausgeschlossen.

Es bleibt eine letzte Möglichkeit: die Erstrebung eines mitteleuropäischen Zollvereins, dem sich wohl oder übel, über lang oder kurz die westlichen Staaten anschließen würden. Früher als wir beginnen einzelne unserer Nachbarstaaten, die nicht über unseren gewaltigen Binnenkonsum verfügen, die Unbilden der wirtschaftlichen Isolation zu spüren. Ihre Industrien fristen ihr Dasein auf der engen Grundlage nationaler Syndikate, die sich durch Preisverteuerung im Inland für den Mangel an Ausdehnungskraft und selbständiger technischer Entwicklung entschädigen. Die industrielle Zukunft gehört der schöpferischen Technik, und schöpferisch kann sie nur da sich betätigen, wo sie unter frischem Zuströmen menschlicher und wirtschaftlicher Kräfte sich dauernd im Wachstum erneuert. So wie die einstmals vorbildliche Maschinenindustrie der Schweiz die Führung an die Länder größeren Konsums abtreten mußte, so folgen heute zahlreiche Industrien der deutschen Vormacht; aber wir werden dieser Erbschaften nicht froh; auch uns wäre es besser, wenn wir manche Naturkraft, manche begünstigte Produktionsstätte und manchen unerschlossenen Verbrauchskreis unserer Nachbarschaft in das Netz einer allgemeinen Wirtschaft einbeziehen dürften.

Die Aufgabe, den Ländern unserer europäischen Zone die wirtschaftliche Freizügigkeit zu schaffen, ist schwer; unlösbar ist sie nicht. Handelsgesetzgebungen sind auszugleichen, Syndikate zu entschädigen, für fiskalische Zolleinnahmen ist Aufteilung und für ihre Ausfälle Ersatz zu schaffen; aber das Ziel würde eine wirtschaftliche Einheit schaffen, die der amerikanischen ebenbürtig, vielleicht überlegen wäre, und innerhalb des Bundes würde es zurückgebliebene, stockende und unproduktive Landesteile nicht mehr geben.

Gleichzeitig aber wäre dem nationalistischen Haß der Nationen der schärfste Stachel genommen. Denn wenn man sich fragt, warum die Staaten zur Erbitterung ihrer Wettkämpfe getrieben werden, warum sie sich Kräfte, Rechte, Bündnisse und Besitztümer neiden, warum das Glück des einen der Schaden des anderen ist: es sind längst nicht mehr Religionen, Sprachen, Kulturen und Verfassungen, die sie entfremden. Kulturformen und Zivilisationen vereinigen sich friedlich innerhalb aller bekannten Landesgrenzen; Verfassungen lösen sich ab und hinterlassen leichtbesänftigte Spuren. Was dem Engländer unmöglich macht, in Deutschland heimisch zu werden, was dem Deutschen einen längeren Aufenthalt in Frankreich verleidet, sind Formen niederer Verwaltungspraxis, Polizei-, Steuer- und Aufsichtsfragen. Was aber die Nationen hindert, einander zu vertrauen, sich aufeinander zu stützen, ihre Besitztümer und Kräfte wechselweise mitzuteilen und zu genießen, sind nur mittelbar Fragen der Macht, des Imperialismus und der Expansion: im Kerne sind es Fragen der Wirtschaft. Verschmilzt die Wirtschaft Europas zur Gemeinschaft, und das wird früher geschehen als wir denken, so verschmilzt auch die Politik. Das ist nicht der Weltfriede, nicht die Abrüstung und nicht die Erschlaffung, aber es ist Milderung der Konflikte, Kräfteersparnis und solidarische Zivilisation.

Kolonien

In früheren Zeiten glaubte man, Kolonien seien nützlich als Tributstaaten oder als Abladestätten der Überbevölkerung oder als Absatzgebiete. Heute erkennen wir, daß sie meist mehr kosten als bringen, daß Auswanderung unerwünscht ist, und daß kolonialer Absatz umstritten ist wie jeder andere Absatz; deshalb sind wir leicht geneigt, wie jener Engländer, den Wert überseeischen Besitzes zu unterschätzen. Bald werden wir erkennen, daß jedes Stück Erde als Substanz wertvoll ist; denn auch das geringste besitzt oder erzeugt irgendein Rohmaterial; und ist es nicht das unmittelbar verwendbare, so dient es zum Austausch.

Die letzten hundert Jahre bedeuteten die Aufteilung der Welt. Wehe uns, daß wir so gut wie nichts genommen und bekommen haben! Nicht politischer Ehrgeiz und nicht theoretischer Imperialismus rufen diese Klage aus, sondern beginnende wirtschaftliche Erkenntnis. Die Zeit naht eilend heran, in der die natürlichen Stoffe nicht mehr wie heute willige Marktprodukte, sondern heiß umstrittene Vorzugsgüter bedeuten; Erzlager werden eines Tages mehr gelten als Panzerkreuzer, die aus ihren Gängen geschmiedet werden.

Schon heute wäre die Hoffnung irrig, als könnten fremde Kolonien uns so gut bedienen wie eigene; als könnten Deutsche in Marokko so gut Bergbau treiben wie Franzosen. Jeder Kenner auswärtiger Industrien weiß, was fremde Landesaufsicht, fremde Gesetzgebung, fremde Transportbahnen, Häfen, Finanzen und Konkurrenzen bewirken und verhindern können. Wir werden Käufer bleiben statt Produzenten eigenen Rechts zu sein, und es wird kaum einer Periode künftiger Exportzölle bedürfen, um uns diese Schwäche fühlbar zu machen, sobald die steigende Konsumkraft der Welt beginnt, die ersten Rohstoffe einzuengen.

Seit Bismarcks Scheiden betreibt Deutschland nicht mehr aktive auswärtige Politik, weil Preußen nicht von staatsgeschäftlichen Talenten, sondern von verdienstvollen Beamten geführt wird, und weil das Volk, im Gewinnen befangen, seine Staatssorgen nicht ernst nimmt. Wir bemühen uns, der Welt klarzumachen, daß wir gesättigt sind, daß wir keine Wünsche haben, und je mehr wir reden, desto mehr mißtraut man uns und schiebt uns verwegene Pläne unter, weil man nicht begreifen kann, daß wir unsere eigene Notdurft und unser eigenes Begehren nicht kennen. Es wird Zeit, daß wir es kennenlernen, und daß wir unumwunden bekennen und aussprechen: ja, es ist wahr, wir haben Nöte und Bedürfnisse. Wir können nicht in einem Menschenalter hundert Millionen Deutsche mit den Produkten einer halben Million Quadratkilometer einheimischen Bodens und einer afrikanischen Parzelle ernähren und beschäftigen, und wir wollen nicht der Gnade des Weltmarktes anheimfallen. Wir brauchen Land dieser Erde. Wir wollen keinem Kulturstaat das Seine nehmen, aber von künftigen

Aufteilungen muß uns so lange das Nötige zufallen, bis wir annähernd so wie unsere Nachbarn gesättigt sind, die weit weniger Hände und unendlich mehr natürliche Güter haben.

aus: Deutsche Gefahren und Neue Ziele. 1913

AN HERRN REICHSKANZLER BETHMANN-HOLLWEG

Denkschrift

Die Bedeutung eines kontinentalen Zollbundes trifft ohnegleichen einen Friedensaufbau, der den gewaltigen Ereignissen entspricht. Kolonialerwerbung, Aufteilung Frankreichs, Liquidation des englischen Weltreichs sind Gedanken, die der erregten Phantasie im Bereich des Greifbaren zu liegen scheinen. Eine Mäßigung in der Besitzergreifung würde schwer verstanden werden, jeder Einzelverzicht bedeutet eine Enttäuschung.

Wohl aber würde das Land begreifen, wenn an die Stelle der geographischen Ausdehnung der innere Machtzuwachs und die endgültige Führerschaft Europas träte, sichtbar gemacht durch ein Band, das der Reichsgründung ähnlich, den Völkerkreis Karls des Großen von neuem vereinigte. Neben diesem Bilde würde der Begriff des Landerwerbs verblassen und die fast unlösbare Aufgabe einer Länderteilung nach Art des Wiener Kongresses hinfällig werden.

Die Schwierigkeiten der Aufgabe verkenne ich nicht. Aber sie dürfen weder mit dem Maße der Zolltarifverhandlungen gemessen, noch mit den Mißlichkeiten des Zollparlaments verglichen werden ...

Die Konflikte der Zollinteressen werden erheblich geringer sein als bei den früheren Zolltarifverhandlungen, sobald der Gedanke durchgedrungen ist, daß die vereinigten Länder eine einheitliche Industriewirtschaft betreiben sollen, innerhalb deren die wenigen verkürzten Produktionszweige reichlich entschädigt werden können ...

Es muß im Auge behalten werden, daß Deutschland heute als Sieger in der Lage ist, Schwierigkeiten zu überwinden, die in Friedenszeiten abermals unübersteiglich werden.

7. 9. 1914

PROBLEME DER FRIEDENSWIRTSCHAFT

Die herrschende Auffassung nimmt an, daß, wenn der Krieg beendet ist, Handel und Wandel in ihr altes Geleise zurückkehren, daß der Verkehr wieder aufgenommen wird, wie er war; denn wie man sagt, bedürfen die Völker des internationalen Austausches, und sie werden schließlich immer da kaufen, wo sie gut und billig kaufen können.

Ich wage nicht, in diesem Umfang mich der Hoffnung anzuschließen. Soweit die Stimmung des Auslands mir bekanntgeworden ist, steht sie dem entgegen, und wenn wir uns der schwierigen und peinlichen Aufgabe unterziehen — der wir uns im Kriege ja dauernd unterziehen müssen — uns in die Geistesverfassung unserer Feinde zu versetzen, so finden wir, auch wenn wir die verstiegenen Drohungen und Wirtschaftskonferenzen ihrem Wert nach einschätzen, daß immerhin genügend Bedenken übrigbleiben gegen eine einigermaßen vollständige Wiederherstellung unserer wirtschaftlichen Beziehungen.

Die Meinung des Auslands — in erster Linie Englands, des urteilsfähigsten unserer Gegner — vor dem Kriege war die: Deutschland ist ein unbequemer wirtschaftlicher Gegner, und das liegt, sagen wir es rund heraus, an seinen kleinlichen und schäbigen Arbeitsmethoden. Das war die brutale, unwahre und gehässige Meinung Englands.

Der Krieg hat ein anderes Bild gezeigt. Er hat gezeigt, daß es nicht die zwei Stunden sind, die wir täglich länger arbeiten, daß es nicht unser bereitwilligeres Eingehen auf die Wünsche unserer Käufer und Kunden ist, auch nicht unsere größere Geduld, Gefälligkeit und Beweglichkeit, sondern daß hinter der Konkurrenz, die England fürchtet, etwas unüberwindbar Mächtiges steht, nämlich die Gesamtstärke des deutschen Wirtschaftskörpers. Die haben sie in diesem Kriege erst entdeckt. Daß sie dieses Land nicht aushungern konnten, das sie mit unheimlicher Sorgfalt und diabolischer Genialität abgeschnitten hatten von allen natürlichen Zufuhren, daß dieses Land erst unter unerhörtem Druck seine ganze Gewalt des Aufschwungs und die volle Stärke seiner Technik, Industrie und Kapitalmacht offenbart hat, das ist das große, neue und entsetzenerregende Phänomen für unsere Feinde gewesen, und sie sagen sich: wäre dieser Krieg nicht jetzt geführt worden, in einem Menschenalter hätte er nicht mehr geführt werden können, denn die Wirtschaft Deutschlands hätte uns auf friedlichem Wege unterdrückt. Nun fragen sie weiter — und hier wird ihre

Deduktion einseitig, aber wir haben von dieser Einseitigkeit uns Rechnung zu geben, denn sie ist eine Realität — Wie ist denn dieses Land so stark geworden, wie konnte es zu diesem Vermögen und zu dieser unerhörten Wirtschaftskraft erwachsen? Und da antworten sie: das ist auf unserem und unserer Freunde Rücken geschehen; es sind unsere Absatzgebiete, Kolonien und Märkte, es sind unsere Meere — denn so drücken sie sich ja aus — es sind unsere Häfen und Kohlenstationen, unsere Rohstoffe, zum Teil selbst unsere Schiffe und Kapitalien. Und sie schließen: das darf uns niemals wieder geschehen; wir werden zu verhindern suchen, daß von neuem die Wirtschaft Deutschlands an der unseren emporwächst und sie überflügelt.

Ich glaube, daß man von diesem einseitigen Gedankengang mit vollkommener Kühle sich Rechenschaft geben soll, daß man ihn weder unterschätzen noch fürchten darf. Wir müssen einfach damit rechnen, daß in Zukunft unsere Wirtschaft mehr als bisher auf unseren und den Kreis unserer Freunde angewiesen sein wird. Es ist möglich, daß Rußland verhältnismäßig weniger von abstrakten Gefühlen empfinden wird, daß wir somit nach Osten einen wachsenden Absatz zu erwarten haben; doch sollten wir auch davor nicht erschrecken, daß in Zukunft unsere Handelsbilanz sich verkleinern kann, und wäre es auch um einige Milliarden.

Fassen wir die Gefahren zusammen, denen wir ausgesetzt sind: es ist in erster Linie die Gefahr der Verarmung infolge der Vermögenszerstörung, die uns erwachsen ist; es ist zweitens die Gefahr der Vermögensverschiebung und sozialen Umschichtung, und es ist drittens die Gefahr der inneren Erschwernis unserer Wirtschaft.

Diesen Gefahren gegenüber erhebt sich die dreifache Aufgabe. Sie besteht in der Wiederherstellung unseres Vermögens, in der Wiederherstellung unserer Ordnung und in der Wiedergewinnung derjenigen wirtschaftlichen Bewegungsfreiheit — sei es im Verkehr mit dem Ausland, sei es auf uns selbst gestellt — deren wir bedürfen...

Wirtschaft ist nicht mehr Sache des einzelnen, sondern Sache der Gesamtheit.

Denn das ganze Wirtschaftsgebiet, auf dem wir stehen und leben, ist begrenzt und erschöpflich. Die Materialien sind es, die Arbeit ist es, die Kapitalien sind es. Wer aus diesem Gefäß schöpft, der erschöpft. Jedes Schöpfen aber wirkt weiter, wirkt zurück auf die Wirtschaft der Gesamtheit, beeinflußt und verändert die

Grundbedingungen des Wirkens der anderen. Wirtschaft bleibt nicht länger Privatsache, sie wird res publica, die Sache aller.

Wenn wir das Gesamtgebiet unserer Wirtschaft überblicken, so ergibt sich eine notwendige Teilung: es tritt uns entgegen zunächst das Gebiet der Materialwirtschaft, sodann das Gebiet der Arbeitswirtschaft, endlich das Gebiet der Kapitalwirtschaft.

Lassen Sie uns im Fluge diese Gebiete durchschreiten.

In der Materialwirtschaft werden die Grundsätze, nach denen wir zu handeln haben, lauten: nichts vergeuden, alle Quellen erschließen, unabhängig werden vom Auslande...

In früheren wirtschaftspolitischen Verhandlungen spielten Einfuhrzölle die größte Rolle. Der Wille zur Ausfuhr war das Entscheidende. Es ist durchaus denkbar, daß in Zukunft eine Umstellung sich in dem Sinne ergibt, daß viele Völker, vielleicht auch wir selbst, uns gegen Einfuhr schützen, nicht im Sinne der alten Schutzzollpolitik, sondern im Sinne der Richtigstellung unserer Handelsbilanz, also im Sinne eines Neomerkantilismus. Ein Gegenmittel gegen diesen Schutz aber bilden Ausfuhrzölle und Ausfuhrverbote, und es ist möglich, daß diese bei künftigen Zollverhandlungen eine ähnliche Bedeutung erlangen wie früher die Einfuhrzölle...

Vor Zeiten und noch im letzten Jahrhundert galt der Spruch: ‚Luxus bringt Geld unter die Leute.' Das war bis zu einem gewissen Grade richtig, denn die Vermögen jener alten Zeiten entstammten vielfach fernen Quellen: es gab Kolonialvermögen, Vermögen, die von Auslandswirtschaften herrührten, Vermögen, die aus fremden Bergwerken oder aus Hoheitsrechten flossen, und man konnte mit einem gewissen Rechte sagen, wenn diese Vermögen eine Zersplitterung und Verteilung durch Luxus erfahren, so kann das zu einer Befruchtung der Wirtschaft führen. Für unsere Zeit gilt das nicht.

Die Luxusfrage ist im Laufe der Zeiten häufig den Weg gegangen, daß sie die Gesetzgebung berührte, und dann hat man immer wieder festgestellt: Luxuszölle und Luxussteuern unterdrücken den Verbrauch, bringen wenig und sind infolgedessen nutzlos. Nutzlos ja, nämlich im Sinne ihres Ertrages; nutzlos für unsere Wirtschaft sind sie nicht. Denn das, was man als schädliche Nebenwirkung ansah – die Verkleinerung des Verbrauchs – kann unter Umständen für unsere Betrachtung die Hauptsache werden. Machen wir uns klar, was es bedeutet, wenn eine Perlenschnur in unser Land gebracht wird: das bedeutet nicht weniger, als daß der Ertrag eines großen Bauernhofes künftig Jahr für Jahr uns verloren geht. Wenn ein paar hundert Flaschen eines kostbaren Weines eingeführt werden, so bedeutet das, daß ein Techniker oder ein Gelehrter weniger ausgebildet werden kann; denn der Betrag, um den wir dem Auslande dadurch zinsbar geworden sind, entspricht, ins Geistige übersetzt, der Lehrzeit eines Menschen. Alle Aufwendungen an Arbeitskraft, Rohstoff, Werkzeug, Transport, Einfuhr, Einzelverkauf, Lagerung, die auf ein entbehrliches oder überflüssiges Erzeugnis des Luxus verwendet werden, bleiben unserer Wirtschaft verloren. Der Teil der Weltwirtschaft, der heute an überflüssige, oft häßliche und schädliche Dinge vergeudet wird, ist unermeßlich.

... Der Begriff der Monopole ist häufig erörtert worden, und es scheint, daß man sich von dieser Wirtschaftsform übertriebene Erträge verspricht. Unsere Größenbegriffe haben sich verändert. An die Stelle der Million ist die Milliarde getreten, und ein Ertrag, der groß schien, weil er im Jahr sechzig Millionen ausmachte, bedeutet heute wenig, wo hundertfache Aufwendungen zu decken sind.

Doch besteht ein politischer Grund, um die Monopole nicht außer acht zu lassen: die Stellung gegenüber dem Auslande. Die Monopole können unter Umständen zu den stärksten wirtschaftlichen Kampfeswaffen werden, sowohl Produktionsmonopole wie Handels- und vor allem Einfuhrmonopole. Es ist nicht so leicht, einer Privatgemeinschaft zu sagen: Ihr exportiert dieses und jenes so lange nicht mehr, bis unser Auslandskontrahent sich gefügt hat, denn die Privatwirtschaft antwortet: Wie komme gerade ich dazu, den Schaden zu tragen, wenn ein anderer den Nutzen hat. Der Staat in sich aber kann, wenn er etwa das gesamte Kali Deutschlands besitzt, dekretieren: Jenes Land bekommt so lange kein Kali, bis es auf diesem oder jenem Gebiet sich gefügt hat. Mit gleicher Stärke kann der Staat sich der Einfuhrmonopole bedienen: und er wird allen Anlaß dazu haben, sofern es nicht bei Friedensschluß gelingt, zwei Dinge zu sichern: erstens die Unterdrückung jeder gegnerischen Ausfuhrerschwerung für Rohstoffe, zweitens das Verbot jeder Nachforschung nach dem Ursprung einer Ware.

Vortrag in der „Deutschen Gesellschaft 1914" am 18. 12. 1916

WIRTSCHAFTLICHE UND SOZIALE URSACHEN DES KRIEGES

Die Krise, die wir erleben, ist die soziale Revolution. Der Grund, weshalb sie sich nicht im Innern der Nationen, sondern an ihren Grenzen entzündet hat, liegt in der Eigenart unserer Wirtschaft, die zur Weltwirtschaft erwachsen ist, und die in ihren Auswirkungen, Imperialismus und Nationalismus, die explosivsten ihrer Konflikte an den Rändern der Staatseinheiten gehäuft hat. Die schwerer entzündlichen Sprengstoffe im Innern der fester gefügten Staaten bleiben einstweilen unberührt, durch den Druck von den Grenzen her gebändigt.

Als unbändige Volksvermehrung, vereint mit der Mechanisierung, den individuellen Produktionsprozeß vernichtete, wurde die Erde eine einzige gewaltige Produktionsstätte. Doch ihre nationale Spaltung blieb, und innerhalb der Nationen vertiefte sich die Spaltung der Stände. Wirtschaftlich betrachtet: eine große Fabrik, doch nicht einheitlich gebaut, sondern in den Wohnhäusern und Kammern eines Straßenvierecks untergebracht und unter den Hausparteien aufgeteilt. Die politische und die soziale Entwicklung hielt mit der wirtschaftlichen nicht Schritt. Das ging so lange, als sich die Erzeugung in mäßigen Grenzen hielt und der Nationalismus sich langsam entwickelte.

Als aber die Staaten, nationalistisch erstarkt, sich gezwungen sahen, eine energische Wohlstandspolitik zu treiben, um ihren wachsenden Aufwand für Zivilisation, Rüstung und Machtentfaltung zu bestreiten, als die Mechanisierung den Staatskörper ergriffen und ihn zum bewußten Wirtschaftssubjekt und Konkurrenten gemacht hatte, gab es Zwiespalt zwischen den Parteien.

Jeder wollte soviel Arbeit wie möglich, denn Arbeit bringt Nutzen. Um zu arbeiten, wollte er soviel Rohstoffe wie möglich, und um sie zu bezahlen, wollte er soviel Absatz wie möglich. Er wollte sogar noch mehr Absatz, als zur Bezahlung der Rohstoffe nötig war, denn die heimische Produktion sollte alle anderen überflügeln, und der Absatz im eigenen Lande ließ sich nicht beliebig steigern. Was er nicht wollte, waren fremde Fabrikate im eigenen Lande, denn sie beeinträchtigten den Absatz, die Preise und den Nutzen.

Der Kampf ging also um Rohstoff und Absatz, politisch ausgedrückt um Kolonien und Einflußgebiete. Die Welt war aber klein geworden, die unbesetzten Gebiete knapp und von allen umworben.

In sein letztes Stadium trat der Kampf, als die äußerste Schlußfolgerung gezogen wurde: Schutzzoll. Der hatte bei den meisten überdies politische Gründe: man wollte die Intensivwirtschaft des Bodens erhalten, um im Kriege Selbstversorger zu sein und um den herrschenden Stand der Grundbesitzer gegen Bodenentwertung zu schützen. Gleichzeitig begann der Kunstgriff, den man drüben „dumping" nennt: Man warf dem Gegner die eigene Überschußware unter Selbstkosten über die Zollmauer und schädigte sein Schutzsystem.

Allmählich war auch der Nationalismus zum Gipfel gestiegen, denn die europäischen Unterschichten waren in die Historie getreten. Bis zum Beginn des neunzehnten Jahrhunderts waren sie anational gewesen, Geschichte war nur von den herrschenden Kasten gemacht worden; jetzt waren sie verbürgerlicht, zivilisiert und interessiert und gaben dem Wirtschaftskampf die nationale Färbung. Durch Staatenbildung, Staatenerstrebung und Irredentismus mehrten die neuen Nationalgefühle, insbesondere die östlichen, den politischen Sprengstoff.

Im Innern der Staaten aber bestand die schroffe Scheidung der Stände. Das Proletariat, an der Tatsache des Produktionsprozesses interessiert, an seinem Verlauf nahezu unbeteiligt, war etwa in der Lage des Matrosen, dem das Schiff wichtig, die Ladung gleichgültig ist; es führte seinen Wirtschaftskampf und zwang den Unternehmer, für jede Lohnerhöhung sich durch Zollerhöhung und gesteigerten Absatzdrang schadlos zu halten.

So verlief der imperial-nationalistische Wirtschaftskampf nach außen und innen vollkommen anarchisch. Wenigen war er in seinem logischen Zusammenhang bewußt; am wenigsten den Staatsmännern, die ihn führten. Klar war nur der Drang, den eigen-nationalen Einfluß zu heben, den fremden zu schädigen, den eigenen Absatz zu fördern, den fremden zurückzudrängen; so lückenhaft aber war der Zusammenhang, daß viele, unter ihnen Bismarck, am Werte des wichtigsten Kettengliedes, der Rohstoffkolonien, zweifelten. Bekannt waren auch die Kampfmittel; es waren Bündnisse, Zollverträge, Rüstungen zu Land und See, Einsprüche gegen fremden Erwerb, Einmengung in Konflikte. Was als Endzustand vorschwebte, ist schwer zu sagen: allenfalls eine etwas bessere Erdeinteilung, als man sie gerade hatte; meist war man auf den gelegentlichen Vorteil aus.

Niemand war sich auch recht darüber klar, wo ihn der Schuh drückte. England schob sein Mißbehagen auf Mängel seiner technischen Erziehung und die Konkurrenz der Deutschen; Deutschland litt an seiner geographischen Lage und fand sich von Erwerbungen ausgeschlossen; Frankreich merkte, daß seine Industrie zurückging, und fand, daß das elsässische Textilgebiet ihm fehle; Amerika klagte über hohe Löhne und Finanzkrisen und griff zu Schutzzöllen. Nie wurde auch nur ein Versuch gemacht, die Anarchie in Ordnung zu verwandeln.

Die innere Anarchie: wenn die Außenwirtschaft ihre Grenzen hat, so muß die Innenwirtschaft ergiebiger, vor allem solidarischer gestaltet werden. Kräfte und Stoffe im Innern sinnlos vergeuden, um sie von außen unter Opfern wiederzugewinnen, ist keine gesunde Wirtschaft.

Die äußere Anarchie: wenn alle sich um die kargen Tröge des Absatzes und Rohstoffs streiten, so muß geteilt werden. Durch den Kampf wird das Futter nicht mehr, sondern weniger, denn es wird verdorben und zertreten.

Doch es fehlte nach außen die Einsicht, nach innen der Ansporn; trotz aller Reibungskämpfe schöpfte die Welt aus dem vollen wie niemals zuvor und niemals wieder, und die leichte Bereicherung äußerte sich in Indolenz.

Anarchie der Wirtschaft und Gesellschaft ist die Grunderscheinung und Schuld des Vulkanismus, der unter der politischen Oberfläche des Abendlandes bebte und seine kritischen Zonen unter die Staatengrenzen breitete. Eine zweite Reihe von Erscheinungen, die politische Taktik der Großstaaten während der letzten vierzig Jahre, lockerte die Kruste, und eine dritte, fast nebensächliche und zufällige Reihe, die Ereignisse um 1914, bestimmten Zeit und Ort des Ausbruchs.

Juli 1918

aus: An Deutschlands Jugend

NACHKRIEGSORDNUNG — FRIEDENSPLANUNG

Ein Völkerbund ist recht und gut, Abrüstung und Schiedsgerichte sind möglich und verständig: doch alles bleibt wirkungslos, sofern nicht als erster ein Wirtschaftsbund, eine Gemeinschaft der Erde geschaffen wird. Darunter verstehe ich weder die Abschaffung der nationalen Wirtschaft, noch Freihandel, noch Zollbünde: sondern die Aufteilung und gemeinsame Verwaltung der internationalen Rohstoffe, die Aufteilung des internationalen Absatzes und der internationalen Finanzierung.

Ohne diese Verständigungen führen Völkerbund und Schiedsgerichte zur gesetzmäßigen Abschlachtung der Schwächeren auf dem korrekten Wege der Konkurrenz; ohne diese Verständigungen führt die bestehende Anarchie zum Gewaltkampf aller gegen alle.

Der Wirtschaftsbund aber ist so zu verstehen:
Über die Rohstoffe des internationalen Handels verfügt ein zwischenstaatliches Syndikat. Sie werden allen Nationen zu gleichen Ursprungsbedingungen zur Verfügung gestellt, und zwar für den Anfang nach Maßgabe des bisherigen Verbrauchsverhältnisses. Späterhin wird das wirtschaftliche Wachstum der einzelnen in Rechnung gezogen.

Die gleiche zwischenstaatliche Behörde regelt die Ausfuhr nach entsprechendem Schlüssel. Jeder Staat kann verlangen, daß die ihm zustehende Ausfuhrquote ihm abgenommen werde. Sie verringert sich entsprechend, sofern er die auf ihn entfallende Einfuhr ablehnt. Die Lieferungen der Staaten geschehen im gewohnten Verhältnis ihrer Gütergattungen. Freie Verständigungen über Abänderungen können getroffen werden, Quotenaustausch ist zulässig.

An internationalen Finanzierungen, die zu Lieferungen führen, kann jeder Staat Beteiligungen im Verhältnis seiner Ausfuhrquote verlangen.

aus: An Deutschlands Jugend   Juli 1918

REPARATIONSPOLITIK UND WELTWIRTSCHAFT
Geschrieben nach der Ernennung zum Wiederaufbauminister

Was ist der Grund der tiefen Depression, die sich auf das Wirtschaftsleben der ganzen Welt gesenkt hat? Nehmen Sie ein Uhrwerk und zerschlagen Sie es mit einer Axt in viele Teile, so wird nicht jeder einzelne Teil als eine verkleinerte Uhr weiter laufen und die Zeit anzeigen, sondern Sie haben einen Trümmerhaufen in der Hand, und es bedarf eines sorgsamen Technikers, um die Teile wieder zusammenzufügen und das Werk wiederherzustellen.

Die Weltwirtschaft war ein einheitlicher Mechanismus, beruhend auf dem Austausch der Produkte bei angespannter Produktionstätigkeit eines jeden Teiles. Heute ist ein Teil der Welt aus der Produktion ausgeschieden und ein anderer Teil aus dem Konsum. Amerika findet keine Abnehmer für seine Rohstoffe, England findet keine Abnehmer für seine Erzeugnisse, Rußland ist aus dem Wirtschaftsprozeß der Erde vollkommen ausgeschieden. Deutschland und Österreich befinden sich in doppelt so schwerer Lage, da sie im Konsum ebenso gehemmt sind wie im Absatz.

Nun wird die internationale Lage weiterhin gefährdet durch die Tatsache, daß Deutschland Lasten auf sich nehmen mußte, die jede Vorstellung übersteigen. Was ist eine Milliarde? Kein Mensch kann sich diese Zahl vorstellen, und die Deutschland auferlegte Last von 132 Milliarden ist so groß, daß man astronomische Begriffe zu Hilfe rufen muß, um sie zu verstehen.

Wie kann eine solche Last ertragen werden? Wenn es überhaupt gelingt, sie tragbar zu machen, so kann es nur durch eine ins Gigantische gesteigerte Ausfuhr geschehen. Denn dies ist das Merkwürdige: die deutsche Last muß in Gold oder in Goldwerten gezahlt werden. Das Land aber hat keine Goldminen; es kann daher Goldwerte oder Golddevisen nur dadurch schaffen, daß es sie kauft, und es kann sie nur kaufen durch Ausfuhr.

Diese Ausfuhr muß aber noch erheblich größer sein, als es der jährlich zu zahlenden Summe entspricht: denn Deutschland hat keine Rohstoffe, mit Ausnahme von Kohle, und nicht genügend Lebensmittel, um seine Einwohner zu ernähren. Um daher Rohstoffe und Nahrungsmittel zu kaufen, muß abermals die Ausfuhr gesteigert werden, und da diese Ausfuhr selbst wiederum nur in Veredelungen besteht, indem nämlich fremde Rohstoffe mit deutscher Arbeitskraft umgeformt werden, so entsteht nochmals die Notwendigkeit, diese Rohstoffe zu bezahlen, die die Hälfte des Wertes der Ausfuhr ausmachen, und es muß somit die Ausfuhr abermals entsprechend gesteigert werden.

Alle diese Leistungen finden ihre Grenze in der deutschen Arbeitskraft, die nicht über mehr als etwa 36 Milliarden Arbeitsstunden verfügt.

Wie wäre das Ergebnis, wenn Deutschland sich, wie das Londoner Ultimatum es verlangt, zu einem Ausfuhrstaate unbekannter Größe entwickelte und doppelt soviel Waren auf den Weltmarkt schleuderte, als sein Export vor dem Kriege betragen hat?

Der Weltmarkt ist kleiner, als man ihn gewöhnlich schätzt. Vor dem Kriege betrug er etwa das Dreifache der amerikanischen Ausfuhr, und dabei war inbegriffen alles Getreide und alle Rohstoffe, die die Länder miteinander austauschten. Heute ist der Weltmarkt gewaltig zusammengeschrumpft. Es ist schwer zu sagen, ob er noch die Hälfte seines früheren Umfangs behalten hat.

Welche Verwüstung des Ausfuhrmarktes würde es bedeuten, wenn Deutschland gezwungen wäre, einen doppelt so großen Anteil als es früher beansprucht von diesem verkleinerten Markte zu monopolisieren? Welche Verwüstung der Preise würde es bedeuten, wenn Deutschland gezwungen würde, die übrigen Nationen so stark zu unterbieten, daß ihm dieser gewaltige Anteil des Weltmarktes zufällt?

aus: Die Deutsch-Italienischen Beziehungen

29. 5. 1921

An den englischen Botschafter 23. 9. 1921

LORD D'ABERNON, BERLIN

Ich erlaube mir, daran zu erinnern, daß ich schon mehrfach bei Ihnen den Gedanken angeregt habe, ob nicht der Versuch gemacht werden könnte, auch England gegenüber zu Abmachungen zu kommen, die auf einen Ersatz der Goldleistungen durch Sachleistungen hinzielen. Es hat sich bei der Leistung der ersten Milliarde, wie ich Ihnen voraussagte, deutlich genug gezeigt, daß die Aufbringung der Devisenbeträge mit außerordentlichen Schwierigkeiten verknüpft ist. Auf die Dauer können Goldzahlungen nur bei einer außerordentlich aktiven Handelsbilanz beschafft werden; eine solche Handelsbilanz setzt aber unter den gegenwärtigen weltwirtschaftlichen Verhältnissen eine sehr scharfe Konkurrenz Deutschlands auf allen Märkten der Erde voraus. Ich habe viel darüber nachgedacht, wie eine Zerrüttung der Weltmarktpreise durch die deutschen Reparationsverpflichtungen verhindert werden könnte, und komme zu dem Ergebnis, daß es nur dann möglich ist, wenn ein erheblicher Teil der deutschen Leistungen in der Form der Warenlieferungen so kanalisiert werden kann, daß er für die Verhältnisse des Welthandels nicht schädigend in Betracht kommt.

REDE VOR DEM OBERSTEN RAT DER ALLIIERTEN IN CANNES

Vom 12. Januar 1922

Namens der Deutschen Regierung danke ich Ihnen, daß Sie uns Gelegenheit gegeben haben, vor Ihnen zu erscheinen. Wir erkennen an, daß diese Konferenz neben ihren allgemeinen weltgeschichtlichen Aufgaben es sich zur Aufgabe gestellt hat, zu prüfen, wie die deutschen Leistungen mit der deutschen Leistungsfähigkeit in Einklang zu bringen sind. Die deutsche Delegation wird ernsthaft bemüht sein, alle gewünschten Auskünfte rückhaltlos und wahrheitsgetreu zu geben. Sie ist darüber hinaus bereit, in dem von ihr geforderten Maß an den Aufgaben, die sich diese Konferenz gestellt hat, mitzuarbeiten. Auch der Französischen Regierung danke ich für die freundliche Aufnahme in dieser Stadt, in der wir ihre Gäste sind. Ich nehme an, daß es nützlich sein wird, wenn ich, um zeitraubende Verdolmetschung zu ersparen, mich in den weiteren Ausführungen anderer Sprache als der deutschen bediene, ohne daß damit für uns ein Präjudiz für den Gebrauch irgendeiner Sprache geschaffen werden darf.

Es sind uns eine Reihe von Fragen gestellt worden. Die Fragen beziehen sich einmal auf den Umfang der von Deutschland zu bewirkenden Sach- und Geldleistungen, die möglich wären, ohne Deutschland zu „verkrüppeln". Sie beziehen sich weiter auf Maßnahmen hinsichtlich der deutschen Finanzen, sie beziehen sich außerdem auf die Sicherheiten, die von Deutschland für die Erfüllung dieser Maßnahmen gegeben werden können, und endlich auf die Teilnahme Deutschlands an dem Wiederaufbau Europas.

Deutschland ist entschlossen, mit seinen Leistungen bis zu den Grenzen seiner Leistungsfähigkeit zu gehen. Deutschland ist immer ein Land der Ordnung gewesen. Deutschland ist aber durch einen verlorenen Krieg, durch schwere Verluste und durch eine Revolution hindurchgegangen. Die anormalen Zustände seiner Lebensbedingungen und seiner Finanzen, die die Folge dieser Ereignisse sind, empfindet Deutschland selbst am schwersten und wünscht sie zu beseitigen. Es wünscht nicht, den Weltmarkt durch Unterbietungen zu zerrütten.

Die beiden Aufgaben, äußere Leistung und innere finanzielle Sanierung, vor die Deutschland dadurch gestellt ist, widersprechen einander. Um ein Beispiel zu gebrauchen, möchte ich an die Lage eines Schiffskonstrukteurs erinnern, der gleichzeitig für höchste Kraftleistung und geringsten Kohlenverbrauch seines Schiffes sorgen soll.

Es ist daher schwer zu sagen, die und die Zahlung stellt eine ausreichende und erträgliche Leistung dar. Es muß aber eine Summe gefunden werden, deren Schwere erträglich ist und die zugleich der wirtschaftlichen Lage der empfangsberechtigten Nationen entgegenkommt.

Wir wissen, daß in Ihrem Kreise Ziffern für 1922 genannt worden sind: 500 Millionen für die Leistungen in bar und 1450

Millionen für die Sachleistungen einschließlich der äußeren Besatzungskosten. Ich will diese Ziffern als Basis meiner Berechnungen wählen. Sollte eine um 220 Millionen höhere Summe genannt werden, so wird das Problem noch weiter erschwert und gefährdet.

Ich komme nun zur Lage der deutschen Zahlungen. Deutschland ist ein Land der Lohnarbeit. Es empfängt Rohstoffe, verarbeitet sie und verkauft die verarbeiteten Erzeugnisse. Die Deutschland nach dem Kriege verbleibenden eigenen Rohstoffe sind mit Ausnahme der Kohle unerheblich. Das Kali, von dem so viel die Rede ist, ist nicht so sehr bedeutend. Dazu kommen sehr kleine Mengen von Kupfer und Zink. Von allem anderen, was Deutschland braucht zur Behausung, zur Kleidung, zur Nahrung, muß es das meiste im Auslande kaufen.

Deutschland hat daher für alles, was es kauft, in bar zu bezahlen. Es kann nur zahlen durch seine Handarbeit. Es ist deshalb notwendig, daß Deutschland eine aktive Handels- und Zahlungsbilanz hat. Unsere Zahlungsbilanz aber ist vorbelastet mit einem Einfuhrbedarf von $2^{1}/_{2}$ Milliarden Lebensmitteln und $2^{1}/_{2}$ Milliarden Rohstoffen, und zwar ohne verarbeitete Fabrikate und ohne Luxusartikel, die nicht sehr erheblich sind und die es zum großen Teil nicht aus freiem Entschluß, sondern zur Aufrechterhaltung nachbarlicher Handelsbeziehungen erwirbt.

Außerdem sind im Gegensatz gegen die frühere Lage, in der uns aus Auslandsinvestitionen $1^{1}/_{2}$ Milliarden jährliche Erträgnisse zuflossen, jetzt $^{3}/_{4}$ Milliarden Goldmark jährlich an das in Deutschland Kapital besitzende Ausland zu zahlen.

Die Passivseite der Zahlungsbilanz beträgt also etwa $5^{3}/_{4}$ Milliarden Goldmark, denen eine Ausfuhr von nur $3^{1}/_{2}$ bis 4 Milliarden gegenübersteht. Es besteht somit eine Passivität der Zahlungsbilanz im Saldo von 2 Milliarden schon vor Zahlung irgendwelcher Reparation.

(Auf Befragen Lloyd Georges:) Es ist ganz richtig, daß infolge des Standes des Weltindexes auf 1,5 die deutsche Ausfuhr jetzt 14 bis 15 Milliarden Goldmark betragen müßte, wenn sie dem Vorkriegsstande entspräche. Sie hat sich also auf etwa ein Viertel vermindert.

Um das Defizit der Zahlungsbilanz zu decken, bestehen nur drei Möglichkeiten:
Verkauf der Substanz des Landes,
große auswärtige Anleihen oder
Verkauf der Landeswährung.

Den Ausverkauf von Landessubstanz konnten wir leider nicht hindern. Er ist in großem Umfange vor sich gegangen. Grundstücke, Unternehmungen, Aktien, Obligationen, selbst Hausrat sind vom Auslande unter dem Werte erworben worden. Die Durchführung einer auswärtigen Anleihe haben wir versucht. Sie war unmöglich, da nach Meinung der City die Deutschland auferlegten Lasten zu schwer waren. Unter diesen Umständen war es unmöglich, den Verkauf von Umlaufsmitteln zu vermeiden, obwohl unser Geld hierdurch ein Gegenstand der internationalen Spekulation wurde.

Der Prozeß des Ausverkaufs des deutschen Geldes hat sich zunächst ohne panikartige Folgen bis Mitte 1921 fortgesetzt. Er wurde nicht durch Deutschland ermutigt, sondern durch das Ausland eingeleitet, das mit Recht den inneren Wert der Mark höher einschätzte als den Auslandskurs. Aber Mitte 1921 ereignete sich etwas, was vorauszusehen war: der Streik der Käufer der Mark. In dem Augenblick, wo man sah, daß wir gezwungen waren, in kurzer Frist eine Goldmilliarde zu beschaffen, mithin 30 Papiermilliarden zu verkaufen, steckten die Markkäufer die Hände in die Tasche und warteten. So trat der Marksturz ein, und der Dollarkurs stieg von 55 bis zeitweise auf 300.

Man hat bei uns und im Auslande gesagt, dieser Marksturz sei nur die Folge der Inflation und des Gebrauchs der Notenpresse in Deutschland. Das ist ein Irrtum. Sonst hätte dieser Sturz nicht so plötzlich und in ganz kurzer Zeit eintreten können. Auch hat der Kurs sich, sobald sich wieder etwas Blau am Himmel zeigte, erheblich gebessert. Das Blau am Himmel waren die Nachrichten über die ersten Besprechungen zwischen der britischen und französischen Regierung über eine Regelung unserer Verbindlichkeiten für 1922.

Jetzt komme ich zu einem äußerst wichtigen Punkt. Solange die Währung eines Staates auf dem internationalen Markt aus dem Gleichgewicht gekommen ist, ist es unmöglich, irgendein Budget auf bestimmte Zeit mit Sicherheit in Ordnung zu bringen. Denn jeder neue Sturz des Kurses hat eine Erhöhung der Ausgaben für Gehälter, Löhne und Rohstoffe zur Folge. Ein Staatsbudget aber setzt sich nur aus diesen drei Posten zusammen.

In diesem Augenblick ist unser Budget für 1922 in Ordnung. Es enthält sogar gewisse Überschüsse, dabei ist aber von den Reparationen abgesehen. Jeder neue Marksturz, jede neue innere Preiserhöhung aber wird dieses Budget gefährden.

Wird damit gerechnet, daß die Reparationslasten erträglich

werden, dann kann die Mark steigen und das Maß der Staatsausgaben in Papiermark sinken. Auf der anderen Seite wird die Konkurrenz der deutschen Ware um so gefährlicher, je mehr die Mark sinkt.

Was gibt es nun für Mittel der Gesundung? Wie kann man je zu einer Wiederherstellung der deutschen Valuta gelangen?

Als Abhilfsmittel könnte man zunächst an eine Reduktion des Verbrauchs denken. Diese ist aber kaum erreichbar, da die Mittelklassen und die Arbeiter weit unter dem Stande der Vorkriegszeit leben. Es kann sich also nur um die Hebung der Produktion und um die Vermehrung der Ausfuhr handeln. Eine derartige Vermehrung ist aber schwer, weil sich andere Völker gegen die Vermehrung der deutschen Einfuhr wehren. Es bleibt das Mittel, die landwirtschaftliche Produktion zu heben, aber das erfordert Zeit bei den infolge des Krieges verschlechterten Bedingungen.

Ich will jetzt im einzelnen von den Lasten sprechen, die auf Deutschland ruhen. Für 1922 beträgt das Budget 85 Milliarden ausschließlich Reparationen und sonstigen Friedensvertragsleistungen. Um diese Last zu balanzieren, war es nötig, die Steuerlasten zu verdoppeln.

Ich will hier nicht über die sehr wichtige Frage der vergleichenden Steuerbelastung sprechen. Wir haben Unterlagen vorbereitet und stellen sie zur Verfügung. Ich stelle unter Beweis, daß der Deutsche fernerhin eine schwerere Bürde trägt als der Bewohner irgendeines anderen Landes, insbesondere der Engländer oder der Franzose. Um den Staatshaushalt zu konsolidieren, wird es sich zunächst darum handeln, die Reichsbetriebe zu balanzieren, Eisenbahnen, Post, Telegraphen. Die Maßnahmen sind ergriffen, um im Jahre 1922 diese Reichsbetriebe ins Gleichgewicht zu bringen. Ferner handelt es sich um die Beseitigung der Subsidien, die bisher zur Verbilligung der Lebensmittel und aus sozialen Gründen gegeben werden mußten. Ich trete in die Einzelheiten nicht ein. Maßnahmen sind ergriffen, die dazu führen sollen, diese Subsidien allmählich abzubauen.

Eine dritte Frage wegen des deutschen Budgets betrifft die Frage des Kohlenpreises. Der Kohlenpreis nähert sich sehr rasch dem Weltmarktpreis. Sobald der Preis des Dollars sich weiter ermäßigt, überschreiten die deutschen Kohlenpreise den Weltmarktpreis, und zwar zu verschiedenen Zeitpunkten, da die Preisverhältnisse der einzelnen Sorten verschieden sind.

Bisher habe ich stets nur von einem Budget ohne Reparationen und ohne die inneren Kosten des Friedensvertrages gesprochen.

Wenn ich von den bereits erwähnten 500 Millionen für 1922 ausgehe, wenn ich ferner ausgehe von Sachleistungen von 1450 Millionen Goldmark und dann noch die inneren Kosten des Friedensvertrages nehme, so komme ich zu folgenden Ziffern:

500 Millionen Gmk. zum Kurse von 50 = 25 Milliarden Ppmk.
1450 Millionen Gmk. zum Kurse von 50 = 72,5 Milliarden Ppmk.
Friedensvertragsausgaben = 38 Milliarden Ppmk.
135,5 Milliarden Ppmk.

Diese Summen kämen also zusätzlich zu dem Budget von 1922 mit seinen 83 Milliarden Papiermark. Das Budget würde also etwa 150 Prozent neue Belastung erfahren und sich damit auf 218,5 Milliarden Papiermark belaufen. Um die Bilanz herzustellen, gibt es nur zwei Mittel:

> eine Verdoppelung oder Verdreifachung der Steuern oder eine Riesenanleihe.

Es wäre unmöglich, da das Land schwerer als seine Nachbarn belastet ist, die Steuern nochmals zu verdoppeln. Es bleibt also die Frage einer sehr großen Anleihe. Ich glaube, daß man eine derartige Anleihe nicht im Auslande wird machen können. Die City von London hat sich schon geweigert, einen sehr viel kleineren Betrag für die Januar- und Februarzahlungen durch eine Anleihe zu finanzieren. Die Frage einer inneren Anleihe wird sehr ernsthaft erörtert werden. Aber in der gegenwärtigen Situation wird es kaum möglich sein, die notwendigen Reizmittel zu finden, um eine Anleihe auch nur annähernd des erforderlichen Umfanges unterzubringen.

REDE VOR DEM HAUPTAUSSCHUSS DES REICHSTAGES

Vom 7. März 1922

Im Mittelpunkt unserer gesamten Außenpolitik steht nach wie vor das Problem der Reparationen. In dem Augenblick, als im Frühjahr des letzten Jahres das Ultimatum von Deutschland unterzeichnet wurde und dadurch das Reparationsproblem in sein gegenwärtig aktuelles Stadium trat, waren drei Auffassungen in Deutschland gegenüber diesem Problem erkennbar.

Die eine Auffassung ging dahin, es müsse Festigkeit gezeigt und Widerstand geleistet, es müsse, komme was da wolle, die Leistung der Reparationen überhaupt abgelehnt werden. Ich glaube nicht, daß diese Anschauung eine verbreitete war, sie ist aber in der Öffentlichkeit zum Ausdruck gekommen. Niemand hat den Versuch gemacht, darzulegen, mit welchen Mitteln eine solche Politik geführt werden könne und zu welchen Ergebnissen sie führen würde. Dieses Ergebnis wäre lediglich die Katastrophe gewesen, die Versenkung Deutschlands in ein Chaos auswärtiger Verwirrungen.

Die zweite Auffassung, die uns entgegentrat, fand Widerklang in diesem hohen Hause. Es war die Auffassung, daß man zwar bis zu einem bestimmten Maße sich dem Reparationsproblem nähern dürfe, daß aber die erste Aufgabe der Reichsregierung darin bestehen müsse, wie man sich ausdrückte, mit aller Offenheit zu erklären, die Leistungen seien vollkommen unerfüllbar und es habe überhaupt keinen Zweck, sie in irgendwelchem bedeutenderen Ausmaße in Erwägung zu ziehen. Diese Politik wurde bezeichnet als die Politik der Offenheit, und es wurde der Regierung der schwere Vorwurf gemacht, daß sie angeblich diese Offenheit nicht aufbrächte. Diese Auffassung war unpsychologisch, denn der andere hörte aus dem „Wir können nicht" nur das „Wir wollen nicht" heraus.

Die dritte Auffassung des Versuches der Erfüllung war die Auffassung der Reichsregierung, und sie ist im Laufe dieses Jahres in erheblichem Maße gefördert worden. Die Reichsregierung ging davon aus, daß eine Verpflichtung für das Reich geschaffen sei durch die Unterschrift seiner maßgebenden Stellen. Sie ging davon aus, daß unter allen Umständen der Versuch gemacht werden müsse, den ehemaligen Gegnern zu zeigen, daß Deutschland bereit sei, bis an die Grenze seiner Leistungsfähigkeit zu gehen. Ich glaube, daß diese Auffassung die psychologisch richtige war. Sie rechnete mit der Mentalität der ehemals gegnerischen Länder und ging davon aus, daß über kurz oder lang eine Erkenntnis des wirklichen Sachverhalts eintreten würde durch eigene Einsicht der übrigen Nationen.

Ich bedaure, daß ein Wort, das ich bei Einleitung dieser sogenannten Erfüllungspolitik gesprochen habe, erheblichen Mißverständnissen begegnet ist. Man hat aus Ausführungen, die ich im Reichstag tat, geschlossen, ich wäre der Meinung, Deutschland könne bis zu jedem beliebigen Maße seine Erfüllung treiben; es wäre lediglich eine Frage, wie weit man es für wünschenswert hielte, das Volk in Not geraten zu lassen. Ich würde eine solche Auffassung, wenn sie in meinen Worten erkennbar wäre, auf das tiefste bedauern. Was ich gesagt habe, war aber so ziemlich das Entgegengesetzte. Ich habe für die Möglichkeit der Erfüllung die stärkste Grenze gezogen, die man überhaupt ziehen kann, nämlich die sittliche. Ich habe erklärt, daß das Maß der Erfüllung gegeben sei durch die Frage, wie weit man ein Volk in Not geraten lassen dürfe. Dieses „dürfe" unterstreiche ich, denn darin war die sittliche Verpflichtung enthalten, nur bis zu dem Punkte zu gehen, den der Staatsmann verantworten kann. Diesem Grundsatz ist die Regierung treu geblieben. Es hat sich im Laufe des Jahres dann auch gezeigt, daß die Fragestellung „Möglichkeit oder Unmöglichkeit" der Erfüllung überhaupt nicht diejenige geworden ist, die die Mentalität der übrigen Länder ausschließlich beschäftigt hat. In kurzer Zeit hat sich ergeben, daß eine weitere Frage hervortrat, nämlich die: wieweit eine Reparationsleistung Deutschlands überhaupt für die übrigen Völker erträglich sei, denn die volkswirtschaftliche Verknüpfung der Länder führte dazu zu erkennen, daß die Zwangsarbeit eines Landes, auf den Weltmarkt gebracht, nur dazu führen kann, den gesamten Markt der Erde zu zerrütten und damit, wenn auch auf einer Seite Zahlungen erlangt werden, Nachteile für andere Länder zu schaffen, die so erheblich sind, daß sie z. B. in England allein zu einer Arbeitslosigkeit von 2 Millionen Menschen führten. Psychologisch also hat sich das Vorgehen der Regierung als richtig erwiesen. Es war vermieden worden, eine fruchtlose Diskussion auf den Grad einer theoretischen Möglichkeit zu beschränken. Es war die Möglichkeit dadurch geschaffen, lediglich die Tatsachen sprechen zu lassen; und die Sprache der Tatsachen ist so stark gewesen, daß heute fast in allen Ländern übereinstimmend die Auffassung herrscht, daß das Reparationsproblem von neuem studiert werden muß. Es ist kein Tag vergangen, an dem das Studium des Reparationsproblems in der Welt geruht hätte. In energischer Weise ist die englische Auffassung für erneute Prüfung eingetreten, die Reparationskommission hat sich der Frage angenommen, und gerade in diesem Momente schweben die Verhandlungen darüber, auf welches Maß die Reparationen für das Jahr 1922 begrenzt werden sollen.

Mit dieser allgemeinen Auffassung der Regierung im Zusammenhang stand die praktische Politik, die sie im Laufe des Jahres verfolgt hat und deren erste Etappe nach Wiesbaden führte.

Die Aufgabe von Wiesbaden war eine doppelte. Es handelte sich zunächst darum, überhaupt die Möglichkeit zu finden, wie erhebliche Zahlungen von einem Lande an ein anderes geleistet werden könnten; denn es war evident, daß es nicht möglich war, Goldleistungen von Deutschland ins Ausland zu führen, soweit nicht eine erhebliche Aktivität der Handelsbilanz vorhanden gewesen wäre, und diese war nicht vorhanden. Es handelte sich also darum, Modalitäten zu finden, um überhaupt dem Reparationsproblem eine Unterlage der Durchführbarkeit zu geben. Der Begriff der Sachleistungen trat in den Vordergrund. Es wurde versucht, zunächst mit Frankreich ein Abkommen der Sachleistungen zu schließen und dieses Abkommen so einzurichten, daß der Strom an Gütern, der zu erwarten stand, in erster Linie dem Wiederaufbaugebiet zugeführt würde.

Daneben aber lag die zweite politische Aufgabe mit größerer Wichtigkeit. Die Anknüpfung der Reparationsbeziehungen zur übrigen Welt war überhaupt nur denkbar, wenn zunächst diejenigen Gebiete berücksichtigt wurden, die am schwersten unter den Zerstörungen des Krieges gelitten hatten. Es ist eine europäische Notwendigkeit, daß die zerstörten Gebiete Frankreichs wieder aufgebaut werden. Solange sie als Wüsteneien zwischen Deutschland und Frankreich liegen, bleiben sie ein Symbol der Spaltung zwischen den Völkern. Immer wieder wird den Bewohnern dieser Gebiete Bitterkeit ins Gemüt geführt, und die Länder der Erde sehen in den zerstörten Gebieten das Wahrzeichen eines noch nicht wiederhergestellten Friedens. Ich halte es für dringend nötig, daß der Wiederaufbau der zerstörten französischen Gebiete sobald als möglich erfolgt, und ich glaube, daß das Zentralproblem der ganzen Reparationen darin liegt, daß Deutschland sein möglichstes tut, um diese Gebiete wiederherzustellen.

... Ich glaube, daß die Entwicklung des Reparationsproblems folgenden Gang nehmen wird: man wird für das Jahr 1922, auch wohl für das Jahr 1923 zu Lösungen zu kommen suchen, die zunächst nur provisorische Lösungen sein werden. Sie können nur provisorisch sein, denn auf der einen Seite ist ein gewaltiges Geldbedürfnis bei den empfangsberechtigten Staaten, auf der anderen Seite ist die Zahlungskraft Deutschlands, insbesondere in Barmitteln, eine begrenzte. Die Erkenntnis ist wohl heute so ziemlich in der ganzen Welt verbreitet, daß ein Volk dem andern nur dauernd zahlen kann aus dem Überschuß seiner Zahlungs- und Handelsbilanz. Unsere Zahlungsbilanz ist schwer passiv, unsere Handelsbilanz ist in den letzten Monaten um eine Kleinigkeit aktiv geworden. Zahlungsmittel in bar sind somit nur in beschränktem Maße aufzubringen. Es kann daher für 1922 und 1923 wahrscheinlich nur ein Provisorium gefunden werden, das auch nicht entfernt den Wünschen extremistischer Gegenseiter entspricht, die im Anfang des vorigen Jahres noch die öffentliche Meinung beherrschten. Wir sehen heute einen erkennbaren Maßstab für Barleistungen in der Tatsache, daß, sobald diese Leistungen eine bestimmte Menge überschreiten, die Wechselkurse gegenüber Deutschland ins Schwanken, in lebhafte Bewegung kommen. Die Dekadenzahlung von 31 Millionen, die als Vorprovisorium für die ersten Monate dieses Jahres uns zugemutet worden ist, von der ich in Cannes den Beteiligten gesagt habe, daß sie nur auf wenige Wochen beschränkt sein dürfe, hat bereits den Wechselkurs gegen Deutschland in starkem Maße zu unseren Ungunsten beeinflußt. Man darf sagen, daß die deutsche Leistungsfähigkeit in Barzahlung direkt ihr Maß findet in der Bewertung des Dollars an der Berliner Börse. Ich habe die Mitglieder der Reparationskommission, die sich vor einiger Zeit in Berlin aufhielten, darauf aufmerksam gemacht, wie unbedingt nötig es sei, schon jetzt, gleichviel ob die Regelung für das Jahr 1922 sich noch etwas hinzieht, die Dekadenzahlungen zu verringern, um den Dollarkurs nicht weiter in Bewegung zu setzen. Denn was es bedeutet, wenn die deutsche Währung ihren scharfen Rückgang fortsetzt, das wissen wir alle. Wir wissen, daß damit das Budget ins Wanken kommt, daß alle Lasten sich erhöhen, daß alle Lohn- und Gehaltsbemessungen von neuem in Frage gestellt werden, daß die ganze Kette der Bewertungen im Lande sich in Bewegung setzt. Es ist möglich, daß an den letzten Dollarbewegungen bis zu einem gewissen Grade Spekulation beteiligt war. Wir dürfen nicht vergessen, daß große Mengen deutschen Geldes im Besitz des Auslandes sind, und die Gefahr ist groß, daß, wenn eine starke Bewegung in unseren Valuten stattfindet, das Ausland erhebliche Beträge seiner Markbestände auf den Markt bringt. Ich hoffe nicht, daß gleiches spekulativ von deutscher Seite geschieht. Denn wenn man sich vorstellt, daß von deutscher Seite spekulative Käufe in fremden Devisen stattfänden, so wäre es das traurigste Phänomen, das man sich denken kann. Wir müssen im Auge behalten, daß jeder Deutsche, der spekulativ fremde Valuten kauft, auf nichts anderes als das Unglück unseres Landes spekuliert. Diese Kenntnis sollte sich soweit nur irgend möglich verbreiten. Ich hoffe, daß Deutsche an der spekulativen Bewegung unserer Währung nicht beteiligt sind.

7. 3. 1922

Seine politischen Schriften

VORWORT

Rathenau war in den Vorkriegsjahren kein Imperialist, wie so viele seiner bedeutenden Zeitgenossen es waren; er stand den wirtschaftlichen Dingen zu nahe, als daß er die Überschätzung wirtschaftlicher Vorteile, die aus imperialen Erwerbungen fließen sollten, nicht durchschaut hätte. Aber er war ein Patriot als Deutscher, sogar als Preuße; er sah klar und bedauerte Deutschlands allmähliches Absinken von der hegemonialen Stellung in Europa, die es unter Bismarck innegehabt hatte. Er führte es zurück auf die alte, veraltete politische Verfassung, den „Halbkonstitutionalismus, die absonderliche und vorbildlose Staatsform, in der wir leben;" auf das falsche System der Auslese, die das Bürgertum von Regierung und Diplomatie nahezu ausschloß. Daß es sich ausschließen ließ, politisch indifferent geworden war und sich damit zufrieden gab, in einem Staat zu leben, in dem man Geld verdienen konnte, war seine Schuld; daß es ausgeschlossen wurde, Schuld der Verfassung und ihrer Nutznießer. Es war kein Grund, so meinte Rathenau wieder und wieder, warum jene, die Deutschlands Reichtum produzieren halfen, nicht auch an seiner Regierung teilnehmen sollten. „Geschäfte sind von Geschäften nicht verschieden. Die amerikanische Schiffahrt oder Eisenindustrie in Schach zu halten, ist keine andersgeartete Aufgabe, als einen Bahnbau in der Türkei oder einen Zollvertrag durchzusetzen. Syndikatskämpfe und Bündnisverhandlungen unterscheiden sich wesentlich im Gegenstande, weniger in der Methode." Ein anderes Mal schreibt er: „Eine dauernd defensive Staats- und Geschäftspolitik muß Schaden leiden. Ein tüchtiger Geschäftsmann weiß, daß jeder Tag neue Schwierigkeiten und Mißhelligkeiten bringt, während unerwartete Glücksfälle selten eintreten. Die Wirrnisse zu ordnen, die Unbequemlichkeiten zu beseitigen, genügt nicht; es müssen beständig neue Netze ausgeworfen werden, damit von hundert Losen eines gewinnt. Bei gleicher Einsicht und gleichem Fleiß wird von zwei Geschäftsleuten derjenige der erfolgreichere sein, der die meisten Eisen im Feuer hat. Wer sich darauf beschränkt, die Wirrnisse des Tages auszugleichen und Welle für Welle ruhig abzuwarten, den trifft zuletzt eine, die ihn niederwirft." An einer anderen Stelle: Regieren sei nicht mehr wie in der guten alten Zeit nur Verwalten, eine meinungslose und bildungslose Menge mit oder gegen ihren Willen zu befrieden; es sei, Gesetze durchführen, Ziele setzen, Geschäfte machen. Dafür sei der Mann der Wirtschaft durch die Erziehung, die sein Beruf ihm gab, sehr wohl vorbereitet; davon sei er ausgeschlossen zugunsten einer dünnen Adelsschicht, die ihrer Führungsaufgabe nicht mehr gewachsen sei. Folglich habe Deutschland bedeutende Industrielle zu hunderten, aber in neuer Zeit nur einen großen Staatsmann hervorgebracht. Daher das Bild der deutschen Politik. „Politik ohne Richtung und Ziel ist Opportunismus und Wurstelei. Sie beschränkt sich auf eine verlegene Abwehr und unwilliges Abarbeiten der Tagesschwierigkeiten. Sie gleicht der planlosen Schachführung, die Figur um Figur, Stellung um Stellung opfern und schließlich in verzweifelter Lage unfreiwillig und verhängnisvoll handeln muß." Dieser letzte nur allzu prophetische Satz ist 1913 niedergeschrieben.

Ebenso scharfsichtig, ebenso wahr ist Rathenaus Kritik des deutschen Parlamentarismus. Der Reichstag bringe keine Führernaturen hervor, weil ihm keine Aufgaben gestellt seien, die Führernaturen entwickeln und sie befriedigen könnten. „Nicht regierende, lediglich überwachende und gesetzgebende Parlamente sind nicht produktiv; denn kein natürlicher Organismus leistet mehr, als man von ihm verlangt, oder mehr, als er verwerten kann. Sie sind nicht produktiv, weil es ihnen an Interesse, an Kenntnis des Sachverhalts und an Verantwortung fehlt." Es ist die These, die gleichzeitig Max Weber in seinen politischen Schriften verfocht und von der man nie aufhören kann, zu bedauern, daß ihr nicht Folge gegeben wurde dort und damals. Der Gang der deutschen Geschichte wäre dann denkbarerweise ein glücklicherer gewesen.

Trotzdem ist Rathenau nie in den Irrtum verfallen, Institutionen zu überschätzen und von ihrer Veränderung das sichere Heil zu erwarten. Dazu war er zu sehr Moralist, zu sehr Psychologe. Was ihm im Vorkriegsdeutschland mißfiel, waren nicht nur die Institutionen, die er respektierte, ja manchmal heimlich liebte, auch wenn er sie inmitten einer modernen Industriegesellschaft für veraltet hielt. Es waren noch mehr gewisse Stimmungen, die aus dieser

Gesellschaft aufstiegen, und die ihn ein Kassandra-Gefühl der Einsamkeit erfahren ließen. „... ich sehe Schatten, wohin ich mich wende," schreibt er 1911. „Ich sehe sie, wenn ich abends durch die gellenden Straßen von Berlin gehe; wenn ich die Insolenz unseres wahnsinnig gewordenen Reichtums erblicke, wenn ich die Nichtigkeit kraftstrotzender Worte vernehme... Eine Zeit ist nicht deshalb sorgenlos, weil der Leutnant strahlt und der Attaché voll Hoffnung ist. Seit Jahrzehnten hat Deutschland keine ernstere Periode durchlebt als diese..."

Daß er den Krieg kommen sah, wäre kein Zeichen besonderen Ingeniums; das taten andere auch, obgleich im Grunde doch nicht gar viele, und wenige, die ihn mit Grauen, anstatt mit freudiger Erwartung kommen sahen. Rathenau gehörte zu ihnen. Er erkannte im Wettrüsten der europäischen Mächte eine der Kräfte, die den Krieg näher brachten, den sie verhindern sollten. „Materielle Kräfte rufen Gegenkräfte wach," schrieb er zum Wehropfer von 1913; „durch jenes Eumenidenopfer wird nicht ein Schicksal gewendet, sondern beschleunigt." Komme der Krieg, so werde er ungeahnte Umwälzungen bringen, morsche Kräfte und Rechte würden dahinsinken: „In einer Stunde stürzt, was auf Aeonen gesichert galt." Möglichkeiten der Rettung nachgrübelnd hat Rathenau einmal, gleichfalls im Jahre 1913, Ideen für eine europäische Zoll-Union zu Papier gebracht. „Es bleibt eine letzte Möglichkeit," heißt es da, „die Erstrebung eines mitteleuropäischen Zollvereins, dem sich wohl oder übel über lang oder kurz die westlichen Staaten anschließen würden. Früher als wir beginnen einzelne unserer Nachbarstaaten, die nicht über unseren gewaltigen Binnenkonsum verfügen, die Unbilden der wirtschaftlichen Isolation zu fühlen. Die industrielle Zukunft gehört der schöpferischen Technik, und schöpferisch kann sie nur da sich betätigen, wo sie unter frischem Zuströmen menschlicher und wirtschaftlicher Kräfte sich dauernd im Wachstum erneuert... Die Aufgabe, den Ländern unserer europäischen Zone die wirtschaftliche Freizügigkeit zu schaffen, ist schwer; unlösbar ist sie nicht... Das Ziel würde eine wirtschaftliche Einheit schaffen, die der amerikanischen ebenbürtig, vielleicht überlegen wäre, und innerhalb des Bundes würde es zurückgebliebene, stockende und unproduktive Landesteile nicht mehr geben. Gleichzeitig aber wäre dem nationalistischen Haß der Nationen der schärfste Stachel genommen... Verschmilzt die Wirtschaft Europas zur Gemeinschaft, und dies wird früher geschehen, als wir denken, so verschmilzt auch die Politik. Das ist nicht der Weltfriede, nicht die Abrüstung und nicht die Erschlaffung, aber es ist die Milderung der Konflikte, Kräfteersparnis und solidarische Zivilisation." — Bedeuten solche Ratschläge, daß Walther Rathenau ein Primat der Wirtschaft annahm in dem Sinn, daß, wenn die wirtschaftlichen Beziehungen zwischen den Nationen in einer freien, positiven Ordnung wären, ihre politische Beziehungen von selber entsprechende Formen und entsprechenden Geist annehmen müßten? Nicht ohne weiteres; Rathenau war kein Doktrinär. Er glaubte nicht an automatisch sich einstellende Wirkungen und an kein Primat, außer an jenes des Geistes und Willens. Die Grenze, die Politik von Wirtschaft trennte, hielt er für veraltet; die scharfe Unterscheidung zwischen dem Produzieren und Vertreiben von Gütern hier, einer romantischen Prestige- und Macht- und Gleichgewichtspolitik dort. Wenn er die Beteiligung des industrie- und handeltreibenden Bürgertums an der Regierung des Landes forderte, so meinte er keine Technokratie damit, auch keine Businessmen-Regierung alt-amerikanischen Gepräges; nur die richtige Verwendung von Talenten und Charakteren, soviel ihrer zu finden waren, im Interesse der Nation. Dort, wo die Politik bedrohlich verfahren und mit herkömmlichen politischen Mitteln nicht wieder in Gang zu bringen war, da mußte man es vom Wirtschaftlichen her versuchen. Verderblich war auf die Dauer eine Außenpolitik, die ihre Spielregeln und Ziele seit dem vorindustriellen Zeitalter eigentlich nicht geändert hatte. In der gesamtnationalen Dimension mußten politischer und wirtschaftlicher Wille wesentlich eins werden; die Notwendigkeit einer zeitgemäß informierten Diplomatie als gesonderter Kunst schloß das nicht aus.

Eine Wirkung ist Rathenaus warnenden, beschwörenden Schriften vor 1914 nicht beschieden gewesen. Kaum auch nur ein Echo; und wenn er Versuche machte, der praktischen Politik näher zu kommen, 1911 wie noch einmal 1918 sich vergeblich um ein Reichstagsmandat bewarb, so sind doch solche Versuche nicht mit der Energie, der zähen Geduld, der Bereitschaft zur Kameraderie gemacht worden, ohne die der Politiker nicht reüssieren kann. Er meinte wohl, daß man ihn aufgrund seiner Leistungen, seiner Kenntnisse und Ideen einmal in die Politik berufen würde, wie dies ja auch noch spät und unerwartet geschah. Einstweilen rief man ihn nicht und ermutigte ihn nicht, wenn er diskret sich anbot. Auf die Frage, was er in jenen Tagen dann eigentlich geholfen habe, wüßte ich keine billige Antwort. Höchstens die: es gehört mit zur menschlichen Situation, daß Kassandra jederzeit unter uns ist und uns die Gefahren nennt, in denen wir uns befinden, und selbst Wege der

Rettung weist. Hören wir nicht auf sie, so ist es unsere Sache, so macht es das, was uns zustößt, doppelt zu unserer Sache.

Auf Walther Rathenau hörte man, hörten einige wenige an den Hebeln der Macht sitzende Beamtete, als er ihnen am 8. August 1914 mit einem konkreten Vorschlag kam, der nun nicht mehr der Verhinderung des Krieges, sondern seiner langjährigen Führung dienen sollte. Er war verzweifelt damals inmitten des Erlösungsrausches, dem auch die am zartesten besaiteten Denker und Dichter des Landes sich nicht entzogen. In einem Brief heißt es: „Wie anders war der Anspruch auf Einheit, der 1870 bekräftigt wurde! Wie anders war die Forderung der Existenz von 1813! Ein serbisches Ultimatum und ein Stoß wirrer, haltloser Depeschen! Hätte ich nie hinter die Kulissen dieser Bühne gesehen!" Verzweiflung war aber nur eine private Sache, Pazifismus konnte keine praktische mehr sein und konnte nicht aufkommen gegen Rathenaus Deutschtum und Preußentum, seinen positiven Sinn, seine Kenntnis der deutschen Wirtschaftslage. Sie zwangen ihn zu jenem Besuch bei dem Kriegsminister von Falkenhayn, aus dem die Kriegsrohstoff-Abteilung hervorging mit 5 Beamten zuerst, später mit mehr als 500. Ungeheuer praktisch wie die Aufgabe war, die aller bisherigen Vorstellung spottenden materiellen Bedürfnisse der Kriegsführung in dem blockierten Land auf Jahre hinaus zu sichern, war es doch eine, die ohne große Konzeption, ohne eine Art neuer Wirtschaftsphilosophie nicht gelöst werden konnte, die eben durch das Rathenau so verhaßte bloße Reagieren und Fortwursteln nicht zu lösen war. Eine Aufgabe also, die seinem doppelten Ingenium wie keine andere entsprach. Hier durfte er zum ersten Mal ganz zeigen, was er konnte, nicht im Interesse dieses oder jenes Unternehmens, viel weniger im eigenen, sondern im Interesse des Staates, an den er leidenschaftlich glaubte, der Nation, der er sich zugehörig fühlte.

Daß, um ihm diese Chance zuteil werden zu lassen, erst der Krieg kommen mußte, bezeichnet die Gesellschaft, in der er lebte, und die er darum tadelte; normalerweise lud sie den einzelnen nicht ein, der allgemeinen Sache zu dienen. Nun tat sie es, was ja der tiefste Grund dafür gewesen sein muß, daß so viele sich im Krieg glücklich fühlten; glücklich, so sehr wie er sein konnte, ist Rathenau dreiviertel Jahre lang gewesen. Schöpferische Tätigkeit ließ ihn allen Kummer vergessen. Später, nach seinem Rücktritt von der Leitung der Rohstoffabteilung, hat er in einem Vortrag die Summe seiner Arbeit gezogen, einen Rechenschaftsbericht gegeben, der die Tugenden des Industriellen und die des Schriftstellers völlig in einem erscheinen läßt. In den Mauern des alten preußischen Kriegsministeriums, lesen wir hier, seien Methoden ausgearbeitet worden, die eng an jene des Sozialismus oder Kommunismus streiften, „und dennoch nicht in dem Sinn, wie radikale Theorien es vorausgesagt und es gefordert haben." Um die deutsche Wirtschaft dem Krieg dienstbar zu machen, galt es, ihr einen einheitlichen Willen aufzuzwingen. Alle Rohstoffe des Landes mußten zwangsläufig werden; jeder Stoff, jedes Halbprodukt mußte so fließen, daß nichts in die Wege des Luxus oder des nebensächlichen Bedarfs gelangte; ihr Weg mußte gewaltsam eingedämmt werden, so daß sie selbsttätig in diejenigen Endprodukte und Verwendungsformen mündeten, die das Heer brauchte. Alle jenseits der Grenzen verfügbaren Stoffe mußten in das Land hineingezwungen werden. Im Land mußte synthetisch hergestellt werden, was unentbehrlich und anders nicht erhältlich war; an den Platz des Nicht-Vorhandenen, des Nicht-zu-Machenden hatte der Ersatz zu treten. Für all das waren neue Rechtsbegriffe notwendig; ein Begriff der Beschlagnahme, der die Ware noch nicht zum Staatseigentum machte, aber ihren Gebrauch einer durchgehenden Beschränkung unterwarf. Neue Fabriken waren zu bauen, wieder nicht als Staatseigentum, aber unter Vertrag mit dem Staate stehend; und mußten sofort gebaut werden, ehe die Verträge mit dem Ministerium auch nur formuliert werden konnten. Zur Sammlung, Kontrollierung, richtigen Verteilung der Materialien waren Gesellschaften zu schaffen, Kriegswirtschaftsgesellschaften, sich selber verwaltend, wie eine Aktiengesellschaft, aber unabhängig von der Herrschaft des Profitmotivs und unter der Aufsicht des Staates. An der Spitze dieses riesigen Apparates von Apparaten hatte ein eigentlicher wirtschaftlicher Generalstab, eben die Rohstoffabteilung, zu stehen.

Von den damals in unglaublich kurzer Zeit erarbeiteten Begriffen und Methoden, von den Schlüssen, zu denen ihr Erfolg einlud, ist Rathenau nie mehr ganz losgekommen. Er war vor 1914 kein doktrinärer Freihändler gewesen, noch weniger aber ein doktrinärer Schutzzöllner, und keineswegs ein Vorkämpfer des Gedankens nationalwirtschaftlicher Autonomie. Er wurde das jetzt, unter dem Druck der Kriegserfahrung; er pries den „geschlossenen Handelsstaat," ein Stück alter deutscher Philosophentradition, das er hatte verwirklichen helfen, und meinte, daß die deutsche Wirtschaft so frei und verschwenderisch und anarchisch, wie sie vor dem Krieg gewesen war, nie wieder werden sollte. Hiervon wird gleich die Rede sein. Warum er sein Werk, kaum daß es fertig dastand, und funktionierte, der Leitung eines Militärs übergab und sich wieder ins Privatleben zurückzog, ist nicht ganz klar; die Anfeindungen, welchen die fremde Gestalt des jüdischen Zivilisten im Kriegsministerium ausgesetzt gewesen war, mögen immerhin damit zu tun haben. Ein Mann, dessen Ratschläge und Warnungen man im Kreis der Machthaber sich anhörte, blieb er eine Zeitlang; in seinen Briefen aus jenen Jahren finden sich zahlreiche an Ludendorff, Bethmann, Seeckt, Moltke, und stets wurden sie mit höflichem Interesse beantwortet. Trotzdem sank er in der späteren Kriegszeit in die ihm gewohnte Einsamkeit zurück und nahmen seine Schriften und Briefe wieder den Ton der Kassandra an. Er warnte vor der wirtschaftlichen, das hieß der kriegerischen Macht Amerikas, die außer ihm kaum ein Dutzend deutscher Ratgeber richtig einschätzten; er kämpfte gegen die phantastischen Kriegsziele der Vaterlandspartei, er beklagte den schädlichen Widerstand, welchen die Konservativen noch immer der unvermeidlich gewordenen Demokratisierung der inneren deutschen Verhältnisse entgegensetzten. Übrigens vermied er das Wort Demokratisierung; er sprach vom „Volksstaat." Fast mehr als der Krieg interessierte ihn nun der kommende Friede. „Ich kann es nicht hindern," schreibt er, „daß meine Gedanken sich immer wieder der Schwierigkeit des Friedensschlusses zuwenden, die mir fast noch größer scheint, als die des Krieges. Die Hoffnungen auf Erwerb sind hier ins Maßlose gesteigert, jede Veränderung der Landkarte und jede Zahlung wird für möglich erachtet, und keine genügt der Unersättlichkeit der unverantwortlichen Beurteilung. Für meine Empfindung kann nur derjenige Frieden uns Nutzen bringen, der ein wirklicher Friede ist und unserer Politik eine neue und sichere Grundlage gibt ... Ich würde es als das größte Glück ansehen, wenn es uns gelänge, einen solchen Frieden mit Frankreich zu schaffen, der uns den Feind in einen Bundesgenossen verwandelte ..." Dazu war ein Sieg, wie ihn die Vaterlandspartei sich vorstellte, nicht notwendig und nicht einmal wünschbar, abgesehen davon, daß Rathenau die Unmöglichkeit eines solchen deutschen Sieges längst durchschaut hatte. Noch schlimmer aber mußte die deutsche Niederlage die Hoffnung auf einen dauernden, das hieß gerechten, schöpferischen Frieden zerstören. Das Verhängnis, das in dem überstürzten Waffenstillstandsgesuch vom Oktober lag, erkannte er sofort; die Artikel, die er dagegen schrieb, und in denen er eine letzte, buchstäblich totale Kriegsanstrengung forderte, sind zum Bestandteil der Rathenau-Überlieferung geworden. Im Kabinett des Prinzen Max von Baden wurden sie immerhin zur Kenntnis genommen. „Verspricht sich," so fragte der Reichskanzler den General Ludendorff, „die Oberste Heeresleitung einen ausreichenden Kräftezuwachs von der levée en masse, wie von Walther Rathenau in der ‚Vossischen Zeitung' empfohlen ist?" Ludendorff antwortete: „Nein. Ich verspreche mir trotz Menschenmangels von levée en masse nichts. Levée en masse würde mehr zerstören, als man ertragen kann." Aus dem Bedürfnis heraus, im Krieg den Frieden vorzudenken und die Erfahrungen des Krieges schöpferisch zu verarbeiten, ist 1916 Rathenaus reifstes Werk entstanden, das Buch „Von kommenden Dingen." Obgleich er danach noch sieben Jahre gelebt hat und dem ersten großen Entwurf noch manche ausführende Variation hinzufügte, obgleich er später noch einmal in den Strudel neuer, dringender, praktischer Probleme gerissen wurde und in ihm sich zugrunde richtete, wird man „Von kommenden Dingen" doch als seine ernsteste Botschaft an Mit- und Nachwelt, als eine Art Testament ansehen dürfen.

Das Buch handelt von der Wirtschaft der Zukunft und vom Staat der Zukunft, von materieller Produktion und, nebenher, von politischen Einrichtungen. Aber weder materielle Produktion noch politische Einrichtungen sind für Rathenau autonomer Zweck oder an sich schon Erfüllungen. Materielle Produktion soll helfen, den Menschen frei zu machen und sich Anliegen zu widmen, die nicht materieller Art sind. Daß Marx dies übersah, daß er von einem, wie er glaubte, korrekten Arrangement der Eigentumsverhältnisse sich die Lösung aller menschlichen Probleme erwartete und alle idealistischen Bestrebungen und alle die Wirklichkeit überschreitenden Fragestellungen verachtete, darin sieht Rathenau den Irrtum und die Schuld des Sozialismus marx'scher Prägung. Was die politischen Einrichtungen, die Fragen einer richtig aufgebauten Verfassung betrifft, so unterschätzt Rathenau sie vielleicht; er überschätzt sie keineswegs. Seien die rechte Gesinnung, der rechte Wille da, so lösten die Verfassungfragen sich von selber, unabhängig vom Buchstaben des Staatsrechts; seien sie nicht da, so nützte die beste Verfassung nichts. „Wenn das Gewissen des deutschen Volkes es wollte, so würde ohne Änderung einer Zeile des geschriebenen Rechts — einschließlich des preußischen Wahlrechts — jeder Wunsch des werdenden Volksstaates erfüllt. Denn dränge der Ruf nach Verantwortung und Freiheit, der diese Schrift erfüllt, durch tausend hellere Stimmen erfüllt und gekräftigt, so würde, allen materiellen Sonderinteressen zum Trotz, alles parteiliche Denken so stark ergriffen, daß, unabhängig von aller Geometrie und Arithmetik der Wahlen, die rechten Männer gefunden und die rechten Gedanken verwirklicht würden. Die

Parteien wären dann nicht mehr, was sie heute sind: Interessenprogramme mit phraseologischer Entschuldigung, sondern die natürlichen Gegensätze des Wie auf dem gemeinsamen Boden des Was." Parlamentarismus sei an sich weder gut noch böse; absolute Parlamentsherrschaft nicht einmal wünschenswert. „Wohl aber die Erziehung der Parlamente zur Wirklichkeit, eine Erziehung der Parteien zur realen Arbeit, zur Tradition und zu politischen Zielen, eine Erziehung des Volkes zur Politik und Selbstbestimmung." So lange diese fehlte, und ein vertrauensseliges Volk in fast widerstandsloser Lenksamkeit verharre, könnte kein Sieg über äußere Gegner ihm fruchten: „Ich glaube nicht an unser Recht an endgültige Weltbestimmung — noch an irgend jemandes Recht dazu — weil weder wir noch andere es verdient haben. Wir haben keinen Anspruch darauf, das Schicksal der Welt zu bestimmen, weil wir nicht gelernt haben, unser eigenes Schicksal zu bestimmen. Wir haben nicht das Recht, unser Denken und Fühlen den zivilisierten Nationen der Erde aufzuzwingen; denn welche auch ihre Schwächen sein mögen, eines haben wir noch nicht errungen: den Willen zur eigenen Verantwortung." Wenn Mut dazu gehörte, eben in dem Moment, in dem der unbeschränkte Unterseebootskrieg den ganzen Sieg bringen und die ausschweifendsten Herrschaftsträume verwirklichen sollte, einen solchen selbstkritischen Verzicht geltend zu machen, so gingen doch Rathenaus politische Forderungen nicht über das hinaus, was nachdenkliche Gesinnungsgenossen längst als Ziel gesetzt hatten und was wenigstens theoretisch auch die Billigung des Reichskanzlers Bethmann Hollweg besaß. Das stärkste Interesse des Buches liegt nicht hier. Es liegt im Wirtschaftlichen und im Moralischen.

Die Armut, die Verkrüppelung so vieler Menschenleben durch materielle Not, muß aus der Welt geschafft werden. Rathenau beschreibt diese Forderung mit einer gewissen Selbstverständlichkeit, fast mit Geringschätzung, so leicht erfüllbar scheint sie ihm: „Die Kosten eines einzigen Rüstungsjahres würden ausreichen, um die Blutschuld der Gesellschaft zu tilgen, die heute noch den Hunger und seine Sünden in ihrem Schoß duldet. Doch diese Aufgabe ist so einfach, so mechanisch, trotz ihrer herzzerreißenden Dringlichkeit, daß sie eher der polizeilichen als der ethischen Vorsicht zugeschrieben werden sollte." Dem Zentrum der Wert- und Zielfrage näher, schwerer, aber gleichfalls lösbar, ist die Aufgabe, die Klasse der Proletarier als Klasse zum Verschwinden zu bringen. Eine enterbte Unterschicht, der der Aufstieg praktisch versperrt ist, ist jetzt nicht mehr notwendig; weil sie nicht mehr notwendig ist, so darf sie nicht mehr sein. Beide Probleme, die Überwindung der Armut und die Abschaffung des Proletariats, sind nicht vom Begriff des Eigentums her zu lösen, wie Karl Marx es sich vorstellte. Die Frage, Staatsbesitz oder Privatbesitz, ist irrelevant; als Kapitalist könnte der Staat sich nicht anders verhalten als andere Kapitalisten auch, das heißt, er müßte dem Prinzip der Rentabilität folgen, oder aber er würde das wirtschaftlich Vernünftige willkürlich verfälschen. Nicht Eigentum, sondern Hebung der Produktion, richtige Verteilung des Sozialprodukts, Verbrauch, sind die Leitsterne der neuen Wirtschaft und über ihnen, ihnen erst ihren Sinn gebend, eine neue Wirtschaftsgesinnung; der Krieg hat gezeigt, wie schnell, wie vergleichsweise leicht die Produktion gesteigert werden kann. Jahre später, in einer Rede vor dem Reichsverband der deutschen Industrie, formulierte Rathenau: „Eine theoretische Grenze für die Leistungsfähigkeit menschlicher Arbeit und menschlichen Wirkens gibt es nicht." Keine theoretische Grenze; praktisch kann sie in unseren Tagen so weit getrieben werden, daß jeder in mäßigem Wohlstand leben kann. Dabei geht es nicht um Gleichheit, die gegen die Natur ist, sondern um eine Hebung des Verbrauchsniveaus der vielen, die allerdings, so meint Rathenau, mit einer Senkung des Verbrauchs der wenigen Hand in Hand gehen muß. Der Grundsatz, wonach verschwenderischer Luxus gut sei, weil er Geld unter die Leute bringe, galt in einer vorindustriellen Gesellschaft, er gilt nicht mehr in unserer. Der Staat muß ihn besteuern bis hart an seine Eliminierung, zumal, wenn es importierter Luxus ist; nicht zu fiskalischen Zwecken, sondern um die Produktion des Überflüssigen, des nur Scheinbaren, des Häßlichen zu behindern und den Strom der Arbeit in die rechten Kanäle zu lenken. Für Dienst an Volk und Wirtschaft muß es andere Belohnungen geben als grellen Aufwand. Es ist hier, wo Rathenaus persönlichste asketische Neigung sich geltend macht; hier auch, wo er Schlüsse aus der Erfahrung und seiner eigenen Leistung im Kriege zieht. Der Staat braucht nicht zu besitzen, aber er muß lenken. Er muß durch Einkommensteuern, Luxussteuern, radikale Erbschaftssteuern die Ballung großen, zumal unverdienten, persönlichen Reichtums hintan halten. Unermeßlich reich darf nur noch einer sein, der Staat selber, er wird künftig mit Milliarden, nicht mit Millionen, rechnen. Er muß, um diese neuen Ausdrücke zu gebrauchen, die Rathenau noch fremd sind, aber seine Sache treffen, Wohlfahrtsstaat, Kulturstaat, Wissenschaftsstaat sein und den Gelehrten wie den Künstler vom Zwang kommerzieller Nachfrage befreien. Was hierbei der Staat selber und was große Unternehmungen leisten, macht, wenn man Rathenaus Gedankengang folgt, im Grunde keinen Wesensunterschied. Denn die großen Unternehmungen selber werden öffentlichen Charakters sein. Sie werden nicht dem Staat gehören, aber auch nicht den Aktionären, die, so lange man sie nicht auskauft, gleichwohl eine bescheidene Rente erhalten mögen, sondern sich selber. Ihre Leiter werden dem Unternehmen dienen. Dafür gibt es die verschiedensten denkbaren institutionellen Formen; dafür ist vor allem eine neue Gesinnung notwendig, die Rathenau bei vielen seiner Kollegen bereits zu erkennen glaubt. „Soweit größere Privatunternehmer noch bestehen, haben sie sich längst gewöhnt, ihr Geschäft unter der objektiven Gestalt der Firma als ein selbständiges Wesen zu betrachten ... Daß es den Inhaber ernährt, ist, wo nicht Nebenwirkung, doch in den meisten Fällen nicht Hauptsache. Ein tüchtiger Geschäftsmann wird dazu neigen, seinen und seiner Familie Verbrauch mehr als nötig einzuschränken und der Firma reichlichere Mittel zur Erstarkung und Ausdehnung zuzuführen. Das Wachstum und die Macht dieses Geschöpfes ist des Besitzers Freude, weitaus mehr als der Ertrag. Die Habsucht weicht dem Ehrgeiz und der Schaffenslust." Auch hier, wie sehr er in einem späteren Aufsatz in das Detail der von ihm erdachten autonomen Unternehmungen ging, stellt Rathenau den Geist über die gesetzliche Einrichtung. Obrigkeitsstaat, Klassenstaat, feindliche Fremdheit der Klassen untereinander, werden aufhören, wenn Furcht und Verachtung aufhören. „Die Zeit lechzt in ihrem Innersten nach Selbsterkenntnis und Erlösung von eigener Härte." Das menschliche Herz ist im Grunde zart, fähig zur Güte, zur Hilfsbereitschaft, zum Dienst; verhärtet hat es die Erbschaft einer langen Geschichte; „einfühlende Menschenkenntnis führt nie zur Verachtung und nie zur Überhebung."

Soviel von den „Kommenden Dingen." Ich habe so manchen schönen, tiefen, ergreifenden Gedanken übergehen müssen, Seiten, welche die Wirkung des Buches vielleicht noch verständlicher machen als die große Linie der Gedankenführung. Das Werk wurde Rathenaus größter literarischer Erfolg. Nur blieb er wieder durchaus im Reich der Literatur. Einfluß auf die Gestaltung der Dinge gewann der Autor damals nicht, auch dann nicht, als sie seit dem November 1918 angeblich neu gestaltet wurden. Aus Pflichtgefühl hat er damals versucht, praktisch mitzumachen, aber ein „Demokratischer Volksbund," um dessen Gründung er sich bemühte, wurde zu nichts, seine Kandidatur für den Reichstag scheiterte, und auch die politische Partei, von der man ein Interesse für ihn und seine Ideen wohl hätte erwarten können, die sozialdemokratische, fragte nicht nach ihm; der rechte Flügel, weil er ihm zu radikal, der linke, weil er ein Kapitalist war. Enttäuschung, Kritik und wieder Kritik. Der Revolution von 1919 warf Rathenau vor, daß sie nichts gewesen sei als ein Zusammenbruch und dann eine Wiederherstellung, die Rettung der Ordnung. Daß sie im besten Fall erhaltend und respektabel, aber unschöpferisch und ideenlos gewesen sei. Der Ton seiner Schriften wurde bitter und schrill, der seiner Briefe manchmal gekränkt und hochfahrend, manchmal wie lebensmüde.

Wie er dann, zwei Jahre später, doch noch in ein verantwortliches Amt kam dank der Bewunderung, die ein einzelner Politiker, der Reichskanzler Wirth, für ihn empfand, wie er glaubte, seine Reputation im Ausland, seine Wirtschaftskenntnisse und Weltkenntnisse dem Lande noch einmal zur Verfügung stellen zu müssen, als Minister für Wiederaufbau zuerst, dann als Außenminister, wie er auf der Höhe wütender innerer Kämpfe und chaotischer, vergifteter äußerer Verhältnisse das Banner der Vernunft in seinen ermüdeten Händen trug, bis der Mord auf der Königsallee allem Denken, allem Mühen, allem schönen Reden ein Ende machte, das gehört der allgemeinen Geschichte noch mehr als der Biographie an. Außenminister war er knapp ein halbes Jahr, und über die Frage, ob er sich auf die Dauer in dieser Position bewährt hätte, zu spekulieren, wäre müßig. Was ihn ehrt, ist, daß er, der Kritiker, der Philosoph, sich stellte und zur Tat bereit war, als das Angebot an ihn erging, unter so furchtbar schweren Bedingungen, des Hasses, der gegen ihn wühlte, sich wohl bewußt. Im Sinne der „Kommenden Dinge" zu wirken, hatte der Minister wenig Zeit und Kraft übrig. Aber Kontinuität zwischen der Denkarbeit, die er in Jahrzehnten geleistet hatte, und der Außenpolitik, die er nun zu führen versuchte, ist doch erkennbar. Was er wollte, war, die Außenpolitik auf das Niveau der Wirtschaft, und das hieß ihm immer, auf ein vernünftiges Niveau zu heben. Denn die Wirtschaft, so heißt es in einer seiner Reden aus der Ministerzeit, ist das Vernünftige, das Reich des rationalen Handelns und Kompromisses, eben des Geschäftes unter vernünftigen Menschen; während Politik ohne Wirtschaft irrational und atavistisch, während sie das Reich des blinden Herrschaftstriebes, der Furcht und des Hasses ist. In diesem Sinn hoffte er selbst den Unfug der Reparationen wirtschaftlich fruchtbar machen zu können. Ein Strom von Waren sollte von Deutschland aus nach Frankreich und Belgien fließen und würde zu fließen nicht aufhören, auch dann, wenn es keine

Reparationen mehr zu bezahlen galt. Sein Lieblingsplan galt einem europäischen, einem französisch-deutschen Consortium für den Wiederaufbau Osteuropas; weil etwas Nützliches gemeinsam zu unternehmen der beste Weg zu Einverständnis und Frieden sei. Gute Ideen; wenn wir das gut und richtig nennen dürfen, was für alle Beteiligten sich wohltätig ausgewirkt hätte, wofür aber keiner sich im Ernst reif und bereit zeigte. Ideen, die ein Vierteljahrhundert zu früh kamen, während es für ihren Vorkämpfer nun sehr spät geworden war.

Ich habe hier von Rathenaus literarischem Lebenswerk nur einen äußerst fragmentarischen Begriff geben können. Fragen wir, was seine Ratschläge taugten und wie sich die Wirklichkeit unserer Tage zu ihnen verhält, so ist offenbar, daß vieles, was er ersehnte und voraussagte, sich seither erfüllt hat. Von den Funktionen, die Rathenau ihm anvertraut wissen wollte, hat der Staat die meisten übernommen. Nicht alle. Tatsächlich ist Rathenaus Denken über den Staat kein eindeutiges gewesen. Mit seinem Glauben an die Autonomie der Wirtschaft und des Geistes stritt seine deutsche, seine altpreußische Verherrlichung des Staates als des Hortes von rechtem Wissen und rechtem Befehl. Jedenfalls ist der Staat heute so unermeßlich reich, wie Rathenau ihn sehen wollte, und ist es allein. Auch privater Reichtum ist eine öffentliche Sache geworden; es hängen ihm Verpflichtungen an, wenn nicht gesetzlicher dann moralischer Art, die ihm früher fremd waren. Von der Verschwendung, die Rathenau geißelte, mag noch etwas da sein, aber die verwandelte Gesellschaft hält sie eng umschränkt. Man kann glitzernde Ware kaufen, aber nicht mehr ein halbes Dutzend Lakaien in seinen persönlichen Dienst nehmen. Wer noch ein Schloß bewohnt, tut es unter Opfern, um die Tradition der Väter aufrecht zu erhalten; er wäre in einer bescheidenen Villa komfortabler daran, und meist muß er den Großteil des Schönen, was er besitzt und pflegt, der Öffentlichkeit zugänglich machen. Er muß es, nicht weil der Staat ihn dazu zwänge, wie Rathenau wohl gelegentlich forderte, sondern weil die Gesellschaft sich so entwickelt hat. Die allgemeine Wohlhabenheit erlaubt die exklusive Selbstdarstellung großen Reichtums nicht mehr. Die Klassen und ihre Hierarchie sind zu verschwinden im Begriff, alte Machtzentren aufgelöst, die Macht neu verteilt und ungleich verstreuter als im ersten Drittel des Jahrhunderts. Klassenhaß und Verachtung sind nicht mehr. Was es an materieller Not noch gibt, und freilich gibt es sie noch, wird man als ein schwindendes Überbleibsel ansehen dürfen; das arge Hauptproblem, das Armut einmal war, ist sie bei uns nicht mehr. Die Steuerung der Produktion durch den Staat mit dem Ziel, Arbeitsverschwendung und die Aufstachelung irrealer Bedürfnisse zu vermeiden, ist nicht überall dieselbe. Etwa scheint sie in Frankreich akzentuierter als in Deutschland, in den Vereinigten Staaten ist sie nicht existent. Übrigens könnte es sein, daß Rathenau gerade in dieser Frage an der werdenden Wirklichkeit vorbeidachte, nicht bloß, weil er die Möglichkeiten industriellen Wachstums sehr hoch, aber immer noch nicht hoch genug einschätzte und von der Mangel-Erfahrung des Krieges nie mehr ganz loskam, weil hier sein eigenes wirtschaftliches Denken im Widerspruch zu seinem moralischen, wertenden stand. Als Industrieller hoffte er auf Produktion und Mehrproduktion, als Moralist, als Ästhetiker verachtete er materiellen Wohlstand über eine gewisse bescheidene Grenze hinaus, jenseits derer er dem Menschen nicht notwendig sei und nicht gut tue. Wohin sollte denn aber all die gesteigerte Produktion gehen, wenn nicht in Verbrauch und Mehrverbrauch, wenn nicht nach Befriedigung der notwendigsten Bedürfnisse in jene von weniger oder gar nicht notwendigen? Lebte Rathenau heute, so würde ihm manches im Bilde der abendländischen Gesellschaft mißfallen, unter anderem eben die Aufwendigkeit des äußeren Lebens. Aber liegt dies nicht in der These begründet, die er selber so leidenschaftlich verfocht: jener, wonach der Produktivkraft der Wirtschaft theoretisch keine Grenze gesetzt sei, und wonach sie praktisch weiter und weiter getrieben werden müsse? Indem Rathenau Möglichkeiten bewußt machte, hat er, auf die schwebende, ungreifbare Art, die der Literatur eignet, zu ihrer Verwirklichung beigetragen. Freilich kommen die „Kommenden Dinge" immer anders als auch der Hellsichtigste sie kommen sah. Es ist auch die Frage, inwieweit Rathenau mit seinen Voraussagen recht behielt, für den Wert seiner Leistung nicht entscheidend. Wer nur recht behalten will, der tut am besten, Schlimmes und Dummes zu prophezeien. Das trifft am häufigsten ein. Darum sind die Schlechten und Dummen oft die Gescheitesten, eben weil sie selber Fleisch vom Fleisch des Schicksals sind, das uns trifft. Nicht, recht zu behalten, sondern das Rechte zu wollen, bezeichnet den guten Volksberater. Die Dinge haben eine Tendenz nach unten. Menschen, die sie empor denken, werden immer benötigt; sind es solche, die gleichzeitig mitten drinnen stehen, zugleich Praktiker und Philosophen sind, so erhält ihre Stimme gesteigerte Autorität.

Es ist, meine ich, in diesem Sinn zu bedauern, daß es uns an Schriftstellern vom Schlage Rathenaus neuerdings fehlt. Wer heute über Wirtschaft, Politik, Gesellschaft schreibt, bei uns und in Amerika, der tut es meist als ein bloßer Sammler von Beobachtungen; Tendenzen werden festgestellt, nichts gewertet. Daß Gutes, oder doch Stimmiges, Zeitgemäßes und darum niemals zu Beklagendes weiterhin dabei herauskommen wird, setzt man als selbstverständlich voraus. Manchmal wird die neueste, die noch zu erwartende Entwicklung des Menschen studiert, als handelte es sich um die Mutation eines fremden Tieres, nicht die eigenste Sache, nicht die Sache, die so werden kann oder anders. Von Gesinnung, von moralischer Anstrengung ist selten die Rede, außer im Machtpolitischen, einer Sphäre, von der eine moralisch wohltätige Wirkung kaum ausgehen kann; und gerade in ihr wird mehr und mehr der Mathematik, den rechnenden Maschinen anvertraut, was früher die Entscheidung verantwortlicher, freier Menschen war. Mathematisch berechnet man die Wahrscheinlichkeit des Krieges; mathematisch die wahrscheinliche Zahl der Toten im Krieg, so als handle es sich um eine Spezies Ameisen. Das mag alles sehr notwendig sein, ich weiß es nicht, aber Humanismus ist es nicht mehr. Versuche einer denkenden, zielsetzenden Zusammenfassung werden kaum gemacht; vielleicht, weil die Wirklichkeit, in der wir leben, zu dicht geworden ist und in ihren guten wie in ihren furchtbaren Potenzen über jede Phantasie hinausgeht, während früher die Phantasie über jede Wirklichkeit hinausging. Unbehagen und Angst, über die andererseits soviel geschrieben wird, stehen damit in Zusammenhang; das Gefühl, daß es so, wie es ist, nicht bleiben kann, wird beängstigend gerade da, wo niemand es übernimmt, zu bestimmen, wohin die Reise geht, gehen kann, gehen soll.

Walther Rathenau hat das zeit seines Lebens mit ganzem Einsatz versucht. Er hat dabei sorgfältig unterschieden zwischen dem Unvermeidlichen, was er die „universale Mechanisierung" der Menschheit nannte, ihre Verflochtenheit zu einer einzigen, bitter kämpfenden, dennoch solidarisch für die Zukunft sorgenden Zwangsorganisation, und dem, was Freiheit noch tun oder verfehlen könnte. Hier liegt der Unterschied zwischen ihm und Propheten wie Oswald Spengler, die nur das Unvermeidliche sehen wollten, aber nicht die Wahl, die blieb. Und eben darum darf man ihn, nimmt man alles in allem, einen guten Berater seiner Zeit nennen. Es war recht, daß er sich in das Getriebe der Wirtschaft und Politik stürzte, anstatt in friedlicher Philosophenklause zu bleiben. Es war recht, das Heil da zu suchen, wo das ganze Heil nie sein kann und wo so sehr viel Unheil ist, immer war, immer sein wird, eben dort, wo hart im Raum sich die Sachen stoßen, im Reich der Politik. Es war gut, daß er wenigstens versuchte, die Aufgaben seines Zeitalters denkend zusammenzufassen und Ziele zu setzen, über die Not und Opportunitäten des Tages hinaus. Wenn er dabei zu seinen Lebzeiten verlor, so gilt von ihm, wie von so vielen Gutwilligen in der Geschichte, der orakeltiefe Satz, den der Engländer William Morris sich einmal niederschrieb: „Männer kämpfen und verlieren die Schlacht, und die Sache, für die sie kämpfen, setzt sich durch, trotz ihrer Niederlage und ist, wenn sie kommt, doch nicht das, was jene meinten, und andere müssen für das, was jene meinten, unter einem anderen Namen kämpfen."

GOLO MANN

WIR

KOMMT ES EINMAL ANDERS ...

Kein Mensch will beim Geldverdienen gestört sein; noch zehn Jahre, so ist er reich, solange wird es halten, alles andere später. Politik? Mögen Fachleute und Arbeitslose sich drum kümmern, wenn nur die Konjunktur bestehen bleibt. Krieg? Wir haben vierzig Jahre Frieden gehabt und wollen keine Abenteuer. Verfassung? Diejenige ist die beste, welche die Geschäfte nicht gefährdet, gute Polizei übt, die Arbeiter im Zaum hält und wohlhabenden Bürgern verdiente Ehren zugänglich macht.

Kommt es einmal anders, verflauen die Geschäfte, wachsen die Lasten, treten politische Rückschläge ein, so wird auch in Preußen der Bürger kritisch, denn er steht auf der Seite des Erfolges. Heute fürchtet er Gott und den Sozialismus, über Nacht lernt er andere Ängste.

Nicht von der Arbeiterschaft drohen uns Gefahren, denn dem heutigen Sozialismus fehlt die Kraft positiver Ideen. Zwei andere Angriffskräfte werden die preußische Staatsauffassung erschüttern: Mangel an führenden Geistern und ungleiche Verteilung der Lasten; beide entspringend aus dem einstmals so bewährten Aristokratismus der Verwaltung. Die Zeitläufte ähneln in seltsamer Weise der Epoche Friedrich Wilhems II. Möge es diesmal keiner schweren Erschütterungen bedürfen, um das innere Gleichgewicht herbeizuführen.

1912

aus: Politische Auslese

Kultur, eine Wohlstandsfrage. Deutschlands heutige Kulturkrise: die neuen Einkommen von 20 000 Mark.

Undatiertes Fragment

EIN KAPITEL DER ARBEITSERSPARNIS

Mir scheint, es wird viel zu viel bei uns prozessiert. Mein Gegenüber, Exzellenz Dernburg, wird sich besser erinnern als ich, wieviel Prozesse damals in Südwestafrika zwischen 2000 Weißen schwebten: es waren wohl etwa 6000; somit hatte jeder Kolonist im Durchschnitt drei Prozesse laufen. Es ist in Deutschland vielleicht nicht ganz so schlimm, vielleicht aber auch nicht sehr viel besser. Es braucht nicht so viel prozessiert zu werden, denn es wird in anderen Ländern nicht so viel prozessiert; doch wenn schon so viel prozessiert wird, so sollte nicht so viel geschrieben und geurteilt werden. Nun kann man sagen, die absolute Gerechtigkeit könnte darunter leiden. Da möchte ich den Herren folgendes zu bedenken geben: Wir finden, wenn wir die Urteile zweier Instanzen vergleichen, daß in der Regel das der zweiten Instanz anders ist als das der ersten, und das der dritten anders als das der zweiten. Hätten wir in Deutschland eine vierte Instanz oder nur eine zweite, so wäre somit wahrscheinlich ein großer Teil der Erkenntnisse umgekehrt so wie er jetzt ist: das heißt, die ewige Gerechtigkeit hat mit diesen Sachen weniger zu tun als die Zahl der Instanzen, also eine reine Prozeßeinrichtung. Daraus geht hervor, daß auch diese Einrichtung keine absolute ist, sondern daß die Frage ernste Aufmerksamkeit verdient: Wie kann man es erreichen, daß der Deutsche weniger prozessiert und seinen Richtern und Advokaten weniger Arbeit macht?

Rede 1916

aus: Probleme der Friedenswirtschaft

EIN RÜCKBLICK

Wir Älteren hatten keinen Grund, die Epoche unserer Jugendjahre zu preisen. Politisch herrschte der Kampf gegen den Sozialismus in der Form einer liberal aufgeklärten Reaktion, geistig die sogenannte exakte Wissenschaft, wirtschaftlich der beginnende Hochkapitalismus, gesellschaftlich die bürgerliche Streberei. Das Reich und die Großmacht war begründet, einen Schritt darüber hinaus gab es nicht; das Bestehende hatte recht, wer Einwände erhob, bekam es mit Bismarck zu tun oder mit dem Satz von der Erhaltung der Kraft oder mit den „besseren Ständen". Alle Gebiete des Lebens überschattete die Autorität des unbestrittenen sichtbaren Erfolges, sogar die Kunst fand es selbstverständlich,

Urteil und Rat vom bereicherten und kaufenden Bürger und der gebildeten Hausfrau zu empfangen. Die Jugend, soweit sie nicht als verderbt galt, fügte sich den genehmigten Idealen, ja überbot sie; der oberste der genehmigten Begriffe war die Karriere. Der wachsende Staat verlangte Beamte, das heißt Juristen, die Laufbahn verlangte gesellschaftliche Garantien, das heißt studentische und offiziermäßige Korporation. Die Vorbilder wirtschaftlichen Aufstiegs waren noch vereinzelt und nicht so machtgesteigert, um zu verlocken, der Wissenschaftsbetrieb hatte eine gesonderte Aufstiegsordnung, in der ein umfangreiches Assistentenwesen und Einheirat eine gewisse Rolle spielten.

Jugendlicher Drang, von freier Tat ferngehalten, halb freiwillig, halb unbewußt in das ungeistige, unfromme, phantasielose Joch der Autorität und Streberei gezwängt, schuf ein Zerrbild, so unerfreulich wie kaum eines seit der Zeit des lanzknechtlichen Hosenteufels, des altmodischen Bramarbas und des bezopften Renommisten: den Patentscheißer. Aufgeschwemmte Burschen, schnöde und zynisch im Auftreten, mit geklebtem Scheitel, gestriemten Gesichtern, Reiterstegen an den gestrafften Beinkleidern, schnarrender Stimme, die den Kommandoton des Offiziers nachahmte. Den Hochschulbetrieb verachteten sie, die kümmerliche Prüfungsreife erlangten sie durch sogenannte Pressen, ein feindseliges und herausforderndes Wesen trugen sie zur Schau, außer wenn es sich um Konnexionen handelte, ihre Zeit verbrachten sie mit Pauken, Saufen und Erzählen von Schweinereien. Solche Gestalten wurden geduldet, ja anerkannt; sie waren bestimmt, zu denen zu gehören, die das Volk regieren, richten, lehren, heilen und erbauen. Gewiß, es gab auch zahlreiche andere Vertreter der akademischen Jugend, vor allem die, deren Mittel zur Erreichung dieser Stufe nicht langten; doch meine Befürchtung, daß die Generation der achtziger Jahre uns den Ausfall einer geistigen Ernte im öffentlichen Leben kosten würde, hat sich erfüllt.

In den Formen des ländlichen und kleinbürgerlichen Lebens haben wir uns stets bescheiden, sicher und würdig bewegt. Für gesteigerte bürgerliche Lebensform ist ein gültiges neuzeitliches Vorbild in Deutschland nicht geschaffen worden. Der kleinere Adel blieb gutsherrlich, patriarchalisch, stadtfeindlich, der größere international und abgesondert. Der Soldatenstand ließ nach außen nur einen kühlen Schliff erkennen, der zu brutal übertreibender Nachahmung verführte, das Beamtentum, wirtschaftlich gedrückt und stolz verzichtend, machte in seinen Formen die Abwehr fühlbar, die ein Leben in unterordnenden und spaltenden hierarchischen Gepflogenheiten bedingt. Patriziat und alter Reichtum, in Deutschland selten und versprengt, fand in sich kein Gleichgewicht und drängte zum Adel und Hof.

aus: An Deutschlands Jugend Juli 1918

DAS POLITISCH RICHTIGE

Wir stecken tief in der Phrase; doch nicht in der enthusiastischen, berauschenden, sondern in der pedantischen Phrase der Wissenschaftlichkeit.

Das wäre nicht so schlimm, wenn die Wissenschaftlichkeit nicht unduldsame Ausschließlichkeit beanspruchte. Was nicht historisch abgeleitet ist, wird als Rationalismus und Spekulation abgetan. Was nicht gutachtlich durch völkerkundliche Züge beglaubigt ist, gilt als wurzellos. Was nicht auf der Mittellinie zwischen genehmigten Ismen liegt, wird abgelehnt, weil behauptetermaßen die Entwicklung sich nur in Diagonalen bewegt.

Jede Definition wird als falsch nachgewiesen. Immer sind Gesichtspunkte übersehen.

Woran liegt das alles? Weil Handeln und Wissen zwei verschiedene Sprachen reden. Das Richtige und Wahre sind zwei verschiedene Dinge. Das Richtige ist bestenfalls einleuchtend, aber nie beweisbar.

aus: Von Wahl und Volksvertretung September 1918

REVOLUTION DER VERANTWORTUNG

Sehr wenig nur sind wir von dem verschieden, was wir bis 1914, nein bis 1918 waren. Nie hat es ein Volk gegeben, das, zur Weltherrschaft völlig ungeeignet, sich so maßlos von Machtgedanken fortreißen ließ, so urteilslos an die Füße seiner Herren geschmiegt, von Mechanik, Waffenglanz und prussoslawischer Schneidigkeit umnebelt, sich gleichzeitig Dienerfreuden und Herrenlüsten hingab und jeden Befehl des uniformierten Machtphilisters vollführte. Und als der Haufe Schaum und Lüge platzte — gab es je ein zweites Volk, das so ohne Scham und Gram den Sturz in Wehrlosigkeit, Schmach und Verachtung, in Selbstauflösung, Unwürde, Bettelhaftigkeit und Unfreiheit ertrug und der Toten vergessend Feste feierte?

Sind wir so verächtlich, so müssen wir von der Erde vertilgt werden. Wer aber sein Volk im Innersten lieb hat und im Innersten begreift, der wird aus dem zwiefachen Unwesen nicht doppelte Verdammung folgern, sondern Freispruch. Vor dem Sturz war der brüllende Servilismus zuoberst, nach dem Sturz der zynische. Die Seele des Volkes lag in schweren Träumen, machtlos sich der Gifte zu erwehren, zu stark um zu erliegen.

aus: Kritik der dreifachen Revolution

Juni 1919

ZUM KRIEG

EIN WORT ZUR LAGE

Sechs Mächte verabscheuen und fürchten den Weltkrieg und wissen dennoch nicht, wie sie sich seiner erwehren sollen. Vier von diesen Mächten sind sachlich an der Streitfrage uninteressiert; zwei haben ein Interesse. Man mag über den panslawistischen Anspruch denken wie man will, Rußland ist von Serbien als slawische Vormacht bisher anerkannt worden, es verliert diese Stellung, wenn es seinen Schützling in der Gefahr aufgibt. Das österreichische Interesse besteht, denn der Krieg gegen Serbien hat begonnen. Ob ein Krieg die Kraft hat, chauvinistische Wühlerei im besiegten Lande verstummen zu lassen, kann nach unsern Erfahrungen mit Frankreich bezweifelt werden; aber diese Frage steht nicht mehr zur Erörterung, wenigstens nicht bei uns.

Zwischen Österreich und Rußland bestehen Verhandlungen, von denen der Weltfriede heute abhängt. Österreich hat durchblicken lassen, daß der Landbesitz Serbiens nicht versehrt werden soll. Will man die politische Unabhängigkeit des Landes vernichten? Dann würde Rußlands tatsächliche Machtsphäre verringert, und der Krieg wäre schwer vermeidbar.

Das Fortbestehen der Verhandlungen läßt vermuten, daß Österreichs Absicht so weit nicht geht. Es scheint sich um Forderungen zu handeln, die der Gedankenreihe des Ultimatums entsprechen.

Die Reichsregierung hat keinen Zweifel zugelassen, daß Deutschland unerschütterlich seiner alten Bündnistreue folgt. Ohne den Schutz dieser Treue konnte Österreich seinen Schritt nicht wagen. Deutschlands Regierung und Volk haben den Anspruch, zu wissen, welche Wünsche Rußland ausspricht und Österreich ablehnt. Eine Frage wie etwa die, ob österreichische Kommissare bei den serbischen Umtriebsermittlungen mitzuwirken haben, ist kein Anlaß für einen Völkerkrieg. Die Politik Metternichs, in allen erreichbaren Staaten Überwachungskommissionen unter österreichischer Führung gegen Umtriebsgefahr einzusetzen, gehört der Vergangenheit an und kann auch in der Monarchie nicht mehr beliebt werden.

Verlangt dagegen Rußland das Arbitrium über die Entschlüsse einer Dreibundsmacht, sich bei benachbarten Nationen ihr Recht zu holen, so ist ein politisch unerträglicher Weltzustand geschaffen, der uns das Recht und die Pflicht gibt, an Österreichs Seite für ein würdiges Ziel zu fechten.

> Geschrieben am 29., veröffentlicht am 31. Juli 1914 im Berliner Tageblatt

AN STEFAN ZWEIG

Berlin, 24. 10. 1914

Mein lieber und verehrter Herr Zweig!

... Ich könnte nicht leben, wenn ich mir nicht eine Tätigkeit geschaffen hätte, die mir einen Feldzug auf eigene Hand ermöglicht — den Feldzug der Rohstoffe. Hinter der Front zu stehen und Ansprachen zu halten, ist Sache der Geistlichen und Professoren; ich kann ihr nicht genügen. ...

Ihr
W. Rathenau

AN FANNY KÜNSTLER

Berlin, 6. 9. 1914, nachts

Liebes Fräulein Künstler!

Die einzige Möglichkeit, vor der Übergewalt der Zeit sich aufrecht zu erhalten, ist die Hergabe aller Kräfte. Die Allgemeinheit des Gedankens muß schweigen; so wie das Blut der Nation vom Herzen forteilt und in die Glieder strömt, die ringen, so muß die Kraft des Einzelnen sich ausströmen in Tätigkeit. Da ich nicht in der Front stehen kann, ist mir wenigstens Arbeit beschieden. Ich habe eine neue Abteilung im Kriegsministerium zu organisieren, die ihre Arme schon über Belgien und Frankreich ausstreckt, wenn auch ihr Leistungsgebiet kein politisches, sondern ein wirtschaftliches ist. Dieses quantitative Arbeitsmaß geht zu meiner Freude

bis an die Grenze meiner Kräfte und meiner Tageszeit; zwischen
Schlaf und Arbeit liegt nur noch eine halbe Stunde Musik.

Herzliche Grüße
Ihr WR.

Verehrte Freundin! Berlin, 1. 11. 1914

... Lang und unerträglich ist mir nur diese Kriegszeit, sie läßt uns altern. — Heute ist der erste ganz freie Sonntag-Nachmittag, ich habe keine Papiere mitgenommen und schreibe keinen Bericht. Gegen Sonnenuntergang kam ich heraus; ich ließ den Wagen noch eine halbe Stunde in den Nebel des Waldes fahren. Nach Lichterfelde zu standen noch ein paar junge Eichen in gelbem Laub auf gelbem Teppich, dann kamen Birken und freies Feld, stille Häuser und Dunkel. — Und dieses liebe Land blutet aus allen seinen Adern, und keiner von uns kann heilen und stillen.

Über diesem offenen Schmerz aber liegt noch ein dumpfer, verborgener, der alles in mir betäubt. Wir müssen siegen, wir müssen! und haben keinen reinen, ewigen Anspruch. ...

Das Volk trägt seine Verantwortlichkeit nicht, und ist doch dazu verpflichtet. Nun muß es die Fehler seiner Herren mit seinem Blute abwaschen und glaubt treuherzig, das sei von Gott gefügt. Ich weiß, daß dieses Volk von seinem Gotte nicht verlassen wird, auch in seinem Irren; aber mild wird es nicht auf den rechten Weg gewiesen.

Wie anders war der Anspruch auf Einheit, der 1870 bekräftigt wurde! Wie anders war die Forderung der Existenz von 1813!

Ein serbisches Ultimatum und ein Stoß wirrer, haltloser Depeschen! Hätte ich nie hinter die Kulissen dieser Bühne gesehen! Dann könnte ich den Unsinn der Zeitungen ertragen und schlafen. ...

Ich grüße Sie herzlich
Ihr R.

AN MAJOR V. DIEGELSKY Berlin, 19. 5. 1916

Daß die Rohstoffversorgung einwandfrei funktioniert, wirkt an vielen Stellen peinlich; ich habe zu Kriegsbeginn dem Minister vorgeschlagen, die Lebensmittelversorgung gleichzeitig in die Hand zu nehmen, was er aus Ressortbedenken ablehnte. Wäre es damals geschehen, so brauchten wir uns manche Sorgen nicht zu machen, denn die ganze Schwierigkeit liegt darin, den verlorenen Zeitvorsprung auszugleichen. Heute ist die ganze Maschinerie festgefahren, damals konnte sie Stück für Stück aufgebaut und in Betrieb gesetzt werden. . . .

AN LEOPOLD ZIEGLER

Freienwalde, 28. 7. 1917

Auch ich stelle die feindlichen Nationen nicht hoch, am wenigsten ihre Führer . . . Aber in diesem Kriege haben sie eines vor uns voraus. Wir wissen noch heute nicht, wofür wir kämpfen. Wir kämpfen einfach, weil es befohlen ist, und werden kämpfen, bis man den Befehl zum Frieden gibt.

Die andern kämpfen, soweit sie einen Willen haben (viele Franzosen und Russen kämpfen gleichfalls gezwungen), gegen diese Auffassung und gegen die Autokratie, die sie dafür verantwortlich machen. Frankreich hat sich überdies übernommen und kämpft um seinen Zusammenbruch. Wir werden im Sinne einer hohen Weisheit an dem Punkte getroffen, wo wir versagen. Gelingt es diesem Kriege nicht, eine deutsche Verantwortung zu schaffen, so war er vergebens. Um Ministerposten für bevorzugte Parlamentarier sind diese Opfer zu schwer.

REDE AN SEINEM 50. GEBURTSTAG

29. 9. 1917

Dieses geistige Deutschland lebt, es lebt in Ihnen, und es lebt in einigen anderen, und es sieht so ganz anders aus als das Deutschland, von dem man hört und von dem man spricht. Das kriegerische Deutschland ist stark und groß, das wirkende Deutschland leistet Gewaltiges. Aber die Keimzelle, die zarte Pflanze, die einmal als Riesenbaum unsere Zukunft überdachen soll — dieser eigentliche Kern des innersten Lebens unseres deutschen Geistes, findet sich nicht immer da, wo die Trompete der Fama den Eingang und den Ausgang bläst.

Wenn wir aber in unsere Zukunft sehen, so werden es nie die großen Ereignisse der Sichtbarkeit sein, die unser letztes Schicksal besiegeln. Wir sind so erblindet, wir sind so erstumpft von unendlichen Bildern, daß wir heute starr auf wenige Begriffe blicken, und immer wieder auf die gleichen, und meinen, in ihnen den Kern unserer Zukunft zu sehen; wir meinen, daß von diesen Begriffen, die wir aufzählen können, das neue Reich ausgeht, von dem wir träumen, an das wir glauben und das wir wissen. Was sind Friedensverträge? Der Friedensvertrag, mag er so glänzend sein wie er will, er mag einen Moment das Glück entfesseln, aber unsere echteste, letzte Zukunft wird aus Papieren nicht entstehen; sie wird nicht einmal entstehen aus großen Taten zu Lande und zur See, obwohl wir die in der Tiefe unseres Herzens bewundern, und obwohl wir wissen, daß sie Unvergängliches beitragen zu der Größe und dem Ruhm des Landes. Aber das letzte, das eigentlich Keimende, entsteht nicht aus Kriegen, das entsteht nicht aus Siegen, das entsteht nicht aus Katastrophen, das entsteht nicht aus Papieren, das entsteht nur aus dem Geiste und geht in den Geist, das entsteht aus dem, was Menschenform trägt, und aus nichts, was leblos in Händen liegt. ...

Das, was geschaffen wird, wird im Innersten geschaffen, und es heißt wie damals, im Jahre 1815, und wie damals im Jahre 1807: es heißt das Abtun des Unrechts um uns, außer uns, in uns!

FRIEDENSWEGE

Der Krieg ist stationär geworden. Alle besetzten Gebiete werden gehalten, und die Anstrengungen, die gegenwärtigen Grenzlinien zu ändern, erfordern unverhältnismäßig Opfer und unmenschliche Kämpfe. Alle Nationen wissen, daß jeder Tag des Kampfes unwiederbringlich ihre materielle Zukunft schwächt, und auch die nichtbeteiligten Staaten werden unter der Verarmung Europas schwer zu leiden haben. Die Ergebnisse der kommenden Kriegsjahre werden unvergleichlich kleiner sein als die der vergangenen, ihre Schädigungen unvergleichlich größer; denn wenn eine gewisse Grenze menschlicher und materieller Verluste überschritten ist, verwandelt sich die Rekonvaleszenz in ein chronisches Siechtum. Es ist deshalb der größte und frivolste Fehler in diesem Kriege, wenn irgendeine Nation von sich behauptet, daß die Zeit für sie arbeitet; die Zeit arbeitet gegen alle.

Ich wage zu behaupten, daß der Friede, der im Jahre 1918 oder 1922 oder 1930 geschlossen werden wird, genau der gleiche sein wird, wie er im Jahre 1916 geschlossen werden würde, wenn die Mächte sich entschlössen, in erste Verhandlung zu treten. Fast alle Mächte haben erklärt, daß Sicherung gegen künftige Konflikte ihr hauptsächliches Ziel sei; verschieden sind die politischen Grundlagen, die sie sich für die Erreichung dieses Ziels wünschen; an wechselseitige Vernichtung glaubt und denkt kein ernsthafter Staatsmann.

Der deutsche Reichskanzler hat auf der Grundlage einer reinen und ausgesprochenen Sicherungspolitik zweimal den Frieden angeboten; England hat dies Angebot bisher nicht angenommen. England hat nicht einmal den Versuch gemacht, durch Verhandlungen festzustellen, wieweit sich die Auffassungen Deutschlands hinsichtlich künftiger Friedenssicherungen von seinen eigenen Auffassungen unterscheiden. Englands Staatsmänner übernehmen, falls sie auf ihrem Standpunkt bleiben, die Verantwortung dafür, daß die künftigen Kriegsjahre eine Änderung der Lage bringen, die den unerhörtesten Opfern, die je die Menschheit gebracht hat, entspricht.

Bestätigt sich meine Ansicht, daß die Zeit für niemand arbeitet und daß der Frieden vom Jahre 19xy der gleiche ist wie der von 1916, so ruht die Schuld zum mindesten der zweiten — und vielleicht längeren und härteren — Kriegshälfte auf Englands Schultern.

Meiner Meinung nach sollten Privatleute von internationaler Erfahrung und internationalem Ansehen ohne Auftrag auf eigenen Antrieb sich begegnen, um festzustellen, ob die Ansprüche ihrer Nationen wirklich so unüberbrückbare Gegensätze darstellen, um die Vernichtung und Schädigung von jährlich fünf Millionen Menschenleben und die Ausgabe von jährlich mehr als hundert Milliarden europäischen Vermögens auf unbestimmte Zeit zu rechtfertigen.

17. Juli 1916

Politische Aufsätze

KRIEG

Was wir erleiden, ist die furchtbare Konsequenz der Sinnlosigkeit, die selbstgeschaffene Hölle. Nicht eine verantwortungsvoll lebendige Seele will das Leiden, und jede ist verflucht, wissentlich und willentlich, in Duldung und Haß, in Widerstreben und Furcht das Leid des anderen und das Leid der Welt zu mehren. Jeder, der lebt, und wenn er nur sein tägliches Brot verzehrt, ist mitschuldig, schädigt und tötet, keiner kann sich dem Geißeltanz entziehen, je heißer er blutet, desto wilder muß er schlagen. Keiner weiß den Sinn, keiner den Grund, keiner den Zweck, es bleibt ihm als Trost nur der selbstentfachte Haß und die zitternde Empörung über die Schlechtigkeit des anderen. Niemand sieht den Ausweg, denn wem es schlecht geht, der kann nicht beenden, und wem es gut geht, der wird gezwungen, seine Forderung zu steigern. Ein jeder aber, dessen Herz nicht stumpf ist, fühlt, daß die Schlechtigkeit des anderen es nicht allein sein kann, daß hinter allen Schlechtigkeiten ein böses Schicksal steht und daß dieses Schicksal die Ungerechtigkeit aller ist. Und deshalb wiederum fühlt man die Unabwendbarkeit der selbstgeschaffenen Not, fühlt man, daß sie nicht zu Ende gehen kann wie die Entscheidung eines Zweikampfes, die Recht und Unrecht durch Buße und Erstattung löst. Noch immer zwar, weit tiefer als man weiß und zugibt, ist die Welt durchsättigt von der Vorstellung des Gottesurteils von der Verwerfung des Besiegten, von der Rechtfertigung des Siegers, daß der Sieg an sich nach Gottes Wohlgefallen neues Recht und neue Sittlichkeit schafft, daß der Unterworfene von der Gottheit selbst dem Unterwerfer unter die Füße gelegt wird zur Schonung oder Vernichtung nach freiem Ermessen, wie der Ausdruck lautet: auf Gnade und Ungnade. Daher bei jedem Mißerfolg ein tieferes Gefühl als Enttäuschung und Kummer, nämlich die sittliche Angst vor der Verwerfung, bei jedem Erfolg ein höheres als Freude, nämlich die Sicherheit, auf der Seite des kämpfenden Gottes zu stehen; daher die wachsende Hemmung gegen Verständigung: denn wie sollte der jeweils vom Gott Beschirmte, der Träger des Schicksals, mit dem Gezeichneten, dem vor aller Welt Widerlegten und Entrechteten paktieren? Und die urzeitliche Vorstellung wird bekräftigt durch den öffentlichen Wettbewerb der Beteiligten um die Gunst des Schlachtengottes, von dem man annimmt, daß sein Entschluß durch Gebet, Danksagung, Ehrenbezeigung und Buße wo nicht geändert, so doch gestärkt werden könne.

Der neuzeitliche Mensch, dem es nicht mehr gegeben ist, das Entsetzen auf den Kometen und den Zorn der Dämonen abzuwälzen, der in seinem Inneren alle Schuld und Verantwortung für das widerwillig selbstgeschaffene Leid sucht und findet, kann von Verzweiflung so überwältigt werden, daß er aus seiner Not ins Chaos flüchtet. Es kann ihm geschehen, daß er getrieben wird, alle Werte anzutasten, daß er die Frage wagt, ob jene Güter, die Christus nicht als Güter kannte, Vaterland, Nation, Wohlstand, Macht, Kultur, wahrhaft so hoch erhaben, so tief gegründet sind, daß in ihrem Namen die Welt friedlich und kriegerisch sich in die ewige Sünde der Feindschaft, des Hasses und Neides, der Ungerechtigkeit und Unterdrückung, der staatsmännischen Ränke, der Gewalt und des Mordes verstricken dürfe. Der Zweifel kann sich versteifen, wenn berufene Ausleger des Wortes, zwischen Schrift und Wirklichkeit gestellt, die Gebote der Liebe außer Kraft setzen oder durch gewagte Deutung den kämpfenden Mächten unterwerfen. Ist denn nicht den Armen und Ohnmächtigen das Himmelreich verheißen? Ist nicht die Verkündung allen Völkern gepredigt? Ist es nicht göttlich, Unrecht erleiden? Ist es das Wissen, das selig macht? Ist nicht ein Vater im Himmel und ein Land die Erde?

Warum sollen sich nicht die Völker in der Menschheit lösen, die Staaten im guten Willen, die Mächte in göttlicher Fügung, das Handeln im Dulden?

Der Mensch ist ein Geschöpf des Gleichgewichts, und niemandem steht es mehr an als dem Deutschen, der über Zeiten und Räume blickt, die höhere Menschheitsstufe zu begreifen. ...

Wir haben den Waldbrand im Osten erlebt. Es war das weltgeschichtlich Größte von dem, was bisher im Kriege geschah und vielleicht geschehen wird, als das gequälteste von allen Völkern seine Vergangenheit auslöschte, den Krieg auslöschte mitsamt dem Willen zur Macht und äußeren Größe, sich und die Welt zur Menschheit aufrief und den Feuerbrand in das erstorbene Dickicht seines Gewaltstaats schwang. Ein Hauch der Andacht zog über die Erde. Man empfand: Hier geschieht etwas, das mehr ist als dummschlau verlogene Anerbietungen, als prahlerische Drohungen, als Nahrungs- und Moralersatz, als Diplomatenpfiff, als Erfindung neuer Todesarten. Man empfand: Eine Tat der Entäußerung und Befreiung ist wie ein Bekenntnis, durch sie kann gesühnt werden, durch Taten der Verschlagenheit und Erbitterung wird nicht gesühnt. ...

Juli 1918

aus: An Deutschlands Jugend

KRIEGSSCHULD

Die Schuld Frankreichs ist die tiefste, aber auch die menschlichste. Das Rheingold des Elsaß ist nur das Sinnbild eines schwereren Verlustes. Unermeßlich ist, was diese Nation in vergangenen Jahrhunderten Europa geschenkt hat. Sie trug die Zivilisation und einen Teil der Kultur des Kontinents vom Westfälischen Frieden bis zur Revolution und brachte die bürgerliche Freiheit. Sie konnte aber, nach der Art ihrer Gaben, nur schenken, solange sie mächtig war. Die Macht war verloren, sie gab uns die Schuld und spaltete in ihrer Leidenschaft Europa derart, daß jede politische Orientierung von den Vogesen ausgehen mußte und nur die Wahl blieb: für den einen oder den anderen. Damit war die Freiheit der europäischen Politik vernichtet.

Englands Schuld ist fast eine persönliche, ein seltsamer Zug in diesem so unpersönlichen Lande. Auch England hatte viel gegeben, noch mehr erworben und manches verloren. Die Pax Britannica stand hinter der Pax Romana nicht zurück. Man mag streiten, ob es recht ist, daß ein Volk den dritten Teil der Erde besitzt; dieses Volk hat ihn besessen und mit wenigen Ausnahmen seiner großen Verantwortung entsprechend verwaltet. In seinen Kolonien und Herrschaften war jeder Fremde unbehelligt, häufig gut aufgenommen, ja gern gesehen, alle Häfen und Kohlenplätze standen offen. Das Land begnügte sich mit Freihandel, aus wohlverstandenem, aber von Kleinlichkeit freiem Interesse. Seine Politik war eigensüchtig, gewalttätig, aber klar erkennbar, weit mehr auf eigenen Nutzen als auf fremden Schaden gerichtet. Das änderte Eduard VII. Er war zu lange Kronprinz gewesen und hatte sich in den Jahren erzwungener Muße und verhohlener Kritik die alten intriganten Bündnismethoden der europäischen Höfe angeeignet; er trieb sie zum Gipfel, indem er die Vogesenspaltung ausnutzte und Deutschland isolierte. Wieweit die Sorge um die sinkende Wirtschaftskraft seines Landes, wieweit verwandtschaftliche Verfeindung ihn bestimmte, ist schwer zu sagen; er war kein dämonischer Charakter und wurde dennoch zum Dämon Europas.

Rußland litt an den Schwächen orientalischer Reiche. Über sich selbst hinausgewachsen, hatte es seinem tief angelegten, kindlich verträumten Volk zwar einige europäische Formen, doch keinen Wohlstand, keinen Mittelstand, keine Bildung, keine eigene Industrialwirtschaft und keinen Verkehr erworben. Die Regierung wagte nicht, der unerfahrenen Nation die Verwaltung anzuvertrauen, daher blieb ihr nichts anderes übrig, als die dünne, verfeinerte und theoretisierende Intelligenz zu verfolgen, das Volk zu verblöden und sich selbst durch das verbrauchte Mittel der Expansion zu stärken. Der Balkanstreit mit Österreich, die Schuldhörigkeit zu Frankreich bestimmten seinen Weg. Es ist kein Zufall, daß nach Ausbruch des Brandes russische Staatsintrige die Pulverkammer aufschloß und die letzte Explosion auslöste. . . .

Nicht um unsere Fehler stärker zu betonen als die anderer, sondern deshalb, weil sie unsere Fehler sind und uns näher angehen als die anderer, müssen wir uns bereit finden, ein Unwägbares zu beobachten, das unsere Politik durch eine gleichsam atmosphärische Einwirkung geschädigt hat.

Es ist kaum einzuschätzen, wie stark die letzte Generation vom Einfluß Richard Wagners gebannt war, und zwar nicht so entscheidend von seiner Musik wie von der Gebärde seiner Figuren, ja seiner Vorstellungen. Vielleicht ist dies nicht ganz richtig: vielleicht war umgekehrt die Wagnersche Gebärde der erfaßte Widerhall — er war ein ebenso großer Hörer wie Töner — des Zeitgefallens. Es ist leicht, eine Gebärde aufzurufen, schwer, sie zu benennen: sie war der Ausdruck einer Art von theatralischbarbarischem Tugendpomp. Sie wirkt fort in Berliner Denkmälern und Bauten, in den Verkehrsformen und Kulten einzelner Kreise und wird von vielen als eigentlich deutsch angesehen. Es ist immer jemand da, Lohengrin, Walther, Siegfried, Wotan, der alles kann und alles schlägt, die leidende Tugend erlöst, das Laster züchtigt und allgemeines Heil bringt, und zwar in einer weit ausholenden Pose, mit Fanfarenklängen, Beleuchtungseffekt und Tableau. Ein Widerschein dieses Opernwesens zeigte sich in der Politik, selbst in Wortbildungen, wie Nibelungentreue. Man wünschte, daß jedesmal von uns das erlösende Wort mit großer Geste gesprochen werde, man wünschte, historische Momente gestellt zu sehen, man wollte das Schwert klingen und die Standarten rauschen hören. Die ernste Zeit hat diesen Geschmack der älteren Generation gemäßigt. Unser ältlich-nüchterner Kanzler möge durch die Aussicht auf fünf Krönungszüge im Osten sich nicht bewegen lassen, ihn zu beleben.

Innerhalb einer ärmlichen, im Ziele nicht erkennbaren Außenpolitik wirkte diese Gebärde zuerst verblüffend, dann aufreizend und Mißtrauen erregend. Es kam so weit, daß man uns, die gutgläubigste aller Nationen, für Schaumschläger und Intriganten hielt. Unser gewaltiger Machtaufstieg hätte uns verpflichten sollen, soviel wie möglich zu schweigen, sowenig wie möglich uns einzumischen.

In dieser zweiten Reihe von Erscheinungen, den politischen, die den vulkanischen Grund lockerten, sind abermals Fehler von allen Seiten einbegriffen, auch von der unseren. Doch eines können wir mit gutem Gewissen sagen: eine subjektive Schuld liegt bei unserem Volke nicht. Es war unser Fehler, daß wir nicht wußten, was wir wollten; eines wollten wir sicher nicht: den Krieg.

Die dritte und weitaus nebensächlichste Reihe, die der örtlich und zeitlich auslösenden Momente, haben wir nicht zu erörtern, denn uns ist es nicht um Zeitgeschichte, sondern um Zeitwesen zu tun. Erst in Jahren, vielleicht niemals, werden diese Wirrnisse sich klären, jedenfalls nicht früher, als bis die Einzelheiten der französisch-englischen Abmachungen und die Vorgänge des österreichisch-serbischen Ultimatums offen liegen.

Juli 1918

aus: An Deutschlands Jugend

SCHICKSALSSPIEL

Ende 1915, in Kowno, lernte ich Ludendorff kennen. Ich empfand, daß er der Mann war, der uns, wo nicht zum Siege, so doch zu einem ehrenvollen Frieden führen konnte, und gesellte mich von diesem Tage ab zur Zahl derer, die alles was in ihrer Kraft stand taten, um ihm den Weg zur Obersten Heeresleitung zu ebnen. Aus einem kurzen Briefwechsel waren Ludendorff meine Tendenzen bekannt, die ihm nicht den Eindruck von Kriegssabotage machen konnten. Sonst wären unsere beiden weiteren Begegnungen nicht erfolgt.

Herbst 1916 drohte der verschärfte U-Boot-Krieg. Aus wiederholten langen und vertraulichen Gesprächen mit Oberst House wußte ich, daß Wilson unter allen Umständen entschlossen war, den Krieg, wenn möglich, friedlich, wenn unmöglich, kriegerisch zu beenden. Alle Aufklärungen an amtlicher Stelle waren vergeblich; das vom Schicksal Beschlossene geschah: im Januar 1917 wurde für den U-Boot-Krieg entschieden.

Im Frühjahr 1917 war das Hauptquartier auf einige Tage in Berlin — Umzug nach Westen. Ich ließ mich bei Ludendorff melden, berichtete ihm über die wirtschaftliche Durchführung des Hindenburg-Programms und sagte ihm, die U-Boot-Gutachten seien, soweit ich sie kannte, falsch, an eine Niederwerfung Englands bis zum Sommer sei nicht zu denken. Ludendorff widersprach, die Unterhaltung war kurz.

An diese Voraussage erinnerte ich Ludendorff brieflich im Juli 1917. Er forderte mich auf, nach Kreuznach zu kommen; am 10. Juli, bei Beginn der Kanzlerkrise, war ich dort. Vor mir liegt die umfangreiche Niederschrift, die ich am nächsten Tage über die Besprechung machte, die mehrere Stunden des Vor- und Nachmittages gedauert hatte.

Sie begann mit wirtschaftlichen und inneren Fragen. Kennzeichnende Stellen der Niederschrift führe ich an:

„Zur Charakteristik der Zukunft: Deutschland wird nach dem Kriege mit mindestens 12 Milliarden jährlich belastet sein, sofern keine Kriegsentschädigung eintritt. Eine Kriegsentschädigung zu erlangen ist aber schwerer, als Landstrecken zu gewinnen (dies wurde bestätigt). Zu der Belastung von 12 Milliarden tritt hinzu die Notwendigkeit, das Einkommen der unteren Stände um mindestens 50 Prozent zu heben, denn die Lebensbedingungen sind gestiegen, werden hoch bleiben, und der Lohn für den Schützengraben kann nicht in einer Verschlechterung der Lebensbedingungen liegen. Unter dieser Voraussetzung treten als weitere Belastung der Wirtschaft hinzu mindestens 7½ Milliarden jährlich, so daß einer gesamten Güterproduktion Deutschlands von 45 Milliarden 20 Milliarden Belastung gegenüberstehen, ungerechnet derjenigen Lasten, die durch die Notwendigkeit der Versorgung einer Armee von Arbeitslosen erwachsen können.

Diese Lage erfordert gewaltige wirtschaftliche Umstellungen. Solche Umstellungen müssen aber den politischen entsprechen. Es ist nötig, daß diese politischen Umstellungen jetzt und in Ruhe geschehen, damit sie nicht später unter Erschütterungen vor sich gehen."

Es folgte die Frage des Kriegsursprungs.

„Dazu kommt, daß die Frage nach der Kriegsentstehung aufgerollt werden wird. Man kann nicht über den Krieg hinaus die Legende erhalten, daß Deutschland von vier Mächten meuchlings überfallen worden sei. Es liegt vor aller Augen die Tatsache des überscharfen österreichischen Ultimatums an Serbien, der unglaubliche Glücksfall, daß dieses Ultimatum unverdientermaßen zu 90 Prozent angenommen wurde, und die noch unglaublichere Verblendung, daß dieser Annahme die österreichische Kriegserklärung folgte."

Hierbei unterbrach mich Ludendorff und fragte, ob ich etwas über den Zusammenhang unserer Politik mit diesen Vorgängen wüßte.

Ich erwähnte die Vorgänge in Potsdam am 5. Juli, die Bemühungen Jagows, das Ultimatum vor Absendung zu erhalten, das Eintreffen des Ultimatums in Berlin zwölf Stunden vor dessen Überreichung in Belgrad und ging dann summarisch auf die folgenden Ereignisse ein.

Dann kam die äußere Lage.

Ich ging nur zur Lage des Auslandes über und entwickelte die bisher noch unerschütterte Verbindung der Entente, die durch den Zutritt von Amerika die Gewalt einer gemeinschaftlichen Idee erhalten habe, nämlich die des Kreuzzuges gegen die Autokratie. Ich insistierte auf der Gefahr des amerikanischen Zutritts, die ich nicht nur in Truppensendungen, sondern auch in wirtschaftlicher Leistung erblickte, und stellte sie dem Werte des U-Boot-Krieges gegenüber, den ich weiterhin erörtern wollte. Abzuweisen sei der Gedanke, daß irgendein Glied der Entente – etwa England – sich loslösen würde infolge ökonomischer Erwägungen, wie z. B. Gefahren künftigen Tonnagemangels, denn in diesem Kriege habe jeder die Wirtschaftsbedenken gegenüber den Existenzfragen zurücktreten lassen.

Diese Erwägungen führten zum U-Boot-Krieg. Ich ging davon aus, daß mir die Erklärung in Wien bedauerlich erschiene, insofern, als sie alles dem U-Boot-Krieg anheimstellte. Hierdurch sei von neuem alles auf die eine Spitze getrieben, und hinsichtlich dieses Optimismus bezog ich mich auf meine Ausführungen in Berlin im März, als ich Ludendorff zum erstenmal voraussagte, daß ich ein Endergebnis, wie es für den August angenommen sei, für ausgeschlossen hielte.

Der U-Boot-Krieg machte den Hauptteil der Besprechung aus. Ich erörterte die Monatszahlen, die maximale Schätzungen bedeuteten, die geringe Wirkung auf die englische Wirtschaft, die illusorischen Berechnungen der Gesamttonnage, die Abwehrmaßnahmen, vor allem die Möglichkeit Amerikas, mehr Tonnage zu bauen, als wir versenkten. „Wäre unsere Wirtschaft nicht überlastet", so führte ich aus, „so könnten wir uns getrauen, in sechs bis zwölf Monaten Baueinrichtungen für fünf Millionen Tons Schiffsraum jährlich zu schaffen. Die Amerikaner haben die Aufgabe bisher noch nicht ernst genommen, deshalb werden sie 18 Monate brauchen." Soviel brauchten sie denn auch.

Nun die Friedensmöglichkeiten.

„Wenn der Friede in einem Jahr nicht zu erreichen ist, so entsteht die Frage, ob er für uns 1921 günstiger als 1920, 1919 günstiger als 1918 ausfallen dürfte."

Dies zu verneinen, nahm Ludendorff keinen Anstand. Somit war zu erörtern, unter welchen Umständen überhaupt ein diktierter Friede möglich sei. Ich nahm als Beispiel 1871. Hier waren folgende Voraussetzungen gegeben und notwendig: die ganze Intelligenz eines Volkes in der Hauptstadt vereinigt, das Land durchzogen von siegreichen feindlichen Heeren, eine vollkommene Indolenz des Auslandes. Die Hauptstadt blockiert, von Lebensmitteln abgeschnitten und unter mehrmonatigem schweren Hungerdruck. Diese Voraussetzungen aber genügten nicht, es mußten die Drohungen der Kommune hinzutreten; und dennoch war der Friede kein vollkommen diktierter, es wurde über den Betrag der Kriegsentschädigung gehandelt, aber es war möglich, ein großes Landgebiet abzusprengen.

Um die Wünsche unserer Annexionisten zu erfüllen, würde es wahrscheinlich nicht genügen, wenn Paris allein besetzt sei, wahrscheinlich müßte auch noch der Besitz von London hinzutreten. Unter diesen Umständen müsse man wohl oder übel den Begriff des Verständigungsfriedens aufnehmen; dieser aber schließt irgendwelche Annexionen aus...

Den Besitz von Kurland hielt er strategisch für wertvoller, um künftige Einfälle in Ostpreußen abzuwenden. Vor allem aber insistierte er auf Grenzberichtigungen im Westen, damit, wie er sagte, beim nächsten Kriege die Franzosen nicht sofort unsere Aachener Industrie zerstörten. Als Antwort wiederholte ich meine Überzeugung von der Unmöglichkeit irgendwelcher Annexionen, bemerkte aber dazu, daß, wenn der Krieg noch zwei Jahre weitergehe, wir uns wegen einer Aachener Industrie keine Sorge mehr zu machen brauchten, weil wir dann überhaupt nicht wüßten, ob noch eine Industrie dort existieren würde...

Ich antwortete, daß ich die Stimmungstheorie nicht für richtig halte; ich hielt die englische Art für besser, dem Volke jederzeit die Schwere der Situation vor Augen zu führen; wir hätten die Stimmung verweichlicht durch dreijährige Irreführungen, mindestens dreißig Illusionen seien im Laufe dieser Zeit entstanden und restlos geglaubt worden. Dies sei einer der Gründe, daß jetzt Rückschläge eintreten. Ein Unglück sei es, daß das Volk zwischen militärischen Siegen und politischem Sieg keinen Unterschied zu machen verstehe und daß man nun einmal nicht begreifen könne, daß, wenn man dauernd gesiegt habe, man nun nicht endlich den Frieden diktiere.

Auch aus dieser Unterhaltung kann Ludendorff den Eindruck nicht empfangen haben, daß ich den Krieg sabotiere, wohl aber den, daß nach meiner Überzeugung nur eine rechtzeitige Verständigung uns retten könne. Damals war Brest-Litowsk, die Offensive von 1918 und die Entfernung Kühlmanns aus dem Hauptquartier noch nicht gewesen.

Am Nachmittag empfing mich Ludendorff nochmals.

Er sagte, daß er nur in einem Punkte meinen Darlegungen widersprechen müsse. Das sei die Frage des U-Boot-Krieges. Ich fragte, was ihn dazu bestimme, und er antwortete, Gründe könne er mir nicht angeben, es sei sein inneres Gefühl, dasjenige Gefühl, das ihm auch für seine strategischen Maßnahmen entscheidend sei. „Wäre dies eine strategische Maßnahme," sagte ich, „so wäre hierdurch die Frage für mich entschieden. Doch da es eine Frage der Wirtschaft und der Technik ist, so wage ich, meine Rechnung und mein Gefühl dem Ihren entgegenzustellen." — „Das respektiere ich," antwortete Ludendorff, „doch werden Sie zugeben, daß ich meinem Gefühl zu folgen habe."

Unser Schicksal stand auf einem Gefühlsurteil. Noch bevor die Mittel der Rechnung und Beobachtung erschöpft waren.

Ich verstehe Ludendorffs Unmut. Der Pygmäenkampf des Untersuchungsausschusses ist unerquicklich und unersprießlich. Diese Leute wollen anscheinend irgend etwas wie eine schuldhafte Handlung „ermitteln". Sie werden alle Tage unsicherer und weitschweifiger, und das Land beginnt, sich der Peinlichkeit zu schämen.

Eine schuldhafte Handlung gab es nicht, sondern einen schuldhaften Zustand. Es fehlte die zentrale Einsicht, Handlung, Verantwortung.

Es ist paradox, jedoch begreiflich, daß ein Feldherr, der am 23. Dezember 1916 erklärt hat, er könne mit seiner Armee nicht entscheidend siegen, dennoch sagt: Ich kämpfe auf Sieg. Ich gehe aufs Ganze. Die amerikanische Vermittlung will ich nicht, denn sie bringt einen anderen Frieden, als man von mir erwartet. Der Maschinengott des U-Bootes muß heran. Ich setze auf diese Karte. Eine andere habe ich nicht. Ich lasse sie nicht bemäkeln. Alles oder nichts. ...

Der U-Boot-Krieg, an dem abgesehen von harmlosen sogenannten Sachverständigen niemand schuld ist außer der deutschen Zerfahrenheit, hat unser Schicksal entschieden. Abwegig ist es, die Dinge so zu deuten, als habe England unter dem mäßigen Wirtschaftsdruck des Sommers 1917 und in dem Augenblick, wo es sich durch bewegliche Klagen die stärkste amerikanische Hilfe sicherte, im Begriffe gestanden, aus purer Verzagtheit Frieden zu schließen und sei nur durch Czernins Bericht zur Vernunft gekommen. England, das hartnervigste aller Völker, aus Angst verzagend, aus falscher Berechnung sich ergebend! Es gehört die ganze Kindlichkeit einer unpolitischen öffentlichen Meinung dazu, um aus der Katastrophe des U-Boot-Krieges einen Fast-Erfolg zu machen.

Unerträglich aber ist es, wenn dem Volk die Schuld des verlorenen Krieges aufgehalst wird. Gutwillig, ohne im mindesten den Sachverhalt zu prüfen, ist das Volk in den Krieg gezogen. Gutwillig hat es in seinen Leiden fünfzig Monate lang sich an fünfzig Illusionen ketten lassen, von denen die letzten waren: in einem halben Jahr wird der U-Boot-Krieg England bezwingen, nie wird ein amerikanisches Heer den Kontinent betreten, Fochs Reserven sind verbraucht, die Offensive 1918 wird die Entscheidung bringen. Statt dessen stand eine unüberwindliche militärische und technische Übermacht im Westen, die Lage war hoffnungsloser als je seit Kriegsbeginn und ließ sich vor niemand mehr verbergen.

Der Feldherr kämpfte noch immer auf Sieg. Mit der einzigen Hoffnung auf eine Seewaffe, die ihm nicht wie die eigene vertraut war, die das Versprechen nicht erfüllt hatte und zu versagen begann. Das Volk sollte weiter auf Sieg mit ihm kämpfen.

Menschlich begreiflich, tragisch schön, politisch unmöglich. Vier Jahre lang hatte man Stimmung gemacht, im Gegensatz zu England, das sich auf Urteil stützte. Nun war das Urteil in Deutschland erwacht, und das Urteil war Nein. An die Stelle des Verständigungsfriedens, den man nicht gewollt hatte, weil er nicht durch leichte Annexionen zu verhüllen war, trat der Vernichtungsfriede.

Nun regt sich bei den Besiegten der Unmut gegen jeden, der die Illusionen nicht teilte. Auch das ist menschlich. Doch sollte der schwere Vorwurf der Kriegssabotage denjenigen erspart bleiben, die rechtzeitig warnten, deren Voraussagen eintrafen, die in der Hoffnung auf rechtzeitiges Einlenken nach Kräften zur Stärkung der Kriegslage beitrugen, sich nicht an die Öffentlichkeit wandten, sondern, ihrem Gewissen folgend, an den entscheidenden Stellen ihre Bedenken aussprachen, wo die Aussprache Selbstverleugnung und Verantwortungsgefühl verlangte. Mißverstandene Zitate ändern an diesen Dingen nichts.

23. 11. 1919

aus: Was wird werden

DIE STUNDE DRÄNGT

Ein Verteidigungsministerium aus Militärs und Bürgern muß geschaffen werden, mit weiten Vollmachten, das die Kraft des Volkes zusammenfaßt und der Heeresleitung zuführt.

Der Volkswiderstand, die nationale Verteidigung, die Erhebung der Massen ist zu organisieren.

Nicht zur Eroberung, nicht zur Kriegsverlängerung, sondern zum Frieden. Doch zum würdigen Frieden.

4. Oktober 1918

EIN DUNKLER TAG

Der Schritt war übereilt.

Wir alle wollen Frieden. Wir, die wenigen, haben gemahnt und gewarnt, als keine Regierung daran dachte, der Wahrheit ins Auge zu blicken.

Nun hat man sich hinreißen lassen, im unreifen Augenblick, im unreifen Entschluß.

Nicht im Weichen muß man Verhandlungen beginnen, sondern zuerst die Front befestigen.

Die Gegner mußten sehen, daß der neue Geist des Staates und Volkes auch den Geist und Willen der Kämpfenden kräftigt. Dann mußte Wilson gefragt werden, was er unter den verfänglichsten seiner vierzehn Punkte versteht, vor allem über Elsaß-Lothringen, Polen und die Entschädigungen der westlichen Gebiete. Die verfrühte Bitte um Waffenstillstand war ein Fehler.

Das Land ist ungebrochen, seine Mittel unerschöpft, seine Menschen unermüdet. Wir sind gewichen, aber nicht geschlagen.

Die Antwort wird kommen. Sie wird unbefriedigend sein; mehr als das: zurückweisend, demütigend, überfordernd.

Wir dürfen uns nicht wundern, wenn man die sofortige Räumung des Westens, wo nicht gar einschließlich der Rheinlande verlangt. Punkt acht wird auf die Herausgabe zum mindesten Lothringens, vermutlich auch des Elsaß gedeutet. Als polnischer Hafen kann Danzig gemeint sein. Die Wiederherstellung Belgiens und Nordfrankreichs kann auf eine verhüllte Kriegsentschädigung in der Größenordnung von fünfzig Milliarden hinauslaufen.

Hat man das übersehen? Wer die Nerven verloren hat, muß ersetzt werden. ...

Mit der Festigung mußte begonnen, mit dem Funkspruch geschlossen werden; das Umgekehrte ist geschehen und nicht mehr zu ändern; unser Wort müssen wir halten.

Kommt jedoch die unbefriedigende Antwort, die Antwort, die den Lebensraum uns kürzt, so müssen wir vorbereitet sein.

Die nationale Verteidigung, die Erhebung des Volkes muß eingeleitet, ein Verteidigungsamt errichtet werden. Beides tritt nur dann in Kraft, wenn die Not es fordert, wenn man uns zurückstößt; doch darf kein Tag verlorengehen.

Das Amt ist keiner bestehenden Behörde anzugliedern, es besteht aus Bürgern und Soldaten und hat weite Vollmacht.

Seine Aufgabe ist dreifach.

Erstens wendet es sich im Aufruf an das Volk, in einer Sprache der Rückhaltlosigkeit und Wahrheit. Wer sich berufen fühlt, mag sich melden, es gibt ältere Männer genug, die gesund, voll Leidenschaft und bereit sind, ermüdeten Brüdern an der Front mit Leib und Seele zu helfen.

Zweitens müssen alle die Feldgrauen zur Front zurück, die man heute in Städten, auf Bahnhöfen und in Eisenbahnen sieht, wenn es auch für manchen hart sein mag, den schwerverdienten Urlaub zu unterbrechen.

Drittens müssen in Ost und West, in Etappen und im Hinterland, aus Kanzleien, Wachtstuben und Truppenplätzen die Waffentragenden ausgesiebt werden. Was nützen uns heute noch Besatzungen und Expeditionen in Rußland? Schwerlich ist in diesem Augenblick mehr als die Hälfte unserer Truppen an der Westfront.

Einer erneuten Front werden andere Bedingungen geboten als einer ermüdeten.

Wir wollen nicht Krieg, sondern Frieden. Doch nicht den Frieden der Unterwerfung.

DER SCHWERSTE FEHLER DES KRIEGES

Meist werden große Geschicke durch die Gesetzmäßigkeit großer Kräftegruppen entschieden, sehr selten durch ein einzelnes Versehen, das nachweisbare Mißgeschick eines Momentes. Hier ist es geschehen. Noch vor zwei Monaten hielten wir mit zehn Millionen Menschen Europa scheinbar die Waage. Die Schale begann sich zu neigen, doch der Krieg war nicht verloren — wenn wir wollten, nicht in Jahren zu beenden. Es war recht, ihn zu beenden; er hätte längst beendet werden müssen und beendet werden können. In dieser Lage hatten wir noch immer Anspruch auf billige Verständigung mit mäßigen Opfern, nicht Anlaß zur Unterwerfung auf Gnade und Ungnade.

Statt einmal Frieden zu schließen, schließen wir ihn dreimal. Statt eines Friedens der Verhandlung, unter Waffen, der Kapitulation, einen Frieden des Diktats, der Wehrlosigkeit, der Unterwerfung. Statt mit den objektivsten unserer Gegner zu verhandeln, den Amerikanern, und ihren Einfluß zu stärken, haben wir ihren Einfluß geschwächt und empfangen unser Diktat von den subjektivsten unserer Gegner, den Franzosen.

Der Grund: das monumentale Versehen der dunkelsten Stunde des Krieges und der deutschen Geschichte.

Veröffentlicht in der Presse des neutralen Auslandes   Dezember 1918

AN ALLE, DIE DER HASS NICHT BLENDET

Es ist die Vernichtung.

Wir, die wir in unser Schicksal gehen, stumm, nicht blind: noch einmal erheben wir unsere Stimme, so daß die Welt sie hört, und klagen an:

Den Völkern der Erde, denen, die neutral, und denen, die befreundet waren, den freien überseeischen Staaten, den jungen Staatsgebilden, die neu entstanden sind, den Nationen unserer bisherigen Feinde, den Völkern, die sind, und denen, die nach uns kommen,

in tiefem, feierlichem Schmerz, in der Wehmut des Scheidens und in flammender Klage, rufen wir das Wort in ihre Seelen:

Wir werden vernichtet. Deutschlands lebendiger Leib und Geist werden getötet. Millionen deutscher Menschen werden in Not und Tod, in Heimatlosigkeit, Sklaverei und Verzweiflung getrieben. Eines der geistigen Völker im Kreise der Erde verlischt. Seine Mütter, seine Kinder, seine Ungeborenen werden zu Tode getroffen.

Wir werden vernichtet, wissend und sehend, von Wissenden und Sehenden. Nicht wie dumpfe Völker des Altertums, die ahnungslos und stumpf in Verbannung und Sklaverei geführt wurden, nicht von fanatischen Götzendienern, die einen Moloch zu verherrlichen glauben.

Wir werden vernichtet von Brudervölkern europäischen Blutes, die sich zu Gott und zu Christus bekennen, deren Leben und Verfassung auf Sittlichkeit beruht, die sich auf Menschlichkeit, Ritterlichkeit und Zivilisation berufen, die um vergossenes Menschenblut trauern,

die den Frieden der Gerechtigkeit und den Völkerbund verkünden, die die Verantwortung für das Schicksal des Erdkreises tragen.

Wehe dem und seiner Seele, der es wagt, dieses Blutgericht Gerechtigkeit zu nennen. Habt den Mut, sprecht es aus, nennt es bei seinem Namen: es heißt Rache.

Euch aber frage ich, geistige Menschen aller Völker, Geistliche aller Konfessionen und Gelehrte, Staatsmänner und Künstler; euch frage ich, Arbeiter, Proletarier, Bürger aller Nationen; dich frage ich, ehrwürdiger Vater und höchster Herr der katholischen Kirche, dich frage ich im Namen Gottes:

Darf um der Rache willen ein Volk der Erde von seinen Brudervölkern vernichtet werden, und wäre es das letzte und armseligste aller Völker?

Darf ein lebendiges Volk geistiger, europäischer Menschen mit seinen Kindern und Ungeborenen seines geistigen und leiblichen Daseins beraubt, zur Fronarbeit verurteilt, ausgestrichen werden aus dem Kreise der Lebenden?

Wenn dieses Ungeheuerste geschieht, gegen das der schrecklichste aller Kriege nur ein Vorspiel war, so soll die Welt wissen, was geschieht, sie soll wissen, was sie zu tun im Begriffe steht. Sie soll niemals sagen dürfen: Wir haben es nicht gewußt, wir haben es nicht gewollt.

Sie soll vor dem Angesicht Gottes und vor der Verantwortung der Ewigkeit ruhig und kalt das Wort aussprechen: Wir wissen es, und wir wollen es.

Veröffentlicht in der Presse des neutralen Auslandes   Dezember 1918

KRIEGSSCHULDIG

Die simplistische Frage nach der Schuld am Kriege, auf einen einzelnen Menschen, und sei er absoluter Monarch, bezogen, kann von deutschem Geist nicht erörtert werden.

Mag man, naiver Rechtspflege zulieb, bei einer zerbrochenen Fensterscheibe unterstellen, es müsse jemand schuld daran sein: vor dem Naturereignis enthüllt sich die Frage als das, was sie ist, kindlich und kindisch.

Dem gewerbsmäßigen Richter, der einen Anschlag nicht nach der Gesinnung, sondern nach dem Erfolg beurteilt, mag es schwer werden zu begreifen, daß es nur eine Schuld in sich, nicht eine Schuld an etwas gibt.

Ein entseeltes, übermechanisiertes Europa, worin jeder Mensch jedes Menschen Feind war, jedes Volk jedes Volkes Feind, in ahnungsloser, schamloser Selbstverständlichkeit; wo jeder, Mensch und Land, in tierischer Unbefangenheit nur genießen und leben wollte, wenn der andre sich quälte und starb, wo alle Politik zugestandenermaßen nur Wirtschaftspolitik war, nämlich plumper und dummdreister Versuch der Übervorteilung, oder Rüstungspolitik, nämlich zynisches Pochen auf Menschenüberschuß, Geld, Technik und Massendisziplin; wo die Begriffe der Vorherrschaft zur See, der Vorherrschaft zu Lande, der Weltherrschaft mit Augenaufschlag besprochen wurden, als ob es sich um ein Schweineauskegeln und nicht um das todeswürdigste Verbrechen handelte: in diesem unglücklichen und nichtswürdigen Europa brach der Krieg nicht am 1. August 1914 aus.

Schon vor Jahrzehnten war er ausgebrochen. Wenn auch nicht die sichtbaren Armeen des Imperialismus und Nationalismus marschierten, sich eingruben und zerrissen, nicht die sichtbaren Schlacht- und Mordschiffe zerbarsten, die sichtbaren Menschenvögel sich zerhackten: im Ätherraume der Erde kreiste der geballte Haß, die böse Tücke, der entfesselte Tod.

Jeder, der einen Schimmer sehenden Gefühls hatte, wußte, daß der Krieg nicht drohte, sondern längst ausgebrochen war; daß die armen Weltbezwinger Kinder waren, die zwischen Pulverfässern mit wichtiger Miene unerlaubte Zigaretten rauchten.

Soll man nun den letzten Rest europäischer Bildung und Urteilskraft — den letzten auf lange Zeit hinaus — an die armselige Frage setzen: Hätte die sichtbare Explosion noch einige Zeit hinausgeschoben werden können, wenn der und der das und das anders gemacht hätte? Dann werden Bände über das österreichische Ultimatum, die russischen Rüstungen, die Kriegserklärung an Serbien und die kläglichen Monarchendepeschen geschrieben werden, Bände, die der Teufel lesen mag.

Wenn es eine Schuld gibt, so ist es die Schuld des europäischen Gewissens. An ihr ist jeder beteiligt, der aus dem verborgenen Weltkrieg der Konkurrenz und des Brotneides Vorteil und Unterhaltung zog, gerecht zu sein glaubte, weil es ihm gut ging, und die Stimme nicht erhob, weil er sich fürchtete. ...

Amerika, frisch, männlich, geradlinig, von fremder Kenntnis nicht belastet, denkt anders.

Ihm ist dies ganze europäische Dynasten- und Freistaatwesen ein Unfug; ein Altenasyl, wo die Großväter sich zanken. Man konnte es mit ansehen, bis das große Unglück geschah; jetzt ist die ganze Welt durch diese Stänker in Blut ersäuft; es hilft nichts, die Greise zu schonen, es muß Ordnung geschaffen werden.

Es geschieht. Der neue Wiener Kongreß tagt in Paris. Kläger und Angeklagte haben die Plätze gewechselt. Schiedsrichter England ist unter die Kläger gegangen, seinen Sitz nimmt Wilson.

Der Unfug der Kriege soll ausgeräumt werden. Wie also? Kriege sind Streitigkeiten, Streitigkeiten schlichtet man. Schiedsgerichte. Völkerbund.

Was hat der Krieg verschuldet? Unrecht. Also muß Recht geschaffen werden. Rechtsfriede. Selbstbestimmung.

Was droht? Bolschewismus. Damals hieß es Jakobinertum. Was hilft? Verständigung. Damals hieß es Heilige Allianz.

In dem ungezogenen europäischen Greisenhause sind diese einfachen Zuchtmittel nicht zu verachten. Sie können wirklich eine Zeitlang Ruhe stiften, wenn ein handfester, gutartiger Polizist dahintersitzt und bisweilen dreinschlägt.

Die Amerikaner sind stark, die Franzosen fein, die Engländer klug. Die braven Tschechen, Polen und Serben dürfen mitberaten. Wir stehen vor der Tür, denn an uns muß das Exempel statuiert werden. Die Weltgerechtigkeit fordert es. (Talleyrand lehnte sie ab. Er sagte: Was wollt ihr von mir? Habe ich den Krieg gemacht?)

Mit einer prachtvollen Geste, die auf Jahrhunderte (vorausgesetzt gleicher Denkweise) berechnet sein wird, werden wir im Namen der Menschlichkeit, der Gerechtigkeit, der Zivilisation und des ewigen Friedens degradiert und verurteilt. Das Weltgericht im Konferenzsaal. Die Historienmaler mögen die verbitterten Züge der deutschen Verhändler bei der Unterschrift sich einprägen.

Es ist zwar nicht mehr ganz das amerikanische Ordnungsschema, die europäische Klugheit und Feinheit hat es leise abgewandelt, Annexionen und Entschädigungen, Abhängigkeiten und Unterdrückungen sind unter veränderten Namen hineingeraten. Die Spiegelgalerie von Versailles in umgekehrter Aufmachung.

So. Damit wäre nun die Welt geordnet und befriedet, das Unrecht gesühnt, die neue Epoche geschaffen, der Weltfriede und das Glück der Völker verbürgt.

Nein und abermals nein!

Die Gerechtigkeit ist kein elastischer Stab, der gerade wird, wenn das alte Unrecht ihn nach links gebogen hat und das neue Unrecht ihn nach rechts biegt.

Die Welt der Völker ist keine Erziehungsanstalt lateinischen

Musters, wo in einem pathetischen Schlußakt den strebsamen Schülern Prämien, den mißliebigen Rügen erteilt werden.

Der Lebensraum der Menschheit ist kein Gegenstand von Urteilssprüchen.

Der Krieg war kein Unfug und kein Mißgeschick, das man auf administrativem Wege beseitigt, sondern er ist eine Weltrevolution, und diese Weltrevolution ist nicht beendet.

Ja selbst der Krieg ist nicht beendet und durch keinen Friedensschluß beendbar, auch wenn nicht mehr von Volk zu Volk mit Waffen und Giften gekämpft wird; denn der Krieg, von den Hautflächen der Länder verdrängt, sitzt in den Knochen der Länder.

Beendet aber ist die Epoche. Beendet ist die Epoche, in der eine Handvoll erhobener Menschen in kriegerischen Uniformen und sorgsamen Gehröcken im Namen ihrer Völker und der Menschheit, wie sie glauben, in Wahrheit im Namen ihrer Klassen und deren Interessen, im Namen einer alten Gleichgewichts- und Machtpolitik, im Namen einer mechanisierten Weltordnung, im Namen der alten Gewaltstaaten, Land- und Seemächte Recht sprechen, Erde und Wasser, Reichtum und Armut, Leben und Tod verteilen, ihre Akte mit Staatssiegeln heiligen und mit Gepränge vor den Augen der Nachwelt verherrlichen.

Die Nachwelt, auf die solche Staatsaktionen abzielen: diese Nachwelt kommt nicht.

aus: Der Kaiser
1919

UNSERE KRIEGSGEFANGENEN

Das Unrecht, das wir in Belgien begangen haben, ist nicht zu bestreiten.

Auch die gefeierte Verwüstung der Rückzugszone in Frankreich war ein Unrecht.

Ein Unrecht war die Vernichtung der belgischen und nordfranzösischen Industriewerke und der Abtransport der belgischen Arbeiter.

Das Reich hat sich verpflichtet, das Unrecht durch Entschädigung gutzumachen.

Gutmachen bedeutet Wiederaufbau. Es ist gerecht, daß wir den Aufbau übernehmen und ihn durch freie deutsche Arbeitskräfte ausführen lassen.

Es ist ungerecht und nicht zu dulden, wenn Frankreich an Stelle freier Arbeit Fronarbeit verlangt und zu erzwingen sucht.

Nie hätte eine deutsche Hand die Unterschrift unter jenen Vertrag des Waffenstillstandes setzen dürfen, das unvergängliche Blatt der Schmach, das Deutschland vernichtet.

Empörend wie das übrige ist die Bestimmung, daß unsere gefangenen Volksgenossen nicht heimkehren. Antike Sklaverei, Hohn auf Christentum und Neuzeit ist es, wenn sie, die Duldenden, über Waffenstillstand und Friedensschluß hinaus — ist das ein Friedensschluß? — den Feinden frönen sollen.

Brief an die Frankfurter Zeitung, 30. Januar 1919

DIE VERGEWALTIGUNG OBERSCHLESIENS

Wo ist die Heiligkeit dieses Vertrages von Versailles geblieben? Angenagt im Westen und gebrochen im Osten.

Wer hat diesen Vertrag im Osten gebrochen? Das Volk der Polen. 120 Jahre lang haben die Polen in der Welt sich beklagt über geschehenes Unrecht, über Vergewaltigung. Ihre Männer sind als Sendboten durch die Länder der Erde gezogen und haben aufgerufen für das Recht und gegen die Gewalt. Und jedesmal, wenn dieser Aufruf durch Europa ging, hat er Widerhall gefunden. Selbst in Deutschland. Denn nie hat sich das deutsche Gewissen dem verschlossen, der Recht suchte und der an Gerechtigkeit appellierte.

Dieses Polen ist wiederum erwacht zur selbständigen und souveränen Nation. Seine erste Handlung ist die des Bruches desjenigen Vertrages, dem es seine Souveränität und Nationalität verdankt. Lloyd George hatte die Polen gefragt: Worauf stützt ihr euch denn, habt ihr diesen Vertrag von Versailles verfochten, mit wessen Blut ist dieser Krieg und Sieg erkämpft worden, etwa mit dem Blute der Polen? Diese Frage hat man in Warschau beantwortet mit einer Flut von Insulten. Eine Antwort der Vernunft konnte nicht gegeben werden.

Die Vergewaltigten aber sind wir. Wir haben den Vertrag unterschrieben. Wir haben das Ultimatum unterschrieben. Und da wir eine Nation der Billigkeit sind, so werden wir das halten, wozu wir uns verpflichtet haben. Wir rufen unser Volk nicht auf zum Haß und nicht zur Revanche. Aber dafür verlangen wir die Gerechtigkeit vor der Welt, und diese Gerechtigkeit kann uns nicht verweigert werden. Die Gerechtigkeit hat sich immer noch auf Erden wiederhergestellt nach langer oder nach kurzer Zeit. ...

Rede in einer Protestversammlung   25. 5. 1919

DAS ENDE

In Versailles muß das Äußerste darangesetzt werden, den Vertrag entscheidend zu verbessern. Gelingt es, gut. Dann unterschreiben. Gelingt es nicht: was dann? Dann darf weder aktiver noch passiver Widerstand versucht werden. Dann hat der Unterhändler, Graf Brockdorff-Rantzau, das vollzogene Auflösungsdekret der Nationalversammlung, die Demission des Reichspräsidenten und aller Reichsminister den gegen uns vereinten Regierungen zu übergeben und sie aufzufordern, unverzüglich alle Souveränitätsrechte des Deutschen Reichs und die gesamte Regierungsgewalt zu übernehmen. Damit fällt die Verantwortung für den Frieden, für die Verwaltung und für alle Leistungen Deutschlands den Feinden zu; und sie haben vor der Welt, der Geschichte und vor ihren eigenen Völkern die Pflicht, für das Dasein von sechzig Millionen zu sorgen. Ein Fall ohnegleichen, unerhörter Sturz eines Staates; doch Wahrung der Ehrlichkeit und des Gewissens.

Für das Weitere sorgt das unveräußerliche Recht der Menschheit – und der klar vorauszusehende Gang der Ereignisse.

Die Zukunft, 30. 5. 1919

DEMOKRATIE, REVOLUTION, PARTEIEN

DER WEG DES WILLENS

Weder kann eine Menge herrschen, noch auch nur beraten. Von ihr ist nicht intellektuale Entscheidung zu verlangen, sondern allgemein umrissenes Willenselement. Selbst die Vorstellung einer Vertrauenswahl, die im kommunalen Organismus Platz finden kann, hält dem Staatsorganismus gegenüber nicht stand. Eine Zentralmacht kann nicht auf örtlichen Vertrauensleuten beruhen; sie erfordert Politiker und Staatsmänner. Auch für die Beurteilung dieser Zulänglichkeit fehlt einer Wählermenge die Fähigkeit; urteilskräftig hingegen ist sie im Anschluß an ein ihr verständliches und geläufiges Parteiprogramm. Abermals begegnen wir der Paradoxie unserer Wahlsysteme, die Parteiwahlen schaffen und wollen, während sie Ortswahlen verordnen. Wir kommen hierauf zurück; für den Augenblick ist der springende Punkt der, daß aus den atomistischen Wollungselementen der Wahl zwar eine Volksvertretung hervorgeht, doch nicht ein arbeitsfähiger, kontrollfähiger oder regierungsfähiger Körper.

Die Übertragung der Mächte versagt; sie muß ersetzt oder ergänzt werden durch eine neue Abwälzung: nämlich auf die politische Partei, und von dieser wiederum auf die politischen Führer.

Die Partei bildet die Zusammenfassung eines bestimmten, geistig, stimmungsmäßig, materiell umrissenen Volksteils, einer Willenseinheit, eines Volks im Volke. Landesteile, Provinzen, Bezirke, Städte können örtliche Gemeinschaftsinteressen auskristallisieren und durch diese hindurch mittelbar zur Staatspolitik gelangen; aber die Summe örtlicher Interessen an sich macht Staatspolitik nicht aus. Die Partei dagegen hat zum Zentralwillen ein unmittelbares Verhältnis, und da sie sich örtlich zusammensetzt, schließt sie Distriktsinteressen nicht aus, ohne auf ihnen zu ruhen. Die Partei ist organisierbar, in sich zusammenhängend, auf dauernden Austausch und fortlaufende Arbeit gestellt; sie kann daher mit vollem Urteil Organe und Einzelkräfte bestellen.

Es hat sich somit im stillen und unabhängig von geschriebenen

Verfassungsworten der Zwischenorganismus gebildet, der die Riesenvölker unserer Zeit willensfähig macht; diese selbsttätig entstandene Schöpfung ist gesund und organisch und steht daher auch zur Forderung des Volksstaates nicht im Gegensatz. Wenn wir daher den eigentlichen Mechanismus der Volksvertretung als Verhandlungsstelle, als politische Börse der Parteien bezeichneten, so liegt in diesem Begriffe keine Geringschätzung, sondern der zugespitzte Ausdruck einer verwertbaren Realität.

1916

aus: Von kommenden Dingen

AUFRUF ZUR BILDUNG EINER „PARTEI DER DEUTSCHEN FREIHEIT"

Deshalb haben wir die Partei der Deutschen Freiheit begründet.

Die Partei der Deutschen Freiheit will den freien deutschen Volksstaat, geschützt und geleitet von starker, volkstümlicher Monarchie. Sie will die ehrenvolle Beendung des Krieges und die Wiedergeburt des Landes zu Wohlstand und Ordnung, Kraft und Ansehen, Schönheit, Sitte und Geist. Sie will, daß ein Bund der Völker die Anarchie der Staaten beendet.

Tief reformbedürftig ist der Deutsche Reichstag. Seine geistige Ebene entspricht nicht dem, was ein hochbegabtes Volk von seiner Vertretung zu fordern berechtigt ist. Ortsgrößen und Interessenvertreter überwiegen, es fehlt an Staatsmännern. ...

Die Reform des Reichstages erwarten wir vom Eintritt führender Kräfte des Landes in die parlamentarische Laufbahn. Der wird möglich, sobald dem Reichstage Regierungsverantwortlichkeit zusteht. Wir erwarten sie von der Umgestaltung der Parteien, mit der wir den Anfang machen. Wir verlangen die Abschaffung der unwürdigen Wahlkreisgeometrie, die Anwendung der Listenwahl auf zusammengefaßte Wahlbezirke und vor allem sofortige Neuwahl. Wir halten fest am allgemeinen, gleichen, geheimen und unmittelbaren Wahlverfahren und verlangen seine Einführung in allen Bundesstaaten.

Oktober 1918

VON WAHL UND VOLKSVERTRETUNG

Unter Volk verstehe ich den jeweils umfassendsten Inbegriff gemeinsamer Gesittung, Überlieferung und Erlebnisse; unter Staat die Willensorganisation eines Volkes. Ein Staat steht um so besser im Gleichgewicht, je klarer er die wahre Willensorganisation verkörpert. Es kann sehr unvollkommene Staatsgebilde geben, sei es, weil Gewalt angewendet wurde, sei es, weil die Willensstruktur des Volkes sich geändert hat.

Bei den Parlamenten ist von Geschlecht zu Geschlecht die Substitution des Grundes an der Arbeit gewesen; gleichviel, was sie ursprünglich waren, heute sind sie oder sollen sie sein Willensabbilder des Volkes.

Ein Abbild kann ähnlich oder unähnlich sein; ähnlich ist es, wenn die Züge des Urbildes in richtiger Anordnung und wahrem Verhältnis wiedergegeben sind.

Welches sind nun die Willenszüge eines Volkes? Sind es Interessen? So möchte es scheinen. Denn was könnte in unseren Zeiten stärker sein? Wenn alle Politik ein offenes oder verstecktes Wirtschaften ist, so sind die Interessen seine Triebkräfte.

Politik ist aber etwas anderes. Sie ist das bewußt gewordene Leben einer Nation nach innen und außen. Sie bedarf der Wirtschaft, sie ist aber nicht um ihretwillen da.

Wäre der Staat etwas Ähnliches wie eine Handelskammer, eine Gewerkschaft, eine Aktiengesellschaft, wäre er kurz gesprochen eine bewaffnete Produktionsgemeinschaft, so könnte er sich scheinbar auf Interessenausgleich aufbauen; genau betrachtet aber auch dann nicht. Denn er bleibt ein lebendiges Wesen: und selbst der armseligste, materiellste Interessenverein, sofern er sich nicht auf Beschwerden und Petitionen beschränkt, kann sich nicht auf Vermittlungsgeschäfte zwischen seinen Mitgliedern stützen, er bedarf schöpferischen Inhalts, er bedarf der Idee...

Soll ein Parlament den Stand des Geistes und Willens eines Volkes spiegeln, so bleibt nichts übrig, als das Wahlrecht an den Menschen zu knüpfen. Hier vereinigt sich der Individualismus der absterbenden frühliberalen Vorstellung mit dem aufsteigenden Gedanken der Solidarität und Verantwortungsgemeinschaft. ...

Die Spiegelung des Volkes in seiner Vertretung muß eine vollkommene sein; finden sich im Volkskörper ungeläuterte Stellen, so sollen sie auch im Abbilde sich finden, damit sie offenkundig werden und Abhilfe heischen; das natürliche Bild ist mit seinen

Unklarheiten besser und wirksamer als das retuschierte oder gefälschte.

Man rede nicht mit Verwirrung der Begriffe von Demokratisierung des Staates durch ein Wahlrecht. Die Abbildungsweise eines Volkes durch den Wahlvorgang ist nicht autokratisch noch demokratisch, sondern sie ist richtig oder falsch. Ist das Volk demokratisch gesinnt, so wird es sich demokratisch abbilden und kann freilich nicht autokratisch regiert werden. Das Deutsche Reich hat ein freies, nur durch angewandte Geometrie verkümmertes Wahlrecht; dennoch bildet das deutsche Volk sich nicht demokratisch ab, weil es nicht demokratisch ist.

Eigentliche Demokratien hat es außer in revolutionären Zeitläuften nirgends gegeben; überall herrschten Personen. Unterschiedlich ist es nur, ob sie aus angestammter Macht oder aus eigener Kraft Verantwortung tragen. Will man von Abstufungen uneigentlicher Demokratie reden, so wäre nur das Maß in Betracht zu ziehen, wie weit man den verantwortlichen Leitern Vertrauen schenkt oder wie weit man sie durch Körperschaften überwachen und hemmen läßt. In diesem schädlichen Sinne macht freilich die Demokratisierung bei uns Fortschritte: man wünscht, den Obrigkeitsstaat beizubehalten, zugleich aber seinen Vertretern wachsendes Mißtrauen zu bezeugen, und wäre gelegentlich damit einverstanden, durch Gnade zeitweilig an ihre Stelle gesetzt zu werden. ...

Es mag demokratischer sein, ein Oberhaus überhaupt nicht zu wünschen; es ist demokratisch berechtigt, zu verlangen, daß es nicht die Oberhand gewinne; will man aber das Herrenhaus aus den erwähnten oder anderen Gründen, so lasse man es wirklich ein Herrenhaus sein und nicht eine Gegenkammer.

September 1918

aus: Zeitliches

AN REICHSPRÄSIDENT FRIEDRICH EBERT Berlin, 16. 12. 1918

Sehr geehrter Herr Ebert!

Sicherlich ist es Ihnen bekannt, daß ich aus der Sozialisierungskommission noch vor ihrem Zusammentritt ausgeschlossen worden bin, nachdem der Öffentlichkeit in der Aufzählung der Mitglieder mein Name bekanntgegeben worden war.

Aus allen Teilen des Landes werde ich nach den Gründen der

Ausschließung befragt, ein Protest, von 50 Mitgliedern des Soldatenrates unterzeichnet, ist mir übergeben worden.

Ich glaube Anspruch zu haben, diese Gründe zu erfahren. Daß es sich lediglich um ein Veto von „Unabhängiger" Seite handelt, vermag ich nicht zu glauben. Ebensowenig kann ich glauben, daß man aus der Erörterung des künftigen Wirtschaftsaufbaus alle Kräfte auszuschließen wünscht, die auch mit der Praxis vertraut sind. Den Anspruch, daß mein wissenschaftliches Urteil nicht als das eines „Interessenten" oder „Interessierten" angesehen wird, dürfte das Urteil des Inlandes und des Auslandes über meine publizistische Tätigkeit rechtfertigen.

Ich glaube nicht, daß es auf bürgerlicher Seite viele Männer gibt, die unter Gefährdung ihrer bürgerlichen Stellung und ungeachtet aller Anfeindungen das alte System rückhaltlos bekämpft haben, gegen den Krieg aufgetreten sind und ein neues, wissenschaftlich durchdachtes und begründetes, vollständiges Wirtschaftssystem aufgestellt haben, wie ich es als meine Aufgabe ansah. Daß das Volk an meinen Gedanken nicht unbeteiligt blieb, bezeugen meine Schriften, die zu Hunderttausenden ins Land gegangen sind.

Meine Auffassung, daß das Waffenstillstandsangebot verkehrt war, daß man nicht wehrlos, sondern unter Waffen, nicht um Waffenstillstand, sondern um Frieden verhandeln mußte, ist anfänglich mißverstanden worden; die Ereignisse geben mir recht, und werden mir weiterhin recht geben. Mit meiner sozialen und demokratischen Stellung hat diese Auffassung nichts zu tun. Als leeren Projektenmacher werden die mich schwerlich bezeichnen, die meine industriellen Arbeiten und meine Kriegsorganisation kennen.

Ich habe niemals Wert darauf gelegt, in Kommissionen zu sitzen, sondern am liebsten meine Arbeit für mich und in der Stille gemacht. Ich bitte nicht um nachträgliche Aufnahme.

An den ersten Tagen der Revolution habe ich, meinem Gewissen folgend, mich der Volksregierung zur Verfügung gestellt. Sie hat von meinen Diensten keinen Gebrauch gemacht, und mir kann nichts lieber sein, als zu wissen, daß es ihr an geeigneteren Kräften nicht fehlt.

Wenn aber der neue Volksstaat, für dessen Errichtung ich zeitlebens eintrat, gerade mich aussersieht, um mir ein Mißtrauenszeugnis zu geben, indem er mich aus einer Zahl von Männern streicht, die nicht umhin kommen werden, auch meine Lebensarbeit zu erörtern, so hat außer mir, wie ich glaube, auch die Öffentlichkeit Anspruch, die Gründe zu erfahren.

Ich wäre Ihnen, sehr geehrter Herr Ebert, dankbar, wenn Sie meine Bitte um Aufklärung erfüllen wollten.

Mit vorzüglicher Hochachtung

Rathenau.

AN PETER HAMMES
Göteborg

Berlin, 23. 6. 1919

Vor Parteinahme fürchte ich mich nicht. Ich habe zum ersten Male nach der Revolution Partei genommen, und zwar zugunsten der Demokraten, von denen ich eine kräftige Sozialpolitik erwartete. Darin habe ich mich freilich schwer getäuscht.

Mit den radikalen Parteien habe ich manchen Berührungspunkt, doch gibt es eine Reihe von Umständen, die mich hindern, ihnen näherzutreten. Ich meine damit nicht den Begriff der Belastung oder Kompromittiertheit, noch weniger den Begriff des Umlernens. Es gibt wohl wenige Deutsche, denen diese Notwendigkeit so sehr erspart wurde wie mir. Lange vor dem Krieg habe ich auf die Katastrophe hingewiesen, am Tage vor dem Ausbruch aufs dringendste gewarnt, von den ersten Monaten ab das Ende vorausgesagt, vor Annexionen gewarnt, den Unterseekrieg bekämpft. Die Schrift „Von kommenden Dingen" ist, wie ich glaube, die revolutionärste, die seit vielen Jahren erschienen ist; sie hat zum ersten Male das alte System durchleuchtet und die Perspektiven für eine nahe Zukunft gezeichnet. Die „Neue Wirtschaft" ist Vorläuferin der Gemeinwirtschaft geworden, die heute den Kernbesitz der Mehrheitssozialdemokratie an wirtschaftlichen Gedanken ausmacht.

An sich wäre ich demnach wohl weniger kompromittiert als die meisten Sozialisten, und dennoch ist mein Verhältnis zum Sozialismus, insbesondere zu dem mir näherstehenden linken Flügel, ein sehr bedenkliches.

Seit Jahren hat die Sozialdemokratie, statt positive Arbeit zu leisten, nur den Klassenkampf ausgebildet. Das Ergebnis ist, daß jeder, der von der Seite der „Kapitalisten" oder „Unternehmer" kommt, verdächtigt wird. Als bei Beginn der Revolution eine sogenannte Sozialisierungskommission zusammengestellt wurde, haben die Unabhängigen gegen meinen Eintritt Einspruch erhoben, und ihn aufrechterhalten, obgleich aus der Mitte des Arbeiter- und Soldatenrates ein stark unterstützter Protest gegen ihre Stellungnahme erfolgte.

Was ich auf der linken Seite befürchte, ist keineswegs Fanatismus und Radikalismus, noch weniger das jugendliche Überschäumen, das mir sympathisch ist. Was ich befürchte, ist, daß man gar nicht die Absicht hat, aufbauende Ideenpolitik zu verwirklichen, sondern daß das fruchtlose alte Partei- und Agitationswesen weitergeht, und daß man in dem bekannten Streben nach Wählerzahlen und politischen Augenblickserfolgen sich gänzlich von den Massen abhängig macht.

REVOLUTION AUS VERSEHEN

Es ist kein Zweifel mehr: was wir deutsche Revolution nennen, ist eine Enttäuschung.

Mißtrauen gebührt jedem Zufallsgeschenk und jedem Verzweiflungsprodukt.

Nicht wurde eine Kette gesprengt durch das Schwellen eines Geistes und Willens, sondern ein Schloß ist durchgerostet. Die Kette fiel ab, und die Befreiten standen verblüfft, hilflos, verlegen und mußten sich wider Willen rühren. Am schnellsten rührten sich, die ihren Vorteil erkannten.

Den Generalstreik einer besiegten Armee nennen wir deutsche Revolution. Die Arbeitsaufnahme einer neuen Versuchsarmee nennen wir deutsche Gegenrevolution.

Die Arbeiterschaft ließ sich in den Sattel setzen und reitet den alten Streiktrab. Das Volk blieb abseits und wählte ein bürgerliches Parlament. Die verbürgerlichte Sozialdemokratie ließ sich im Bürgerhause bewirten und die Führung aufnötigen, Führung ohne Macht. Die Extremisten laufen neben dem Gaul und peitschen ihn mit der Knute des Bolschewismus.

Kein Wunder, denn nichts war vorbereitet.

Noch vor fünf Jahren wußte die deutsche Sozialdemokratie nicht, ob sie auch nur die parlamentarische Regierungsform ernstlich wünschen sollte. Sie stimmte dem Kriege zu, weil sie fühlte, daß ihre Massen es verlangten. Sie billigte den Unterseekrieg. Noch im letzten Kriegsjahr ließ die Frage des preußischen Wahlrechts die Massen vollkommen gleichgültig. Die beiden russischen Revolutionen von 1917 und der Friede von Brest wurden unbewegt hingenommen. Bis in die Novembertage von 1918 gab es keine Revolutionsstimmung, nur Müdigkeit im Lande und Verdrossenheit an der Front. Die Umlerner von 1914 waren die Umlerner von 1918, und sie werden die Umlerner von 1920 sein. Die Revolution war kein Produkt des Willens, sondern ein Ergebnis des Widerwillens. ...

Juni 1919

aus: Kritik der dreifachen Revolution

DIE REVOLUTION DES GÜTERAUSGLEICHS

Man hat es als das Verdienst des klassischen Sozialismus gerühmt, daß er die Gesellschaftslehre aus den Händen der ethischen Utopik riß und sie der sogenannten Wissenschaft, der materiellen Historik übergab. Ein genialer Griff aus der Zeit der Realpolitik, Bismarcks würdig; Anstoß und Leitgedanke des fünfzigjährigen erzieherischen Klassenkampfes. Der Romantik war man ledig, doch der Glaube an den Geist, die ethische Schwungkraft war verloren. Das Weltgeschehen sollte mechanisch abrollen, mit wissenschaftlicher Notwendigkeit: da bedurfte es nur der politischen und agitatorischen Schulung, das Bewußtsein wurde erzogen, nicht der Charakter. Haß war die treibende Kraft und Interesse das einigende Mittel, Einrichtungen waren das Ziel. Die Wirkung war gewaltig und unentbehrlich, eine mächtige Maschine, eine unüberwindliche und vorbildliche Partei wurde geschmiedet.

Allein, diese Partei hat nur bürgerliche Geschäfte und Kompromisse gewirkt. Innerlich graute ihr vor ihrem Ziel, dem Umsturz, ja es graute ihr vor den einfachsten Anfängen der Macht, vor Majorität, Parlamentarismus, Republik. Als die Macht kam, stand sie hilflos. Soweit sie nicht gänzlich verbürgerlicht war, mußte sie ihren kärglichen Gedankeninhalt russischen Improvisationen entnehmen.

Zu lange hatte sie sich als Politik, nicht als Geist, als Wissenschaft, nicht als Chaos gefühlt. Da half es denn nichts, daß man versuchte, ein System, das als berechenbarer Ablauf materiellen Geschehens gedacht war, zur Weltanschauung zu erheben; Zentralsonnen lassen sich nicht a posteriori einfügen. Hat man die Einrichtung ins Zentrum versetzt und allen Geist von der Wirtschaftsform abhängig gemacht, so daß er gleichsam nur den Zeiger des materiellen Uhrwerks bedeutet, so hilft es freilich nichts, an diesem Zeiger zu rücken; er kann falsch zeigen oder brechen, doch nicht die Stunde beschleunigen.

Das Rätewesen ist berufen, den westlichen Parlamentarismus abzulösen, dessen Bankerott, zum mindesten für Deutschland, durch die Nationalversammlung offenkundig geworden ist.

Wir waren parlamentsmüde, bevor wir Parlamentarismus kannten, doch hofften viele, eine echte Verantwortung werde die Substanz der Parlamente bessern. Das Gegenteil geschah. Wir sind so unpolitisch, unser Parteiwesen ist so tief in Biertisch- und Vereinsklüngelei, in den Kult von Ortsgrößen, Wirtshausrednern und öffentlichen Phrasendreschern versunken, daß allgemeine Volkswahl in mehrjährigem Abstand, von Parteimaschinen geleitet, Versammlungen zutage fördern muß, die tief unter der Ebene europäischer Parlamente stehen. Solchen Häusern und ihren beauftragten Ministern kann das Schicksal des Landes nicht anvertraut werden, ebensogut könnte man es einer Börse der Vereine und Verbände überlassen.

Die Räte sind Wahlkörper, die dauernd lebendig bleiben, Fühlung mit den Massen behalten und auf Grund eines fortwährenden Wettkampfes ihre befähigteren Elemente in die jeweils engeren Körperschaften aufsteigen lassen. Sie sind dem Parteiwesen zugänglich, dem starren Vereinswesen jedoch nicht unterworfen, Anciennitätsrechte der Trägheit und Beliebtheit finden nicht statt. Die Räte, in ihrer primitiven Entstehung und Form, in ihrer ungeschulten Methode und unzulänglichen Erfahrung, haben in sechs Monaten in Deutschland mehr Initiative, eigene Gedanken und Richtkraft gezeigt als die deutschen Parlamente in fünfzig Jahren, von der Komitragik der Nationalversammlung zu schweigen.

ES WAR KEINE REVOLUTION

Das erste Jahr hat ein Maß von Ordnung gebracht. Das war zu erwarten, denn wir sind ein ordentliches Volk. Es hat bürgerliche Maßnahmen, eine altmodische Republikverfassung und dergleichen gebracht. Gedanken und Taten hat es nicht gebracht.

Die Politik wird vom Ausland beherrscht. Die Wirtschaft wird vom Handel beherrscht. Das Denken wird von der Partei beherrscht. Wir sind, was wir waren, und bleiben, was wir sind.

Auf immer? Nein. Denn jetzt erst beginnt der Druck, der uns flüssig macht und umschmilzt.

Diese Monate waren hart, doch wenn man später zurückdenkt, wird man sie leicht finden. Wie Ferien vor Schulbeginn. Die volle Fremdherrschaft hat noch nicht angefangen, die Kommissionen sind noch nicht da. Der Druck der Entschädigungen hat noch nicht begonnen, die Lasten und Abgaben sind noch nicht da. Wir leben weit über unsere Verhältnisse, verzehren ein Mehrfaches von dem, was wir produzieren, kaufen Getreide und Metall, Wolle und Schokolade auf Pump und wundern uns über den Stand der Währung. Das geht so noch einige Zeit, doch nicht auf lange. Die Glocke hat geschlagen, die kärgliche Erholungszeit ist um. Die nächsten Jahre sind da, um die Probleme zu begreifen. Dann wird sich zeigen, ob unsere Kraft weiter reicht als zur Kopie der bürgerlichen Demokratien und Wirtschaften des vorigen Jahrhunderts. Ich glaube, ja.

Die Welt am Montag, 6. November 1919

DER WAHRE GRUND POLITISCHER FEHLER

Je freier die Grundeinrichtungen einer Nation, desto geregelter sind die täglichen Lebenseinrichtungen, die deshalb nicht als Unfreiheit empfunden werden, weil sie nicht Ausflüsse einer entgegengesetzten Erbweisheit und Erbmacht sind, sondern als Ausdruck einer selbstgewollten Ordnung erkannt werden. Je unfreier die Grundeinrichtungen, desto lässigere, umgehbarere Willkür gestatten sie im täglichen Leben; ja gerade die despotischsten Ordnungen gefallen sich gelegentlich in der Paradoxie einer gewissen Alltagsfreiheit, sei es in der Presse, im Volksleben, in banalen Umgangsformen. Gemeinere Naturen begnügen sich gern mit dieser Freiheit, mag sie auch eine käufliche sein, weil ihnen der Urgrund gleichgültig ist und weil sie die schlaue Bequemlichkeit des Verkehrs und des Geschäftes lieben...

Da ist zunächst die Presse. In vielen außerdeutschen Ländern ist sie bestechlich. Das ist unsittlich, jedoch für eine skrupellose Regierung bequem und für den Leser nicht so schädlich, als man meinen sollte; denn er weiß, woran er ist, er gewöhnt sich, Blätter verschiedener Richtung zu lesen und die Zeitung für ein wirtschaftliches Unternehmen, nicht für den kastalischen Quell zu halten.

Unsere angesehene Presse ist unbestechlich und sehr unabhängig; sie hält es aber vielfach für nötig, aus dieser Tugend eine

Not zu machen, indem sie unablässig den Beweis der Unabhängigkeit von neuem erbringen will und daher auch den politisch ihr Nächststehenden weit mehr Tadel als Zustimmung spendet. Um eine gute Presse zu haben, muß man tot oder wenigstens sehr alt sein; am besten haben es neben den verstorbenen Klassikern und Nationalhelden die Forscher entfernter Wissensgebiete...
Wir sind geneigt, die Titelsucht als eine gutartige Schwäche hinzunehmen; sie wäre es, wenn sie nicht den größten Teil der bürgerlichen Intelligenz in organisierte Abhängigkeit des Geistes und der Gesinnung bände.

September 1919

aus: Zeitliches

REDEN WIR DEUTSCH

Demokratie, zu deutsch Volksherrschaft, die Regierungsform mit dem schönsten Namen und dem herrlichsten Phrasenschatz, bedeutet keineswegs Herrschaft des Volkes.

Sie bedeutet, daß das Volk etwa alle vier oder fünf Jahre einmal abzustimmen hat, und zwar über fünf bis sechs Wahlprogramme, die untereinander zum Verwechseln ähnlich und voll von törichten, unaufrichtigen, verschwommenen und unverbindlichen Redensarten und Versprechungen sind. Gebunden an diesen Phrasenzettel, wählt es einen Abgeordneten, der ihm von einer Art Klub präsentiert wird und den es von Bierversammlungen her kennt, wo er mit großem Stimmaufwand und heftigen Armbewegungen grobe Versprechungen gemacht und auf die Gegenparteien geschimpft hat. Viel anderes weiß das Volk nicht von diesem Mann und von dem, was er kann und will. Natürlich hat er sich durch Sonderversprechungen mit allen möglichen einflußreichen Vereinen, Verbänden, Zutreibern und Geldgebern verständigt....

In den westlichen Ländern hat Demokratie während der Periode des Liberalismus und Hochkapitalismus sich vorzüglich bewährt und jeder anderen Regierungsform, insbesondere der unseren, sich als überlegen erwiesen. Sie war eben die Fortsetzung der plutokratischen Wirtschaftsform auf politisches Gebiet, und wie die hochkapitalistische Wirtschaftsform die einzige war, die die Welt reich machen konnte, so war die plutokratische Regierungsform die einzige, die die Staaten aktiv, geschickt und mächtig machte.

Demokratie war einfach die uneingestandene Herrschaft der

Wissenden, Gebildeten und Wohlhabenden über das Stimmvieh. Der Wahlmechanismus war Cliquen- und Geldsache, und so erklärt es sich, daß in allen diesen Ländern die Proletarier zwar in der Mehrzahl, die Parlamente aber rein bürgerlich sind. Frankreich, die Republik der Republiken, konnte keine Einkommensteuer durchsetzen.

Freilich lagen in jenen Staaten die Verhältnisse damals anders als heute in Deutschland. Zunächst ließ das Stimmvieh sich gar nicht ungern düpieren. Aus langer Schulung kannte es seine Parteien, seine Abgeordneten und Staatsmänner, es wußte, was die Parteien wollten und was von den Männern zu erwarten war. Denn auch diese Männer waren in langer Schulung gezüchtet und erwachsen, allenthalben bestand ein bewährtes, hochgebildetes und geschäftsgeübtes, teilweise erbliches Staatspatriziat, ein republikanischer und demokratischer Adel, der nicht wie der unsere agrarisch und dynastisch beschränkt, sondern durch Kampf, Auslese und Leistung qualifiziert war.

Sodann waren die Verhältnisse stetig, nicht revolutionär, der Wohlstand groß und wachsend, die Plutokratie unerschüttert. Die Politik lief seit Jahrzehnten, in England seit Jahrhunderten, wie ein stetiges Schiff in ruhigem Wasser, es bedurfte verhältnismäßig geringer, wohlüberlegter Steuerbewegungen, um von weitem einer Klippe oder Strömung auszuweichen. Das Volk war neben seiner Eigenschaft als Stimmvieh doch nicht ganz ungewohnt, diesen Steuerbewegungen zu folgen; es verstand mehr von den Interessen des Staates als von seinen Eigeninteressen, es glaubte, nicht ganz mit Unrecht, daß, wenn es den Reichen gut ging, für die Armen etwas abfiel. Es war etwas von dem übrig, was man im achtzehnten Jahrhundert Verständnis für Politik nannte und was Verständnis für die Politik der Großen war, während es eine Politik der Kleinen einfach nicht gab, sondern bestenfalls eine Fürsorge.

Vor allem aber ist man im Westen an Plutokratie gewöhnt. Natürlich spricht man nicht davon; natürlich gibt es auch dort radikale Proletariate; doch die Schätzung des Eigentums ist eine überaus hohe, die unterbewußte Forderung lautet: auch ich will wohlhabend sein, nur fehlt der mittel- und osteuropäische Nachsatz: wenn ich es nicht bin, soll es auch mein Nachbar nicht sein. Man betrachtet — uneingestanden — die Plutokratie als eine Art von Auslese; das ist sie auch in gewissem Sinne, zumal unter gesunden und aufstrebenden Wirtschaftsverhältnissen. Uns darf sie als Auslese nicht genügen, weil sie den Intellekt gegen die Gesinnung bevorzugt und zu einer für uns gefährlichen Erblichkeit neigt; im

Westen ist die Gesinnung ausgeglichener, der Wettbewerb freier; Verstand und Erfolg werden bewundert, weil man Gesinnung voraussetzt. Eine plutokratische Regierungform, zumal da man sie als solche nicht erkennt, ihrer gewohnt ist und der Vergleiche entbehrt, hat daher in jenen Staaten nichts Abstoßendes. Dennoch ist im Westen der formaldemokratische Gedanke schwer erschüttert: durch das Entsetzen des Krieges, durch die tiefere Forschung nach der Ursache, durch die Stärkung der Proletariate, durch Not und Teuerung, durch die Atmosphäre der kontinentalen Revolutionen, durch Rußland. England wird der erste Staat sein, der ohne viel Theorie, ohne viel Gerede und ohne starke Erschütterung die demokratisch-plutokratische Staatsform durch neuzeitliche Gebilde ersetzt.

In diesem Augenblick führen wir die formale Demokratie in ihrer herrlichsten Form ein; als letzte Neuheit in der Form von 1848. Kein Hauch eines neuen Gedankens hat sich in Weimar geregt, der alte Liberalismus feierte goldne Hochzeit in Vatermördern und Krinoline.

In keinem Lande ist Biedermeierdemokratie gefährlicher als bei uns, und zu keiner Zeit war sie gefährlicher als heute.

Wir haben keinen stetigen Kurs wie England, sondern leben in Revolution. Wir haben kein einheitliches, zentralisiertes Land wie Frankreich, sondern stehen vor der Zersplitterung. Wir bestimmen unsere Macht nicht selbst wie der Westen, sondern stehen unter feindlicher Aufsicht. Wir sind im Kampfe aller gegen alle, in voller Auflösung der Sitte, im wirtschaftlichen Bankrott. Niemand hält seine Abrede, niemand glaubt, niemand bindet sich oder fühlt sich gebunden. Wenn ein Schiedsspruch fällt, wird er nicht angenommen. Wenn ein Tarifvertrag vereinbart ist, wird er nicht gehalten. Da soll sich jemand an einen vierjährigen Stimmzettel binden? Da soll das Schicksal davon abhängen, daß einer nach einem verwaschenen Wahlprogramm irgend jemand gewählt hat, den er nachträglich als einen Schlauberger oder Dummkopf erkennt? Da soll jemand im Ernst glauben, daß er mit seinem souveränen Willensanteil den Staat regiert, weil er an irgendeinem Sonntag nach dem Grundsatz des kleineren Übels eine Wahlhandlung vollzogen hat? Da soll einer, wenn ein neues Parlament sich in der ganzen Unfähigkeit seines Rummel- und Klüngelwesens zu erkennen gibt und aus Angst vor Männern Prämien auf Mittelmäßigkeit setzt — da soll einer diese Anstalt als eine ihn bindende und verpflichtende höchste Geistesautorität des Staates ansehen, ihre Abstimmungsresultate als Gesetze und die

Verlegenheitsregierung, die ihr entsteigt, als verkörperte Staatsgewalt verehren?

Kurzbeiniger, krummbeiniger Schwindel. In der Reichstagsgarderobe blüht der Respekt, die Briefumschläge mit dem runden Stempel sehen vertrauenswürdig aus, die grauen Autos machen sich gut. Daß man die Backenstreiche der Entente würdevoll grollend einsteckt, ist kein Vorwurf; das liegt in der Zeit. Daß man Verantwortung mit Versorgung verwechselt, ist schlimm. Daß man den Staatswillen im Lande nicht durchsetzt, ist schlimmer. Daß der Staat, der bellt, aber nicht beißt, in jedem seiner Gesetze mit der Miene der Ahnungslosigkeit das Undurchführbare und Zweckwidrige verlangt, ist lächerlich. Daß er aber starr in den Souffleurkasten der Nebenregierung blickt, während er aus gepreßter Kehle seine Arien singt und der Unkenruf „Ultimatum" dem Publikum vernehmlich ins Ohr steigt, das scheint zwar bloß lächerlich, führt aber zur Katastrophe. Das ist der Zustand vor und unter Kerenski. „Unter keinen Umständen lasse ich mir euren Willen aufdrängen", sagt die unerbittliche Staatsgewalt. „Doch war ich eben im Begriff, ihn aus eigenem Antrieb zu erfüllen", setzt sie verbindlich zürnend hinzu.

Ultimatum Kapp — man vergesse nicht, daß es praktisch, obwohl mit entrüsteter Ableugnung, angenommen wurde. Ultimatum der Gewerkschaften, Ultimatum Bielefeld, Ultimatum Foch — das ist der Inbegriff formaldemokratischer Souveränität.

Politische Aufsätze

Juni 1920

ORGANISMEN DER GEMEINSCHAFT

Das Beste an der demokratischen Partei ist nicht ihr Bau, sondern das Grundstück, auf dem er steht. Die „gutgeschnittene Ecke" rechts vom soi disant Marxismus und links vom großbürgerlichen Block. Auf dieser Ecke wird das Haus der Zukunft stehen, gleichviel, von wem es errichtet wird. Aber eines müssen die Architekten begreifen: um „Kratien" handelt es sich künftig nicht mehr, sondern um Organismen der Gemeinschaft, nicht der Individualitäten.

Heute liegt die Aufgabe nicht in der Verwirklichung einer Kratie, sondern im Aufbau einer Gemeinschaft, politischen und wirtschaftlichen. Um ihn zu schaffen, braucht man keine Genialitäten, aber auch keine Dummköpfe. Und damit nicht wieder irgendeine Kratie herauskomme, eine Herrschaft der Wohlhabenden, der Privilegierten, Zöglinge oder Erblinge, bedarf es der allgemeinen Erziehung und Bildung und solcher Ausleseformen, wie sie die kommende Wirtschaftsgestaltung mit sich bringt, nämlich die Auslese bei der täglichen Arbeit. Als erster — freilich durchaus ungewollter und unzulänglicher — Versuch mag das Wirtschaftsparlament willkommen sein.

Juni 1920

aus: Reden wir deutsch

WER REGIERT

Autokratisch soll überall regiert werden, jede andere als die autokratische Regierung ist machtlos und unfähig. Autokratie und Demokratie sind nicht Gegensätze, die sich ausschließen; im Gegenteil, nur durch Vereinigung kommen sie zur Wirkung. Nur auf demokratischer Grundlage kann und darf autokratisch regiert werden, nur mit autokratischem Überbau ist Demokratie gerechtfertigt.

Juli 1918

aus: An Deutschlands Jugend

Wir glauben, parlamentarisch regiert zu sein, und sind fraktionell regiert. Wenn man fragt: Wer trägt heute die Verantwortung für den Staat, so gibt es keine Antwort; es sei denn, daß jemand scherzhaft sagte: der Kanzler, oder töricht: das Kabinett. Kollegiale Verantwortung ist ein Unding und ein Unsinn. Jeder kann für seine Sache verantwortlich sein, aber das Ganze ist auch eine Sache.

In jeder der westlichen Demokratien ist ein Mensch für das Ganze verantwortlich und zugleich für seine Mitarbeiter. Das ist nicht überall Verfassung, wohl aber überall Brauch. Bei uns glaubt ein Kabinett, verantwortlich zu sein, und dieser Glaube wird ernst genommen.

Unsere Kabinettssitzungen stelle ich mir so vor: In einem schönen Saal steht ein langer Tisch. An der Spitze sitzt Ebert, klug, gütig, konziliant; nicht als Reichspräsident, doch als geachteter Mann und Parteichef von Einfluß. In zwei Reihen sitzen die Reichsminister und Referenten. Mehrere lesen die Zeitung, andere geben Unterschriften. Alle sind innerlich sehr beschäftigt und möchten nach Hause. Das Verbot der „Freiheit" oder der Bergarbeiterstreik oder die Foch-Note oder das Baltikum beschäftigt sie. Für Wirtschaftsfragen ist keine Stimmung. Am Ende des Tisches haspelt sich einer mit langer Rede die Seele aus dem Leibe. Nach zehn Minuten hat jeder genug. „Das ist alles überflüssig," sagt sich der eine, „es geht auch so." — „Das gibt Schwierigkeiten mit der Fraktion," sagt sich der andere. — „Da haben wir die ganze Presse gegen uns," sagt sich der dritte, „als ob es nicht schon Ärger genug gäbe." — „Grundsätzliche Reformen?" sagt sich der vierte, „das wäre die schönste Gelegenheit, sich zu blamieren." Man sieht nach der Uhr. Man denkt an die Besucher, die zu Hause warten. Der Redner holt noch einmal mächtig aus und macht Schluß. Niemand meldet sich zum Wort. Es wird abgestimmt. Keiner ist dafür. Schluß der Sitzung.

Es würde mich nicht wundern, wenn jemand, der heute mühselig einem Plan zustimmt, morgen sein Votum zurückzieht, weil er festgestellt hat, daß seine Fraktion nicht dafür ist.

Bei solcher Regierungsform können Tagesfragen erledigt, Gelegenheits- und Verlegenheitsmaßnahmen getroffen werden, nach dem Gesetz des kleinsten Widerstandes. Für grundsätzliche und Zielpolitik ist so wenig Raum wie unter dem alten Regime. Vielleicht bildet sich einmal aus den drei fähigsten Männern des Kabinetts ein Direktorium heraus. Das wäre immer noch eine bessere Lösung als Fraktionsherrschaft nach dem Muster des polnischen Reichstages.

4. 2. 1920

aus: Was wird werden?

STAATSKUNST UND AUSSENPOLITIK

POLITISCHE KUNST

Viele glauben, daß das, was noch nicht ist, sich nicht voraussehen lasse; dennoch handeln sie und widersprechen so sich selbst. Andere glauben, das Künftige lasse sich errechnen und erklügeln. Beide haben unrecht. Das örtlich und zeitlich Zufällige läßt sich nicht voraussehen, das Organische läßt sich nicht kalkulieren. Wohl aber gibt es eine menschliche Fähigkeit, das äußerlich Werdende innerlich nachzubilden, so daß das Zufällige abfällt und das Wesentliche bleibt, das Unwichtige sich verdunkelt und das Wirkende entscheidet. Diese Fähigkeit liegt auf dem Grunde aller echten politischen Kunst. Sie ist nicht unfehlbar, und sie wird ganz hinfällig jedesmal dann, wenn willkürliche Wünsche und Absichten sich in das Bild mischen. Sie ist auch nicht beweisbar, sondern bestenfalls einleuchtend. Sie äußert sich in starker innerer Überzeugung und bekräftigt sich nur dadurch, daß der Träger in einer wachsenden Reihe von Fällen recht behält.

September 1918

aus: Sicherungen

TRANSATLANTISCHE WARNSIGNALE

Der fortgesetzte Krieg zwischen Germanen und Romanen, der bis in die jüngste Zeit die Alte Welt erschütterte, war notwendig, solange die romanischen Stämme, die Träger maßlosester Ambitionen, der Weltherrschaft fähig schienen. Sie sind es nicht mehr. Verwelkt und saftlos, verschwenden sie ihre Kräfte in fruchtlosen Regierungsrevolutionen; und die Herrschaft Englands über alle fremden Welten ist unbestritten. Inzwischen erhebt sich im Osten ein junger Riese, dessen Fuß die Hälfte von Asien und Europa bedeckt und dem das unüberwindliche Palladium eines orthodoxen

Glaubens Brust und Haupt beschirmt. Wir alle wissen, daß der Kampf Rußlands gegen England um die Hegemonie der Welt das große Schauspiel unserer und der kommenden Zeit bedeutet, dem alle Ereignisse als Episoden und alle anderen Staaten als Nebenakteurs und Statisten dienen müssen. Von hier aus betrachtet erweist sich auch der jüngste germano-romanische Zweikampf als ein harmloses Zwischenspiel und Divertissement.

Uns aber weisen alle Zeichen nach Osten und Aufgang. Das Unglück — oder wer sonst? — hat es gewollt, daß seit jenem Morgen von Kronstadt, dem denkwürdigsten der letzten Jahrzehnte, der Weg zur Sonne uns gesperrt ward. Der Bund mit den Häusern Habsburg und Savoyen verlor seit diesem Tage viel von seinen Reizen; doch blieb der Trost, mit dem englischen Vetter zu guter Weile ein neckisches Versteckenspiel zu treiben.

Sollte auch diese Freude zu Ende sein? Während wir chinesische Menschenbrüder dressieren, der Spanier Ritterlichkeit beweinen und im Gelobten Lande die Südfrüchte unserer Politik heranreifen zu sehen hoffen: vibrieren nicht die transatlantischen Kabel von anglo-amerikanischen Freundschaftsgrüßen? Wiewohl jeder dritte Mann, der auf Kuba von kleinkalibrigen Geschossen zerrissen oder vom Fieber zerfressen ward, deutschen Namen trug, kreuzt kein englischer Glückwunsch den Ozean ohne den giftigen Refrain und Hinweis auf Deutschlands übelwollende Mißgunst. Auf dem Broadway, den jeder beim Lesen der Firmenschilder für eine deutsche Geschäftsstraße hält, in Hoboken, wo man kein englisches Wort vernimmt, in Fifth Avenue, wo die Paläste der Eisenbahnkönige mit deutschem Gelde gebaut sind, flattert der Union Jack mit dem Banner des Vereinigten Königreiches brüderlich verschlungen. Der alte Groll ist vergessen. Die gemeinsame Sprache singt ihr Zauberlied. Der stolze Brite höhnt nicht mehr den Slang und vergißt, was er einst an Malicen über die Schweinezüchter von Chikago aufgebracht hat. Ein neuer Zweibund bereitet sich vor, ein Zweibund zur See; und was die Partie carrée vom Tische freiläßt — das sind die Ecken.

Und wir?

„Wir warnen den Präsidenten."

Die Zukunft, 30. Juli 1898

ENGLAND UND WIR

Eine Philippika

Frankreich, ein Staat, der niemals Realpolitik betrieben hat, der nicht wissen will, was ist, und nicht zugeben will, was er weiß, Frankreich spielt mit der Hoffnung, uns in den Halbschatten einer mitteleuropäischen Mittelmacht zurücksinken zu sehen. Zu schwach, um diesen Rückschritt zu erzwingen, begeht unsere schöne Nachbarin frauenzimmerliche Wege und gibt sich jedem männlichen Beschützer hin, wenn er verspricht, den Räuber ihrer Ehre zu züchtigen. Einen Angriff von Frankreich haben wir nicht zu fürchten, es sei denn, daß es ein versteckter Angriff Englands ist.

England, das klügste und wahrhaft politische Volk der Erde, versteht die Lage vollkommen. England haßt uns eigentlich nicht, aber es empfindet unsern Aufstieg als eine vierfache Gefahr. Denn erstens fühlt es sich technisch-industriell überflügelt;

zweitens glaubt es sich verpflichtet, gegen jede sich entwickelnde kontinentale Vormacht einzuschreiten;

drittens wird sein koloniales Gebäude innerlich erschüttert, wenn die Alleinherrschaft zur See den Wert des geschichtlichen Dogmas verliert;

viertens wird das Wettrüsten zu kostspielig und bei stetig wechselnder Technik im Erfolge ungewiß.

Der Krieg, den England zu führen hätte, wäre somit ein Präventivkrieg; eine Kategorie, die Bismarck ablehnte.

Endete der Krieg mit einer entschiedenen Niederlage Deutschlands, so hätte England eine Reihe von Jahren Ruhe. Die inneren Ursachen der englischen Besorgnis wären jedoch nicht endgültig beseitigt, denn sie liegen nicht in der Politik, sondern in den Kräften des deutschen Volkes begründet. Kriege würden daher so lange sich periodisch wiederholen, bis der Weg der Weltentwicklung diese Rivalität erledigte.

Jeder andere Ausgang des Krieges kann außer Betracht bleiben. Wie er aber auch fiele: immer läge der Hauptvorteil auf der Seite der Vereinigten Staaten, und die amerikanische Wirtschaftsfrage käme in ein so verändertes Stadium, daß möglicherweise alle andern Ergebnisse sich ihr unterordneten.

Es ist nicht unwahrscheinlich, daß solche Argumente jetzt, in diesem Augenblick, mit höchster Klarheit und Unerschrockenheit in London erwogen werden. Und es ist menschlich bedeutungsvoll, wie ein edles Volk, in eine ihm fremde Rolle gepreßt, mit seinen

Empfindungen kämpft. Denn England ist seit zwei Jahrhunderten gewohnt gewesen, jede Frage vor seinen kurulischen Stuhl hintreten zu lassen und gemächlich zu entscheiden. In seinen Räumen ist viel diktiert und geordnet, viel gefordert, manchmal gedroht, selten angeboten und niemals gebeten worden. Unerhörtes hat man in Beratungen und Kongressen erreicht, häufig zugegriffen, wo es zu okkupieren gab, vorbereitete Eingeborenenkriege mit Entschlossenheit begonnen und beendet: eine Politik der Phantastik, der Leidenschaft, des Abenteuers und der Verzweiflung war der Dogenweisheit dieses Landes fremd. Nun vernimmt man schon unenglisch heiße Zeitungsrufe; die zwiespältige Regierung war im Herbst dem Wagnis nahe, und nur der mächtige Citybürger und Gentryman bewahrt seine hundertjährige Gelassenheit.

Ein einzigartiger englischer Zug: als politischer Herold erscheint vor Beginn des Kampfspieles der Freund des Premiers, Lord Haldane, in Berlin, Krieg und Frieden in den Falten seines Überrockes tragend. Und bald nach seiner Heimkehr bietet nochmals, zum letzten- und zum allerletztenmal, in öffentlicher Rede der Seeminister die Treuga Dei, den Gottesfrieden, quartalsweise mit gesetzlicher Kündigung aus.

England fühlt sich bedroht, weil wir rüsten; England rüstet, weil es sich bedroht fühlt; wir rüsten nicht, weil England rüstet, aber wir hören nicht auf, zu rüsten, solange England rüstet: ein Zirkelschluß.

Kann der Vernünftige nachgeben? Können wir den Kreisprozeß anhalten?

Wir könnten es, wenn die Lage eine symmetrische wäre. Sie ist es nicht.

Wir sind mit keinem Gegner Englands verbündet. Vielleicht, weil England keinen Gegner hat. Gleichviel. Aber England ist durch die Entente an unseren erklärten Widerpart gebunden. Die Entente, ein Produkt Marokkos, scheint in ihrer Hauptbestimmung erledigt. Geheime Klauseln sollen nicht bestehen: immerhin, die Entente selbst besteht; und wir müssen glauben, daß sie mehr vorstellt als eine Frühstücksvereinigung. Ist sie mehr, so hat England nicht das Recht, von uns Rüstungsbeschränkungen zu erwarten. Bedeutet sie nichts, so wird es leicht sein, uns Sicherungen zu gewähren. Freilich dürfte es nicht genügen, mündliche oder schriftliche Erklärungen zu wechseln: das sind Höflichkeiten und Formeln, die kein Bündnis entkräften. Ist es England wahrhaft darum zu tun, in Frieden mit uns zu leben, so mag es einen Neutralitätsvertrag uns bieten, der uns, gleichgültig ob die Entente besteht oder nicht, zu Freunden macht.

Zeigt sich England zu diesem zwar untätigen, doch friedfertigen Einverständnis bereit, so ist es an uns, ein Rüstungsabkommen zu finden, das beiden Nationen Luft schafft: es sei nun, daß nach Churchills Vorschlag Rastjahre vereinbart werden, sei es, daß man Kielzahlen oder Tonnengehalte kontingentiert.

Weist England die Neutralität zurück, so wissen wir, daß seine Friedensbeteuerungen nur bis zur nächsten Verwicklung gelten. Dann wäre der Vorschlag der Abrüstung Phrase, seine Annahme Schwäche. Bleibt überdies die Entente bestehen, so haben wir Britannien als Gegner einzuschätzen; denn Frankreichs Allianzen sind nicht Bündnisse des Friedens, sondern des Kampfes und der Rache, die gefährlich bleiben, auch wenn sie dem Bedürfnisse nationaler Redensart zuliebe geschaffen sind.

Gegen den Gedanken der Neutralität kann England nur den einen erwägenswerten Einwand erheben: wer bürgt dafür, daß nicht im nächsten Augenblick sich Deutschland auf Frankreich stürze, um die Arbeit von 1870 zu beenden? Hierauf ist zu erwidern: der ganze politische Kredit des Deutschen Reiches beruht auf seiner Mission als Friedensmacht. Abgesehen davon, daß Deutschland keine Gewinne erwarten könnte, die das Risiko und die industrielle Zerrüttung eines Angriffskrieges rechtfertigen, darf eine so zentral gelagerte Macht, eingeschlossen in überlange, schlecht geschützte Grenzen, nicht die Wege des Abenteuers und der gewaltsamen Expansion beschreiten. Vierzig Jahre lang war Frankreich vor uns sicher, in starken und in schwachen Augenblicken; und wer uns die Humanität der Friedensliebe und Enthaltsamkeit nicht zuerkennt, der wird uns die Klugheit der Selbsterhaltung nicht abstreiten.

1912

aus: Mahnung und Warnung

DEN FINGER AUF DER WUNDE

Diese englische Politik ist dem Außenstehenden nur dann vollkommen verständlich, wenn er annimmt, daß das englische Volk einen Krieg in sehr kurzer Zeit herbeizuführen wünscht. Denn aus mehreren Gründen muß, wenn nicht Unerwartetes eintritt, die Beibehaltung des gegenwärtigen Zustandes zum Kriege führen, und zwar zu einem solchen, der aus *englischen* Notwendigkeiten hervorgeht:

Erstens, weil der Zweimächte-Standard mit der Zeit England größere Opfer auferlegt, als irgendeine andere Macht zu tragen hat,

zweitens, weil neue technische Mittel die alte Überlegenheit der Flotte in Frage stellen können,

drittens, weil die zunehmende Konzentration der Seemacht in nordeuropäischen Gewässern die Stellung Großbritanniens in anderen Erdzonen schwächt,

viertens, weil in den Augen der Kolonien der Wettstreit zur See eine Gefährdung des Prestiges bedeutet,

fünftens, weil eine Politik, die eine andere Nation zu isolieren bestrebt ist, dauernd Erpressungen ausgesetzt ist und dauernd Opfer bringen muß.

Die englische auswärtige Politik ist die stärkste, bewußteste und erfolgreichste, die wir kennen. Daß sie die Konsequenzen ihrer Prinzipien genau einschätzt, müssen wir mit Sicherheit voraussetzen. Wir dürfen daher, wenn wir auf die Friedensliebe des englischen Volkes rechnen, die Hoffnung behalten, daß nicht die Entfesselung eines Krieges, sondern nur eine Kraftprobe beabsichtigt ist, die vielleicht wie ein guter sportlicher Wettkampf mit einem Händedruck beschlossen werden soll. Möge es nicht zu spät werden.

Die beiden Völker benehmen sich, wenn man die Gefahr der Veranstaltung in Betracht zieht, als tadellose Zuschauer.

Nord und Süd, Augustheft 1912

aus: Politische Aufsätze

Friedfertigkeit ist nur dann ein politisches Verdienst, wenn sie zugleich das stärkste Mittel zur Macht ist.

1913

aus: Das Eumenidenopfer

AN DEN KAIS. GES. VON MUTIUS,
Allerh. Hauptquartier
Berlin, 10. 10. 1914

Lieber Freund!

Jetzt nach dem Fall von Antwerpen möchte ich glauben, daß der Zeitpunkt gekommen wäre, um über die Zukunft Belgiens eine beruhigende Erklärung abzugeben. Ich würde eine solche für eine Erleichterung der künftigen Friedensverhandlungen ansehen. Denn nach Wilsons Äußerung und der ganzen Vorgeschichte des Krieges, soweit sie England betrifft, hat es den Anschein, als ob die belgische Komplikation den schwierigsten Punkt in der künftigen internationalen Abwicklung bedeutet.

Ich kann es nicht hindern, daß meine Gedanken sich immer wieder der Schwierigkeit des Friedensschlusses zuwenden, die mir fast noch größer erscheint als die des Krieges. Die Hoffnungen auf Erwerb sind hier ins Maßlose gesteigert. Jede Veränderung der Landkarte und jede Zahlung wird als möglich erachtet, und keine genügt der Unersättlichkeit der unverantwortlichen Beurteilung. Für meine Empfindung kann nur derjenige Frieden uns Nutzen bringen, der ein wirklicher Friede ist und unserer Politik eine neue und sichere Grundlage gibt. Äußerlich glänzende Ergebnisse, die nicht organisch begründet sind, können Konfliktstoffe schaffen, im Vergleich zu denen der elsaß-lothringische geringfügig war. Der leidenschaftliche Neid und Haß der Welt, der in diesem Kriege sich ausdrückt, läßt sich nicht durch Furcht bändigen; er muß in sich gemildert werden, und ich würde es als das größte Glück ansehen, wenn es uns gelänge, einen solchen Frieden mit Frankreich zu schaffen, der uns den Feind in einen Bundesgenossen verwandelte. Aber wie dem auch sei – es wird sich kaum ermöglichen lassen, die übertriebenen Wünsche unserer Politiker mit einer solchen Realität zu vereinigen, und deswegen komme ich abermals auf die Hoffnung zurück, die ich durch Sie dem Kanzler nochmals ans Herz legen möchte: durch einen zentral-europäischen Wirtschaftsaufbau einen inneren Siegespreis zu schaffen, der alle äußeren Errungenschaften übertrifft.

Ich weiß nicht, ob Exzellenz Delbrück und Unterstaatssekretär Wahnschaffe noch im Hauptquartier sind. Ich hoffe sehr, daß es ihnen gelungen ist, ein Programm zunächst mit Österreich mit dem Kanzler zu vereinbaren. Mit Rechenberg, der eine Reihe von Spezialfragen in dieser Richtung bearbeitet, stehe ich dauernd in

Fühlung und glaube, daß etwas Brauchbares zustande kommt. Das österreichische Programm wird erst durch das französischbelgische vervollständigt, und ich möchte immer wieder die Erwägung darauf lenken, daß die wirtschaftliche Vermählung mit den Nachbarn die künftige politische einschließt. Ich weiß, daß für die französische Verhandlung der Zeitpunkt noch lange nicht gekommen ist, aber es handelt sich darum, von langer Hand Stimmungen vorzubereiten, die im Augenblick der Tat entscheidend werden.

AN W. L.

Berlin, 17. 12. 1918

Meine Gesellschaft hat eine politische Stellung während des Krieges nicht eingenommen.

Ich selbst war befreundet mit dem amerikanischen Botschafter Gerard und seiner Frau, lernte durch ihn Oberst House kennen und hatte mehrfache, sehr eingehende Besprechungen mit ihm, in denen ich ihm die Lage des Landes und des Krieges darlegte und gemeinschaftlich mit ihm zu dem Schluß kam, daß Wilson den Krieg in freundschaftlicher Zusammenarbeit mit Deutschland beenden müsse.

House erklärte mir, daß er von keinem andern so vollständige und glaubwürdige Informationen über die tatsächliche Lage empfangen habe wie von mir, und bezeigte mir in ausgesprochenster Weise sein Vertrauen.

Er forderte mich auf, ihm zu schreiben, sobald Präsident Wilson eingreifen könne; dies wurde verhindert durch das Eintreten des U-Boot-Krieges.

Vor dem U-Boot-Kriege hatte ich mehrfache und vielstündige Besprechungen mit Vertretern der Marinebehörden, denen ich den Nachweis erbrachte, daß der U-Boot-Krieg aussichtslos sei. In gleichem Sinne suchte ich auf das Auswärtige Amt zu wirken.

Als der verschärfte U-Boot-Krieg begonnen hatte, suchte ich Ludendorff auf (März 1917) und erklärte ihm, daß er von den Marinebehörden falsch berichtet und an einen Zusammenbruch Englands in naher Zeit nicht zu denken sei.

Im Juli 1917 suchte ich Ludendorff in Kreuznach auf, um ihm in einer Besprechung, die am Vormittag und Nachmittag insgesamt drei Stunden währte, die Aussichtslosigkeit des U-Boot-Krieges darzulegen, ihn von seinen Friedensbedingungen abzubringen und zum Verständigungsfrieden zu bewegen. L. antwortete mir, daß er meine Argumente schätze, daß er sich aber auf sein Gefühl verlasse ...

Eine künftige Politik kann nicht so aussehen, wie die Nationalisten es wünschen, eine Politik des Widerstandes, bei der gesagt wird: „Protestiert!", „Wehrt euch!" und, sobald man fragt: „Und dann?" die Antwort erfolgt: „Das wird sich finden." Eine Politik besteht nicht darin, daß man darauf wartet, was sich findet, sondern die Wirkungen müssen vorherbestimmt werden. Ich frage alle, die eine Politik des Widerstandes predigen: Wie wollt ihr euch benehmen, wenn die Folgen dieses Widerstandes eingetreten sind? Ich habe bisher keine Antwort bekommen. Was geschieht, wenn das Ruhrgebiet besetzt wird? Ich frage: Bis zu welchen Konsequenzen wollt ihr gehen? Heraus mit der Sprache! Und wenn sie dann antworten: Wir wollen Krieg, dann werden wir wissen, daß wir diese Politik nicht mitzumachen haben. Eine Politik des sinnlosen Widerstandes werden wir nicht führen, sondern eine Politik der ruhigen und zuverlässigen Erfüllung der Verpflichtungen, soweit es eben möglich ist, nicht weiter. Daß die Möglichkeit der Erfüllung sich verengerte durch den Verlust des oberschlesischen Landes, das sehen auch im Auslande diejenigen ein, die sich mit wirtschaftlichen Dingen befassen und etwas davon verstehen. Unsere Politik wird nach wie vor sein: Aufbau nach innen und außen. Es wird nötig sein, dem Ausland gegenüber sich nicht auf den Standpunkt zu stellen: Wir werden jetzt nichts mehr tun, wir erkennen den Vertrag nur noch an als einen Fetzen Papier. Aber wir werden das Land auch nicht dahin drängen, daß es unter seiner Last zusammenbricht. Wir werden so weit gehen, wie das Land gehen kann und wie ernste Staatsmänner es verantworten können.

KOSTEN EINER ERBFEINDSCHAFT

Der Begriff der Erbfeindschaft, die keineswegs von beiden Parteien geteilt zu werden braucht, ist von unübersehbarer politischer Bedeutung. Eine einzige Erbfeindschaft genügt, um nahezu die Hälfte aller denkbaren Großmachtkombinationen zu dritt oder viert unmöglich zu machen. Tritt der Erbfeind unter seinen Freunden werbend auf, so verringert sich der Kreis der Möglichkeiten abermals; er schmilzt auf wenige Kombinationen zusammen, wenn eine zweite oder dritte Erbfeindschaft oder die erbfeindliche Ansteckung eines Bündnisstaates hinzutritt.

Weiterhin steigert sich die Einkreisungsgefahr, weil der von Erbfeindschaft betroffene Staat seine stärkste politische Handlungsfreiheit verliert. Jeder weiß von ihm, welcher Bündnisse er unfähig, auf welche er angewiesen ist, und dem entschlußfreien möglichen Sozius, vielleicht dem einzigen, dem letzten möglichen, steht es frei, jede Bedingung zu stellen und im Verlauf des Verhältnisses jedes weitere Zugeständnis zu fordern. Denn ihm steht die Welt offen, und je unabhängiger seine Lage, je entscheidender sein Beitritt, desto emsiger wird er umworben.

Die Politik der Empfindung begibt sich in solchem Falle gern auf das Gebiet solcher Beziehungen, die zwischen Einzelmenschen bindender sind als zwischen Staaten: Dankbarkeit und Herzlichkeit werden beansprucht und gelegentlich bekräftigt. Es sind schöne Gefühle, doch bilden sie keine Grundlage der Existenz; ein staatsmännisches Wort der entgegengesetzten Auffassung lautet: „Nous étonnerons l'Europe par notre ingratitude", und kann zu jeder Zeit wieder ausgesprochen werden

Ist ein absinkender Staat wie Frankreich ohnehin auf bezahlten Bündnisschutz angewiesen und ganz mit der Rolle des anspruchsvollen Schützlings vertraut; treibt er also gewissermaßen weibliche Politik, so kann er sich die gefühlvolle Genugtuung der Erbfeindschaft leichter gönnen als ein aufstrebendes und befeindetes Staatswesen, wie bisher das unsere es war. Auch mittlere Staaten vom Balkanformat, wie sie künftig vom Roten Meer bis zum Baltischen Meer den Osten säumen werden, können gleichzeitig eine mäßige Belastung mit Erbfeindschaft ertragen und die Waagebalkenpolitik der begehrten Uninteressierten fortsetzen.

September 1918

aus: Sicherungen

Über die Zukunft des deutsch-französischen Verhältnisses

AN M. GIL BLAS, PARIS

11. 9. 1919

La seconde de vos trois questions me semble la principale.

Deux grandes nations, formant le véritable centre, la moelle de l'Europe, ont-elles intérêt à se combattre physiquement et moralement, ou à se rapprocher l'une de l'autre? Toutes les deux puissantes, riches de culture et civilisation anciennes, bordées de trois mers, sans voisins prépondérants?

La politique européenne entière de notre génération, cette politique guindée, vague, sans but, sans idéal, se base sur l'antagonisme de nos deux pays.

Ces liaisons théoriques, ces ententes inéprouvées, à quoi servent-elles autre qu'à donner un aspect de soutien à ce vieux continent, brisé au milieu de son corps?

Quel rêve que de s'imaginer ces deux nations réunies!

Culture latine et culture germanique, culte du beau et culte du vrai, esprit français et âme allemande, noblesse et élan réunis à la foi et la solidité — industrialisme et épargne française, défenses nationales fusionnées, désarmement général des nations — quel sujet d'enthousiasme et de déclamation!

C'est un rêve, ne nous trompons pas. Deux nations peuvent s'allier, mais elles ne s'épousent pas.

Toutefois: l'union gallo-germanique serait l'essor d'une constellation politique et économique féconde, solide et presque inattaquable.

Cette constellation, peut-elle se réaliser? Il ne faut jamais dire jamais; néanmoins il y a un grand obstacle. Les deux nations manquent de réciprocité de sentiments...

Un jour, en déjeunant dans mon club avec un de vos plus charmants et instruits confrères, nous en parlions longuement.

Vous voulez donc la guerre? lui dis-je.

Au contraire, nous croyons que c'est vous qui la voulez.

Mais à quoi donc servent, lui répondis-je, ces allusions, ces sous-entendus, ces demi-mots dans vos chambres, vos journaux, vos harangues militaires, ces variations interminables sur l'air «n'oublions jamais»? Croyez-vous que nous soyons des enfants qui ne comprennent pas, quand, à table, on prononce des phrases dans un idiome étranger? C'est comme si un monsieur qui vient d'embrasser un ami, vous refuse sa main, tout en constatant sa parfaite politesse, qui ne lui permet pas d'aller plus loin.

Mais vous n'allez donc jamais comprendre, me dit-il avec un peu d'impatience, que la France boude? Est-ce que, en Allemagne, on ne connaît que les deux alternatives: ou bien se battre ou bien coucher avec?

C'est vrai, fis-je, chez nous, on ne connaît pas ce sentiment excepté de la part d'une belle femme. Battons-nous, si vous voulez, ou bien soyons amis. Ne nous empoisonnons pas de politesses grimaçantes qui sentent la haine, la méfiance et parfois le mépris, et que l'on désigne, dans la langue diplomatique, par la belle épithète de «relations correctes».

Voilà notre petit dialogue. Je sais bien que nous en aurons, pour des années, de «relations correctes». Car autant qu'il y aura, en France, des personnes qui gagnent leur pain en appelant «traîtres» les gens qui veulent réellement ce que la politesse professe officiellement, autant il y aura un danger moral et très sérieux pour ceux qui s'occupent de nous avec impartialité. Je crains même un peu que vous, Messieurs, n'échappiez pas entièrement à ce danger en publiant ces humbles lignes.

Pour que cela change subitement, il faudrait des coïncidences extraordinaires et rares, tels que l'histoire dans son goût d'ironie délicate se les paye parfois. Il faudrait, par exemple, un service inattendu, chevaleresque et courtois, rendu par l'Allemagne laquelle — je vous assure — ne serait que trop flattée de l'occasion; ou bien un grand danger supporté en commun et avec succès par les deux nations.

Si cette chance ne s'accuse pas, il faudra attendre patiemment. Et alors, un jour, on trouvera en France qu'on commence à se lasser un peu de l'éternel hymne russe, genre 1890, et de s'embêter un peu du réalisme égoïste de l'Angleterre. Ce sera peut-être le moment, où après avoir découvert nos curiosités esthétiques, les Schopenhauer, Wagner, Nietzsche, on découvrira l'Allemagne.

AN FRANKREICH

Männer und Frauen Frankreichs!

Durch die Jahrhunderte trugt ihr die Fackel des klaren Gedankens. Ihr habt Europa die Formen und Normen einer starken und freien Zivilisation gegeben.

Ihr glaubt, daß wir formlosen Gefühlen und dunklen Regungen der Seele hingegeben sind, und weil ihr unser Volk als willenlose Kriegsmaschine empfandet, nennt ihr uns mit barbarischen Namen.

Laßt uns in der Sprache des klaren Gedankens reden, ohne dunkle Gefühle, ohne heiße Leidenschaften und ohne Hintergedanken.

Die Forderung, achthundert deutsche Männer, vom Feldherrn bis zum Soldaten, auszuliefern ist gesetzlich begründet. Denn sie ist durch die Unterschrift des deutschen Volkes anerkannt. Wir wollen nicht erörtern, ob wir sie erfüllen müssen, sondern ob ihr sie stellen dürft.

Wie? Man sollte eine Forderung nicht stellen dürfen, auf die man gesetzlichen Anspruch hat?

Nein. Es gibt Fälle, in denen man solche Forderungen nicht stellen darf. Es gibt menschliche Gesetze, die der Nützlichkeit dienen, der scheinbaren oder der wahren Nützlichkeit, und es gibt übermenschliche Gesetze, die dem göttlichen Wesen der Menschheit entfließen.

Ihr selbst habt die Menschenrechte aufgestellt, als eine Norm, die der menschlichen Würde entspringt und von keiner Nützlichkeit beschränkt wird.

Shakespeare hat das Problem des menschlichen und übermenschlichen Rechts erörtert und entscheidet:

> Though justice be plea, consider this, —
> That in the course of justice none of us
> Should see salvation: we do pray for mercy,
> And that same prayer doth teach us all to render
> The deeds of mercy.

Das Gesetz der Juden verbot nicht, das Bett des Armen zu pfänden; doch der Zorn Gottes kam auf den, der nicht im Namen des höheren Gesetzes vor Sonnenuntergang es zurückgab.

Im Namen des übermenschlichen Gesetzes darf es nicht geschehen, daß ein Volk das andere zwingt, ehrlos zu werden.

Ihr antwortet und weist auf die furchtbaren Taten des Krieges, auf die Zerstörung eures Landes. „War das nicht auch gegen das ewige Gesetz?"

Ja! Der Krieg war gegen das ewige Gesetz, und aller Schrecken, der im Taumel des Krieges geschah, war gegen das ewige Gesetz.

Kann jemals Unrecht durch Unrecht gesühnt werden? Deutschland wird seinen Teil am Unrecht sühnen durch Wiedergutmachung. Die zerstörten Landstriche sollen wiederaufgerichtet werden, blühender als sie jemals waren. Deutschland wird jeden seiner Staatsbürger zur Verantwortung ziehen, der die Kriegsgesetze verletzt hat, gleichviel ob die anderen Staaten das gleiche tun oder nicht.

Durch Unrecht aber wird Unrecht nie gesühnt. Weder dadurch, daß Deutschland sich selbst entehrt, noch dadurch, daß Angeklagte vor Richter geführt werden, die Partei sind.

Ihr sagt, es soll ein abschreckendes Beispiel gegeben werden für alle Zeiten.

Unrecht schreckt nicht ab, sondern erbittert.

Der Deutsche neigt nicht zur Ranküne und zur Rache. So wenig, daß er manchem träge und indolent scheint. Sagen nicht heute schon viele, daß wir die Zerstückelung unseres Landes, die Vernichtung unserer Geltung in der Welt mit Gleichgültigkeit ertragen? Ja, wir sind geneigt, das Schwerste als Schicksal hinzunehmen, die Schuld in uns zu suchen und den Gegner von der Verantwortung zu befreien. Die Gewissen, in denen bisher ein Rachegefühl lebendig war, waren nicht das Gewissen des Landes. Deutschland will keinen Rachekrieg und wird keinen Rachekrieg führen.

Dennoch muß Frankreich, wenn es auf der Selbstentehrung Deutschlands besteht, seiner eigenen Sicherheit wegen die logische Konsequenz ziehen: es muß sechzig Millionen Deutsche vernichten. Zieht es diese Konsequenz nicht, so gibt es kein Mittel, die Sicherheit und Existenz Frankreichs auf Jahrhunderte zu schützen. Denn die Erinnerung eines furchtbaren und beispiellosen, nicht in der Leidenschaft des Krieges, sondern in der kühlen Überlegung des Friedens begangenen Unrechtes bleibt in Europa lebendig. Sie bleibt lebendig durch die Fortexistenz der deutschen Nation, und sie wird immer wieder gegen Frankreich geltend gemacht werden, gleichviel ob Deutschland es will oder nicht will, von jedem, der mit Frankreich einen Zwist hat.

Unter Geschöpfen, die so nahe leben wie die Glieder einer Familie, der europäischen Familie, stirbt die Erinnerung an eine Blutschuld nicht aus, bis sie durch guten Willen gesühnt ist. Sie schreit zum Himmel, und die Völker kommen nicht zur Ruhe.

Frankreich ist heute politisch sehr stark: durch eine große und siegreiche Armee und durch mächtige Bündnisse. Auch wenn diese Bündnisse fünfhundert Jahre lang mit Italien, England, Amerika standhalten, ohne sich einen Augenblick zu lockern, wird jeder weitsichtige Mensch Frankreich nur den einen Rat geben können: Verlaßt euch nicht darauf. Vernichtet Deutschland im eigentlichen Sinne, tötet seine Menschen, besiedelt sein Land mit anderen Völkern. Es genügt nicht, daß ihr das Reich in kleine Staaten zerstückelt. Wollt ihr eure Nachbarnation entehren, so vernichtet sie, damit ihr Gedächtnis zugrunde gehe. Es bleiben genug mächtige Völker übrig; wenn sich eines gegen euch erhebt in einem Augenblick, wo ihr nicht auf der Höhe eurer politischen Stärke seid, so wird es mit der Erinnerung der deutschen Schmach gegen euch kämpfen und diese Erinnerung gegen euch geltend machen. Vernichtet die Erinnerung, indem ihr das deutsche Volk vernichtet.

Seid ihr euch dessen bewußt? Wollt ihr das? Ist das die Mission Frankreichs? Gut. Was wir noch zu verlieren haben, einschließlich des Lebens, lohnt kaum der Mühe. Eure Heere sind bereit, marschiert!

Wollt ihr es nicht? Dann, Männer und Frauen Frankreichs, schafft den Frieden. Der aber kann nicht beruhen auf Entehrung und Unrecht, sondern auf dem, was ihr bisher vertreten habt: dem Gedanken der Menschlichkeit und der Menschenrechte.

Denkschrift 6. Februar 1920

WAS SOLLEN WIR HERRN REBOUX ANTWORTEN?

Viele von uns haben vor dem Kriege um Frankreich, um Frankreichs Versöhnung geworben. Auch ich. Wir durften es; wir waren die Sieger, und es wäre schön gewesen, um der Menschheit willen den Besiegten, auch durch Opfer, zu versöhnen.

Was war die stehende Antwort? La France boude, Frankreich schmollt. Für uns schwer verständlich. Der Sinn war: Nicht als Besiegte, nur als Sieger. Sonst ewigen Haß.

Man kann unseren Staatsmännern viel vorwerfen, eines nicht. Sie haben den Krieg nicht in den Frieden getragen, zum mindesten nicht, solange Frankreich schwach war. Friede war Friede. Er wurde nicht vergiftet.

Frankreich aber war stets beleidigt, lange vor Marokko und ganz abgesehen von Elsaß-Lothringen. Seine Geste war: nicht zu nahe. Das sei nicht als Vorbild erwähnt, sondern zum Verständnis des Charakters und der heutigen Haltung.

Frankreich hat im Kriege furchtbar gelitten. Das Land, das wie kein anderes am Besitze hängt, steht nach großen heroischen und martyrischen Opfern vor dem Ruin.

Es fühlt sich vollkommen schuldlos, brutal vergewaltigt, dauernd bedroht, gefährlich geschwächt. Alle Leidenschaften des Hasses, der Verachtung, der Rache, des Siegesgefühls und der Furcht sind entfesselt – und mit der einzigen Hoffnung verknüpft: der Hoffnung, daß unser Tod ihr Leben sei.

In Erziehung, Disziplin, Jurisdiktion, Geschäft ist es immer Frankreichs Prinzip gewesen, jeder interessierten Grausamkeit und Härte eine Seite abzugewinnen, als sei der tiefverletzten Moral noch lange nicht Genüge geschehen. Die schwerste, unerhörteste Buße ist immer nur eine verschwindende Abschlagszahlung, mit der sich das edelmütige Opfer der Ungerechtigkeit beim besten Willen nicht begnügen kann. Ein uns schwer verständliches Wort lautet: Il n'y a qu'une chose plus hideuse que l'assassin, c'est la victime. Wahrscheinlich hatten die mittelalterlichen Folterknechte bei ihrer Funktion die ehrliche Meinung, sie eigentlich hätten im Namen des gekränkten Rechtes sich zu beklagen, und der Delinquent, das Scheusal, käme noch immer viel zu milde fort. Frankreich, blutend, verzweifelt, rasend und in dem Gefühl, ein gutes und nützliches Werk zu tun, hat seinen Todfeind an der Gurgel. Jeder Staatsmann und Exekutor hat hinter sich die öffentliche Meinung, den Beifall vieler Alliierten und Neutralen, die ganze Ranküne aus der Mißliebigkeit Deutschlands und der Freude, ihm etwas zu versetzen, eine starke Armee, das Bewußtsein einer wohltätigen und gottgefälligen Handlung, die Hoffnung auf Sicherheit und Gewinn.

Da sollen wir uns wundern, wenn jeder Fetzen vom zuckenden deutschen Leibe gerissen wird, wenn in der raffiniertesten, wissenschaftlichsten, stilisiertesten Form Kränkung auf Kränkung, Demütigung auf Demütigung folgt, wenn nur der eine Gedanke die Politik leitet: wie kann man ein Maximum von Zersplitterung, Schwächung, Entnervung mit einem Maximum an Ausbeute vereinigen? Und wie schön ist es, daß alle diese herzerwärmenden, volkstümlichen und rachesättigenden Dinge nur für die gute Sache, zur gerechten Buße des Unrechts, zur nötigen Erziehung, zur Abschreckung aller Untäter, zur Wiederherstellung Europas, ad majorem Dei gloriam geschehen!

Nun kommt Herr Reboux. Es ist mutig, daß er kommt, denn es ist kein Vergnügen, gegen die öffentliche Meinung aufzutreten — auch bei uns nicht. Vielleicht hat er viel, vielleicht wenig zu verlieren, jedenfalls nichts Erhebliches in seinem Lande zu gewinnen.

Was sagt er? Das berühmte Wort Corneilles, bei dem (im Theater) jeder Hörer schmilzt: Soyons amis, Cinna?

Nein, er plädiert Nützlichkeit. Nützlichkeit für Frankreich, auch für Deutschland, sogar für Europa. Ob diese Nützlichkeit angenehm ist, läßt er dahingestellt. Nun, immerhin etwas.

Er plädiert? Eigentlich auch das nicht. Er läßt seinen Romanhelden plädieren. Ich kenne den Roman nicht. Es gibt Helden, die recht behalten, es gibt solche, die man ad absurdum führt. Nehmen wir an, der seine behält recht. Eine wissenschaftliche Abhandlung, wie die von Keynes, mit der unverhüllten Meinung des Autors, wäre mehr.

Man sagt, eine Schwalbe macht keinen Sommer. Die Ausnahme bestätigt die Regel. Das spricht nicht gegen Herrn Reboux. Gegen ihn spricht gar nichts. Für ihn auch nichts. Es wäre ja seltsam, wenn unter vierzig Millionen Franzosen nicht einige abweichende Meinungen sein sollten. Nur bitte ich, in solchen selbstverständlichen Vereinzelungen nicht ohne weiteres „Symptome" zu sehen.

Was sollen wir Herrn Reboux antworten? L'Allemagne boude? N'en parlons jamais, pensons y toujours? Revanche? Nein.

Wir sollen ihm nichts antworten.

Wir haben in Jahrzehnten viel verschuldet und werden von der geschichtlichen Gerechtigkeit furchtbar gestraft. Frankreich macht sich zum Vollstrecker der Marter. Es ist niemals ein Segen gewesen, Vollstrecker von Martern zu sein, am wenigsten, wenn man es mit Lustgefühlen und mit Vorteilen war. Wir wollen nicht zu Vollstreckern einer rückwirkenden Ausgleichung werden. Durch Rache wird keine Schuld gesühnt.

Wir dulden und werden dulden. Vielleicht werden andere, vollere Stimmen sich Herrn Reboux und seinem Romanhelden Jacques Réal anschließen. Ich glaube es. Aber es wird zu spät sein.

Auf eine Anfrage im „Tagebuch" III, Berlin
19. September 1920

AMERIKA UND WIR

Amerika schläft.

Amerika hat den Krieg der Welt beendet, den Frieden inspiriert, den neuen Zustand der europäischen Dinge geregelt und damit den Hauptteil der Verantwortung für Europa, vor allem für den leidenden Teil Europas, übernommen. Nun lehnt es ab, sich um die kleinlichen Verhältnisse Europas zu kümmern.

Weiß Amerika, was in Mitteleuropa geschieht?

Weiß Amerika, daß Österreich, das heiterste, lebensfreudigste Land des Kontinents, langsam ermordet wird und in Verzweiflung stirbt?

Weiß Amerika, daß Deutschland, das tätigste Land des Kontinents, die Heimat der Musik, der Philosophie und der Dichtung, an der Grenze seiner Kräfte um sein Leben kämpft und von der Vernichtung seiner kulturellen und physischen Existenz bedroht ist?

Das Problem Deutschlands ist Übervölkerung. Clémenceau hat gesagt: Es gibt zwanzig Millionen Deutsche zuviel. Die „Action française" sagt, es wäre das beste, wenn dreißig Millionen deutsche Revolutionäre und dreißig Millionen deutsche Reaktionäre sich gegenseitig töteten.

Das technisch mögliche Maximum der Auswanderung war 200 000 Menschen im Jahr, um 1900. Das ist der dritte Teil der Volkszunahme.

Der deutsche Boden kann nur drei Viertel seiner Einwohner ernähren. Deutschland muß ein Viertel seiner Nahrung im Ausland kaufen.

Um die Rechnung zu bezahlen, die mehr als eine Milliarde Dollar jährlich ausmacht, hatte Deutschland nichts weiter als seine Kohle und seine Erze. Mit Arbeitskraft mußte es überdies seinen Bedarf an Wolle, Baumwolle, Kupfer bezahlen.

Durch den Versailler Vertrag hat Deutschland fast seine sämtlichen Erze und einen Teil seiner Kohlenlager verloren. Als Entschädigung muß es außerdem monatlich zwei Millionen Tonnen Kohlen ohne Gegenleistung an Frankreich liefern. Die verbleibende Kohle reicht nicht mehr entfernt für den eigenen Bedarf, zur Bezahlung der Nahrung bleibt nichts. Aber der Nahrungsbedarf ist gewachsen, denn die Provinzen des Getreideüberschusses sind polnisch geworden.

Nicht genug damit; es wird der stärkste Druck ausgeübt, damit Oberschlesien mit einem Drittel der deutschen Kohlenerzeugung polnisch werde.

Im Elsaß waren von zwei Millionen Einwohnern etwa zweitausend Intellektuelle französisch gesinnt, der Rest war indifferent. In Oberschlesien ist die gesamte zivilisierte Bevölkerung deutsch und deutsch gesinnt. Die polnische Unterschicht hat zur Kultur des Landes nicht mehr beigetragen als die farbigen Bevölkerungen zur Kultur Amerikas. Trotzdem soll Oberschlesien polnisch werden. Man hat das elsässische Unrecht gutgemacht, um das schlesische Unrecht zu begehen. Oberschlesien wird für die kommenden Zeiten das potenzierte elsässische Problem des Ostens sein.

Weiß Amerika das?

Weiß Amerika, daß man starke Kräfte daran setzt, um Deutschland weiter zu zersplittern? In den friedlichen Städten des Rheinlandes stehen 150 000 Mann französische und belgische Truppen, die Deutschland mit fünfzehn Milliarden Mark jährlich bezahlen muß, bereit, im gegebenen Augenblick den Rhein zu überschreiten, das Kohlengebiet der Ruhr und Westfalens zu besetzen und den Westen Deutschlands, den einzigen Teil, der sich selbst ernähren kann, loszulösen. Gleichzeitig soll Bayern als katholischer Südstaat von Norddeutschland getrennt werden. Damit hört Deutschland auf, ein politischer Begriff zu sein.

Deutschland hat seine Kolonien, seine Handelsflotte, seinen gesamten Auslandsbesitz an Investitionen, Guthaben und Rechten opfern müssen. Seine Menschen sind ausgehungert, seine Unternehmungen heruntergewirtschaftet: nun soll es jährliche Kriegsentschädigungen zahlen, die weit höher sind als seine gesamten nationalen Ersparnisse in der Zeit des Wohlstandes, und daneben seine Nahrung und Kleidung kaufen.

Weiß Amerika das? . . .

Deutschland will arbeiten und wird arbeiten. Wie aber soll ein Land seine ganzen Kräfte daran setzen, um sich eine neue Existenz zu schaffen, wenn es weiß, daß es trotzdem hungern muß, daß es kaum in der Lage ist, mit aller Arbeit seine notwendigste Einfuhr zu bezahlen, daß ein Gläubiger vor der Tür steht, der ihm die schwersten Kontributionen auferlegt und gleichzeitig mit beständiger Drohung an der Zersplitterung des wehrlosen Landes arbeitet?

Ich weiß, auf alle diese Dinge lautet die stereotype Antwort: Frankreich hat schwerer gelitten. Tag für Tag jagen die Autos mit Touristen und Sightseers über die zerstörten Gebiete Frankreichs, und jeder, der diese Schrecken gesehen hat, sagt, Deutschland muß zahlen.

Ja, diese Gebiete sind schrecklich. Sie werden unvergeßlich bleiben wie die Schrecken des Krieges. Doch ist es ein Trost, der dem Touristen nicht immer deutlich wird: die zerstörten Gebiete sind weniger als ein Prozent der Fläche eines sehr glücklichen und reichen Landes . . .

Es kann seine Bevölkerung reichlich ernähren, es wird durch Fremdenzufluß bereichert. Es erhält schon heute den vierten Teil unserer Kohlenproduktion als Kriegsentschädigung und hat den Anspruch auf gewaltige Zahlungen.

Freilich ist die augenblickliche Finanzlage Frankreichs, wie die der meisten europäischen Staaten, nicht befriedigend. Im Gegensatz zu der unseren aber ist sie von glänzender Aussicht und erfordert nicht, daß ein Land wie Deutschland gänzlich vernichtet werde, um sie zu sichern.

Hier erwidert man nun: Mag Deutschland an der Vergeltung zugrunde gehen! Das deutsche Volk ist am Kriege schuld, für das Verbrechen des Krieges ist keine Buße zu hart.

Vor hundert Jahren dachte man anders. Nicht fünf, sondern zehn Jahre lang hatten die napoleonischen Heere bis tief nach Rußland hinein Europa verwüstet und fast alle friedlichen Völker des Kontinents unterworfen und ausgesogen. Schließlich wurde Frankreich besiegt, und der Kongreß von Wien wurde zum Völkergericht, wie hundert Jahre später Versailles.

Nicht wie in Versailles wurde der Besiegte von den Verhandlungen ausgeschlossen. Der Vertreter Frankreichs, Talleyrand, erschien und erklärte: ein Volk kann nicht schuldig sein, wenn es unter den Befehlen eines Autokraten steht. Nicht Frankreich ist schuldig, sondern der Usurpator, Napoleon. Frankreich hat gelitten wie alle Völker und muß wiederhergestellt werden.

So geschah es. Und von einer Schuld und Buße Frankreichs war keine Rede.

Dies ist hundert Jahre her und daher vergessen. Das deutsche Volk ist schuldig gesprochen worden und soll büßen, auch wenn es seine Existenz verliert.

Nehmen wir an, alle Staaten Europas seien an den Komplikationen, die zum Weltkriege führten, gänzlich unbeteiligt und unschuldig wie Engel; die deutsche Regierung von 1914 habe böswillig, absichtlich und ohne irgendwelchen Anlaß den Weltkrieg vom Zaune gebrochen. Was ist die Schuld des deutschen Volkes?

Törichte Frage! Die Schuld des deutschen Volkes, für die es mit seinem Leben einzustehen hat, ist, daß es seiner Autokratie glaubte und gehorchte.

Jahrhundertelang hat das deutsche Volk seinen Autokraten geglaubt und gehorcht. Es wußte und kannte nichts anderes. Niemand hat ihm einen Vorwurf gemacht. Niemand hat es gewarnt oder belehrt. Alle Staaten schickten ihre Gesandten. Sie sagten der Autokratie Freundlichkeiten, sie machten bewundernde Berichte über Regierung, Organisation, Wirtschaft und Armee. Viele stellten Deutschland und sein System als Vorbild hin.

Wenn wir, die kleine Zahl der bürgerlichen Deutschen, die das System verurteilten, unsere Kritiken vorbrachten, so antwortete man uns: Seht auf das Ausland, das unser System billigt und anerkennt.

Vom Tage des Kriegsausbruches an war das Bild geändert. Als man die Gefahr des Systems erkannte, machte man das deutsche Volk verantwortlich. Als der Krieg zu Ende war, verurteilte man das Volk.

Das deutsche Volk aber hat, von dem Augenblick an, wo es sich von dem jahrhundertelangen Vertrauen in schrecklichem Erwachen loslöste, das System verurteilt und die Autokratie vernichtet.

Als im März dieses Jahres von Kapp und seinen Anhängern versucht wurde, das System wiederherzustellen, hat das deutsche Volk, das keine Armee, keine Polizei, keine Organisation mehr besaß, etwas getan, was niemals ein großes Volk vor ihm getan hat: es ist von einem Tage zum anderen in den ersten nationalen Generalstreik getreten, den die Welt gesehen hat, und hat in einer halben Woche die Machthaber zur Abdankung gezwungen.

Das hinderte nicht, daß Frankreich Frankfurt besetzte und, wie gewöhnlich, mit der Besetzung des Ruhrgebietes drohte.

Als der Krieg zu Ende ging, wendeten sich die Augen aller Deutschen zu einem amerikanischen Mann. Dieser Amerikaner fuhr als der mächtigste Mann der Erde nach Paris und ist gebrochen und krank zurückgekehrt.

Heute sind unsere Augen auf das amerikanische Volk gewandt. Wir wollen, daß das amerikanische Volk wisse, wie es in Europa zugeht, und sich sein Urteil bilde. Wir wissen, daß das amerikanische Volk mit seiner Präsidentschaftswahl beschäftigt ist. Wir erwarten, daß das amerikanische Volk im nächsten Frühjahr Frieden schließt. Wir vertrauen dem amerikanischen Volke.

aus: Politische Aufsätze

10. Oktober 1920

AN FINANZMINISTER MATTHIAS ERZBERGER

Berlin, 16. 7. 1919

In unserer verzweifelten Lage gilt es, den beweglichen Punkt zu finden, von dem aus die ganze Situation aufgerollt werden kann.

Dieser Punkt liegt in Belgien und Nordfrankreich, und zwar beim Problem des Wiederaufbaues.

Von hier aus können wir

1. das Verhältnis zu Frankreich regeln,
2. den Friedensvertrag korrigieren,
3. die Entschädigung umgestalten und mildern,
4. auf die inneren Verhältnisse Deutschlands zurückwirken,
5. Deutschlands moralische Stellung wiedergewinnen.

Erfordernis ist, daß wir den Wiederaufbau nicht als eine Verlegenheitsverpflichtung durchführen, sondern zu einem gewaltigen Zentralproblem erheben, zu einer Leistung von solcher Vollendung, daß sie, dem Kriege gegenübergestellt, noch in Jahrhunderten als die größte positive Schöpfung Deutschlands gilt. Keine kleinliche Konkurrenzerwägung darf uns hemmen.

1. Frankreich fehlt es an Arbeitskräften. Der Friedensvertrag ist in dieser Beziehung mangelhaft. Es handelt sich darum, eine halbe Million Arbeiter in Frankreich aufzustellen und so zu leiten, daß sie ein unentbehrliches und wohltätiges Werkzeug bilden. Unterbringung und Lebensbedingungen müssen so vorzüglich sein, daß das Arbeitsheer eine Elite bedeutet; die Disziplin muß freiheitlich und energisch sein, es muß alles geschehen, um eine zentralisierte Leitung und ungestörte Arbeit zu erhalten.

2. Es ist zu erwägen, ob mit der Bildung des Arbeitsheeres die Einführung einer allgemeinen Arbeitsdienstpflicht verbunden werden kann.

3. Die Aufstellung des Arbeitsheeres ermöglicht den Abbau der Arbeitslosenunterstützung, denn es entsteht eine freiwillige Arbeitsgelegenheit.

4. Frankreich wird sich sehr bald bewußt werden, daß die Organisation ihm unentbehrlich ist. Die Beziehungen werden neue Formen annehmen. Hinsichtlich der Kriegsentschädigung werden wir in die Lage der Vorleistung kommen, ohne daß wir durch Aufbringung und Valuta zu sehr belastet werden, denn sie beruht im wesentlichen auf interner Lohnzahlung. Die Erstattung der Lebensmittel ist, sobald wir in die Lage der Vorleistung kommen, leicht zu regeln.

5. Unsere Industrie wird befruchtet. Doch dürfen wir nicht kleinlich vorgehen. Mag Amerika alle Aufträge auf große Einzelobjekte übernehmen; es kann niemals alles vorgesehen werden, was ein Bauobjekt von 50 Milliarden mit sich bringt. Man wird es begrüßen, wenn wir die Zulieferungen rascher als andere zur Stelle schaffen.

6. Eine Projektierungsstelle gewaltigsten Umfanges muß errichtet werden. Unsere Ingenieure und Architekten suchen Beschäftigung und finden hier Verwendung. Jeder Industrielle kann sich beraten lassen, seine Projekte werden durchgearbeitet und verbessert, er gewinnt Vertrauen, die Beziehungen erneuern sich. Stadt- und Dorfgemeinden werden von Architekten, Städtebauern und Landwirten beraten. Es entsteht ein vorbildlicher Wirtschaftsbezirk, eine Glanzleistung deutscher Arbeit und eine enge Wirtschaftsbeziehung.

7. Während jetzt alle Fremden durch die zerstörten Bezirke geführt werden, um einen Schauder vor unseren Zerstörungsmethoden zu bekommen, werden sie dann durch blühende, neuerstandene Bezirke geführt, und erfahren, was deutsche Arbeit und Organisation vermag. Ein Unrecht wird nicht nur gesühnt, sondern in großartiger Weise abgegolten; der Vorwurf gegen uns verwandelt sich in hohe Anerkennung.

Die Kriegsfolgen können nur da unschädlich gemacht werden, wo sie am furchtbarsten waren. ...

Wie soll man vorgehen?

1. Die schwebenden Verhandlungen in Paris wegen des Wiederaufbaues müssen in großzügiger Weise, im klaren Bewußtsein des Endzieles geführt werden. Es kommt nicht auf juristische Stipulierung, sondern auf den Geist an. Die Franzosen sind, zumal jetzt, sehr mißtrauisch. Der Vertrag wird in unserem Sinne lückenhaft sein, denn sie können der Kammer nur ein die Überlegenheit betonendes Dokument vorlegen. Das macht nichts. Es muß nur verhindert werden, daß die Stellung von Sklavenhorden gefordert wird; die Oberaufsicht mag in den Händen von Kommissionen sein, nur muß uns eine gewisse Organisationsfreiheit bleiben.

2. Wir haben das Recht, Untersuchungskommissionen in die zerstörten Gebiete zu schicken. Es ist falsch, diese in gewohnter Art wissenschaftlich zu überlasten. Es ist nicht entscheidend, jetzt schon Studien über die Breite des durchschnittlichen Scheunentors oder die mittlere Höhe der Kirchtürme anzustellen, das wird sich finden. Zunächst muß den französischen Interessenten klargemacht werden, was wir tun wollen, sie müssen für den Gedanken gewonnen werden.

3. Eine umfassende Aufklärung über das Friedenswerk muß in Deutschland stattfinden, die vernünftiger und tiefgehender sein muß als die öde Reklame für das verfehlte Hilfsdienstgesetz. Jeder Deutsche muß wissen, daß unsere Rettung in Frankreich beginnt und daß er dort für unser Land wirken kann.

4. An Stelle bürokratischer Zersplitterung muß straffe Zentralisation treten. Die Aufgabe darf nicht zum Spielball in den zweiten Stockwerken von fünf Ministerien werden. Sie muß einer starken und dispositionsfähigen Persönlichkeit übertragen werden, die zum Kommissar ernannt wird und nur dem Gesamtkabinett verantwortlich ist. Um alle gewohnten Mißdeutungen auszuschließen, erkläre ich, daß ich nicht beabsichtige, diese Persönlichkeit zu sein.

5. Von alledem ist bisher ungefähr das Gegenteil geschehen.

Die Aufgabe ist irgendwo „angegliedert" und wird von Ressortkräften „bearbeitet".

Bei dem Verständnis, daß Sie diesem Zentralproblem entgegenbrachten, darf ich hoffen, daß Sie die entscheidende Lösung im Kabinett durchsetzen.

In Ergebenheit der Ihre

Rathenau.

REICHSTAGSREDE

Vom 29. März 1922

In Cannes war manches erreicht. Die Goldzahlung von fünf Milliarden, die das Ultimatum uns auferlegte und die zum Teil bestanden in festen Leistungen, zum andern Teil in den Abgaben des Index, zum dritten Teil in den Goldleistungen für Besatzungskosten, war auf 720 Millionen verringert worden. Es war den deutschen Vertretern Gelegenheit gegeben worden, unsere wirtschaftliche Lage unumwunden der Entente darzulegen, und es ist seitdem noch nicht eine autoritative Stimme aufgetreten, die unsere Ausführungen widerlegt.

Des ferneren war zum ersten Male eine Weltkonferenz in Aussicht genommen, an der Deutschland als gleichberechtigter Faktor teilnehmen sollte.

Die Konferenz in Cannes fand kein natürliches Ende. Durch den Sturz des französischen Ministerpräsidenten Briand war die Situation von Grund aus geändert. Die endgültige Entscheidung, die von der Konferenz erwartet wurde, ging auf die Reparationskommission über.

Uns wurde anheimgestellt, der Reparationskommission ein Anerbieten zu machen. Für diese Offerte waren die Grundlinien vorgezeichnet; sie waren vereinbart zwischen England und Frankreich, und es war uns davon Kenntnis gegeben, daß das Moratorium, das wir verlangten, uns gewährt werden würde, wenn wir die Bedingungen annähmen, die man uns vorschlug. Das Moratorium mußten wir haben; denn die Goldzahlungen des Januar und Februar waren nicht zu leisten. So wurde die Offerte so eingereicht, wie sie vereinbart war. Bis zur endgültigen Entscheidung aber wurde von der Reparationskommission uns eine

Dekadenzahlung im Betrage von 31 Millionen für alle zehn Tage auferlegt. Schon in Cannes habe ich die Reparationskommission darauf aufmerksam gemacht, daß eine solche Dekadenzahlung von Deutschland nur für ganz kurze Zeit geleistet werden könne, wenn nicht die Gefahr entstehen sollte, daß die deutsche Valuta aufs schwerste zerrüttet würde. Ich bin auf diese Äußerungen der Reparationskommission gegenüber zurückgekommen; ich habe mehrmals mündlich und schriftlich darauf hingewiesen, daß die Zeit sich allzusehr verlängerte, daß die Zahlungen der Dekaden dieselbe Wirkung haben müßten, die ich in Cannes vorausgesagt hatte. Tatsächlich ist auch die Zerrüttung unserer Valuta eingetreten: der Aufstieg des Dollars von 160 bis auf über 300.

Die Verhandlungen mit der Reparationskommission zogen sich in die Länge, nicht Verhandlungen zwischen uns und ihr, sondern Verhandlungen, die sie selbst mit dem französischen Ministerpräsidenten zu führen hatte, dem sie ihr Mandat zunächst in die Hände gelegt hatte und von dem sie es zurückerhielt.

Während dieser Zeit haben wir, dem Wunsche der Reparationskommission entsprechend, mit denjenigen Delegierten verhandelt, die uns gesandt wurden, nämlich in erster Linie mit Herrn Bemelmans, in der Absicht, die Sachleistungen für uns und auch für diejenigen Länder, die anspruchsberechtigt waren, durchführbar zu machen, nämlich für England, Belgien, Italien und Serbien. Ein Abkommen wurde präliminiert. Kurze Zeit darauf erschien unangemeldet der französische Delegierte Herr Gillet, abermals mit Zustimmung der Reparationskommission, um den Versuch zu machen, auch hinsichtlich der französischen Sachleistungen neue Modalitäten mit uns zu verabreden, die dann gleichfalls in Vorbesprechungen geklärt wurden. Von unserer Seite also wurde nichts versäumt während der langen Periode, innerhalb deren die Reparationskommission mit ihrer Entscheidung zögerte. Wie Sie wissen, ist diese Entscheidung erfolgt am 21. März, und sie hat Deutschland auf das schwerste enttäuscht. Sie hat nicht nur uns enttäuscht, sondern einen jeden in der Welt, der eine Hoffnung auf wirklichen Frieden und eine mögliche Regelung des Reparationsverhältnisses hegte.

— — —

Etwas Tragisches liegt darin, daß die gegenwärtig stärkste Militärmacht der Welt, daß Frankreich in seinem ganzen Tun und Handeln bestimmt wird durch die Besorgnis vor einem deutschen Angriff, vor einem Angriff eines vollkommen entwaffneten Landes, das kaum so viel Soldaten aufbringt, um seine innere

Ruhe zu erhalten. Es ist in hohem Maße bedauerlich, daß durch diesen Gedanken Frankreichs jede Behandlung europäischer Probleme eine politische Seite erhält.

Gerade auf einem derjenigen Gebiete, mit denen sich die Noten der letzten Zeit besonders intensiv beschäftigen, trat diese politische Tendenz in bedauerlicher Weise hervor. Ich spreche von denjenigen Noten, die sich auf unsere Schutzpolizei beziehen. Es ist durchaus verständlich, wenn in einem geordneten, mit starker Militärmacht versehenen Lande, wenn in einem Lande mit ungeschwächter Staatsautorität ein Gendarmeriesystem vertreten wird, das auf rein munizipaler, örtlicher Organisation beruht. Für Deutschland ist eine solche Regelung nicht tunlich. Wir leben in einer Zeit des Übergangs, der schwersten Zerrüttung unserer wirtschaftlichen Verhältnisse. Wir leben in einer Zeit, in der schwer gebändigt unter der Oberfläche die Mächte der Unruhe sich bewegen. Wir leben in einem Lande mit geschwächter Staatsgewalt, und wir sind deshalb darauf angewiesen, für Ruhe im Lande zu sorgen. Das ist nur dann möglich, wenn eine wirksame Polizeigewalt im Lande existiert.

— — —

Immer wieder tritt uns die Vorstellung entgegen, daß, wenn unser Geldwert zerrüttet ist, das nur auf den Notendruck zurückgeführt werden kann. Das Rezept dagegen, das uns gegeben wird, ist: Stoppt eure Notenpresse, bringt euer Budget in Einklang, und das Unglück ist behoben! Ein schwerwiegender volkswirtschaftlicher Irrtum! Für ein Land mit aktiver Zahlungsbilanz ist die Gesundung des Geldes dadurch möglich, daß man deflationistische Politik betreibt, die Balance des Haushalts herstellt und die Notenpresse stoppt. Anders liegt es aber für ein Land mit passiver Zahlungsbilanz. Ich fordere jeden Kenner des Wirtschaftslebens auf, mir einen Weg zu nennen, auf dem einem Land mit passiver Zahlungsbilanz ermöglicht wird, dauernd Goldzahlungen zu leisten ohne Hilfe fremder Anleihen und dabei seine Valuta intakt zu halten. Niemals ist der Versuch gemacht worden, ein solches Rezept zu geben, und es kann nicht gegeben werden. Denn ein Land, das Gold nicht produziert, kann Gold nicht zahlen, es sei denn, daß es dieses Gold durch Ausfuhrüberschüsse kauft oder daß ihm das Gold geliehen wird.

Der Kreislauf unserer Valutazerrüttung ist der folgende: passive Zahlungsbilanz, infolgedessen die Notwendigkeit, unsere Zahlungsmittel im Auslande zu verkaufen oder auszubieten; dadurch Entwertung der ausgebotenen Ware, der verkauften Zahlungsmittel; dadurch Schädigung des Geldwertes im Auslande, Schädigung der Valuta. Weitere Folge: Ansteigen aller Preise im Inlande, Ansteigen aller Materialkosten und aller Personalkosten. Weitere Folge: das Klaffen des Budgets; denn ein Budget besteht aus keinen anderen Ausgaben als aus sachlichen und persönlichen, und wenn diese beiden ohne Gegenwert steigen, so ist jedes Budget, und mag es vorher noch so sehr im Einklang gewesen sein, zerrüttet.

Wer den Beweis für die Richtigkeit dieser Anschauung noch braucht, der sei darauf hingewiesen, wie sich tatsächlich unser Geldwert im Ausland während einer Zeit vollkommen stabilen Weiterganges der Inflation bewegt hat. Wir haben bei diesem stabilen Gang im Herbst letzten Jahres einen Dollarkurs von 300 erlebt, er hatte sich im Dezember auf etwa 160 ermäßigt, er ist abermals gestiegen auf 350, und alles das stand nicht im Zusammenhange weder mit dem Druck der Notenpresse noch mit dem Fortgang der Inflation.

Einen zweiten Irrtum der ausländischen Auffassung von unserer Zahlungsfähigkeit habe ich zu erwähnen. Er betrifft die Frage unserer Steuerbelastung. Wir haben der Reparationskommission und der Konferenz in Cannes das Material übergeben, das den Nachweis erbrachte, daß Deutschland heute schwerer mit Steuern belastet ist als andere Länder. Von keiner Seite ist der Versuch gemacht worden, unsere Rechnungen zu entkräften. Anerkannt wurde, daß die Kalkulationen überaus schwierige sind, daß es ernster theoretischer Auseinandersetzungen bedarf und nicht mechanischer Vergleiche von Zahlen, die auf Dollars übersetzt werden. Aber der Versuch einer Widerlegung ist ja nicht gemacht worden. Das einfachste Beispiel kann ja nicht widerlegt werden. Wenn in Deutschland das Einkommen der höchsten Staatsbeamten 300 oder 500 Dollars beträgt, so kann dieser Staatsbeamte keinesfalls mehr als 300 oder 500 Dollars Steuern zahlen. Das schließt aber keineswegs aus, daß ein Staatsbeamter eines anderen Landes, der 3000 oder 5000 Dollars verdient, sehr wohl mehr Steuern zahlen kann, als die ganzen Einnahmen des deutschen Staatsbeamten betragen.

Ein dritter Irrtum, der bereits von Herrn Abgeordneten Stresemann erwähnt wurde, ist der, daß man uns vorhält: eure Wirtschaft ist voll beschäftigt, ihr habt keine Arbeitslosen, bei euch raucht jeder Schornstein, bei euch laufen alle Maschinen mit Volldampf; wo bleibt nun das Produkt dieser Arbeit? Dieses Produkt muß doch vorhanden sein, es muß dazu dienen, die deutsche Vermögenssubstanz anzureichern, und dieses Produkt muß für Reparationen faßbar sein. Die Antwort auf diese Frage habe ich in Cannes gegeben, und ich werde es hier noch einmal mit größerer Deutlichkeit tun. Die Reparationen, die wir im letzten Jahre gezahlt haben, beliefen sich auf anderthalb Milliarden Goldmark. Diese anderthalb Milliarden Goldmark bedeuten nicht mehr und nicht weniger als die Jahresarbeit von einer Million deutschen Arbeitern. Wir haben, wie Sie wissen, durch den Niedergang unserer Landwirtschaft eine erhebliche Einfuhr von Lebensmitteln nötig. Diese Einfuhr belief sich im letzten Jahre auf 2 Milliarden Goldmark, und sie bedeutet abermals die Arbeitskraft eines ganzen Jahres von einer Million Deutschen. Unseren Auslandsbesitz haben wir verloren, die Guthaben und Investitionen, den Überseebesitz. Die Einnahmen aus diesen Besitztümern betragen weit über eine Milliarde Gold, und diese Einnahmen verwandelten sich in einen Zustrom von Rohstoffen und von Waren, für die wir Gegenwerte nicht zu leisten brauchten. Wenn wir heute diese Rohstoffe und Güter uns durch Kauf beschaffen müssen, so haben wir dafür Arbeit zu leisten, und es ist abermals die Arbeit von einer Million Deutschen erforderlich, um den Gegenwert zu bezahlen. Wir kommen also zu der Rechnung, daß drei Millionen Deutsche gegenwärtig Jahr für Jahr zu arbeiten haben, um denjenigen Stand einigermaßen wiederherzustellen, der uns vor dem Kriege ohne diese Arbeit beschieden war. Es wird also gleichsam von drei Millionen Menschen die Arbeit kompensationslos verzehrt; das bedeutet freilich einen Zustand von starker Beschäftigung des Landes, aber nicht von produktiver Beschäftigung.

Einen vierten Irrtum hat Herr Stresemann erwähnt, auf den ich mit wenigen Worten ergänzend eingehen möchte. Es wird uns vom Auslande entgegengehalten: eure Industrie ist blühend; eure Gesellschaften zahlen hohe Dividenden; sie emittieren neues Kapital; sie schaffen also große neue innere Werte. Auch dieser Schluß ist falsch. Denn wenn wir das Beispiel einer Gesellschaft von 100 Millionen Aktienkapital nehmen und annehmen, daß diese Gesellschaft selbst 20 Prozent Dividende zahlt, so hat sie auf die Goldwerte ihres Aktienkapitals nicht mehr als $1/4$ Prozent gezahlt. Es bleibt dabei aber unberücksichtigt, daß sie mindestens, um ihren Stand an Maschinen und Einrichtungen aufrechtzuerhalten, eine jährliche Rücklage in Gold machen müßte, die, auf Papier umgerechnet, ein Vielfaches des Aktienkapitals ausmacht. Wenn also eine solche Gesellschaft selbst 20 Prozent Dividende zahlt, so fehlen ihr jedes Jahr vielleicht 200, vielleicht 300, vielleicht 500 Prozent ihres Aktienkapitals an den notwendigsten Rückstellungen.

Ich habe die volkswirtschaftlichen Trugschlüsse erwähnt, die eine Erklärung für die Atmosphäre bilden, innerhalb deren die Reparationsnote entstanden ist. Ich darf aber nicht an den erheblichen gefährlichen Irrtümern vorübergehen, die sich in der politischen Mentalität des Auslandes abspielen. Ich nenne von diesen Irrtümern nur zwei: Der eine lautet: Deutschland hat nichts gezahlt und will nichts zahlen. Der andere lautet: Deutschland hat nicht entwaffnet und will nicht entwaffnen.

Meine Herren! Ich möchte Ihnen zwei Aufstellungen verlesen, die ich gemacht habe, um diese Fragen zu beantworten. Zunächst: Deutschland hat nichts gezahlt und will nichts zahlen. Es ist schwer, genaue Schätzungen aufzustellen für alle diejenigen Leistungen, die Deutschland in der Vergangenheit seit Beendigung des Krieges hingegeben hat. Aber wenn auch die Schätzungen vielleicht nicht auf die letzten Dezimalen genau zu sein brauchen, so geben sie doch ein deutliches und unwiderlegliches globales Bild von der Gesamtheit der deutschen Leistung.

Ich erwähne folgende Posten: Das deutsche liquidierte Eigentum im Auslande hat einen Wert von 11,7 Milliarden, die übergebene Flotte hat einen Wert von 5,7 Milliarden, das Reichseigentum in den abgetretenen Gebieten beläuft sich auf 6,5 Milliarden Mark, übergebenes Eisenbahn- und Verkehrsmaterial beläuft sich auf 2 Milliarden Goldmark (Zuruf rechts: alles Goldmark?) – alles Goldmark! – Rücklaßgüter nichtmilitärischen Charakters 5,8 Milliarden Goldmark, der Verlust der deutschen Ansprüche an seine Kriegsverbündeten beläuft sich auf 7 Milliarden Goldmark. Der Wert der Saargruben wird von uns auf 1,1 Milliarden Goldmark beziffert. Die Kohlenlieferungen, die wir getätigt haben, zum Weltmarktpreis gerechnet, belaufen sich auf 1,3 Milliarden Goldmark. Barzahlungen für Reparationen sind bekanntlich 1,3 Milliarden Goldmark gewesen. Eine Reihe von kleineren Posten – kleiner, obwohl sie in die Milliarden laufen – übergehe ich, sie betragen im ganzen 3,2 Milliarden Mark. Wir kommen somit zu einer Gesamtsumme der deutschen Leistungen seit Kriegsende von 45,6 Milliarden Goldmark. – Hierbei ist der Wert der Kolonien und der reine Wirtschaftswert der abgetretenen oberschlesischen und westpreußischen Gebiete nicht in Ansatz gebracht. Fügt man den nach mittleren Schätzungen hinzu, so erhöht sich diese Summe auf weit über 100 Milliarden Goldmark.

Das habe ich dem Auslande zu sagen, das durch eine starke Propaganda heute noch immer die Meinung zu hören bekommt, Deutschland habe nichts gezahlt und Deutschland wolle nichts zahlen. Es ist die stärkste Zahlungsleistung von Deutschland ausgegangen, die jemals von einem Volke der Erde an andere Völker geleistet worden ist.

Die andere Behauptung lautet: Deutschland habe nicht entwaffnet und wolle nicht entwaffnen. Auch hier werde ich Ihnen eine Reihe von Zahlen geben und bitte dabei zu bedenken, daß sich in diesen Zahlen nicht die ganze Entwaffnung Deutschlands ausdrückt, daß sie nicht die gewaltige Heeresreduktion umfassen und daß sie den Verlust unserer Festungen nicht enthalten. Es sind unter anderem abgeliefert worden an Gewehren und Karabinern 5,8 Millionen, an Maschinengewehren 102 000, an Minenwerfern und Granatwerfern 28 000, an Geschützen und Rohren 53 000, an scharfen Artilleriegeschossen und Minen 31 Millionen, an scharfen Hand-, Gewehr- und Wurfgranaten 14 Millionen, an Zündern 56 Millionen, an Handwaffenmunition 390 Millionen und an Pulver 31 900 000 Kilo. Demgegenüber ist die Behauptung eine vermessene, daß Deutschland zur Abrüstung nichts getan habe. Die deutsche Abrüstung ist eine Leistung von unerhörter Größe, und es ist nicht wahr, wenn man behauptet, daß einige Waffenfunde, die in Deutschland gemacht worden sind, an diesem Bilde irgend etwas Wesentliches ändern. Noch in 100 Jahren wird man vermutlich irgendwo in deutschem Boden vergrabene Waffen finden, geradesogut wie man heute noch römische Münzen oder longobardische Schwerter im Boden findet. Eine 100prozentige Leistung auf dem Gebiet einer großen Aktion gibt es nicht, und wenn hier Bruchteile eines Prozentes zurückgeblieben sein mögen, so ist kein Grund dafür, diese Tatsachen in Form von Entdeckungen aufzubauschen. Kein denkender Mensch in der Welt kann annehmen, daß Deutschland mit dem, was ihm an Waffen oder an Kriegern verblieben ist, einen Krieg führen kann. Jeder Mensch, der heute vertraut ist mit dem technischen Wesen eines Krieges, weiß, daß ein neuzeitlicher Krieg nicht zu führen ist mit Resten von Waffen, daß er überhaupt nicht zu führen ist mit vorhandenem Material, sondern daß er nur geführt werden kann durch Umstellungen der gesamten Industrialität eines Landes. Diese Umstellung aber ist in Deutschland nicht möglich, und somit sind alle Bemühungen vergeblich, die darauf hinauslaufen, etwa den Beweis deutscher Wehrkraft dadurch zu erbringen, daß noch ein halbes oder ein viertel Prozent der deutschen Waffen nicht abgeliefert sein möge.

Damit will ich den verborgenen Waffen aber nicht das Wort reden. Ich halte es für tief bedauerlich, daß das Reich in Gefahr gebracht worden ist durch solche Personen, die Waffen versteckt haben mit irgendwelchen unklaren und verworrenen Absichten, ohne sich deutlich zu machen, daß wir dadurch von neuem den Beschwerden von Kommissionen und schweren politischen Verwirrungen ausgesetzt werden. Die Reichsregierung wird und muß alles tun, um diejenigen Verpflichtungen, die sie übernommen hat, durchzuführen, und es soll ihr dabei niemand in den Arm fallen.

Die Abrüstung Deutschlands bezeichne ich als eine vollkommene, und ich bezeichne sie um so mehr als eine vollkommene, als sie stattgefunden hat in einem Europa, das von Waffen starrt. Die beabsichtigte Abrüstung der Welt, wozu hat sie geführt? Sie hat dazu geführt, daß gegenwärtig in Europa nicht 3,7 Millionen Soldaten unter Waffen stehen, wie vor dem Kriege, sondern 4,7 Millionen. In dieser waffenstarrenden Welt kann man von einem bewaffneten und kriegsbereiten Deutschland nicht sprechen, wenn man ehrlich die Verhältnisse betrachtet.

— — —

Wir müssen erwägen, mit welchen Gedanken, aber auch mit welchen Gefühlen wir uns einer Konferenz nähern, auf der das Schicksal und der Aufbau einer Welt behandelt werden soll, aber nicht der unseren, nicht unser Aufbau und nicht unser Schicksal. Läßt sich eine Brücke finden — gut! Läßt sie sich nicht finden, so wird Genua das Schicksal von vielen anderen Konferenzen teilen.

In diesem Zusammenhang ein Wort in Anknüpfung an die Ausführungen des Herrn Stresemann über Rußland. Zweifellos wird Genua für Rußland manches Wesentliche bringen, und ich will nicht einen Augenblick die Auffassung der Kabinettsregierung unausgesprochen lassen, die dahin geht, daß wir nach Ausmaß unserer Kräfte uns aufrichtig bemühen werden, am Wiederaufbau Rußlands mitzuwirken. Dabei ist der Weg von Syndikaten nicht der entscheidende, Syndikate können nützlich sein, und von solchen Syndikaten sollten wir uns nicht ausschließen. Dagegen wird das Wesentliche unserer Aufbauarbeit zwischen uns und Rußland selbst zu besprechen sein. Solche Besprechungen haben stattgefunden und finden weiter statt, und ich werde sie mit allen Mitteln fördern. Es ist kein Gedanke daran, daß Deutschland etwa die Absicht hätte, Rußland gegenüber die Rolle des kapitallüsternen Kolonisten zu spielen. Ich freue mich ganz besonders, daß von seiten des Herrn Stresemann und seiner Freunde heute eine solche Stellung Rußland gegenüber gewünscht wird, denn ich erinnere mich an eine Periode, in der ich mit meiner Auffassung über die Notwendigkeit, Rußland zu Hilfe zu kommen, bei dieser Seite keine Gegenliebe gefunden habe.

Soll, meine Herren, aus dem Chaos der Welt ein Ausweg gefunden werden, so ist es nötig, den Rahmen weiter zu spannen, als es durch die Note der Reparationskommission geschehen ist. Es ist schlechterdings nicht möglich, daß eine niedergebrochene Welt aufgerichtet werde lediglich durch die Arbeit eines einzelnen Landes, auch wenn dieses Land noch so gutwillig an diesem Aufbau mitzuwirken gewillt ist. Alle Nationen der Erde, nicht nur die ehemaligen Kämpfer, müssen erkennen, daß sie sämtlich am Aufbau der Welt in gleichem Maße interessiert sind. Sie müssen erkennen, daß sie einander wechselseitig bedürfen als Produzenten und als Käufer, sie müssen erkennen, daß sie alle die gleichen Rohstoffe dieser Erde nötig haben. Sie müssen sich vereinigen zu einer Sanierungsaktion der Welt, von der sich niemand ausschließen darf, der aus den Vorräten der Welt schöpft...

Es ist gestern in der Debatte Erwähnung Amerikas geschehen. Ich halte es für falsch, auf ein einzelnes Land, sei es das stärkste und edelste der Welt, alle Hoffnung zu setzen. Es entspricht der Gewohnheit verzweifelter Schuldner, alle Hoffnung an einen einzigen Anker zu hängen. In der Regel werden solche Hoffnungen getäuscht. Ich kenne sehr wohl die Abneigung Amerikas, sich auf die wirtschaftlichen Verhältnisse Europas einzulassen. In erster Linie ist es eine schwere Europamüdigkeit, die Amerika befallen hat nach den Erfahrungen des Krieges und nach den Erfahrungen des beginnenden Friedens. Wer das Tun und Treiben in Europa mit unbeteiligten Augen überblickt, dem liegt es freilich nahe – und man kann es ihm nicht verdenken – wenn er die Augen abwendet.

Ein anderes Motiv Amerikas sich nicht einzumischen besteht darin, daß die Auffassung in volkswirtschaftlichen amerikanischen Kreisen herrscht, die amerikanische Ausfuhr bedeute nur einen kleinen Bruchteil, man spricht von 7 Prozent, der amerikanischen Produktion. Diese Zahl hält der Nachprüfung nicht stand, und ich glaube, daß man in kurzer Zeit in Amerika erkennen wird, daß der Prozentsatz der Ausfuhr im Verhältnis zur Produktion ein ganz bedeutend größerer ist. Ich schätze das Verhältnis der Ausfuhr zur amerikanischen Fertigproduktion auf mindestens 20 bis 25 Prozent. Auf eine solche Ausfuhr aber wird Amerika auf die Dauer nicht leicht verzichten.

Plausibel für die amerikanische Nichteinmischung ist aber noch ein dritter Grund. Amerika sagt: warum sollen wir unser Geld Europa zur Verfügung stellen, einem Kontinent, der es nur für seine Rüstungszwecke verbraucht? Das ist ein Einwand, den man verstehen kann. Aber ich glaube, Amerika wird empfinden, daß man einem Ertrinkenden keine Bedingungen stellt. Es ist nicht möglich zu warten, bis der Geist des Friedens in Europa durchgedrungen ist, um Europa zu helfen.

Am 1. April wird der künftige amerikanische Botschafter Houghton sich zu Schiff begeben, um nach Deutschland zu kommen und hier seinen Posten zu übernehmen. Ich rufe ihm ein Willkommen entgegen und hoffe, daß seine Mission in Deutschland für beide Länder fruchtbringend sein wird.

AN STAATSSEKRETÄR VON HANIEL

Genua, 6. 5. 1922

Lieber und sehr verehrter Herr Haniel!

Für Ihre gütige Berichterstattung danke ich Ihnen aufrichtig. Wenn die meine etwas mangelhaft geworden ist, so erklärt es sich dadurch, daß unsere offizielle Berichterstattung allmählich eine so komplette geworden ist, daß kaum ein Wort hinzuzufügen bleibt. Lediglich über unseren gestrigen Besuch bei Lloyd George einige vertrauliche Nachträge:

Die Unterhaltung war keine vollständige, denn vor Rückkehr Barthous konnte sich Lloyd George nach keiner Richtung hin endgültig äußern. Es wurden im wesentlichen drei Punkte behandelt.

1. Verhältnismäßig kurz die Treuga Dei, bei der Lloyd George so tat, als sei ihm der bösartige Entwurf von B. kaum bekannt, während wir wissen, daß darüber stundenlange Verhandlungen stattgefunden haben.

2. Die Russenfrage, bei der Lloyd George seine sämtlichen Batterien aufführte, um die Russen durch uns einschüchtern zu lassen und zu bewegen, zum mindesten 100 Prozent der Forderungen anzunehmen, jedes fehlende Prozent sei die Vernichtung Europas.

3. Die Reparationsfrage, von der Lloyd George noch immer hofft, daß sie auf einer Seitenkonferenz des Obersten Rats, eventuell in San Remo, nach Hornschem Rezept behandelt wird. Sie wissen, daß diese Hoffnung von mir weder geteilt noch gewürdigt wird; denn die Hornsche Lösung wird, wenn es gelingt, die Frage hinauszuschieben, schon im nächsten Jahre durch eine günstigere

überholt sein. Andererseits aber steht Lloyd George auf dem Standpunkt, daß die kleine Anleihe nicht zustande kommt und somit nur die Gesamtlösung die Frage klären kann.

Recht pessimistisch stellte sich Lloyd George gegenüber unserer Behandlung der Reparationsnoten. Er meinte, wir hätten alles abgelehnt und nichts zugesagt, und ließ auch hier mit einiger Tendenz deutlich machen, daß England kaum stark genug sein würde, um Frankreich in den Arm zu fallen, wenn der äußerste Fall einträte.

Alles in allem eine doppelte Pression, einmal in Sachen der Russen, sodann in Sachen der Reparation.

Nicht ohne Interesse war der Besuch, den ich in Verfolg dieser gestrigen Unterhaltung heute bei Child machte, der — wie Sie wissen — amerikanischer Botschafter in Rom ist. Ich schilderte Child rückhaltlos die Gefahren, die in der Haltung Frankreichs, im Vorgehen der Reparationskommission und im Ablauf des Termins vom 31. Mai liegen, und bat ihn, nach drei Richtungen hin zu wirken.

1. daß L. und B. auf die Gefährlichkeit der Reparationsbeschlüsse hingewiesen werden;

2. daß auf M. möglichst in positivem Sinne hinsichtlich der Anleihe Einfluß genommen wird;

3. daß die Franzosen Klarheit darüber erhalten, daß Amerika gewisse Handlungen nicht gern sieht.

Child sagte mir, daß alle seine Berichte nach Amerika in diesem Sinne gehalten seien, und daß insbesondere ad 3 die Franzosen vollkommene Klarheit erhalten hätten, wie es ja auch aus der gestrigen erneuten Anschneidung der Abzahlungsfrage in Paris ersichtlich sei. Er fügte einen Vorschlag hinzu, der mir nicht uninteressant scheint: Es möchte doch der neue amerikanische Botschafter in Berlin möglichst ins Bild gesetzt und veranlaßt werden, analog nach Amerika zu berichten.

Wir sprachen davon, daß es mir kaum möglich sein würde, vorübergehend nach Berlin zu gehen, daß aber Houghton, dessen Tochter, wenn ich mich recht erinnere, in Genf operiert ist, vielleicht dort noch anwesend sei oder nochmals hinkommen könne; in diesem Fall würde ich versuchen, mit ihm Rendezvous zu nehmen. Ich habe Ihnen daher heute wie folgt telegrafiert:

> „Drahtet, ob Houghton noch Genf. Falls ja, anfragt durch Gesandtschaft, ob ihm Rendezvous mit mir Schweiz oder Oberitalien genehm. In Frage käme unter anderem Lugano oder Mailand."

Sollte Houghton inzwischen wieder zurückgekehrt sein, so wäre ich Ihnen dankbar, wenn Sie ihn aufsuchen und ihm sagen wollten, daß ich den sehr lebhaften Wunsch hätte, ihn noch während der Konferenz zu sehen, die sich anscheinend in die Länge zöge, und ihn bäte, mir zu sagen, ob er noch einmal nach Genf käme, ich würde ihm in diesem Falle ein Rendezvous proponieren. Ist alles dies unmöglich, bitte ich Sie, es freundlichst für mich zu übernehmen, ihm die ganze Gefahr unserer Situation zu schildern und eine Unterhaltung im Sinne der meinen mit Child zu führen.

Dankbar wäre ich Ihnen, wenn Sie mir gelegentlich über die Entwicklung der Stimmung im Kabinett und im Nachbarhause von der anderen Seite etwas mitteilen wollten.

Mit herzlichen Grüßen in aufrichtiger Ergebenheit
der Ihre *Rathenau*

REDE VOR DER VOLLVERSAMMLUNG DER
GENUESER KONFERENZ

Vom 19. Mai 1922

Der Abschluß der provisorischen Arbeiten der Konferenz gestattet uns einen Überblick über die welthistorischen Leistungen der Konferenz, die erst in den kommenden Jahren mehr und mehr hervortreten werden und für die Europa der Genueser Konferenz Dank schuldet. Es wäre ein unberechtigter Optimismus, zu hoffen, daß durch den Abschluß dieser Arbeiten die Weltkrise sofort eine merkliche Linderung erfährt. Eine solche Besserung der allgemeinen Weltlage wird erst dann eintreten, wenn eine Reihe von Prinzipien erfüllt sind, die in den Beratungen der Kommission mit immer wachsender Deutlichkeit hervortraten, wenn sie vielleicht auch nicht ihren vollen Ausdruck in den niedergelegten Leitsätzen gefunden haben.

Indem ich mich an die der Konferenz gezogenen Grenzen auf das strikteste halten werde, will ich versuchen, die vier großen und unausgesprochenen Wahrheiten darzulegen, die mir aus den Beratungen hervorzugehen scheinen und die, wie ich glaube, unbedingte Voraussetzungen für eine Gesundung der Weltwirtschaft bilden. Die erste dieser Wahrheiten lautet: Die gesamte Verschuldung der Länder ist zu groß im Verhältnis zu ihrer Produktionskraft.

Alle hauptsächlichen Wirtschaftsländer sind in einen Verschuldungskreis hineingezogen, der die meisten gleichzeitig zu Gläubigern und Schuldnern macht. Durch ihre Eigenschaft als Gläubiger wissen die Staaten nicht, wieviel sie von ihrem Guthaben erhalten werden, in ihrer Eigenschaft als Schulder wissen sie nicht, wieviel sie zahlen können und müssen.

Überhaupt kann kein Staat einen wirklichen Haushalt aufstellen, kein Staat kann es wagen, sich in große umfangreiche Neueinrichtungen einzulassen, die seine Wirtschaft verbessern und die dem Geldmarkt neue Nahrung geben. Kein Staat kann auf eine gesicherte Stabilisierung seiner Zahlungsbilanz und damit auf seine Wechselkurse vertrauen, mit Ausnahme jenes einen großen Reiches, das niemandem schuldet und Gläubiger aller ist, nämlich Amerika, ohne dessen Beteiligung der Wiederaufbau Europas unmöglich wird. Vor allem aber können den überschuldeten Ländern neue Mittel, derer sie bedürfen, nicht zugeführt werden, denn die Überschuldung liegt vor aller Augen zutage, und sowenig ein freier Gläubiger bereit sein kann, Devisen zur Verfügung zu stellen, sowenig darf ein überlasteter Schuldner es wagen, sie anzunehmen.

Auch in früheren Zeiten waren die Staaten untereinander verschuldet, aber diese Schuld stand in einem Verhältnis zur Produktionskraft und entsprach überdies werbenden Anlagen. Die heutige Verschuldung beläuft sich auf mehr, als die Staaten in Jahrzehnten ersparen und abzahlen können. Sie ist somit eine finanzielle Realität. Eine wirtschaftliche Realität ist sie insofern, als sie den Produktionsprozeß der Welt hemmt.

Es bleibt somit nur derjenige Weg übrig, der von einzelnen Wirtschaftsobjekten stets beschritten wurde, wenn ihre Verschuldung die Produktionskraft überstieg, nämlich der Weg der Sanierung und des Schuldabbaues.

Die zweite der ausgesprochenen Genueser Wahrheiten scheint mir zu liegen in dem Satz, daß kein Gläubiger seine Schuldner am Bezahlen der Schulden hindern sollte. Wenn ein einzelnes Individuum einem anderen Geld schuldet, so kann verlangt werden, daß zur Auszahlung eine vereinbarte Münze verwendet wird, und es ist Sache des Schuldners, solche Münzen sich zu verschaffen, wie sie am Markte in jeglichem Umfange stets erhältlich sind. Ein Land kann einem anderen auf die Dauer seine Schulden nur in Gold bezahlen und, wenn es Gold nicht produziert oder nicht in größerem Umfange besitzt, in Gütern.

Eine Zahlung in Gütern aber ist dann nur möglich, wenn der Gläubiger sie gestattet. Verbietet er sie, so tritt Zahlungsunfähigkeit ein, und erschwert er sie durch Zölle oder durch andere hindernde Maßnahmen, so wird der Betrag der Schuld willkürlich vermehrt; denn wenn um so viel mehr Waren geliefert werden, als erforderlich ist, um die auferlegten Lasten zu bezahlen, dann wird das Zahlungsmittel entwertet und somit die Schuldsumme erhöht.

Es sollte somit jedes Land, das Zahlungen zu empfangen wünscht, seinen Schuldnern solche Erleichterungen der Einfuhr gewähren, die es ihm ermöglichen, den verschuldeten Betrag ohne unwillkürliche Erhöhung zu leisten.

Die dritte der Wahrheiten ist vielleicht am deutlichsten zum Ausdruck gekommen und ausgesprochen in dem Satz, daß die Weltwirtschaft erst dann wieder hergestellt werden kann, wenn ein imponderabiler Wert wieder gewonnen ist, nämlich das wechselseitige Vertrauen. Dieses Vertrauen kann aber nur wiederkehren, wenn die Welt im wahren Frieden lebt.

Der heutige Zustand der Welt ist nicht Frieden, sondern ein Zustand, der dem Kriege ähnlich ist, jedenfalls ist es kein vollkommener Friede. Leider ist in den einzelnen Ländern die öffentliche Meinung noch nicht demobilisiert. Die Überreste der Kriegspropaganda zirkulieren noch immer und belasten die Atmosphäre. Jeder, der seine Mittel und seine Arbeit einem Lande anvertraut, hat daher mit der Gefahr zu rechnen, daß dieses Land binnen kurzem durch Verhältnisse höherer Gewalt, die nicht in Naturereignissen, sondern in politischen Ereignissen liegen, gefährdet und verwandelt werden kann. Vor allem ist die Erkenntnis nicht gesichert, daß ein Schuldner, zumal wenn er verarmt ist, der Schonung bedarf, und daß er unfähig wird zu leisten, wenn ihn die Mächte seiner Möglichkeiten, namentlich seines Kredits, berauben. Daß dies tatsächlich die Imponderabilien sind, die den ehemals so großen Austausch des Produktions- und Konsumptionsverkehrs hemmen, geht aus der Tatsache hervor, daß die Produktionsmittel der Welt nahezu vollkommen erhalten sind. Selbst wenn man alle tief bedauerlichen Zerstörungen des Krieges und vor allem der Nachkriegszeit in Rechnung zieht, darf man annehmen, daß im gesamten Produktions- und Verkehrsapparat selbst mehr als 90 Prozent erhalten sind. Die gewaltigen und tief beklagenswerten Zerstörungen innerhalb des russischen Reiches greifen in den Welthandel mit nur etwa 3 Prozent ein.

Trotz der großen Menschenverluste des Krieges sind aber die menschlichen Produktionskräfte fast vollständig erhalten, denn sie haben sich in starkem Umfange ergänzt. Wenn somit die Geldmaschinerie nicht arbeitet, obgleich sowohl ihre Substanz wie ihre

Triebkräfte fast vollständig erhalten sind, wenn auf der einen Seite Millionen von Händen feiern, auf der anderen Seite Millionen von Menschen hungern, wenn auf der einen Seite unzählige Gütermengen unverkäuflich sich aufstapeln, auf der anderen Seite an den gleichen Gütern der schwerste Mangel besteht, so liegt das daran, daß die wechselseitige Verschuldung als psychologisches Moment wirkt. Als weitere psychologische Momente sind der mangelnde Friedenszustand und das mangelnde Weltvertrauen bestimmend.

Wenn man sich nun fragt, ob es denn wirklich kein Mittel gibt, die erschlafften Kräfte des Weltaustausches neu zu beleben, die Maschinerie der Weltproduktion von neuem in Bewegung zu setzen, so ergibt sich die vierte der unausgesprochenen Thesen, nämlich die, daß nicht durch irgendeinen oder zwei Käufer, sondern nur durch das Zusammenwirken aller den ökonomischen und Weltproblemen neue Bewegung zugeführt werden kann.

Wie sollte auch nach einem Zerstörungswerk sondergleichen die Welt geheilt werden, wenn nicht sämtliche Länder der Erde sich dazu entschließen, gemeinschaftlich Abhilfe zu bringen. Durch ein universelles Opfer der Welt und der leidenden Menschheit nur kann eine leidende Welt geheilt werden. Niemals ist ein Wiederaufbau anders gelungen als durch Aufwendung gewaltiger neuer Mittel. Solche Mittel werden nicht aufgebracht werden, solange ein jedes Glied der Weltwirtschaft mit wenigen Ausnahmen überschuldet ist. Das erste Opfer wird somit in dem allgemeinen Abbau des Verschuldungskreises zu suchen sein. Das weitere Opfer besteht in der gemeinsamen Aufbringung großer neuer Mittel für den Wiederaufbau, sei es auf dem Wege allgemeiner und wechselseitiger Kredite, sei es auf anderen Wegen, deren Erörterungen zu weit führen würde. Daß die Genueser Konferenz zur Erörterung dieser Fragen geführt hat, ist eine Tatsache, die in der Geschichte Europas unvergessen bleiben wird.

Ein weiteres historisches Ergebnis der Konferenz erblickt die deutsche Delegation in der Annäherung des großen, schwerbedrängten russischen Volkes an den Kreis der besten Nationen. Durch manche Aussprachen hat Deutschland sich bemüht, zu einer Annäherung der beiderseitigen Gesichtspunkte beizutragen. Deutschland hofft, durch die Fortsetzung der beiderseitigen Besprechungen das Werk des Friedens zwischen Ost und West zu fördern.

Für den Schutz, den Italien diesem Werk des allgemeinen Friedens gewährt hat, schuldet die Welt dieser hochherzigen Nation und ihren Führern den tiefsten Dank. Die Geschichte Italiens ist älter als die der meisten europäischen Nationen. Auf diesem Boden sind mehr als einmal große Weltbewegungen entstanden. Abermals und hoffentlich nicht vergebens haben die Völker der Erde ihre Augen und Herzen zu Italien erhoben in der tiefen Empfindung, der Petrarca den unsterblichen Ausdruck verliehen hat: Io vò gridando Pace, Pace, Pace!

REDE VOR EINEM GELADENEN KREIS ALLER PARTEIEN IN STUTTGART

Im Herbst (1921), als ich aus dem Wiederaufbauministerium ausgeschieden war, benutzte ich die Zeit der Freiheit, um nach England zu gehen, dort die Stimmung zu erkunden und, soweit es dem einzelnen möglich ist, dieser Stimmung Aufklärungen zuzuführen, die wünschenswert erschienen. Damals war in England eine Auffassung im Aufdämmern, die einen Fortschritt wirtschaftlicher Erkenntnis bedeutete. Man hatte begriffen, daß, wenn ein Land im Übermaß unter Zwang, unter erschwerten Bedingungen Arbeit leistet für einen Kontinent, eine Arbeit, die man kaum zu hart mit dem Ausdruck der Gefängnisarbeit bezeichnen könnte, daß dadurch nicht allein dieses Volk geschädigt wird, sondern mit ihm die Gemeinschaft der wirtschaftenden Völker der Erde. Diese Erkenntnis stieg auf in demjenigen Lande, das zuerst und zumeist vom Schaden betroffen war, nämlich in England. Man bemerkte, daß die Zerrüttung der Märkte dasjenige Land am schwersten schädigen mußte, das als Kaufmann, als Handwerker, als Fabrikant dieser Märkte bedurfte, um seinen Beitrag zum Wirtschaftsleben der Welt zu leisten. So entstand die Einsicht, daß nicht ein einziges Land imstande sein würde, die Krankheit eines geschlagenen Kontinents zu heilen, sondern daß eine wirtschaftliche Verflochtenheit bestand, eine unlösbare Einheit, und daß jedes Glied, das aus dieser Einheit ausfällt, sei es Rußland als Konsument, sei es Deutschland als Produzent, daß jedes fehlende Glied die Weltgemeinschaft schädigt. Bei den Führern der englischen Politik befestigte sich der Gedanke, eine wirtschaftliche Weltkonferenz zusammenzuberufen.

Die Beschlußfassung über die Berufung war Sache des Obersten Rats der Alliierten. Er versammelte sich in Cannes, und dort war es zum ersten Male den deutschen Vertretern möglich, unsere Gesamtlage vor dem Areopag der Welt zu entwickeln. In Cannes wurde es deutlich, daß das deutsche Problem die europäische Wirtschaftslage beherrschte, und neben diesem deutschen Problem, in fernere Zukunft weisend, trat das russische Problem hervor. Kaum hatte man endgültig beschlossen, die Wirtschaftskonferenz einzuberufen, da brach die Konferenz von Cannes ab, denn ein Regierungswechsel hatte sich in Frankreich vollzogen, die Regierung Briands wurde durch die Regierung Poincaré abgelöst. Monatelang zweifelte man, ob es der auftretenden Opposition gelingen würde, den Gedanken der Weltkonferenz zu zerstören oder zur Unkenntlichkeit umzugestalten. Schließlich kam sie zustande, doch unter Erschwernissen. Denn es hatten Besprechungen stattgefunden in Boulogne, und in diesen Besprechungen war von England dem französischen Wunsch stattgegeben worden, daß die Konferenz, die einberufen war zur Heilung des Leidens des Kontinents, daß diese Konferenz über eins nicht sprechen durfte: nämlich über das Wesen und die Ursache dieses Leidens. Es durfte nicht gesprochen werden über die Kernfrage, die deutsche Frage, die Reparationsfrage. Der Herr Reichskanzler (Wirth) hat es Ihnen dargelegt: straßauf, straßab in Genua war dennoch alles erfüllt von dieser Frage. So kam es denn, daß neben der ungelösten russischen Frage, die einer Sachverständigenkonferenz vorbehalten werden mußte, doch eine Reihe von Erkenntnissen sich klärte, die freilich in den Kommissionssitzungen nur andeutungsweise besprochen werden durften. Doch gab es eine Schlußsitzung, und in dieser konnte es den deutschen Delegierten nicht verwehrt werden, die Kernprobleme ans Licht zu stellen und die Nationen zu fragen: ja oder nein. Soweit eine Konferenz, ein überfüllter Saal, ein Welttheater eine Antwort auf solche Fragen geben darf, wurde sie gegeben. So lauteten etwa unsere Fragen: Kann ein Kontinent gesunden, wenn jede Nation der andern tief verschuldet ist? Kann eine Nation sich regen, wenn sie gleichzeitig überlasteter Gläubiger und hoffnungsloser Schuldner ist? Kann eine Kette von Gläubigern und Schuldnern ein wirtschaftliches Dasein führen, wenn am einen Ende der Kette ein großes Reich, Amerika, steht, das niemandem schuldet, und am anderen Ende unser armes Land, das von niemandem etwas zu fordern hat? Die Antwort ist: ein solcher Kreis der Weltverschuldung muß zerschnitten werden. Und in diesem Kreis der Weltverschuldung ist das deutsche Reparationsproblem nur ein Spezialfall der Verschuldung von Volk zu Volk...

Neben diesen wirtschaftlichen Problemen war die Atmosphäre Genuas erfüllt von den Problemen Rußlands. Die Wiederverbindung des Ostens und Westens ist eine der großen Aufgaben der künftigen europäischen Politik. Es ist nötig, daß ein Kontinent wie Rußland, ein Land von solchem Umfang, solcher Menschenzahl, solchen ungehobenen Schätzen wieder erschlossen wird. Es ist nötig, daß es dem wirtschaftlichen Komplex des Westens wieder angegliedert wird. Den Mächten der Entente ist das bisher nicht gelungen. Die Arbeit ist verschoben auf den Haag, und wir werden im Haag nicht teilnehmen. Wir drängen uns nicht dazu, an einer Arbeit teilzunehmen, die andere für sich leisten und in anderer Art. Wir haben unsererseits einen eigenen Weg beschritten, den Weg des reinen, freien, vergebenden Friedens. Wir haben diesen Weg beschritten zum Zwecke des Aufbaues einer neuen Zukunft mit einem Lande, das ebenso schwere Schicksalsschläge erlitten hat wie wir. Ob mit oder ohne eigene Schuld, lasse ich dahingestellt. Mit einem solchen Land kann man nicht abrechnen wie mit einem schlechten Schuldner. Man kann und soll mit ihm zusammenwirken in dem Augenblick, wo seine Not am größten ist. Man hat uns den Vorwurf gemacht, wir hätten Rapallo im unrichtigen Moment abgeschlossen. Ja gewiß, wenn an einer Tatsache nicht zu mäkeln ist, so bleibt wenigstens die Kritik: An sich gut, aber es hätte nicht am Montag, sondern es hätte am Dienstag oder Mittwoch sein sollen. Wir mußten den Vertrag abschließen in dem Augenblick, wo wir erkannten, daß die Westmächte unseren berechtigten Wünschen nicht gerecht wurden, wo andererseits die vertraglichen Bestimmungen für uns sich fügten und anderseits der Wunsch der Gegenpartei nach Verständigung lebendig wurde. Wir rechnen nicht in der Politik mit Dankbarkeit. Frühere Politik, die sich vielfach auf Dankbarkeit gegründet hat, ist stets enttäuscht worden. Aber mit Realitäten und Tatsachen der Vergangenheit zu rechnen ist kein Fehler, und es ist eine Realität, wenn eine Verbindung abgeschlossen wird von Völkern, die sich die Hände reichen, um in Frieden und Freundschaft zu leben.

Im Haag werden wir nicht beteiligt sein. Denn wir haben unsere Verhältnisse zum Osten geregelt. Wir werden die Arbeit der übrigen mit aufrichtigem Wohlwollen verfolgen. Wir werden die Tätigkeit, die wir schon in Genua ausgeübt haben, weiterhin ausüben, die Tätigkeit der Vermittlung aber nur dann, wenn es gewünscht wird. Denn wir drängen uns niemand auf. In Genua hat man es gewünscht, und wir sind diesem Wunsch gefolgt. Wird es im Haag nicht gewünscht, so bleiben wir abseits. Wir wünschen von Herzen, daß die Staaten mit gutem Erfolg vom Haag heimkehren. Wir neiden niemand eine Verbindung. Wir wollen keine Monopole, kein Alleinrecht. Wir wollen nichts weiter, als daß die

Verbindung zwischen Osten und Westen wiederhergestellt wird. Wir wollen, daß die Verbindung so hergestellt wird, daß auch wir dem östlichen Volk die Hand reichen. Wenn ich von diesem Handreichen spreche, so meine ich freilich nicht, daß wir uns einem Gedankenkreis verschreiben, der nicht der unsere ist. Rußland lebt unter einem Wirtschaftssystem, das sich von dem unseren unterscheidet. Wir haben dieses Wirtschaftssystem nicht zu kritisieren. Vielleicht wird Rußland es allmählich umgestalten. Wir glauben, daß es heute in voller Umgestaltung begriffen ist. Wir haben unseren Frieden geschlossen nicht mit einem System, sondern mit einem Volk, und wir haben ihn geschlossen durch die Menschen, die in diesem Augenblick dieses Volk vertreten. Welche Wirtschaft sie betreiben, bekümmert uns nicht. Wir werden ihnen, soweit wir können, und soweit sie es wünschen, wirtschaftlich zur Seite stehen, mit wirtschaftlicher Initiative, mit Erfahrung und Kenntnis des Landes, mit den organisatorischen Fähigkeiten des deutschen Wirtschaftsmanns, mit den Einsichten des deutschen Gelehrten. Wir werden uns ihnen weder verschließen noch aufdrängen, sondern wir werden sie nach ihrer Fasson selig werden lassen. Wir hoffen aufrichtig, daß sie sich zu einem Wirtschaftssystem fügen, das sich mit dem europäischen Wirtschaftssystem ergänzt. Wir selbst nehmen darauf einen Einfluß nicht...

Nicht Verhandlungen machen uns gesund und nicht Verträge, sondern die Gesundheit eines Volkes kommt nur aus seinem inneren Leben, aus dem Leben seiner Seele und seines Geistes. Dieses Leben ist gefährdet, aber es ist nicht zu Tode getroffen. Es gibt vieles, was unser seelisch-geistiges Leben schädigt — ich brauche nur an das zu erinnern, was wir in unseren großen Städten und an anderen Stellen im Lande sehen — aber unser seelisch-geistiges Leben ist in seinen Tiefen gesund. Noch immer lebt dieser Wille zur Arbeit, zur Disziplin, zur Organisation, zur Forschung, noch immer lebt der Wille zur Hingebung und zum Opfer, zur Betrachtung der Erscheinung im großen Bogen der Synthese und Zusammenfassung; noch immer sind die großen Kräfte des Geistes und Herzens ungebrochen und unberührt. Unserer Jugend haben wir diese Kräfte zu übergeben, sie ist die Trägerin und Pflegerin dieser Kräfte, und wir wollen hoffen, daß sie diese größte und schwerste Verantwortung der Gegenwart erfüllt. Manches wird sie in diesem Fall abzustreifen haben, denn nicht aus dem Kampfe des Tages erwachsen diese Kräfte; diese Kräfte erwachsen aus der Versenkung und Vertiefung. Deswegen lassen wir unsere Jugend nicht untergehen in den Kämpfen des

Tages, weisen wir sie hin auf die großen Ideale der Vergangenheit und führen wir sie zu den Idealen der Zukunft.

Ich glaube, daß ein solcher Hinweis auf das Gebiet des Geistes in Ihrem Lande verstanden werden muß. Wenn wir aus dem Norden zu Ihnen kommen, wenn wir diese bekränzte Stadt erblicken, so geht uns das Herz auf. Der größte aller großen schwäbischen Sänger hat das unsterbliche Wort gedichtet: O heilig Herz der Völker, o Vaterland! Dieses heilige Herz fühlt man nirgends stärker pochen als in Ihrem beseligenden und schönen süddeutschen Gau. Als ich heute nachmittag auf der Suche nach dem, was ich einer erlauchten Versammlung würde sagen dürfen, durch die Wälder fuhr, die grüngolden Ihre Stadt umsäumen, da habe ich es in der Tiefe des Herzens empfunden: diese ehrwürdigen Buchen werden von ihren Hügeln noch einmal herniederblicken auf eine freie, glückliche Stadt. Und als ich dann zu jenem Gipfel kam, der von einem kleinen Schlößchen gekrönt ist, das Solitude heißt, wo ein unendlicher Fernblick über das Land nach Norden sich auftut und das Auge versinkt in der blauen Ferne, da habe ich, wie lange nicht, das Gefühl erlebt: von dieser Stelle aus wird man nicht nur in eins der schönsten, nein, auch in eins der glücklichsten Länder blicken, in einer Zukunft, die unsere Nachfahren erleben werden.

9. Juni 1922

REDE IN DER DEUTSCHEN GESELLSCHAFT VON 1914

Der Anlaß, der uns heute zusammenführt, ist das unmittelbar bevorstehende Erscheinen der ersten sechs Bände aus den diplomatischen Akten des Auswärtigen Amtes. Die Wichtigkeit dieses Ereignisses liegt für jedermann klar zutage.

Über den wissenschaftlichen Wert der ganzen Publikation werden berufene Gelehrte zu urteilen haben. Es handelt sich jedoch bei dem Werke, dessen erster Abschnitt jetzt abgeschlossen vorliegt, nicht nur um eine Arbeit im Dienste der Wissenschaft, nicht nur um einen unschätzbar wertvollen Beitrag zur Kenntnis der europäischen Geschichte der letzten Jahrzehnte, sondern es handelt sich zugleich um eine ethische Tat des deutschen Volkes, über deren Inhalt ich einiges sagen möchte.

Wie kam die Aktensammlung zustande? Die Vorgeschichte läßt sich mit wenigen Worten berichten: Vor ungefähr zwei Jahren faßte die deutsche Regierung den Beschluß, das gesamte Material über die deutsche Politik vor dem Weltkriege der Öffentlichkeit zu unterbreiten. Sie wurde dabei von dem Gedanken geleitet, daß von unserer Seite alles bekanntgegeben werden sollte, was zur Aufklärung über die Entstehung der großen Katastrophe von 1914 dienen kann. Die ängstlich überwachten Schranken des diplomatischen Geheimnisses sollten umgestoßen, die verschwiegenen Siegel sorgfältig verborgen gehaltener Dokumente gebrochen, und rückhaltlos sollten die in den Archiven des Auswärtigen Amtes ruhenden Akten ans Licht des Tages gezogen werden. Der Entschluß wurde zur Wirklichkeit. Drei Gelehrte, deren einwandfreie Sachlichkeit als zweifellos dasteht, wurden mit der Lösung der großen Aufgabe betraut, und heute legen sie uns den verheißungsvollen Anfang ihrer mühevollen Tätigkeit vor, für die Deutschland ihnen tiefen Dank schuldet.

Die kurze Vorgeschichte, die ich hier skizziert habe, zeigt, daß über dem ganzen Werke eigentlich als Motto die Worte stehen sollten: Im Dienste der Wahrheit. Denn das ist in der Tat das Leitmotiv, das ihm zugrunde liegt. Das deutsche Volk will an seinem Teile die ganze Wahrheit über die Genesis des Weltkrieges enthüllen. Es erscheint ihm dies nicht nur für das eigene Gewissen und aus einem wohlverstandenen Nationalgefühl heraus notwendig, sondern auch für die ganze Menschheit. Wir wissen alle, daß seit dem Weltkrieg die dunklen Mächte des Hasses, der Verdächtigung, des Mißtrauens, der Anklage und der Beschuldigung die internationale Atmosphäre vergiften. Wir Deutsche haben es ganz besonders stark erfahren müssen, daß diese dunklen Mächte in das Getriebe der Politik bestimmend eingegriffen haben und ihre bösen Wirkungen, die uns im Weltkrieg in furchtbarer Deutlichkeit vor Augen traten, auf diese Weise zu verewigen drohn. Das gerade ist es, was im Namen der Menschheit verhütet werden muß.

Man spricht heute — und mit vollem Recht — überall von der grundlegenden Bedeutung des wirtschaftlichen Wiederaufbaus von Europa. Hand in Hand damit muß aber eine vielleicht noch schwerere und sicher nicht minder wichtige Aufgabe gelöst werden, die ich den geistigen Wiederaufbau Europas nennen möchte. Und sie besteht in der allmählichen Überwindung eben jener Mächte des Hasses, der Verdächtigung, des Mißtrauens, der Anklage und der Beschuldigung, die ich oben erwähnt habe. Das Bestreben der Besten muß darin bestehen, daß wir in Europa wieder reine Luft atmen können, eine Luft, die befreit ist von jener dumpfen Schwüle, die seit dem Kriege und auch mehrere Jahre vorher schon geherrscht hat...
                                                      Berlin, 13. Juni 1912

Die ihn kannten

MAX SCHELER

Vortrag in der Universität Köln anläßlich einer Gedenkfeier am 16. Juli 1922

Eine schlanke, hochgewachsene, pointiert männliche, feingliedrige, aristokratische Gestalt, schwarz von Haar und von ausgeprägtem semitischem Typus — das bestimmte den ersten Eindruck seiner Erscheinung. Spät, fein, ausgegoren, durchaus adlig innerhalb seiner Rasse, ruhig und gemessen in Haltung und Bewegung, leise und geräuschlos in Stimme und Gebaren, einfach und schlicht, aber vornehm und ausgewählt in Kleidung und Wohnung bis zur Angst vor jeder Art Auffälligkeit, waren einige Nebeneindrücke. Trotz aller gewinnenden weltmännischen Liebenswürdigkeit und Gewandtheit ging eine große Kühle von ihm aus. Wo er ging, war „Schatten und Kühlung", wie es in einem von Goethe übersetzten arabischen Gedicht heißt. Herzensfreundschaften und Liebe zum Weibe haben in diesem Menschen, der zwischen den beiden Polen „Gott und die intime Seele" und andererseits „Aufgehen in die großen Fragen der Arbeit, der Öffentlichkeit, der Menschheit" kaum mittlere, wärmere, diese beiden Pole verknüpfende Lebensgebiete kannte, fast keine Rolle gespielt. In dem gelassenen, eleganten Mann der großen Welt, der sich in allen Hauptsprachen unseres Kulturkreises leicht und sicher bewegte, und, wie er selbst zu sagen pflegte, die „paar hundert Menschen, die gegenwärtig die Welt regieren", lange vor seiner politischen Rolle persönlich kannte, steckte nun aber, auch äußerlich schon fast sichtbar, etwas ganz anderes: *Ein Patriarch und Weiser*, und zwar vom Typus des Volkes, dem er entsprungen war. Wenn er, dem Gesprächspartner die Hand leise auf die Achsel legend, etwas in seiner bildhaften Art auseinandersetzte, so fühlte man diese seltsame Verknüpfung besonders deutlich.

Was Rathenau uns, was Rathenau insbesondere der deutschen Jugend bedeuten kann, liegt sicher weniger in seinen politischen

Taten als in seinem Bilde als Person, ähnlich den großen englischen Staatsmännern, die bis zu Lord Balfour so oft Philosophen, und ähnlich den englischen Philosophen, die seit Bacon und Locke so oft Staatsmänner und Wirtschaftsführer waren, ähnlich auch den deutschen großen Führern aus der Zeit der Befreiungskriege. Ähnlich J. G. Fichte, dem spartanischen Sittenprediger einer großen Zeit, ähnlich einem Freiherrn vom Stein, stellt Rathenau die in unserem Lande später so selten gewordene Einheit von tiefem religiösem Sinn, höchster Geistesbildung und weithinreichender, vielverzweigter praktischer Daseinsformung dar. Wie die letztgenannten Männer war auch er überzeugt, daß ein neuer politischer Geist nicht aus der Sphäre des politischen Lebens selbst, sondern nur aus einer geistigen und sittlichen Lebensreform der deutschen Jugend herauswachsen könne. Darin, meine ich, darf er in besonderem Maße den deutschen Akademikern Vorbild sein. Walther Rathenau hat durch seine Person und sein Werk gezeigt und bewiesen, wie man den Techniker und den Kaufmann in sich mit höchster Geistesbildung und mit jenem echten unverschüchterten Herrentum verknüpfen kann, das zugleich von Herzen demütig ist in der vor Gott stehenden und in ihm sich geborgen wissenden Seele. Rathenau hat uns ferner ein Bild sowohl dargelebt als in seinen Schriften mit feinem Griffel geistig gezeichnet, ein Bild, sage ich, des Unternehmers, der Unternehmungsgeist und Initiative, der Selbst- und Mitverantwortlichkeit für das Ganze der Nation nicht meidet, sondern *liebt*, ohne dabei an erster Stelle von Eigennutz, Sammel- und Erwerbssucht getrieben zu sein; in dessen Seele Liebe zur Sache, schöpferischer Verwertungsdrang gottgegebener Kräfte und Fähigkeiten, Gefühl für soziale Ehre und Auszeichnung, und männlicher Sinn und Freude an Machtentfaltung des eigenen Willens im Getriebe des Wirtschaftslebens die edleren Äquivalente bilden für die Triebkraft bloßen Selbstinteresses, die unser landläufiger Liberalismus als Motor alles ökonomischen Fortschrittes so einseitig und der Seele des echten Unternehmers so unangemessen hervorkehrte. Und Rathenau hat uns allen redlich, auf welchem Parteistandpunkte wir auch stehen mögen, ein weithin leuchtendes Beispiel gegeben für einen mutigen, der heiligen Sache des Vaterlandes treu hingegebenen Mann und Patrioten, dem klar bewußt die Pflicht teurer war als sein längst schwer gefährdetes und sich also gefährdet *wissendes* Leben.

... Rathenau stand an einem Kreuz- und Schnittpunkt so vieler und mannigfacher sozialer Kreise — verschieden an Religion, verschieden an Bildungsform, Stand, Klasse, Beruf, politischer Gesinnung —, daß schon diese seine soziale Blickeinstellung ihm für die ergriffene Aufgabe eines sozial- und kulturpolitischen Schriftstellers eigenartige Vorzüge gewährte. Er übersah von seinem sozialen Standort wie kein anderer den Kosmos der Gesellschaft. Hofbeamtenschaft, Militär, Adel, hohe Finanz, Großindustrie, die

Kreise von Wissenschaft und Kunst, Industrie, Arbeiterschaft, Bohème, akademische Jugend – alle hineingetaucht in den riesenhaften Arbeitsstrom und Hexenkessel, der Berlin heißt –, konnten ihre sich sonst nur da und dort sozial kreuzenden Gedanken und Bestrebungen in seinem Geiste in überaus plastischen Bildern ablagern; sie wurden in diesem Kopfe gemessen und gewogen.

In seinem *geistigen Wesen* fällt vor allem eine doppelte Bindung und stärkste Spannung großer Gegensätze auf. Das erste Gegensatzpaar hat er selbst in seiner Schrift „An Deutschlands Jugend" 1918 vortrefflich wiedergegeben: „Ich bin ein Deutscher jüdischen Stammes. Mein Volk ist das deutsche Volk, meine Heimat ist das deutsche Land, mein Glaube der deutsche Glaube, der über den Bekenntnissen steht. Doch hat die Natur in lächelndem Eigensinn und herrischer Güte die beiden Quellen meines alten Blutes zu schäumendem Widerstreit gemischt, den Drang zum Wirklichen, den Hang zum Geistigen" ... „Und manchmal scheint es mir, als sei aus diesem Handeln noch etwas in meinem Denken befruchtet worden; als habe die Natur mit mir den Versuch vorgehabt, wie weit betrachtendes und wollendes Leben sich durchdringen könne." Das andere Gegensatzpaar betrifft seine geistige Fähigkeit allein. Es besteht in der Spannung eines überaus scharfen, beweglichen, biegsamen und den positiven Tatsachen der Gegenwart zugewandten Verstandes mit den spezifischen Eigenschaften des *romantischen* Genies. Wirklichkeitsmensch und Romantiker zugleich war Rathenau in seiner Verbindung, wie ich sie nie wiedergesehen habe. Gefühl, Phantasie und das Besondere, was er selbst „Intuition", ferner „Sinn für das Transzendente" nannte, und das, was er in echt romantischem Sprachgebrauch als zweckfreie „Seele" dem im Dienste der Sorge, der Furcht, der Hoffnung, der Zwecke arbeitenden „Geiste" und „Verstand" in seinen Büchern so überaus charakteristisch entgegensetzt – in scharfem Unterschied zum klassischen Sprachgebrauch die „Seele" dem „Geiste" an Wert überordnend –, durchdrangen und leiteten seine immer in Bewegung begriffene, oft überscharfe Verstandestätigkeit.

... Wie alle Romantik war auch die seinige zu sehr nur Flucht und bloße Sehnsucht, Sehnsucht heraus aus der Eiseskälte und der inneren Unfruchtbarkeit der weltstädtischen Betriebsamkeit und des traditionell überintellektuellen Berliner Gesellschaftslebens, dessen ganze Atmosphäre doch auch ihn wider seinen Willen – mehr als er selbst sich eingestand – innerlich gefangen hielt. So ist auch sein starker Irrationalismus, seine Verachtung des Verstandes und seiner „Beweise", ist sein maßloses Vertrauen auf Intuition, Takt, Instinkt u. a. auch eine Form gewesen, in der er seinen eigenen überwachen Intellekt gleichsam selbst zu begrenzen suchte. Aber er besaß auch von dieser Gabe, die er Intuition nannte, ein reiches Maß. Er besaß sie wohl als Erbe seines Vaters, der, wie man in Geschäftskreisen sagte, nur eine Sache anzufühlen brauchte, um zu wissen, was an ihr sei. So schätzte Walther Rathenau zum Beispiel das deutsche Volksvermögen kurz vor dem Kriege, zur selben Zeit, da es Helfferich mit einem ungeheuren Aufwand von Statistik und Rechnung berechnete, ungefähr richtig ein.

THEODOR HEUSS

zitiert bei Helmut W. Böttcher: *Walther Rathenau — Person und Werk*, Athenäum Verlag, Bonn 1958, S. 51/52

Ich glaube, WR war der unnaivste Mensch, dem ich je begegnet bin, mit einem höchst gezüchteten Intellekt, in immer gegenwärtiger Bewußtheit, aber er spürte wohl, daß das rationelle Training nicht das letzte sei. Es kam von den Naturwissenschaften... In seinen frühen philosophischen Studien hat er die Gegebenheiten eines mechanistischen Weltbildes abgetastet, analysiert, gedanklich bewegt und überwunden — er wußte um das andere, das Irrationale, er hatte Sehnsucht nach ihm und umgab es fast mit zärtlichen Worten. Aber er konnte dem Zwang des Rationellen, gegen das er selbst Mißtrauen meldete, nicht entlaufen. Einer, der ihm nahestand, Kurt Rietzler, sprach in einer Würdigung von seiner „Ruhelosen Unzufriedenheit mit sich selbst." Das ist die verborgene seelische Tragik dieses ungewöhnlichen Menschen, die von der äußeren Tragik seines Ausganges schier verdeckt wird. Er mußte in Aktion sein, um aus diesem Zwiespalt herauszutreten. Dann gewann er auch eine freie Mächtigkeit über sich und über die andern. Das wurde deutlich, wenn er ... redete, mit einem Kupferton der Stimme, wie ich ihn, gewiß in anderer Beziehung, nur von August Bebel im Ohr behielt. Darf man ihn neben diesem Volkshelden, der nun auch schon legendär geworden ist, nennen? WR besaß doch manches Stück von der Ausstattung, die zum Volksführer gehört ... Was ihm fehlte — und dies spürte er wohl selbst — war der Humor, die Freiheit, auch über sich selbst lachen zu können. So blieb sein höflich-überlegenes Wesen immer von einem dünnen Schatten der inneren Befangenheit begleitet.

GEHEIMRAT FELIX DEUTSCH

Die folgende Rede war als Einleitung für eine Trauerfeier in der AEG gedacht.

„Wir sind hier zusammengekommen, um noch einmal, gewiß nicht zum letztenmal, unseres toten Freundes und Führers zu gedenken. Nicht um ihn zu betrauern und zu bejammern! Wie der alte Goethe dem toten Byron, so könnte ich ihm zurufen:

„Wüßten wir doch kaum zu klagen.
Neidend preisen wir dein Los."

Denn dieses reiche und stolze Leben ist mit fürstlichen Ehren zu Grabe getragen worden. Und wenn auch eine der edelsten Blüten am Stamme tausendjähriger Kultur von seiner Verruchtheit kaum bewußtem Wahnwitz blutig zerstört worden ist, so hoffen und glauben wir doch, daß dieser mächtige Geist in allen, die sein Hauch je berührt hat, fortleben und fortzeugen wird, stärker vielleicht und reiner, als es in der von Neid und Dumpfheit getrübten Atmosphäre irdischen Lichtes möglich war.

Aber auch nicht um ihn zu preisen, rede ich hier. Sein Name klingt über die Welt, er bedarf keiner äußeren Ehren mehr. Nicht Kränze von Lorbeer, sondern den letzten Sommerblütenkranz der Freundschaft und Liebe wollen wir an dieser Stelle, die seine eigentliche Heimat war und immer geblieben ist, heute niederlegen. Der Liebe, die für ihn das Kostbarste war, nach der er sich sein Leben lang leidenschaftlich gesehnt hat, die seine Schriften in tausenden von stummen Herzen zweifellos geweckt haben, und die ihn doch ein tragischer Zwiespalt in seiner Natur zurückzustoßen zwang, sobald sie sich allzu unverhüllt in seine Nähe wagte.

Unter einer vollkommenen, in strengster Selbstzucht erworbenen Beherrschung der äußeren Formen verbarg er eine unendlich weiche, mimosenhafte Empfindlichkeit, die durch ein absichtslos hingeworfenes Wort, einen teilnahmslos kalten Blick, wo er Wärme erwartete, so tief verletzt werden konnte, daß Jahre nicht ausreichten, um den Eindruck zu verwischen.

Aber was er von anderen erwartete, war er nicht imstande, selbst zu geben: Hingabe kann nur durch Hingabe errungen werden.

Es war für Walther Rathenau ein Leichtes, die Menschen, die ihn interessierten, an sich zu fesseln; aber wenn er sie in unbezähmbarer geistiger Machtbegier sich vollständig unterworfen hatte, so daß jede Regung ihres Geistes, jedes Geheimnis ihrer Seele enthüllt vor ihm lag, dann war auch das psychologische Interesse des Forschers am Objekt nicht selten voll befriedigt. Er löste die Bande, mit denen er die anderen an sich gefesselt hatte, und ging — ein Don Juan des Geistes — auf neue Eroberungen aus.

So kam es, daß ihm die Frucht langer Freundesjahre oft entgehen mußte, und daß er unbedingte Liebe, wie er sie ersehnte, nur bei den ganz wenigen finden konnte, die fähig und aufopfernd genug waren, bis zum Kern seiner Natur vorzudringen, zu jenem Kern, wo Leib und Seele, Fehler und Vorzüge zu einer untrennbaren Einheit verschmelzen.

Wundern Sie sich nicht, meine Herren, daß ich hier von Fehlern rede. Konventionelle Redensarten sind an diesem Grabe nicht am

Platze. Das de mortuis nihil nisi bene können wir ruhig denen überlassen, die de vivo nihil nisi male zu sagen wußten und aus Mißgunst oder geistiger Kurzsichtigkeit nur die Schatten sahen, die seine überragende Erscheinung warf.

Man hat dieser überreichen, in vielfachen Farben schillernden Natur vielfache Fehler vorgeworfen.

Man hat Walther Rathenau eitel gescholten. Es ist richtig, er war sich seines Wertes bewußt; daß seine Überlegenheit im Verkehr mit vielen Menschen sehr bald zum Vorschein kam und daß er sich allerdings keine Mühe gab, sie zu verbergen, machte ihn für viele unbequem, aber ich glaube, in diesem Falle schnellt doch der Pfeil auf den Schützen zurück: seine angebliche Eitelkeit war nur oft genug der Reflex der Eitelkeit anderer.

Lassen Sie mich noch hinzufügen: alle Menschen haben die Fehler ihrer Vorzüge, aber durchaus nicht alle auch die Vorzüge ihrer Fehler.

Sein Ehrgeiz war, besonders seit seine politische Laufbahn begann, das Ziel vieler und törichter Angriffe. Nun, meine Herren, sein tiefer Ehrgeiz war, mächtig und leidenschaftlich, auf seine innere Vollendung gerichtet. Sein äußerer Ehrgeiz war durch die beherrschende Stellung, die er in der internationalen Kulturwelt einnahm, vollkommen befriedigt. In die politische Laufbahn ist er erst auf starkes Drängen der Regierung und seiner Freunde widerwillig und nach langem Sträuben eingetreten.

Aus lebhaften und eingehenden Unterhaltungen, die ich über diese Frage mit ihm hatte, weiß ich sehr genau, daß unter den Erwägungen, die ihn bestimmten, das Ministerium für Wiederaufbau zu übernehmen, der Ehrgeiz die allerletzte Rolle spielte.

Außer dem Wunsche, seinem Lande zu dienen, war schließlich ausschlaggebend die Befürchtung, die ich immer wieder ins Feld führte, daß man im Falle seiner Ablehnung der deutschen Industrie mit Recht den Vorwurf würde machen können, sie beklage sich zwar über die Unfähigkeit der Regierung und daß alles zugrunde gewirtschaftet werde, aber wenn man sie auffordere, zu helfen, selbst mit Hand anzulegen, um das wankende Gebäude zu stützen und ihre eigenen Ratschläge und Pläne in die Wirklichkeit umzusetzen, dann zucke sie im Schatten ihrer Schornsteine bedauernd die Achseln und überlasse es den vielgescholtenen Politikern, ihre Ehre und ihre Haut zu Markte zu tragen.

Wir alle, denen seit Jahren wiederholt der Eintritt in die Regierung nahegelegt worden war, haben die Berechtigung dieser Vorwürfe empfunden, und lediglich, um sie zu entkräften, wahrlich nicht aus Eitelkeit und nicht aus Ehrgeiz, ist Walther Rathenau in die Bresche gesprungen. Er wußte zu gut, wie wenig Ehr' zu holen war in diesem Spiele, bei dem alle Trümpfe in den Händen unserer Gegner waren. Ich habe noch in Genua wiederholt eingehend über diese Fragen mit ihm gesprochen, weil er verstimmt und ermüdet von den fruchtlosen Kämpfen im Innern und nach außen war; jedesmal sagte er: „Lieber Freund, mein erster glücklicher Tag wird der sein, an dem ich mich wieder bei Ihnen zurückmelden darf." Es war ihm nicht vergönnt, zurückzukehren. Er ist uns entrissen worden, ehe seinem Werk und seiner Persönlichkeit der Meisterstempel der Vollendung aufgedrückt werden konnte. Er ist gefallen, wie er oft genug geahnt hatte, als das kostbarste Opfer dieser verworrenen Zeit, und an seinem Grabe droht sich eine furchtbare Flamme zu entzünden; nicht die Flamme, die er entzünden wollte, denn „er brachte reines Feuer vom Altare."

BERNHARD FÜRST VON BÜLOW

Denkwürdigkeiten in den Aufzeichnungen über das Jahr 1909; Ullstein Verlag, Berlin 1931, Bd. III, S. 39 f.

Als Flotow endlich aufgehört hatte, mich und unsere Villa zu umschleichen, und nach Berlin zurückgekehrt war, um dort die Jagd nach einem guten Posten fortzusetzen, erschien bei uns der erste erwünschte Besuch, den ich nach meinem Rücktritt in Norderney erhielt. Es war Walther Rathenau, ein ungewöhnlich begabter Mann und zweifellos nicht ohne Noblesse der Gesinnung, die mich, nachdem ich Flotow noch einmal hatte sehen müssen, doppelt sympathisch berührte. Ich hatte seine Bekanntschaft zwei Jahre vorher durch Bernhard Dernburg gemacht, der mich nicht lange nach seiner Ernennung zum Leiter der Kolonialabteilung des Auswärtigen Amts frug, ob ich geneigt wäre, seinen besten Freund, den Dr. Walther Rathenau, zu empfangen. Ich entgegnete, daß es mir eine Freude sein würde, den Sohn des von mir hochgeschätzten Generaldirektors der A.E.G. kennenzulernen, zumal ich von seiner Begabung schon mancherlei gehört hatte. Als ich am nächsten Nachmittag auf der Terrasse des Reichskanzlerpalais saß, die, neben meinem Amtszimmer gelegen, mir im Sommer ein angenehmer Aufenthalt war, trat, von einem meiner Diener geleitet, Walther Rathenau zum erstenmal vor mich. Er war damals kaum vierzig Jahre, sah aber älter aus. Eine sehr sympathische Erscheinung. Er war tadellos angezogen. Er näherte sich mir mit einer gleichfalls tadellosen Verbeugung, in der Haltung eines jeune Premier des Théâtre-Français, Delaunay oder Guitry, der in einem Stück von Emile Augier oder Victorien Sardou bei dem strengen Vater um die Hand der angebeteten Tochter anhält. „Eure Durchlaucht", begann er mit wohltönendem Organ und indem er die rechte Hand auf die linke Brust legte, „bevor ich der Gunst eines Empfangs gewürdigt werde, eine Erklärung, die zugleich ein Geständnis ist." Er machte eine kleine Pause, dann, mit schönem Ausdruck: „Durchlaucht, ich bin Jude!"

Ich entgegnete, daß ich keinen Anlaß gegeben hätte, bei mir Vorurteile und insbesondere antisemitische Tendenzen vorauszusetzen. „Von dem Fürsten Bülow," meinte Walther Rathenau, indem er sich nochmals und feierlich verbeugte, „habe ich diese edle Antwort erwartet." Er blieb lange. Wir führten ein angeregtes Gespräch de omni re scibili, dem manche ähnliche Unterhaltung in Berlin, Norderney und Rom folgen sollte. Walther Rathenau wurde ein gerngesehener Gast in meinem Hause. Er war glänzend begabt. Er besaß eine ungewöhnliche Aufnahme- und Adaptionsfähigkeit, er war vor allem ungemein vielseitig. In Italien ist noch das Andenken des Giovanni Pico della Mirandola lebendig, der in der Blütezeit der Renaissance lebte. Pico sprach Lateinisch, Griechisch, Hebräisch, Chaldäisch und Arabisch gleich geläufig. Er wollte die Philosophie mit der Religion, die aristotelische mit der platonischen Doktrin versöhnen und begründete seine Ansichten in einer Streitschrift mit neunundneunzig Thesen, den berühmten und gefürchteten Conclusiones philosophicae, cabbalisticae et theologicae. An solche Vielseitigkeit reichte Walther Rathenau nicht heran, aber er sprach gleich beredt und gleich gern über den ihm geistesverwandten, jüdisch-hellenistischen Philosophen Philo aus Alexandria wie über die letzte Börsenoperation des Hauses Bleichröder, über eine technische Erfindung wie über ein Bild seines Vetters Max Liebermann. Ich kann nicht bestreiten, daß gegenüber dem Multa das Multum bei Walther Rathenau bisweilen zu kurz kam. Sein Vater, der Schöpfer und Leiter der Allgemeinen Elektricitäts-Gesellschaft, Emil Rathenau, hat mir alles in allem einen bedeutenderen Eindruck gemacht als der Sohn, von dem er gesagt haben soll, dieser sei ein Baum, der mehr Blüten als Früchte trage. Wenigstens für die Politik fehlte Walther Rathenau der Wirklichkeitssinn, die Nüchternheit, die ruhige Stetigkeit, vor allem die Sachlichkeit. Ich glaube nicht, daß er ein Staatsmann geworden wäre. Er kannte aus eigener Anschauung England, Italien und Frankreich. Trotzdem täuschte er sich nicht selten in der Beurteilung der Politik anderer Länder und schwankte zwischen allzu hitzigem Optimismus und übertriebener Schwarzseherei. Das galt auch für seine persönlichen Freundschaften, insbesondere mit anderen Israeliten. Ich habe ihn als intimen Freund und als ebenso intimen Feind von Maximilian Harden gekannt...

Der Hauptvorwurf, der Rathenau von seinen Bekannten gemacht wurde, war der einer ungemessenen Eitelkeit. Ich möchte diesem Vorwurf nicht ohne weiteres beitreten. Jedenfalls hat mich die viel getadelte Eitelkeit von Walther Rathenau nie verletzt, weil sie durchaus naiv war. Albert Ballin, der Walther Rathenau von Jugend auf kannte und seine brillanten Eigenschaften schätzte, erzählte gern, daß dieser ihm einmal gesagt habe: „Seit der Erschaffung der Welt hat es drei ganz große Männer gegeben, merkwürdigerweise alle drei Juden: Moses, Jesus, — den dritten zu nennen, verbietet mir meine Bescheidenheit." Se non è vero, è ben trovato. Es läßt sich nicht bestreiten, daß Walther Rathenau sehr persönlich, sehr ambitiös war, zu persönlich und zu ambitiös, um einen wirklich brauchbaren diplomatischen Vertreter oder gar Leiter abzugeben. Nach seiner entsetzlichen Ermordung meinte sein ihm herzlich zugetaner Staatssekretär Haniel zu mir, für Rathenaus politischen Ruhm sei sein früher Tod ein Glück gewesen, er würde als Minister des Äußern bald abgewirtschaftet haben. Er sei bei reicher Begabung zu persönlich, zu unruhig, zu unstet gewesen, habe jeden Tag einen neuen Einfall gehabt, aber keine Idee länger verfolgt und keinen Plan reifen lassen. Vor allem habe er alle Vorgänge und alle Menschen zu sehr vom rein subjektiven Standpunkt beurteilt.

Wenn ich Walther Rathenau gegen den oft erhobenen Vorwurf allzu großer Eitelkeit in Schutz nehmen möchte — ich fand den Vater der Weimarer Verfassung, den Herrn Professor Dr. Hugo Preuß, als ich später seine Bekanntschaft machte, bei geringerer Begabung noch viel eitler — so gebe ich doch zu, daß Rathenau zur Pose neigte, daß er nicht selten affektiert, daß er bisweilen recht maniriert sein konnte. Ich weiß nicht, ob er wirklich, wie Albert Ballin und Bernhard Dernburg gern erzählten, während sein Vater in den letzten Zügen lag, die Gedenkrede memoriert hat, die er bei der Trauerfeier zu halten beabsichtigte, und daß er vor dem Spiegel sorgsam die Gesten und Blicke einstudierte, mit denen er seinen Trauersermon vortragen wollte. Der Sermon, den er mir später in Maroquin eingebunden verehrte, war übrigens sehr schön. —

GUSTAV HILLARD

(Pseud. für Gustav Steinböhmer): Herren und Narren der Welt; List Verlag, München 1954, S. 220 ff.

Ich begegnete Walther Rathenau. Von Angesicht und Ruf kannte ich ihn seit vielen Jahren. Ich hatte ihn getroffen, wenn er durch den Tiergarten nach seinem elterlichen Hause in der Viktoriastraße ging. Der Schritt des hochgewachsenen, stattlichen Mannes mit dem kleinen grauen Kinnbart und dem kurzgeschnittenen Schnurrbart hatte die meditative Würde eines arabischen Scheichs. Ich war in der Frühstückszeit sein Tischnachbar im Kaiserlichen Automobilklub gewesen, dem alten Bleichröderschen Palais am Leipziger Platz. Nach dem Essen trank er seinen Kaffee in der Halle, mit leicht herausfordernder Nonchalance tief in einen Sessel versenkt, die langen Beine vorgestreckt, wie jemand, der wohl weiß, daß die Vorübergehenden achtgeben und sich seinen Namen zuflüstern. Ich hatte ihn beim morgendlichen Ritt im Tiergarten oder auf dem Hippodrom gesehen. Er machte gute Figur auf einem schönen Pferde, von dem es hieß, daß es piaffieren könne. Diese Gangart der hohen Schule, so erzählte man sich weiter, setze Rathenau beim Herannahen des Kaisers ins Spiel, um dessen Aufmerksamkeit und Anrede zu erzielen. Dergleichen mißgünstiger Klatsch und süffisantes Geschwätz war viel um ihn. Sohn und Erbe eines in den letzten Jahrzehnten zu Macht und Vermögen aufgestiegenen Vaters, gehörte er durch seine Geburt der neuen arrivierten und reichen Gesellschaft des kaiserlichen Berlin an. Aber er setzte sich betont von dieser Gesellschaft ab. Er mied ihre Gewohnheiten und Bräuche. Der Gesellschaft aber war seine allzu bewußt überlegene und ausgesonderte Existenzform ein Unbehagen, ein Ärgernis und ein ständiger stiller Vorwurf. Sie spöttelte über ihn, nannte ihn anmaßend und eitel. „Von mir über mich im Selbstverlag," schlug der Berliner Börsenwitz als Titel seiner gesammelten Schriften vor. Nein, die Gesellschaft liebte ihn nicht, aber im geheimen war sie doch ein wenig stolz auf ihn als auf einen der ihren. Die landläufige Oberflächlichkeit hingegen mit ihren frischweg charakterisierenden Urteilen verwischte und vertrübte sein Bild allen Fernerstehenden.

... Wenn ich nun in Berlin war, nahm er mich mittags zu seiner Mutter mit, bei der er in den Kriegsjahren täglich zu essen pflegte. Wir saßen dann zu dritt in dem geräumigen, kühlen und hohen Eßsaale, und ich kannte bald die neckende Herzlichkeit ihres Umgangstones. Die Mutter brachte alle ihre kleinen Tagessorgen vor und fragte den Sohn in allem um Rat, während er mit irgendeinem Scherz auswich. So hatte sich einmal in dem Frauenklub, dessen Vorstand die Mutter angehörte, ein peinlicher Vorfall zugetragen. Seit Wochen waren in der Garderobe des Klubs auf eine unerklärliche Weise Kleidungsstücke verschwunden. Eines Tages hatte man die Gattin eines hohen und angesehenen Staatsbeamten als Diebin ertappt. Was sollte der Vorstand jetzt tun? Der Sohn versank in ein grenzenloses Nachdenken, dann sagte er schließlich tiefernst: „Ihr müßt sie zur Kassiererin machen." Von dieser Art pflegten seine Ratschläge zu sein, über die dann beide herzlich lachten.

Nach Tisch nahmen wir den Kaffee in der kleinen, geschlossenen Glasveranda, welche auf die Gärten zwischen Viktoria- und Matthäikirchstraße ging. Dann wurde ich in einen Sessel gepackt, mit Zeitungen und Zeitschriften versehen, und Mutter und Sohn setzten sich an das Klavier. Gerade und steif auf schmalen Stühlen spielten sie vierhändig eine halbe Stunde Sonaten von Händel und Beethoven, wobei wieder allerhand Anlaß sich bot, mit Vorwürfen und Ratschlägen die Neckereien fortzuspinnen ...

Er lud nicht oft und nicht viel Gäste zu sich ins Haus, sondern lieber in den Klub oder ins Restaurant. Aber er suchte nicht ungern Menschen auf, die zu sprechen oder vor denen zu sprechen ihm wichtig war. Er gehörte zu den nicht eben zahlreichen Leuten, welche um eines guten Gespräches willen Umständlichkeiten und Unbequemlichkeiten auf sich nehmen. Er scheute weder Weg noch Stunde, wenn eine solche Aussicht lockte. Meist entschloß er sich kurz vorher zu solchen Unternehmungen, fragte an, ob ich ihn begleiten könnte, oder versuchte auf gut Glück mich abzuholen.

Am einfachsten waren solche Besuchsimprovisationen in seiner Nachbarschaft ins Werk zu setzen, bei Gerhart Hauptmann oder seinem Verleger Samuel Fischer. Er führte dabei bald das Wort, und die kleine Gesellschaft ordnete sich auf ihn hin wie auf einen Magneten. Unterbrechungen und Einwände der andern dienten ihm, um Raum zu gewinnen für die Schlagweite der nächsten Rede. Es konnte vorkommen, wie an einem langen Abend bei Hauptmann, daß dieser, dem die rasche Replik nicht gegeben war, über ein Halbdutzend angefangener und abgebrochener Sätze nicht hinauskam und daß der noch anwesende Ernst Hardt den Mund gar nicht erst aufmachte. Ein andermal hatte er mir einige Sonette der Louise Labé vorgelesen, welche gerade in der Übertragung von Rilke erschienen waren. Er wurde von seiner eigenen Lesung so ergriffen, daß er das Bedürfnis fühlte, die Wirkung auch auf andere Zuhörer zu erproben. Wir gingen also zu Fischer hinüber. Er las die Verse erst französisch, dann deutsch und schloß an seine Rezitation Ausführungen von erstaunlicher Kenntnis über die französische Renaissance. Ich glaube nicht, daß er sich darauf vorbereitet hatte. Er bereitete sich auch auf seine Gespräche nicht in der Weise vor, wie es von Mallarmé und Wilde erzählt wird. Aber die entscheidenden Formulierungen entstanden ihm nicht erst beim Reden, sondern lagen vorbedacht bereit. Hatte er die Dinge einmal in bestimmte Charakterisierungsformeln gebracht, so wandte er sie wörtlich wieder und weiter an.

Im dritten Kriegsjahr überraschten wir einmal auf einem Spaziergange durch den Tiergarten den einsam und versonnen wandelnden Rilke. Wir nahmen ihn in unsere Mitte, und Rathenau begann sofort den Vortrag über die Liquidation, in die der Krieg nunmehr getreten sei, wortwörtlich zu wiederholen, wie er ihn mir eben zuvor gehalten hatte. Rilke hatte anfangs einige schüchterne Anläufe zu Fragen und Einwänden gemacht, aber dann gab er es bald auf und warf nur hin und wieder einen scheuen Blick zu dem ihn um Haupteslänge überragenden Rathenau hinauf, während er selbst immer mehr in sich zu versinken schien, als ob er sich unter dem Strom der niederstürzenden Worte und Formeln wegducken wollte.

STEFAN ZWEIG

Die Welt von gestern; S. Fischer Verlag, Frankfurt 1952, S. 165 ff. und S. 283 ff.

Einer der ersten Männer, denen ich schon als Neunzehnjähriger Förderung verdankte, war Maximilian Harden, dessen ‚Zukunft' in den letzten Jahrzehnten des wilhelminischen Kaiserreichs eine entscheidende Rolle spielte; Harden, von Bismarck, der sich seiner gern als Sprachrohr oder Blitzableiter bediente, persönlich in die Politik hineingeschoben, stürzte Minister, brachte die Eulenburg-Affäre zur Explosion, ließ das kaiserliche Palais jede Woche vor anderen Attacken und Enthüllungen zittern; aber trotz all dem blieb Hardens private Liebe das Theater und die Literatur. Eines Tages erschien nun in der ‚Zukunft' eine Reihe von Aphorismen, die mit einem mir nicht mehr erinnerlichen Pseudonym gezeichnet waren und mir durch besondere Klugheit sowie sprachliche Konzentrationskraft auffielen. Als ständiger Mitarbeiter schrieb ich an Harden: „Wer ist dieser neue Mann? Seit Jahren habe ich keine so gut geschliffenen Aphorismen gelesen."

Die Antwort kam nicht von Harden, sondern von einem Herrn, der Walther Rathenau unterschrieb und der, wie ich aus seinem Briefe und auch von anderer Seite erfuhr, kein anderer war als der Sohn des allmächtigen Direktors der Berliner Elektrizitätsgesellschaft und selber Großkaufmann, Großindustrieller, Aufsichtsrat zahlloser Gesellschaften, einer der neuen deutschen (um ein Wort Jean Pauls zu benutzen) ‚weltseitigen' Kaufleute. Er schrieb mir sehr herzlich und dankbar, mein Brief sei der erste Zuruf gewesen, den er für einen literarischen Versuch empfangen hätte. Obwohl mindestens zehn Jahre älter als ich, bekannte er mir offen seine Unsicherheit, ob er wirklich schon ein ganzes Buch seiner Gedanken und Aphorismen veröffentlichen sollte. Schließlich sei er doch ein Außenseiter und habe bisher seine ganze Wirksamkeit auf ökonomischem Gebiet gelegen. Ich ermutigte ihn aufrichtig, wir blieben in brieflichem Kontakt, und bei meinem nächsten Aufenthalt in Berlin rief ich ihn telephonisch an. Eine zögernde Stimme antwortete: „Ach, da sind Sie. Aber wie schade, ich reise morgen früh um sechs nach Südafrika..." Ich unterbrach: „Dann wollen wir uns selbstverständlich ein anderes Mal sehen." Aber die Stimme setzte langsam überlegend fort: „Nein, warten Sie... einen Augenblick... Der Nachmittag ist mit Konferenzen verstellt... Abends muß ich ins Ministerium und dann noch ein Klubdiner... Aber könnten Sie noch um elf Uhr fünfzehn zu mir kommen?" Ich stimmte zu. Wir plauderten bis zwei Uhr morgens. Um sechs Uhr reiste er — wie ich später erfuhr, im Auftrag des deutschen Kaisers — nach Südwestafrika.

Ich erzähle dieses Detail, weil es so ungeheuer charakteristisch für Rathenau ist. Dieser vielbeschäftigte Mann hatte immer Zeit. Ich habe ihn gesehen in den schwersten Kriegstagen und knapp vor der Konferenz von Genua und bin wenige Tage vor seiner Ermordung noch im selben Automobil, in dem er erschossen wurde, dieselbe Straße mit ihm gefahren. Er hatte ständig seinen Tag bis auf die einzelne Minute eingeteilt und konnte doch jederzeit mühelos aus einer Materie in die andere umschalten, weil sein Gehirn immer parat war, ein Instrument von einer Präzision und Rapidität, wie ich es nie bei einem anderen Menschen gekannt. Er sprach fließend, als ob er von einem unsichtbaren Blatt ablesen würde, und formte dennoch jeden einzelnen Satz so plastisch und klar, daß seine Konversation mitstenographiert ein vollkommen druckreifes Exposé ergeben hätte. Ebenso sicher wie Deutsch sprach er Französisch, Englisch und Italienisch — nie ließ ihn sein Gedächtnis im Stich, nie brauchte er für irgendeine Materie besondere Vorbereitung. Wenn man mit ihm sprach, fühlte man sich gleichzeitig dumm, mangelhaft gebildet, unsicher, verworren angesichts seiner ruhig wägenden, alles klar überschauenden Sachlichkeit. Aber etwas war in dieser blendenden Helligkeit, in dieser kristallenen Klarheit seines Denkens, was unbehaglich wirkte wie in seiner Wohnung der erlesensten Möbel, die schönsten Bilder. Sein Geist war wie ein genial erfundener Apparat, seine Wohnung wie ein Museum, und in seinem feudalen Königin-Luisen-Schloß in der Mark vermochte man nicht warm zu werden vor lauter Ordnung und Übersichtlichkeit und Sauberkeit. Irgend etwas gläsern Durchsichtiges und darum Substanzloses war in seinem Denken; selten habe ich die Tragik des jüdischen Menschen stärker gefühlt als in seiner Erscheinung, die bei aller sichtlichen Überlegenheit voll einer tiefen Unruhe und Ungewißheit war. Meine anderen Freunde, wie zum Beispiel Verhaeren, Ellen Key, Bazalgette waren nicht ein Zehntel so klug, nicht ein Hundertstel so universal, so weltkennerisch wie er, aber sie standen sicher in sich selbst. Bei Rathenau spürte ich immer, daß er mit all seiner unermeßlichen Klugheit keinen Boden unter den Füßen hatte. Seine ganze Existenz war ein einziger Konflikt immer neuer Widersprüche. Er hatte alle denkbare Macht geerbt von seinem Vater und wollte doch nicht sein Erbe sein, er war Kaufmann und wollte sich als Künstler fühlen, er besaß Millionen und spielte mit sozialistischen Ideen, er empfand sich als Jude und kokettierte mit Christus. Er dachte international und vergötterte das Preußentum, er träumte von einer Volksdemokratie und war jedesmal hoch geehrt, von Kaiser Wilhelm empfangen und befragt zu werden, dessen Schwächen und Eitelkeiten er hellsichtig durchschaute, ohne darum der eigenen Eitelkeit Herr werden zu können. So war seine pausenlose Tätigkeit vielleicht nur ein Opiat, um eine innere Nervosität zu überspielen und die Einsamkeit zu ertöten, die um sein innerstes Leben lag. Erst in der verantwortlichen Stunde, als

1919 nach dem Zusammenbruch der deutschen Armeen ihm die schwerste Aufgabe der Geschichte zugeteilt wurde, den zerrütteten Staat aus dem Chaos wieder lebensfähig zu gestalten, wurden plötzlich die ungeheuren potentiellen Kräfte in ihm einheitliche Kraft. Und er schuf sich die Größe, die seinem Genie eingeboren war, durch den Einsatz seines Lebens an eine einzige Idee: Europa zu retten...

Das ganze Land wartete, ob die Verhandlungen in Genua und Rapallo, die ersten, bei denen Deutschland als Gleichberechtigter neben den vormals feindlichen Mächten saß, die erhoffte Erleichterung der Kriegslasten oder zumindest eine schüchterne Geste wirklicher Verständigung bringen würden. Der Leiter dieser in der Geschichte Europas so denkwürdigen Verhandlungen war niemand anderer als mein alter Freund Rathenau. Sein genialer Organisationsinstinkt hatte sich schon während des Krieges großartig bewährt; gleich in der ersten Stunde hatte er die schwächste Stelle der deutschen Wirtschaft erkannt, an der sie später auch den tödlichen Stoß empfing: die Rohstoffversorgung, und rechtzeitig hatte er (auch hier die Zeit vorausnehmend) die ganze Wirtschaft zentral organisiert. Als es dann nach dem Kriege galt, einen Mann zu finden, der — au pair den Klügsten und Erfahrensten unter den Gegnern — diesen als deutscher Außenminister diplomatisch entgegentreten konnte, fiel die Wahl selbstverständlich auf ihn.

Zögernd rief ich ihn in Berlin an. Wie einen Mann behelligen, während er das Schicksal der Zeit formte? „Ja, es ist schwer," sagte er mir am Telephon, „auch die Freundschaft muß ich jetzt dem Dienst aufopfern." Aber mit seiner außerordentlichen Technik, jede Minute auszunutzen, fand er sofort die Möglichkeit eines Zusammenseins. Er habe ein paar Visitenkarten bei den verschiedenen Gesandtschaften abzuwerfen, und da er vom Grunewald eine halbe Stunde im Auto dazu herumfahren müsse, sei es am einfachsten, ich käme zu ihm und wir plauderten dann diese halbe Stunde im Auto. Tatsächlich war seine geistige Konzentrationsfähigkeit, seine stupende Umschaltleichtigkeit von einer Materie zur andern derart vollkommen, daß er jederzeit im Auto wie in der Bahn ebenso präzis und profund sprechen konnte wie in seinem Zimmer. Ich wollte die Gelegenheit nicht versäumen, und ich glaube, es tat ihm auch wohl, sich mit jemandem aussprechen zu können, der politisch unbeteiligt und ihm persönlich seit Jahren freundschaftlich verbunden war. Es wurde ein langes Gespräch, und ich kann bezeugen, daß Rathenau, der persönlich von Eitelkeit keineswegs frei war, durchaus nicht leichten Herzens und noch weniger gierig und ungeduldig die Stellung eines deutschen Außenministers übernommen hatte. Er wußte im voraus, daß die Aufgabe vorläufig noch eine unlösbare war und daß er im besten Falle einen Viertelerfolg zurückbringen konnte, ein paar belanglose Konzessionen, daß aber ein wirklicher Frieden, ein generöses Entgegenkommen, noch nicht zu erhoffen war. „In zehn Jahren vielleicht," sagte er mir, „vorausgesetzt, daß es allen schlecht geht und nicht nur uns allein. Erst muß die alte Generation aus der Diplomatie weggeräumt sein und die Generäle nur noch als stumme Denkmäler auf den öffentlichen Plätzen herumstehen." Er war sich vollkommen bewußt der doppelten Verantwortlichkeit durch die Belastung, daß er Jude war. Selten in der Geschichte vielleicht ist ein Mann mit so viel Skepsis und so voll innerer Bedenken an eine Aufgabe herangetreten, von der er wußte, daß nicht er, sondern nur die Zeit sie lösen könnte, und er kannte ihre persönliche Gefahr. Seit der Ermordung Erzbergers, der die unangenehme Pflicht des Waffenstillstands übernommen, vor der sich Ludendorff vorsichtig ins Ausland gedrückt, durfte er nicht zweifeln, daß auch ihn als Vorkämpfer der Verständigung ein ähnliches Schicksal erwartete. Aber unverheiratet, kinderlos und im Grunde tief vereinsamt, wie er war, meinte er die Gefahr nicht scheuen zu müssen; auch ich hatte nicht den Mut, ihn zu persönlicher Vorsicht zu mahnen. Daß Rathenau seine Sache in Rapallo so ausgezeichnet gemacht hat, wie es unter den herrschenden Umständen damals möglich war, ist heute ein historisches Faktum. Seine blendende Begabung, rasch jeden günstigen Augenblick zu fassen, seine Weltmännischkeit und sein persönliches Prestige haben sich nie glänzender bewährt. Aber schon waren die Gruppen stark im Lande, die wußten, daß sie einzig Zulauf finden würden, wenn sie dem besiegten Volke immer wieder versicherten, daß es gar nicht besiegt und daß jedes Verhandeln und Nachgeben Verrat an der Nation sei. Schon waren die — stark homosexuell durchsetzten — Geheimbünde mächtiger, als die damaligen Leiter der Republik vermuteten, die in ihrer Vorstellung von Freiheit alle gewähren ließen, welche die Freiheit in Deutschland für immer beseitigen wollten.

In der Stadt nahm ich dann vor dem Ministerium von ihm Abschied, ohne zu ahnen, daß es der endgültige war. Und später erkannte ich auf den Photographien, daß die Straße, auf der wir gemeinsam gefahren, dieselbe war, wo kurz darauf die Mörder dem gleichen Auto aufgelauert: eigentlich war es nur Zufall, daß ich nicht Zeuge dieser historisch verhängnisvollen Szene gewesen. So konnte ich noch bewegter und sinnlich eindrucksvoller die tragische Episode nachfühlen, mit der das Unglück Deutschlands, das Unglück Europas begann.

Ich war an diesem Tage schon in Westerland, Hunderte und Aberhunderte Kurgäste badeten heiter am Strand. Wieder spielte eine Musikkapelle wie an jenem Tage, da Franz Ferdinands Ermordung gemeldet wurde, vor sorglos sommerlichen Menschen, als wie weiße Sturmvögel die Zeitungsausträger über die Promenade stürmten: „Walther Rathenau ermordet!" Eine Panik brach aus, und sie erschütterte das ganze Reich. Mit einem Ruck stürzte die Mark, und es gab kein Halten mehr, ehe nicht die phantastischen Irrsinnszahlen von Billionen erreicht waren. Nun erst begann der wahre Hexensabbat von Inflation, gegen den unsere österreichische mit ihrer doch schon absurden Relation von 1 zu 15 000 nur ein armseliges Kinderspiel gewesen. Sie zu erzählen mit ihren Einzelheiten, ihren Unglaublichkeiten würde ein Buch fordern, und dieses Buch würde auf die Menschen von heute wie ein Märchen wirken.

EDGAR VINCENT VISCOUNT D'ABERNON

Ein Botschafter der Zeitenwende, Bd. I; List Verlag, Leipzig 1929, S. 52 ff. und 308/9

Rathenau wurde einmal als ein Prophet im Gehrock bezeichnet — und diese Beschreibung übermittelt etwas von dem äußeren Eindruck eines Theoretikers, für den er sich hielt, und dem gepflegten, leise theatralischen Glanz eines modernen Sidonias. Weniger geschmackvoll war der Spottname „Christus im Frack". Am auffallendsten bei ihm war sein Zauber, der auf seine Zeitgenossen als unleugbare Überlegenheit wirkte. Ich werde nie die Begeisterung vergessen, mit der der damalige Reichskanzler Wirth mir erzählte, daß er Rathenau dazu überredet habe, das Portefeuille des Außenministers zu übernehmen. Er sagte zu mir fast wortwörtlich: Wir wollen jetzt nicht über die Tagesereignisse sprechen, denn es ist heute etwas Großes, etwas sehr Wichtiges geschehen: wir haben Rathenau für unser Kabinett gewonnen.

Im Endergebnis hat sich diese Übernahme des Außenministeriums durch Rathenau von geringerem Vorteil für Deutschland und die Welt erwiesen, als es Wirth in seiner knabenhaften Begeisterung erwartete. Rathenau wurde einige Monate später getötet, und das Kabinett stürzte, ohne auch nur eines der großen Probleme gelöst zu haben, vor die sich das Land damals gestellt sah.

Die Glücksgöttin hat dem Land einen üblen Streich gespielt, denn die Kombination Wirth—Rathenau barg in sich Möglichkeiten großer Erfolge. Rathenau erfreute sich eines ungeheuren Prestiges im Ausland. Man hielt ihn für vielleicht mehr dämonisch als heilig, aber er war geistreich in drei Sprachen, sehr gewandt — ohne eine Spur von teutonischer Härte oder Verbissenheit — er war charmant, wenn er jemandem beipflichtete, er blieb höflich, wenn er anderer Meinung war. Seine Argumente waren unendlich geschickt, auch wenn sie unzutreffend waren, und selbst wenn man seine Schlußfolgerungen als falsch empfand, war es nicht leicht, sie zu widerlegen. Man hätte von ihm dasselbe sagen können wie von Mephisto:

„Er ist nicht häßlich, er ist nicht lahm,
Er ist ein lieber, charmanter Mann."
Aber wie Mephisto hatte er eine beherrschende Schwäche, eine gewaltige Eitelkeit — wenn er nicht im Himmel herrschen konnte, wollte er auf Erden glänzen ...

Aufzeichnungen vom 14. März 1922

Rathenau kam heute sehr erregt und nervös zum Frühstück. Er erzählte, daß er durch die dauernden Noten der französischen Botschaft über diese oder jene angebliche Verfehlung der deutschen Regierung zur Verzweiflung getrieben werde. Einen Tag war es Oberschlesien, am nächsten der französische Konsul in Leipzig, dann wieder die Abrüstung. Er wollte mir alle übermittelten französischen Noten zuschicken lassen, damit ich sähe, wie unhaltbar ein solcher Zustand sei, da die ganze Zeit des Auswärtigen Amtes durch die Beantwortung der mehr oder minder grundlosen Beschuldigungen in Anspruch genommen werde. Es sei ganz klar, daß Poincaré die Absicht habe, die Beweise der angeblichen Verfehlungen auf seiten der deutschen Regierung zu vervielfachen, um ihr daraus einen Strick drehen zu können. Bald würde er sagen: „Wir haben vierundzwanzig Noten an die deutsche Regierung geschickt. Zwölf sind unbeantwortet geblieben, acht sind nicht entsprechend beantwortet worden, und auf vier kam eine impertinente Antwort. Ein Sieger kann sich dies nicht gefallen lassen."
Rathenau fügte hinzu: „Wenn ich die Öffentlichkeit über diese Noten informiere, wird es einen solchen Krach im Reichstag geben, daß das Ministerium gestürzt wird. Deshalb verheimliche ich sie, aber ich lade mir damit eine ungeheure Verantwortung auf, da die Angriffe sofort einsetzen werden, sobald die Abgeordneten es erfahren, wie die deutsche Regierung behandelt wird, nachdem sie so viel getan hat, um den Wünschen der Entente sowohl in der Frage der Reparationszahlungen wie in anderen Dingen entgegenzukommen."
Rathenau war so aufgebracht, daß er nicht weit davon entfernt scheint, mit seinem Rücktritt zu drohen. Ich stellte ihm die Frage: „Was soll Ihrer Ansicht nach geschehen?" Er sagte: „Ich bitte Sie nur um das eine, daß, falls man zu Ihnen kommt und Sie ersucht, die Protestnoten zu unterzeichnen, Sie darauf hinweisen, daß keine deutsche Regierung sich bei einer solchen Behandlung am Leben erhalten kann. Falls der Entente nichts am Sturz des gegenwärtigen Kabinetts gelegen ist, muß sie uns besser behandeln."

ANDRE GIDE

Journal 1889—1939; Librairie Gallimard, 1955, S. 712/13

Les deux pleins jours que je passai à Colpach avec Rathenau m'ont laissé un souvenir assez vif pour que je puisse, à un an de distance, noter des fragments de sa conversation, aussi bien que je l'aurais fait à l'instant même.

Je fus quelque peu gêné tout d'abord par l'extrême affabilité de cet homme énorme, qui me prit aussitôt par le bras pour m'entraîner dans les allées du parc. Il ainsi festait une émotion des plus vives. «C'est, me dit-il, la première fois, depuis la guerre, que je quitte l'Allemagne — du moins pour mon plaisir, pour autre chose que pour des affaires — la première fois, me semble-t-il, que je peux un peu respirer.» Il s'exprimait en français, avec une correction presque parfaite, et l'on peut dire: sans accent aucun.

«J'attache à notre rencontre, continuait-il, la plus haute importance et la crois aussi significative que tous les arrangements politiques entre nos deux pays.» Je ne trouvais rien á répondre d'abord, rien à dire et tâchais de mettre dans mon silence la distance qu'il ne me permettait pas matériellement de respecter. J'avais pensé que nous converserions gravement, sans cesser de sentir entre nous l'effroyable abîme que venait de creuser la guerre; il avait dès le premier instant, dis-je, saisi mon bras, ma personne, avec autant de cordialité, de chaleur que l'eût fait un vieil ami que l'on retrouve après un voyage au long cours.

Malgré moi je songeais, devant le mysticisme de certains de ses propos, à ce que nous disait, chez Ch. du Ens, Groethuysen qui, dans le livre qu'il préparait dès avant la guerre, sur le caractère allemand, cherchait à montrer que l'Allemand composé de deux extrêmes: une âme et un automate, ne parvient presque jamais à remplir l'espace intermédiaire, communément et simplement haluaire *De «Parsifal» au «pas de l'oie»*, tel devait être le titre de cet ouvrage. C'était Parsifal qui parlait.

EMIL LUDWIG

Walther Rathenau in: Genie und Charakter; 20 männliche Bildnisse; Rowohlt Verlag, Berlin 1925, S. 137 ff.

> „Ein Mann muß stark genug sein, sich aus der Eigenart seiner Unvollkommenheit die Vollkommenheit seiner Eigenart zu schmieden."

Schmal war die Tür seines edlen Hauses, zu schmal, um zwei Menschen zu gleicher Zeit einzulassen. Das Glück der Gemeinschaft, die Gnade der Liebe blieb ihm und seinem Hause vorenthalten. Aus diesem Fluch naturgesetzter Einsamkeit hat er die hohen Werte seines Werkes, seiner Tat gezogen.

Ich weiß nicht, wer ihn etwa liebte; er selber liebte nur die Mutter. Vergebens haben sich Frauen um ihn bemüht, und ob er sich selbst zuweilen um igendeinen Grad von Wärme bemüht hat oder nicht, gilt völlig gleich, sein Inneres blieb einsam. Keineswegs war dies ein strenger Philosoph, der sich den Frauen im Salon entzog oder nicht lächeln konnte; aber er ließ niemand ein in die Cella seiner Seele, zu diesem Tempel war die Tür so schmal wie die seines Hauses.

In diesem abarischen Felde, das um ihn gebreitet lag, hörten, wie in jenem andern phantastischen um den Nordpol, die Gesetze des Magnetismus auf zu wirken, in dieser dünnen Luft lebten und wirkten nur noch zwei Kräfte: Geist und Wille zur Macht, und wie die Wellenkreise dieser psychischen Gase ihn umwehten, und wie er sie in jedem Augenblicke, ein ganzes Menschenalter lang, einsog, verkümmerten immer mehr die andern Triebe der Seele, Güte, Freundschaft, Heiterkeit. Am Ende, als er sich ganz gestählt und unangreifbar fühlte, um noch in dünnster Luft zu atmen, erstieg er den Gaurisankar seiner Träume und kam oben um.

„Handeln ist leicht, denken schwer, nach dem Gedachten handeln unbequem." Wenige Deutsche haben die Tiefe dieses nur zur Häfte mystischen Anfangs von Wilhelm Meisters Lehrbrief ganz begriffen, noch weniger haben in diesem Volke von poets and critics vermocht, zugleich zu denken und zu handeln. Rathenau, freilich nur von Nation ein Deutscher, nicht von Rasse, hat es vermocht. Während er den Palast seines Wissens und Denkens in die Breite wachsen ließ, baute er unablässig an dem Turm des Handelns, den er aus einer Ecke des Palastes emporhob. Alles zu wissen, was dies Jahrhundert faßt, noch einmal den gesamten Schatz des Abendlandes in der kleinen Kugel eines Menschenhirnes zu versammeln, war ihm nicht genug. Zugleich universal zu handeln, war sein Ehrgeiz, und in der Tat gelang ihm im Grunde alles, was er mit Haupt und Händen begann:

Er wußte Porträts zu malen, sein Haus zu zeichnen, den Stuck darin zu formen, Turbinen zu bauen, Holzplastiken zu bestimmen, Montaigne anzugreifen, Bilanzen zu entschleiern, Fabriken umzustellen, Verse zu schreiben, Staatsverträge zu schließen, die Waldstein-Sonate zu spielen. Nicht auf Genie, es kam ihm auf einen gewissen Grad des Könnens an, der meist noch größer war, als was der tüchtige einzelne im einfachen Fache zu leisten vermag. Sein Feld war die Welt, das darf man sagen, in seiner Vielfalt war er überraschend. Rathenau, der ein Genie zu sein wünschte, war vielleicht der talentvollste Kopf seiner Epoche.

Da er nun handeln und denken konnte, da keine Forderung des Tages draußen oder der Logik drinnen, weder Vernunft noch Phantasie, weder innere Probleme noch äußere Verwirrungen ihn in Verlegenheit zu setzen wußten, erkannte er mit dem Habichtsauge seines Geistes auch die ganze kalte Klarheit · einer solchen Natur. Er fühlte, wie dies ungeheure Vermögen von Geist und Wissen unverbunden, geologisch übereinander statt chemisch durcheinander lag, und hätte sich in solcher abgrundtiefen Einsamkeit vernichten müssen, wenn er keinen Ausweg der Gestaltung fand.

Mit einem ergreifenden Tagebuch als Nachlaß für die Welt hätte er fortgehen können, und tausend Hände verwandter Naturen hätten sich nach diesem zynisch-unglückseligen Dokumente ausgestreckt, wie nach Pascals oder Weiningers Büchern.

Aber ihn hielt der Lebenswille am Werke, er war entschlossen, sich in einem fast genußlos klaren Leben nicht ohne den einzigen Genuß zu ergeben, der seinem mächtigen Anspruch Genüge tat.

Mit dem Riesenscheinwerfer seines egozentrischen Geistes warf er das Bild seines inneren Schicksals auf sein Jahrhundert, um aus der Epoche und ihren Schwächen das zurückzuempfangen, was ihm doch eingeboren war. Weil er sich selbst in Mechanismen, wenn auch höchstens Ranges, gefangen fühlte, weil er bei allem Streben, aller Souveränität über die Zeitgenossen die Gitterstäbe nie aus den Augen verlor: weil er nach Wärme, Seele, nach Erlösung seufzte, verklagte er das Jahrhundert als den Schuldigen und prangerte die Seelenlosigkeit des alten Europa als Grund und Ursache alles modernen Leidens auf öffentlichem Markte an.

Trotz dieser Genesis seiner Lehre ist sie richtig. Nur stutzt man vor der Heftigkeit, mit der hier Paulus rast, und spürt den Saulus unüberwunden dahinter, der sich indessen niemals zu erkennen geben wollte. Ein Mann des reinen, höchsten Intellektes, der von seinen Zwecken genesen möchte, vermag die mystische Irritation nur durch Intellekt vor sich zu rechtfertigen. Welch Schauspiel! Aber ach, ein Schauspiel nur. Glaubt man in seinen Büchern streckenweise den neuen Savonarola zu sehen, der seiner Zeit den Spiegel der Eitelkeiten vorhält, hört man ihn predigen von den Gefahren des Zweckmäßigen, von den Versuchungen des Zahlenteufels, von der Vernichtung der Seele durch den Besitz und blättert dann zurück und findet diesen Propheten erfahren in den feinsten Zweigen der wirtschaftlichen Biologie, so wird auch der mit dem Autor völlig unbekannte Leser unruhig. Doch hat er erst zu zweifeln angefangen, hat er zu zweifeln aufgehört.

Denn immer betrügt sich, nach einem Goethe-Worte, das Publikum im einzelnen, im ganzen nie. Daß es Rathenau, trotz hunderttausender willfähriger Leser aller Länder, nicht gelang, den Glauben an seine Persönlichkeit als moralischer Führer zu verankern, daß so viele diesen Denker bewunderten und keiner ihn liebte, ist in den Dämmerungen seines Wesens begründet, aus dem seine Lehre wie ein stummer Aufschrei stieg...

„Das Geheimnis der Persönlichkeit ist: Stärke aus Schwäche:" das ist eine von Rathenaus allzuklugen, unbewußten Enthüllungen. Immer schrieb er gegen Persönlichkeiten, die sich amoralisch durchzusetzen wüßten, ja, er greift Nietzsche mit den Priesterworten an: „Den Meister dieser bösen Kunst hat man als Übermenschen gepriesen." Ein neues Zeichen verdrängter Motive. In Wahrheit hat keiner stärker sich selber gewollt als er und war mit seinen großen Gaben durchaus der Mann, dies Ich, wenn er nur erst hinaufgelangte, für die Gesellschaft fruchtbar zu machen. Daß er sich dies nicht eingestand, daß er zum mindesten der Welt es gern verhüllen wollte, machte die Menschen stutzig, und noch der erbärmlichste Gegner, der irgend eine Gemeinheit gegen ihn nachstammelte, brachte, von oben gesehen, ein Fünkchen Wahrheit in seinem Vorwurf mit. Lassalle gestand sich, daß nur sein Genie die Aufgabe erfüllen könnte, und sprach vom Einzuge durchs Brandenburger Tor; Rathenau, dem jede Naivität abging, fand niemand auf der Welt, dem er seinen gesunden Machtwillen auch nur geheim anvertraut hätte.

Muß man ihn nicht beklagen? Mit welchem Ausdruck sah dieser Mann abends in den Spiegel, wenn er von den Menschen kam? Ein paar Stunden lang hatte er, der nie Poseur nie Causeur gewesen, die Macht seines Geistes gespürt, auf Landsleute gewirkt, die ihm mit neugieriger Skepsis, auf Ausländer, die ihm mit Spannung zuhörten; mit seinem schönen Bariton, mit seiner herrlichen deutschen Diktion, mit einer nie endenden Fülle von Gleichnissen aus allen Gebieten des Lebens und der Geschichte hatte er Urteile ausgebreitet, selbständiger, tiefer, begründeter als das meiste, was um ihn her gesprochen worden war. Vielleicht war heute abend ein junger Mann in diesem Kreise, der staunend lauschte, welche Meisterschaft im Wort und im Wissen liegen kann. Mit gleicher Kenntnis hatte er von der morgigen Politik Chinas gesprochen und von der Zubereitung dieses Chateaubriand, von der neuen Oper und von der neuen Anleihe, von den letzten ägyptischen Funden und von den letzten Studien aus der Molekular-Theorie, alles mit Gründlichkeit, nichts obenhin.

Aber nun steht er daheim vor dem Spiegel und denkt: Wird B den A endlich stürzen? Und wenn er stürzt, wird C bei D für mich wirken? Eigentlich müßte er mir wohlgesinnt sein, aber er haßt mich. Sie hassen mich alle. Ah, hätte ich nur eine Woche, nur drei Tage die Diktatur in Händen, ich wollte die Sache mit den beiden Botschaftern in zwei Stunden bereinigen. Draußen hat man zu mir Vertrauen. Sie wissen, daß ich immer gewarnt habe. Es rückt näher. Bald ist es da.

Er hatte gewarnt, jahrelang; dann sah und begründete er vom ersten Kriegstage ab die Gefahr. Warnend schrieb er noch in den letzten Julistunden; einem Freunde sagte er sogleich: „Hörst Du nicht den falschen Ton?" Uns hat er immer wieder gesagt: „Wehe uns Siegern! Es wäre nicht mehr zu atmen in diesem Lande!"

Da es nun aber zum großen Va-Banque gekommen war, stellte er sich in die Bresche und suchte aus der Erschütterung bei leidlichem Ausgang den inneren Umbau zu gewinnen. Natürlich wäre er auch mit dem Kaiser gegangen, das haben oder hätten ja beinah alle getan. Jetzt ging er mit Deutschland, indem er, wenn auch nicht aus eigener Vision, die Rohstoffe organisierte. Endlich war ihm nun, zum ersten Mal, ein Ende des Seiles zugeworfen worden, und von den Legitimen ahnte keiner, wie mächtig diese machtwillige, längst geübte Hand zupacken würde. Hat einer eine Tat getan, was ist leichter als zu sagen, das hätte an seiner Statt sonst ein anderer gemacht! Sicher ist dies, daß Rathenau mit unerhörter Energie die ganze deutsche Wirtschaft umgestellt, daß er faktisch Englands Blockade gebrochen hat. War Ludendorffs Leistung im Anfang gut, Rathenaus war besser.

Kaum hatte er diesen ersten Streich gespielt, im größten Stil das Land verteidigt, als schon die Offiziellen munkelten und den Juden durch einen der ihrigen „ersetzten". Dann wartete er wieder vier Jahre lang, bis ihn die Republik aufs neue brauchte. Jetzt fühlte er seine Stunde gekommen. Langsam trat er, zuerst beratend, in den Vordergrund. Zu Ende 21 hatte er schließlich das Reich in den Händen, ein frommer Christ hatte diesen entschiedenen Juden erkannt und ließ sich sacht von ihm leiten. In dieser Stellung hätte er verharren müssen, von rückwärts her regieren, da er als offener Leiter der Dinge den Deutschen unerträglich war. Das alles wußte Rathenau.

Trotzdem nahm er die amtliche Führung an: nun hatte er endlich die äußeren Zeichen einer Macht, die er seit Monaten übte. Die Konferenz von Genua stand vor der Tür. Vierzig Nationen würden um einen Tisch herumsitzen, ein Weltkongreß würde mit ewigen Runen die Namen der wichtigsten Abgesandten in den Baum der Geschichte graben. Rathenau wollte, ja er brauchte das Gefühl: an diesem Hufeisen-Tische saß auch ich, und ich war Deutschland.

Und so geschah's. Er saß nicht nur, er glänzte an dieser Tafel, weil er von den Klügsten einer war, weil seine große europäische Geste zum ersten Mal der Welt vor Augen führte, daß es auch andere Deutsche gibt. Mit einem großen moralischen Siege kehrte er heim, die ganze öffentliche Meinung applaudierte dem ersten Staatsvertrage, der uns wieder in Aktivität zu versetzen schien. Es war Frühling, und er war auf der Höhe seines Lebens angelangt. Es wurde Juni, und er lud die Häupter des neuen Deutschland unter die alten Eichen an seinem Amtsgebäude. An diesem Abend war Rathenau vielleicht glücklich.

Wenige Tage darauf streckten ihn im Wagen ein paar Schüsse nieder. Er ist aufgesprungen, hat also die Mörder noch gesehn, eine Sekunde lang; dann war er ausgelöscht, ohne Schmerzen, ohne Bewußtsein. Das Leben eines wenig glücklichen Menschen hatte ein Ende gefunden, um das noch der Glücklichste ihn beneiden kann. Schon waren Zeichen des Umschwunges da, unmöglich hätte er länger als bis zum Ende dieses Jahres, in dem er die Macht ergriff, sich gegen Mißmut, Neid und Intrigen mächtiger Gegner aus allen Lagern halten können. Dann wäre er in die tägliche Leitung seines Unternehmens, in die kritische Schreibarbeit seiner Abende und seines Sommers zurückgekehrt; kleinere Geister hätte er das zerstören gesehen, was er aufbauen wollte. Die früher immer aufsteigende Linie der Hoffnung hätte sich nicht mehr erhoben, er war verbraucht. Von alledem hat ihn der Schuß aus dem Rohre eines feigen Mörders gerettet.

Zugleich hat ihn derselbe Schuß entsühnt. Der Mannesmut, mit dem er seit Wochen dem angedrohten Attentate ins Auge sah, dies Gefühl eines Schicksals, das sich erfüllen müßte, löscht mit einem Sturmhauch alle kleinen Gebärden dieses höchst problematischen Charakters aus; die feindlichen Freunde drinnen ziehen den Hut, denn er hat Ernst gemacht, die freundlichen Feinde draußen weisen auf sein Vorbild, ein ganzes großes Volk, das ihn nie gekannt hat, setzt einen halben Tag lang seine Arbeit aus, die deutsche Republik rüstet ihm eine Leichenfeier, wie Rom dem toten Cäsar.

Noch einmal öffnete sich die Pforte des edlen Hauses, die zu schmal war, um einen Liebenden neben dem Lebenden einzulassen, doch eben gerade breit genug, dem Eichensarge des Einsamen Platz zu gönnen.

Die genannten Verlage haben den Nachdruck der zitierten Stellen freundlicherweise gestattet.

NAMENSREGISTER

d'Abernon, Vincent, Viscount, 1857—1941, war 1920—1926 britischer Botschafter in Berlin, wirkte mit beim Zustandekommen des deutsch-englischen Handelsvertrages von 1924 und beim Vertrag von Locarno von 1925, dem 1925 der Eintritt Deutschlands in den Völkerbund folgte. Im I. Bd. seiner vielgelesenen dreibändigen Memoiren, 1929 in deutscher Übersetzung unter dem Titel „Ein Botschafter der Zeitenwende" erschienenen, schilderte er das Auftreten Rathenaus.

Bab, Julius, 1880—1955, seit 1901 Kritiker an Berliner Zeitungen und Zeitschriften, Dramaturg und Schriftsteller, Tätigkeit für die Berliner Volksbühne; nach 1933 in die USA.

Bahr, Hermann, 1863—1934, österreichischer Schriftsteller, Redakteur, Regisseur, Dramaturg, hatte nachhaltigen Erfolg mit seinen Lustspielen (u. a. „Das Konzert"). Wandlungsfähige und sehr anregende Persönlichkeit.

Bjerre, Poul, Dr., geb. 1876, schwedischer Arzt, Psychologe, Philosoph, Publizist; Schriften über politische, literarische, psychologische, psychotherapeutische Fragen (z. B. über Nietzsche); einer der wenigen Duzfreunde Rathenaus; wurde vor allem als Adressat des berühmt gewordenen „Offenen Briefes an Poul Bjerre" vom Dez. 1918 bekannt, worin Rathenau das deutsche Volk gegen Vorwürfe in Schutz nimmt, die Bjerre öffentlich in einer schwedischen Zeitung erhoben hatte.

Briand, Aristide, 1862—1932, französischer Staatsmann; von 1906 an in den meisten Kabinetten Minister und wiederholt Ministerpräsident (u. a. Oktober 1915 bis März 1917, Januar 1921 bis Januar 1922). Januar 1922 Rücktritt, weil seine Konzessionen an England während der Konferenzen von Washington (Abrüstung) und Cannes als zu groß empfunden wurden. Letzte Kabinette 1925/26 und 1929. B leitete Trennung von Kirche und Staat ein (1906), übte nach dem Krieg eine maßvolle Politik, trat für eine Annäherung an Deutschland ein, für die Räumung des Rheinlandes und die Abrüstung. Höhepunkt seiner Politik die Locarno-Verträge (1925). 1926 zusammen mit Stresemann, Chamberlain und Dawes den Friedensnobelpreis.

Bülow, Bernhard, Fürst von, 1849—1929; deutscher Reichskanzler von 1900—1909, begann seine politische Laufbahn 1874 im diplomatischen Dienst; Vertreter einer deutschen Weltpolitik; Lavieren zwischen Rußland und England aufgrund seiner Fehleinschätzung der Lage Deutschlands; wurde im Gefolge der Daily-Telegraph-Affaire gestürzt. 1930/31 erschienen seine vierbändigen Denkwürdigkeiten.

Claudel, Paul (1868—1955), französischer Diplomat und Schriftsteller; nach seiner Konversion zum katholischen Glauben Gegner rationalen Denkens. An Dramen u. a.: „La Ville" (1890), „L'Annonce faite à Marie" (1912), „L'Otage" (1914), „Le Soulier de Satin" (1929). Als Lyriker bekannt durch seine Oden (1910), in denen er in mystischsymbolischer Form sein Glaubenserlebnis schildert.

Dehmel, Richard, 1863—1920, Dichter, Mitbegründer der Kunstgenossenschaft „Pan", beeinflußt von Nietzsche. Zahlreiche Gedichtbände, zwei Dramen, Hauptwerke „Zwei Menschen" (Roman in Romanzen), das die Disharmonie des Triebhaften und des Geistigen und ihre Überwindung behandelt.

Dernburg, Bernhard, 1865—1937, zunächst Bankier, 1907 Direktor der Kolonialabteilung des Auswärtigen Amtes, 1907—1910 Staatssekretär im AA, zahlreiche Auslandsreisen. 1918 Mitbegründer der Deutschen Demokratischen Partei. Vom April bis Juni 1919 Reichsfinanzminister. Auf Wunsch des Reichskanzlers Fürst Bülow wurde Dernburg von Rathenau auf zwei Inspektionsreisen nach Afrika 1907 und 1908 begleitet.

Deutsch, Felix, 1858—1928, enger Mitarbeiter Emil Rathenaus (neben P. Hamroth); 1883 Prokurist der Deutschen Edison-Gesellschaft; 1884 stellv. Vorstandsmitglied der AEG (als „Minister des Äußeren" der AEG bezeichnet); 1887 im Vorstand der Berliner Elektrizitätswerke; nach Rathenaus Ermordung Vorsitzender des Direktoriums der AEG; vom selben Jahr an auch Vorsitzender des Verwaltungsrates der Berliner Handelsgesellschaft.
Lilli Deutsch, seine Frau, mit der Rathenau in einem freundschaftlichen Verhältnis stand.

Dilthey, Wilhelm, 1833—1911, Philosoph, seit 1882 Prof. in Berlin; begründete die Theorie der Geisteswissenschaften und die geisteswissenschaftliche Psychologie, lehnte die Metaphysik ab. Zu seinen Schriften s. Zeittafel!

Eberhardt, Paul, 1879—1923, Lehrer, Schriftsteller, Publizist, Schüler Wilhelm Diltheys. An religionsphilosophischen Werken u. a.: „Von der Möglichkeit der reinen Religion" (1911), „Das Ungeheure" (1914), „Religion und wir von heute" usf.

Ebert, Friedrich, 1871—1925, deutscher Sozialdemokrat und Reichspräsident. Von Beruf Sattler; seit 1893 Lokalredakteur der „Bremer Bürgerzeitung"; 1900 Mitglied der Bürgerschaft; 1905 zum Sekretär des sozialdemokratischen Parteivorstandes gewählt; für enge Zusammenarbeit zwischen Partei und Gewerkschaft; seit 1912 im Reichstag; 1913 als Nachfolger Bebels zum Parteivorsitzenden gewählt; 1916 neben Scheidemann Fraktionsvorsitzender. Im Gegensatz zu diesem für die Erhaltung der Monarchie. Im November als Nachfolger des Prinzen Max v. Baden Reichskanzler. Im Rat der Volksbeauftragten hatte er die Leitung. Sein Kampf gegen linksradikale Elemente führte zum Bruch mit den Unabhängigen. Im Februar 1919 von der Weimarer Nationalversammlung zum vorläufigen Reichspräsidenten gewählt, blieb er es auch nach Inkrafttreten der Verfassung. Als ein Mann der Mitte und des Ausgleichs nützte er seine verfassungsmäßigen Machtbefugnisse, um die Demokratie zu schützen, doch blieb er von Hetzkampagnen nationalistischer Kreise nicht verschont.

Erzberger, Matthias, 1875—1921, deutscher Zentrumsführer. Seit 1896 Redakteur des Stuttgarter Zentrumsorgans „Dt. Volksblatt", seit 1903 Mitglied des Reichstages (linker Flügel des Zentrums). Experte in Finanz- und Kolonialfragen. Während des 1. Weltkrieges zunächst Befürworter von Annexionen, seit 1917 aber im Bund mit Sozialdemokraten und Fortschrittspartei einer der stärksten Verfechter eines Verständigungsfriedens. Oktober 1918 Staatssekretär ohne Portefeuille. Als Mitglied der Waffenstillstandskommission unterzeichnete er am 11. November 1918 den Waffenstillstand für Deutschland. Als Reichsfinanzminister (seit Juni 1919) im Kabinett Bauer führte er eine Finanzreform durch (Stärkung der Finanzhoheit des Reiches, Schaffung einer reichseigenen Steuerverwaltung). Der kompromittierende Ausgang eines Beleidigungsprozesses gegen seinen politischen Gegner Helfferich zwang ihn 1921 zum Rücktritt. Im selben Jahr wurde er ermordet.

Fürstenberg, Carl, 1850—1933, Geschäftsinhaber der Berliner Handelsgesellschaft von 1883—1929; von 1888 ab Mitglied des Aufsichtsrates der AEG, einer der bedeutendsten Bankiers Berlins. In seinem Hause verkehrte Rathenau schon als Kind. Vgl. hierzu das Nachwort von *Fürstenberg*, Hans, in der Neuauflage der Rathenau-Biographie des Grafen Kessler, 1962.

Fürstenberg, Hans, geb. 1890, Bankier und Mitglied zahlreicher Aufsichtsräte, in Genf lebend. Rathenau verkehrte in seinem elterlichen Haus und gehörte vorübergehend der fürstenbergischen Berliner Handelsgesellschaft an.

Fuchs, Immanuel Lazarus, 1853—1902, seit 1884 Prof. der Mathematik in Berlin, gab seit 1891 das „Journal für reine und angewandte Mathematik" heraus, beschäftigte sich u. a. mit der Theorie der linearen Differentialgleichungen.

Gide, André (1869—1951), französischer Schriftsteller und Publizist; Mitbegründer der „Nouvelle Revue Française" (1909); beeinflußt von Nietzsche, Oscar Wilde, Dostojewskij. Bekannt durch seine Bücher: „L'Immoraliste" (1902), „Le Retour de l'Enfant Prodigue" (1907), „Les Caves du Vatican" (1913), „La Symphonie Pastorale" (1919), „Les Faux-Monnayeurs" (1926); dann vor allem durch seine Tagebuchaufzeichnungen (Pages de Journal, 1889—1939 und 1939—1942). WR lernte Gide 1921 in Colpach in der Schweiz kennen.

Gillet, Louis, 1876—1943, französischer Schriftsteller, bekannt durch kunsthistorische Veröffentlichungen.

Grönvold, Minka, Frau des norwegischen Malers Bernd Grönvold. Beide waren gelegentlich bei Rathenau zu Gast. Minka Grönvold gehörte zu den wenigen Frauen, mit denen Rathenau in freundschaftlichem Briefwechsel stand.

Harden, Maximilian (eigentlich Witkowski), 1861—1927; zunächst Schauspieler, dann Publizist, Gründer und Herausgeber der politischen Wochenschrift „Die Zukunft" (1892—1923), wo Rathenau, teilweise unter einem Pseudonym, seine ersten Aufsätze veröffentlichte; scharfer Kritiker Wilhelms II. und der meisten seiner Staatsmänner; setzte sich im ersten Weltkrieg für einen Verständigungsfrieden ein und befürwortete nach 1918 einen radikalen Sozialismus. Zwei erfolgreiche Bücher: „Köpfe" (4 Bde. 1910—1924), und „Prozesse" (1913), ferner die Lebenserinnerungen „Von Versailles nach Versailles" (1927). Mit Rathenau in einer wechselvollen langjährigen Freundschaft verbunden.

Hauptmann, Gerhart, 1862—1946, lernte Rathenau auf der ersten Höhe seines Dichterruhms, gegen 1900, kennen. Zwischen den beiden grundverschiedenen Naturen entwickelte sich eine dauerhafte Freundschaft. Hauptmann hielt Rathenau auch in der nationalsozialistischen Zeit die Treue. Rathenau hat ihm die „Kritik der Zeit" gewidmet.

Helmholtz, Hermann Ludw. Ferd., 1821—1894, Anatom und Physiologe; seit 1871 Prof. für Physik in Berlin; 1888 Präsident der Physikalisch-technischen Reichsanstalt; schrieb „Über die Erhaltung der Kraft", ein Handbuch der physiologischen Optik und eine Lehre von den Tonempfindungen.

Heuss, Theodor, 1884—1964, studierte Kunstgeschichte und Staatswissenschaft, schloß sich früh dem Kreis um Fr. Naumann an, war 1905—1912 Redakteur der Zeitschrift „Die Hilfe", später Geschäftsführer des „Deutschen Werkbundes" in Berlin; 1920—1933 Dozent an der Hochschule für Politik in Berlin (dem heutigen Otto-Suhr-Institut an der Freien Universität Berlin); 1924—1928 zugleich MdR (Dt. Demokr. Partei, seit 1930 Dt. Staatspartei). Im Dritten Reich verfemt; 1933—1936 Neuherausgabe der „Hilfe", Mitarbeiter der „Frankfurter Zeitung". Nach dem Krieg Kultusminister in Württemberg-Baden, Mitbegründer der FDP, Mitglied des Parlamentarischen Rates, maßgeblich an der Ausarbeitung des Grundgesetzes beteiligt, am 12. 9. 1949 zum Bundespräsidenten gewählt, am 17. 7. 1954 wiedergewählt. Th. Heuss hinterließ ein vielseitiges schriftstellerisches Werk.

House, Edward M., 1867—1931, amerikanischer Oberst, Vertrauensmann Wilsons; während des 1. Weltkrieges wiederholt in Europa (Sommer 1914, März 1915, Januar 1916 in Berlin), später mit Wilson in Versailles.

Jagow, Gottlieb von, 1863—1935, Diplomat, 1909—1913 Botschafter in Rom, 1913—1916 Staatssekretär des Auswärtigen als Nachfolger von Kiderlen-Wächter. Verfasser von „Ursachen und Ausbruch des Weltkrieges" (1919).

Karrenbrock, Lore, 1895—1928, war mit Rathenau seit 1918 freundschaftlich verbunden. Ihre Aufzeichnungen über Gespräche mit ihm veröffentlicht im Anhang von „Briefe an eine Liebende".

Kessler, Harry, Graf, 1868—1937, Diplomat und Schriftsteller; von 1895 bis 1900 Mitherausgeber der Kunstzeitschrift „Pan". 1918—1921 Gesandter in Polen und Vorsitzender der Dt. Friedensgesellschaft. Er förderte die Bestrebungen für Völkerverständigung und Pazifismus („Der Völkerbund als Wirtschafts- und Arbeitsgemeinschaft", 1921). Biograph Rathenaus, den er persönlich kannte („Walther Rathenau – sein Leben und sein Werk", 1928, neu 1962).

Keynes, John Maynard, Keynes Baron of Tilton, 1883–1946, englischer Nationalökonom, wurde bekannt einmal durch seine vernichtende Kritik an den wirtschaftlichen Bestimmungen des Versailler Vertrages, dessen schlechte Auswirkung auf das europäische Wirtschaftsleben er korrekt voraussagte („The Economic Consequences of the Peace", 1919), dann durch seine tiefgreifenden Reformvorschläge zur Sanierung der Wirtschaft und Behebung der Arbeitslosigkeit nach der Weltwirtschaftskrise („Treatise of Money", 1930; „The General Theory of Employment, Interest and Money", 1936). 1942 in den Adelsstand erhoben. Als Direktor der Bank von England und Mitglied des beratenden Ausschusses des britischen Schatzkanzlers hat er von 1940 bis zu seinem Tode die britische Finanz- und Wirtschaftspolitik wesentlich beeinflußt.

Klingenberg, Georg, 1870–1925, Prof. an der Technischen Hochschule Berlin-Charlottenburg, Automobilkonstrukteur der 1899 gegründeten Allgemeinen Automobil-Gesellschaft, aus der die Neue Automobil-Gesellschaft (NAG) hervorging; 1902 Nachfolger Walther Rathenaus in der Leitung der Abteilung K der AEG, Mitarbeiter in der Kriegsrohstoffabteilung, baute etwa 70 Kraftwerke, u. a. in Golpa-Zschornewitz, nach seinen Plänen wurde das nach ihm benannte Kraftwerk in Rummelsburg 1926 vollendet.

Kühlmann, Richard von, 1873–1948, deutscher Diplomat. Seit August 1917 Staatssekretär des Auswärtigen Amtes. Durch seine Absicht, auf diplomatischem Wege den Krieg zu beenden, geriet er in zunehmenden Gegensatz zur Obersten Heeresleitung. Er war zu einer Revision des Brester Friedens bei einem allgemeinen Friedensschluß bereit. Am 9. Juli 1918 erzwang Ludendorff seinen Rücktritt.

Künstler, Fanny, 1867–1923 (?), Schriftstellerin („Die Kulturtat der Frau", 1916), stand mit Rathenau jahrelang in einem freundschaftlichen Briefwechsel.

Kundt, August, 1839–1894, Prof. der Physik in Berlin seit 1888, untersuchte die akustischen schwingenden Bewegungen in Gasen und entwickelte eine Methode, die Schallgeschwindigkeit in Gasen zu messen; beschäftigte sich u. a. auch mit der Wärmeleitung und Reibung der Gase, mit der Drehung der Polarisationsebene der Gase und den optischen Eigenschaften der Metalle.

Landmann, Julius, 1877–1933, Nationalökonom, Sekretär am Internationalen Arbeitsamt in Genf; 1907 Vorsteher des Statistischen Büros der Schweizerischen Nationalbank; 1910 o. Professor der Staatswissenschaften in Basel, seit 1927 an der Universität Kiel. An Veröffentlichungen u. a. „Der Börsianer". 1933 Selbstmord.

Liebermann, Max, 1847–1935, Maler und Graphiker, Onkel von Walther

Rathenau. Studium in Berlin, Weimar und Paris, lebte seit 1878 in München, seit 1884 in Berlin, wo er 1898 die Sezession gründete. Anfänglich realistische, dunkeltonige Bilder arbeitender Menschen, später Hinwendung zu einem farbigeren, mehr impressionistischer Stil, in dem er vor allem Strand- und Dünenlandschaften, dann auch Bilder aus seinem Garten in Wannsee malte.

Loewe, Isidor, 1848–1910, persönlich haftender Gesellschafter der von seinem Bruder gegründeten Ludwig Loewe & Co Kommanditgesellschaft auf Aktien von 1878 bis 1893; dann Vorstandsmitglied der Ludw. Loewe & Co AG; gründete 1892 die Union Elektrizitätsgesellschaft, die 1903/04 mit der AEG vereinigt wurde; dann 1894 die Gesellschaft für Elektrische Unternehmungen und 1896 die Deutsche Waffen- und Munitionsfabriken; von 1894 an im Vorstand der AEG.

Ludendorff, Erich von, 1865–1941; Offizierslaufbahn; als Oberstleutnant Abteilungschef im Großen Generalstab; 1916 als Generalquartiermeister gleichberechtigt neben dem Generalstabschef Hindenburg in der Obersten Heeresleitung; während des Krieges sehr starker Einfluß auf die Politik. Der Beschluß zum uneingeschränkten U-Boot-Krieg, der den Kriegseintritt der USA provozierte, die Boykottierung der Friedensresolution der Reichstagsmehrheit, die Mobilisierung des totalen Krieges durch das „Hindenburgprogramm" und Hilfsdienstgesetze entsprangen seiner Initiative. Im Oktober 1918, als der Krieg verloren war, Rücktritt und Flucht nach Schweden. Nach seiner Rückkehr Anschluß an die deutsch-völkische Bewegung. Teilnahme am Kapp- und Hitlerputsch, doch in beiden Prozessen freigesprochen. 1924–1928 Reichstagsabgeordneter, 1925 Kandidat der Nationalsozialisten für das Amt des Reichspräsidenten. Enttäuscht von seinen Mißerfolgen, Hinwendung zur Schriftstellerei. Mitbegründer des Tannenbergbundes (1926). – Nach anfänglicher sehr hoher Wertschätzung Ludendorffs wandte sich Rathenau nach der Erklärung des uneingeschränkten U-Boot-Krieges enttäuscht von ihm ab.

Ludwig, Emil, Dr. jur., 1881–1948, politischer Korrespondent des „Berliner Tageblatts" und der „Vossischen Zeitung", als Schriftsteller durch seine zahlreichen Biographien bekannt, u. a. „Goethe" (1920), „Napoleon" (1925), „Bismarck" (1926), „Wilhelm II." (1926). In dem 1924 bei Rowohlt erschienenen Buch „Genie und Charakter" befindet sich unter den „Zwanzig männlichen Bildnissen" auch ein Porträt Rathenaus. Nach der Ermordung Rathenaus Abwendung vom Christentum. Seit 1932 Schweizer Bürger.

Mamroth, Paul, einer der engsten Mitarbeiter Emil Rathenaus (neben F. Deutsch); 1883 Kassierer der Deutschen Edison-Gesellschaft; als Mitglied des Vorstandes der AEG „Minister des Inneren" genannt; 1915 Vorsitzender des Aufsichtsrates der Neuen Automobil-Gesellschaft (NAG) und stellvertretender Vorsitzender des Aufsichtsrates der AEG; sagt in seiner Autobiographie, daß er half, „den Automobilismus, das drahtlose Nachrichtenwesen und den Luftbetrieb zu entwickeln".

Mendelssohn, Lilli von, 1897–1928, Tochter des Bankiers Franz von Mendelssohn, eines Nachkommen des Philosophen Moses Mendelssohn, verheiratet mit dem Komponisten Emil Bohnke, kam zusammen mit ihrem Mann bei einem Autounfall ums Leben. Rathenau als alter Freund der Familie Mendelssohn stand mit ihr in einem heiteren Neckverhältnis.

Norlind, Ernst, 1877–1952, schwedischer Maler und Schriftsteller; Studium in Deutschland, Paris, London; vor allem Zeichnungen, später Lithographien, Skulpturen, Kunsthandwerk; Dramen, Gedichte, Novellen. Norlind gehörte zu den wenigen treuen Freunden Rathenaus und führte mit ihm einen herzlichen Briefwechsel („Gespräche und Briefe W. Rathenaus", 1925).

Oppenheimer, Franz, 1864–1943, Nationalökonom, Soziologe, 1919 bis 1929 Prof. in Frankfurt, Vertreter eines liberalen Sozialismus; meinte, daß das soziale Elend sich beseitigen ließe, u. a. durch Aufhebung des Großgrundbesitzes und durch Siedlungsgenossenschaften.

Ostwald, Wilhelm, 1853–1932, von 1887 ab Prof. der Chemie in Leipzig; 1910–1915 Vorsitzender des Deutschen Monistenbundes; sah in der Energie das letzte Element und kämpfte für einen energetischen Monismus; gab die „Zeitschrift für physikalische Chemie" heraus; u. a. veröffentlichte er 1894/95 „Elektrochemie".

Poincaré, Raymond, 1860–1934, französischer Staatsmann, von 1893 bis 1895 hintereinander Unterrichts-, Finanz-, dann wieder Unterrichtsminister; im Dreyfus-Skandal im dreyfusistischen Lager. Als Ministerpräsident (14. 1. 1912 bis 18. 1. 1913) erneuerte er die „Tripel-Entente" durch zusätzliche militärische Abmachungen und versuchte, das Verhältnis von Armee und Nation zu verbessern. Im Januar 1913 mit Hilfe der Rechten und rechten Mitte zum Präsidenten der Republik gewählt. Bei einem Besuch beim Zaren (Juli 1914) bekräftigte er Frankreichs Bündnistreue. Nach Ausbruch des Krieges Aufruf zur „Union Sacrée", einem Gegenstück zum deutschen „Burgfrieden". Neben Clémenceau als Ministerpräsident (seit 1917) ging sein Einfluß zurück. Nach dem Krieg Verfechter einer harten Politik gegenüber Deutschland. Als Ministerpräsident (1922–1924) veranlaßte er die Besetzung des Ruhrgebietes, um die Zahlung der Reparationen zu sichern. Der Fehlschlag dieser intransigenten Politik führte 1924 zum Sieg der Linken. Doch schon 1926 rief man ihn an die Macht zurück. Ihm gelang die Stabilisierung der Währung. 1929 Rücktritt aus Gesundheitsrücksichten.

Reboux, Henry Amillet, 1877–1963, französischer Schriftsteller, debütierte mit Versbänden, ging dann zu Romanen über, von denen vor allem seine historischen bekannt wurden.

Rolland, Romain (1866–1945), französischer Schriftsteller und Autor historischer und philosophischer Dramen (u. a.: „Danton" (1901), „Le Temps viendra" (1903); schrieb Biographien über Künstler, insbesondere Musiker, u. a.: „Beethoven" (1903), „Michel-Ange" (1905), „Händel" (1910), „Vie de Tolstoi" (1911) usw.; seine Hauptwerke sind die beiden Romanzyklen: „Jean-Christophe" (1904–1912) und „L'Ame enchantée" (1922–1933). Rolland bekennt sich zur Reinheit des Gedankens und zum Glauben an die absoluten Werte der Seele.

Schmoller, Gustav, 1838—1917, Nationalökonom der jüngeren historischen Schule, 1872 Mitbegründer des Vereins für Sozialpolitik, gab seit 1881 das „Jahrbuch für Gesetzgebung, Verwaltung und Volkswirtschaft im Deutschen Reich" (Schmollers Jahrbuch) heraus, 1882 Prof. in Berlin.

Schwaner, Wilhelm (Pseudonym: Wilm Hardt), 1863—1944, Lehrer, Journalist, Verleger. Seit 1897 Herausgeber der Zeitschrift „Der Volkserzieher". Seine Bücher wurden in völkischen Kreisen eifrig gelesen, u. a. „Gottsuche der Völker" (1908), die dreibändige „Germanenbibel" (1910), „Unterm Hakenkreuz" (1913), Todtrotzend kämpfen" (1916), „Jung-Germanenbibel" (1920) usf. Rathenau pflegte mit ihm eine seltsame Duzfreundschaft, die wohl nur durch sein geheimes Ideal des „blonden Mutmenschen" erklärbar ist, von dem er sich nie vollkommen freimachen konnte.

Stehr, Hermann, 1864—1940, Volksschullehrer, Schriftsteller („Heiligenhof"), beeinflußt von seinem schlesischen Landsmann Jakob Böhme. Sein Werk ist eine Mischung aus Mystik und Naturalismus. Er war mit Gerhart Hauptmann und Walther Rathenau befreundet, der zu seinem 50. Geburtstag eine Würdigung schrieb. Wegen seiner Bodenständigkeit gehörte er zu den anerkannten Schriftstellern des Dritten Reiches. Posthum 1946: „Zwiesprache über den Zeiten. Geschichte einer Freundschaft in Briefen und Dokumenten", von H. Stehr und W. Rathenau.

Steinböhmer, Gustav (Pseudonym: Gustav Hillard), Dr. phil., geb. 1881, Schriftsteller; 1913—1918 im Großen Generalstab; 1918—1921 Dramaturg bei Max Reinhardt, daneben Studium der Philosophie und Kunstgeschichte, schrieb Novellen und Romane, ohne großen schriftstellerischen Erfolg. 1954 erschienen seine Erinnerungen „Herren und Narren der Welt", die in anschaulicher Weise die Welt widerspiegeln, in denen er zu Hause war. Steinböhmer gehörte zu den ganz wenigen Freunden, die Rathenau mit seiner Mutter, seiner Schwester und mit seinen Freunden bekannt gemacht hat.

Sternheim, Carl, 1878—1942, Dichter, nach neuromantischen Anfängen Neigung zu satirischen Schauspielen gegen die Welt der Bourgeoisie. An Theaterstücken u. a.: „Don Juan" (1910), „Die Hose" (1911), „Die Kassette" (1912), „Der Snob" (1913).

Stinnes, Hugo, 1870—1924; vor dem 1. Weltkrieg führender Montanindustrieller, baute nach dem Krieg unter geschickter Ausnutzung der Geldentwertung einen vertikalen Mammutkonzern auf. Seit 1920 Reichstagsabgeordneter der Deutschen Volkspartei; von großem politischem Einfluß, ohne je ein öffentliches Amt zu bekleiden; auf der Konferenz von Spa im Juli 1920 Gegenspieler Rathenaus, dessen Verhandlungswillen er eine Art Katastrophenpolitik entgegensetzte (war z. B. bereit, eine Bolschewisierung halb Deutschlands hinzunehmen, um dem Westen einen Schrecken einzujagen). Seine Niederlage in Spa hinderte ihn jedoch nicht, 1922 einen vorteilhaften Vertrag über Lieferung von Baumaterialien für die französischen Wiederaufbaugebiete abzuschließen.

Stresemann, Gustav, 1878–1929, Staatsmann, während des 1. Weltkrieges betont national und annexionistisch. 1917 als Nachfolger Bassermanns Vorsitzender der nationalliberalen Reichstagsfraktion. Persönlich von der neugebildeten Dt. Demokratischen Partei abgelehnt, gründete er 1918 die Dt. Volkspartei. Als Reichskanzler (13. 8. bis 23. 11. 1923) und Außenminister (bis 1929) gelang ihm die Liquidierung des Ruhrkampfes, die Niederwerfung links- und rechtsradikaler Putschversuche und die Stabilisierung der Mark. Fürsprecher einer Verständigungspolitik nach West und Ost. Der Dawes-Plan von 1924, die Locarnoverträge von 1925, der dt.-russ. (Berliner) Vertrag von 1926, der Eintritt Deutschlands in den Völkerbund (1926), der Young-Plan von 1929/30 sind Stationen dieser Politik. 1926 zusammen mit Briand, Chamberlain und Dawes den Friedensnobelpreis.

Suarès, André (eigentlich Yves Scantrel, 1869–1948), französischer Schriftsteller, beeinflußt von Nietzsche und Richard Wagner; schrieb Biographien und Reisebücher, u. a.: „Trois Hommes: Pascal, Ibsen, Dostojewskij" (1913), „Voyage du Condottiere" (1911).

Unruh, Fritz von, geb. 1885, Schriftsteller und Dramatiker, ursprünglich zum Berufsoffizier bestimmt. Als überzeugter Demokrat und Pazifist 1933 nach den USA ausgewandert; 1948 Festredner bei der Paulskirchenfeier in Frankfurt; 1955 vorübergehend nach den USA zurückgekehrt; lebt wieder in Deutschland.

Wedekind, Frank (1864–1918), Lyriker und Dramatiker, rücksichtsloser Verfechter eines Bruches mit der bürgerlichen Überlieferung und Moral, die er durch grotesk übertreibende Darstellung verhöhnte und als Unmoral zu enthüllen suchte. An Stücken u. a.: „Frühlings Erwachen" (1891), „Erdgeist" (1895), „Büchse der Pandora" (1901), „Der Marquis von Keith" (1901; an lyrischer Dichtung „Die vier Jahreszeiten" (1905), an Erzählungen „Die Fürstin Russalka" (1897), „Feuerwerk" (1906). 1924 erschienen seine „Gesammelten Briefe" (2. Bde.).

Wertheimer, Leopold (Pseudonym: Constantin Brunner), geb. 1862, Schriftsteller und Religionsphilosoph, von Spinoza beeinflußt. An Werken u. a.: „Spinoza gegen Kant" (1909), „Die Lehre von den Geistigen und vom Volke" (1908), „Der Judenhaß und die Juden" (1918). Er verließ 1933 Deutschland und starb im Exil.

Wirth, Joseph, 1879–1956, deutscher Reichskanzler, gehörte dem linken Flügel des Zentrums an. Einer der entschlußfreudigsten und mutigsten Politiker der Zeit. 1913 Mitglied des Badischen Landtages, seit 1914 Mitglied des Reichstages, übernahm nach dem Sturz Erzbergers das Reichsfinanzministerium. Befürworter einer „Erfüllungspolitik", um das Vertrauen der Alliierten zurückzugewinnen. Führte zwei Kabinette an (9. 5. bis 22. 10. 1921 und 26. 10. bis 13. 11. 1922), in die er gegen vielfachen Widerstand Rathenau zunächst als Wiederaufbauminister, später als Außenminister (ab Februar 1922) übernahm. Hielt nach der Ermordung Rathenaus eine berühmt gewordene Rede vor dem Reichstag, die mit der Anklage schloß: „Der Feind steht rechts."

Wissel, Rudolf, 1869–1962, Maschinenbauer, Gewerkschaftssekretär;

Febr.–Juli 1919 Reichswirtschaftsminister mit Unterstaatssekretär Wichard v. Moellendorf; trat für Sozialisierungsmaßnahmen und Gemeinwirtschaft ein; 1928—1930 Reichsarbeitsminister.

Ziegler, Leopold, 1881—1958, Philosoph und Privatgelehrter, unter dem Einfluß von Nietzsche und Schopenhauer, behandelte in der Nachfolge Eduard von Hartmanns zunächst kunst-, dann kulturphilosophische Fragen, Neigung zu Mystik und Buddhismus, später Hinwendung zum Christentum. An Schriften u. a.: ,,Der abendländische Rationalismus und der Eros" (1905), ,,Der deutsche Mensch" (1915), ,,Volk, Staat und Persönlichkeit" (1917), ,,Das heilige Reich der Deutschen" (2 Bde. 1925), ,,Menschwerdung" (2 Bde. 1948).

Zweig, Stefan, geb. 1881, in Brasilien, 1942 durch Selbstmord gest., bedeutender Schriftsteller und Übersetzer französischer Dichtung, Novellen, Romane; vor allem bekannt durch seine Biographien über ,,Fouché" (1929), ,,Marie Antoinette" (1932), ,,Triumph und Tragik des Erasmus von Rotterdam" (1934). Seine 1942 erschienene Selbstbiographie ,,die Welt von gestern" enthält eine Darstellung seiner Freundschaft mit Walther Rathenau.

BIBLIOGRAPHIE

A Buchausgaben und Gesammelte Schriften von Walter Rathenau nach Erscheinungsjahren

Anonym: *Blanche Trocard* (Schauspiel), Privatdruck Straßburg 1887, 24 S.

Die Absorption des Lichtes in Metallen, Dissertation Berlin, 1889, 24. S.

Elektrische Alchymie, Vortrag im Postmuseum Berlin, Privatdruck, 1900, 7. S

Impressionen (Gesammelte Aufsätze), S. Hirzel Verl., Leipzig 1902, 255 S. Inhalt: Höre, Israel! — Vom Garten der Hesperiden — Ignorabimus — Talmudische Geschichten — Die Resurrection Co. — Die schönste Stadt der Welt — Physiologie der Geschäfte — Ein Publikum — Physiologie des Kunstempfindens.

Reflexionen (Gesammelte Aufsätze), S. Hirzel Verl., Leipzig 1908, 270 S. (4. Bd. der Gesamm. Schriften 1918).

Inhalt: Von Schwachheit, Furcht und Zweck — Zur Kritik der Moral — Ein Traktat vom bösen Gewissen — Ein Grundgesetz der Ästhetik — Von neuerer Malerei — Geschäftliche Lehren — Vom wirtschaftlichen Gleichgewicht — Anmerkung vom Konsumanteil — Vom Wesen industrieller Krisen — Vier Nationen — Englands Industrie — Erwägungen über die Erschließung des deutsch-ostafrikanischen Schutzgebietes — Ungeschriebene Schriften.

Zur Kritik der Zeit (mit Anhang: Zeitfragen und Antworten), S. Fischer Verl., Berlin 1912, 260 S. (28 Auflagen bis 1925).

Inhalt: Das Problem — Versuchte Lösungen — Geschichtete Völker — Die Aufzehrung der Oberschicht — Die Mechanisierung der Welt: I. Aufgabe, Begriff und Mittel / II. Mechanisierung der Produktion / III. Mechanisierung der Organisation / IV. Mechanisierung und Gesellschaft / V. Mechanisierung und Leben — Der Mensch im Zeitalter der Mechanisierung und Entgermanisierung; Anhang. Zeitfragen und Antworten: Massengüterbahnen — Bemerkungen über Englands gegenwärtige Situation — Politik, Humor und Abrüstung — Geschäftlicher Nachwuchs — Staat und Judentum — Promemoria betreffend die Begründung einer königlich Preußischen Gesellschaft — Physiologisches Theorem. — Die Ausgabe von 1918 (Ges. Schr. Bd. I) hat folgenden geänderten Anhang: Über Englands gegenwärtige Lage — Politik, Humor und Abrüstung — Staat und Judentum — England und wir — Politische Auslese — Parlamentarismus — Eumenidenopfer — Deutsche Gefahren — Zur Lage.

Zur Mechanik des Geistes oder *Vom Reich der Seele*, S. Fischer Verl., Berlin 1913, 340 S. (28 Auflagen bis 1925).
Inhalt: Einleitung und Rechenschaft — Die Evolution des erlebten Geistes — Die Evolution des erschauten Geistes — Die Evolution des praktischen Geistes: Ethik der Seele / Ästhetik der Seele / Pragmatik der Seele.

Gedächtnisrede für Emil Rathenau, als Manuskript gedruckt, 1915, 17 S., später in der Zukunft, 3. 7. 1915, und Gesamm. Schriften 1918, Bd. 5.

Deutschlands Rohstoffversorgung, Vortrag in der ‚Deutschen Gesellschaft 1914' am 20. 12. 1915, S. Fischer Verl., Berlin 1916, 52 S.

Probleme der Friedenswirtschaft, S. Fischer Verl., Berlin 1917, 57 S.

Von kommenden Dingen, S. Fischer Verl., Berlin 1917, 366 S. (79 Auflagen bis 1925).
Inhalt: Einleitung — Das Ziel — Der Weg: Der Weg der Wirtschaft / Der Weg der Sitte / Der Weg des Willens.

Eine Streitschrift vom Glauben, S. Fischer Verl., Berlin 1917, 42. S

Vom Aktienwesen, S. Fischer Verl., Berlin 1917, 62 S.

Die Neue Wirtschaft, S. Fischer Verl., Berlin 1918, 87 S.

An Deutschlands Jugend, S. Fischer Verl., Berlin 1918, 127 S.
Inhalt: Zueignung und Aufruf — Zweifel — Glaube — Krieg — Charakter.

Zeitliches, S. Fischer Verl., Berlin 1918, 84 S.
Inhalt: Der wahre Grund politischer Fehler — Von Wahl und Volksvertretung — Kriegsgewinner — Stimmung — Sicherungen.

Das alte und das neue Deutschland, Privatdruck, 1918, 27. S. (Wahlrede in Weiswasser/Lausitz, wo W. Rathenau an aussichtsloser Stelle der Demokratenliste für die Nationalversammlung kandidierte.)

Gesammelte Schriften in fünf Bänden, S. Fischer Verl., Berlin 1918, Bd. I: Zur Kritik der Zeit — Bd. II: Zur Mechanik des Geistes — Bd. III: Von kommenden Dingen — Bd. IV: Aufsätze, frühere Schriften — Bd. V: Reden und Schriften aus der Kriegszeit.

Nach der Flut, S. Fischer Verl., Berlin 1919, 72 S.
Inhalt: Sozialisierung und kein Ende — Staat und Vaterland — Ein dunkler Tag — Der schwerste Fehler des Krieges — Offner Brief an Oberst House — An alle, die der Haß nicht blendet.

Der Kaiser, eine Betrachtung, S. Fischer Verl., Berlin 1919, 60 S.

Der neue Staat, S. Fischer Verl., Berlin 1919, 74 S.
Inhalt: Der neue Staat — Arbeit.

Die neue Gesellschaft, S. Fischer Verl., Berlin 1919, 102 S.

Autonome Wirtschaft, Eugen Diederichs Verl., Jena 1919, 29 S.

Kritik der dreifachen Revolution — Apologie, S. Fischer Verl., Berlin 1919, 125 S.

Inhalt: Revolution aus Versehen — Führer und Führung — Die Revolution der Ranküne — Die Revolution des Güterausgleichs — Die Revolution der Verantwortung — Apologie — Erinnerungen.

Was wird werden? S. Fischer Verl., Berlin 1920, 57 S.

Inhalt: Schicksalsspiel — Konnten wir Frieden schließen, als es Zeit war? — Buchung und Wirklichkeit — Was wird werden? — Der Grund, warum unser Finanzaufbau falsch ist und nicht gelingen kann — Metaphysik des Ruins — Zur Reform des Kriminalrechts.

Demokratische Entwicklung, Vortrag im Dem. Club, Berlin, S. Fischer Verl., Berlin 1920, 28 S., später in Gesamm. Reden, 1924.

Produktionspolitik und Sozialisierung, drei Vorträge vor dem deutschen Beamtenbund, Druck Otto Elsner, Berlin 1920, 62 S.

Cannes und Genua, Vier Reden zum Reparationsproblem, S. Fischer Verl., Berlin 1922, 79 S.

Inhalt: Rede vor dem Obersten Rat der Alliierten in Cannes vom 12. 1. 1922 — Rede vor dem Hauptausschuß des Reichstages vom 7. 3. 1922 — Reichstagsrede vom 29. 3. 1922 — Rede vor der Vollversammlung der Genueser Konferenz vom 19. 5. 1922.

Aus Walther Rathenaus Notizbüchern, zum Andenken für seine Freunde, Privatdruck, Jena 1923, 43 S.

Inhalt: Aphorismen (1903—1908)

Gesammelte Reden, S. Fischer Verl., Berlin 1924, 439 S.

Inhalt: Rede anläßlich des Austritts aus der Kriegs-Rohstoff-Abteilung des Kriegsministeriums (1915) — Zwei Tischreden zur Feier des 50. Geburtstages (1917) — Rede in der Versammlung zur Schaffung eines demokratischen Volksbundes (1918) — Rede im Bunde der technischen Angestellten und Beamten (1920) — Demokratische Entwicklung (1920) — Produktionspolitik (1920) — Rede auf dem demokratischen Parteitag in Nürnberg (1921) — Der Höhepunkt des Kapitalismus (1921) — Rede in der Protestversammlung gegen die Vergewaltigung Oberschlesiens (1921) — Rede vor dem Reichstag (1921) — Rede auf einem Gesellschaftsabend des Hamburgischen Ausschusses für den Wiederaufbau der Friedenswirtschaft (1921) — Rede im Bund der technischen Angestellten und Beamten (1921) — Der Wiederaufbau (1921) — Rede auf der Tagung des Reichsverbandes der deutschen Industrie (1921) — Rede in einer Versammlung des badischen Landesverbandes der deutschdemokratischen Jugend (1921) — Rede im großen Saale des Volksbildungsheims zu Frankfurt a. M. (1921) — Das Erfüllungsproblem und die deutsche Wirtschaft (1921) — Cannes und Genua, Vier Reden zum Reparationsproblem (1922).

Gesammelte Schriften, 5 Bände, S. Fischer Verl., Berlin 1925.

Briefe, 2 Bände, Carl Reißner Verl., Dresden 1926, 747 S.

Neue Briefe, Carl Reißner Verl., Dresden 1927, 92 S.

Nachgelassene Schriften, 2 Bände, S. Fischer Verl., Berlin 1927, 684 S.

Inhalt des I. Bandes: Transatlantische Warnungssignale (1898) — Die neue Ära (1907) — Demokratisches Erwachen (1908) — Über die Zukunft des deutsch-französischen Verhältnisses (1909) — Zur Psychologie der Dynasten (1908) — Den Finger auf die Wunde (1912) — Friedenswege (1916) — Von Frankreich, Italien, England, Rußland und der Schweiz aus gesehen (1916) — Festigkeit (1918) — Die Stunde drängt (1918) — Vae victis (1918) — Aufruf zur Bildung einer ‚Partei der Deutschen Freiheit' (1918) — Drei Wahlflugblätter (1918) — Zur Frage der ‚Entindustrialisierung Belgiens' (1919) — Unsere Kriegsgefangenen (1919) — Brief an Lazare Weiller, Mitglied der französischen Deputiertenkammer (1919) — Versailles (1919) — Das Ende (1919) — Es war keine Revolution (1919) — Wie kann die wirtschaftliche Lage Deutschlands gerettet werden? (1919/20) — An Frankreich (1920) — Reden wir deutsch! (1920) — Was sollen wir Herrn Reboux antworten? (1920) — Amerika und wir (1920) — Der Völkerbund (1920) — Oberschlesien: I. vor der Abstimmung, II. nach der Abstimmung (1921) — Über ein Reichselektrizitätsmonopol (1911) — Die Funktion des Aufsichtsrats — Wie denken Sie über Steuern? — Verschuldung und Überschuldung eines Staates (1918) — Die neue Gesellschaft (1919) — Produktionspolitik (1920) — Zirkulationsformen (1920) — Der Kern des Übels (1921) — Die Produktion eines Landes — Deutschlands Produktionsbilanz (1920) — Arbeitsstunden (1921) — Ja oder Nein (1921) — Die deutsch-italienischen Beziehungen (1921) — Sprüche und Aussprüche.

Inhalt des II. Bandes: Erwägungen über die Erschließung des deutschostafrikanischen Schutzgebietes (1907) — Denkschrift über den Stand des südwestafrikanischen Schutzgebietes (1908) — Ignorabimus (1898) — Astern und Georginen (90er Jahre) — Breviarium Mysticum (1906) — Die Geschichte der Wahrheit (1920) — Im Garten der Hesperiden (1898) — Des Königs Sühne — Vision (1919) — De Profundis (1920) — Von Geist und Geistern (1920) — Die stille Bereitung (1920) — Die schönste Stadt der Welt (1899) — Théâtre Antoine (1899) — Physiologie des Kunstempfindens (1901) — Grenzen der Malerei — Die Schaubühne als industrielle Anstalt (1908) — Vom Wert und Unwert des Kinos (1912) — Berlins dritte Dimension (1912) — Albert Kollmann (1916) — Hans Thoma (1919) — Der Genius (1920) — Unser Nachwuchs (1909) — Bildner der Jugend — Lebensschule und Schulleben — Die Geschäftswissenschaft und ihre weltfremden Dozenten (1914) — Eignung des Technikers für die Verwaltung (1917) — Dichterakademie? (1918) — Zeitung und Bildung (1918) — Staat, Religion und Schule (1919) — Über den Begriff der Bildung (1919) — Über die Aufgabe der deutschen höheren Schule (1921) — Elektrische Alchimie (1900) — Frauenrechte (1912) — Es wird in Deutschland viel zuviel prozessiert (1916) — Woran der Zusammenhang einer Volksgemeinschaft gemessen werden kann (1914) — Alexander Moszkowski (1921).

Aus Kriegs- und Nachkriegszeit, S. Fischer Verl., Berlin 1928, 284 S. (Bd. VI der Gesamm. Schriften 1928).

Gesammelte Schriften in sechs Bänden, S. Fischer Verl., Berlin 1929.

Politische Briefe, Carl Reißner Verl., Dresden 1929, ca. 350 S.

E. Gottlieb: *Rathenau-Bibliographie*, S. Fischer Verl., Berlin 1929.

Blanche Trocard, neu herausgegeben und mit einem Nachwort versehen von Edwin Redslob, Fr. K. Koetschau Verl., Berlin 1947, 75 S.

So spricht Rathenau, Auszug aus seinen Werken, Barth Verl., München-Planegg 1953, 128 S.

Walther Rathenau: Auf dem Fechtboden des Geistes, Aphorismen aus seinen Notizbüchern, herausgegeben von K. G. Walther, Verl. Der Greif, Wiesbaden 1953 (Sammlung Welt und Geist 7), 115 S.

Briefe an eine Liebende, Aufzeichnungen Lore Karrenbrochs über Gespräche mit Walther Rathenau, Carl Reißner Verlag, Dresden 1931.

B Veröffentlichungen in Zeitungen, Zeitschriften, Büchern und Sammelwerken (206 Titel in der Gottlieb-Bibliographie). Es sollen hier nur die wichtigsten angeführt werden.

Elektrochemische Werke, Zukunft, 31. 8. 1895.

W. Hartenau (Pseud.): *Höre, Israel!* Zukunft, 6. 3. 1897, aufgenommen in *Impressionen*.

W. Hartenau (Pseud.): *Im Garten der Hesperiden*, Zukunft, 19. 3. 1898 und 21. 5. 1898, *Nachgel. Schr.*, Bd. II.

W. Hartenau (Pseud.): *Ignorabimus*, Zukunft, 19. 3. 1898, *Nachgel. Schr.*, Bd. II.

W. Michael (Pseud.): *Transatlantische Warnungssignale*, Zukunft, 30. 7. 1898, *Nachgel. Schr.*, Bd. I.

Anonym: *Die schönste Stadt der Welt*, Zukunft, 7. 1. 1899, *Nachgel. Schr.*, Bd. II.

Anonym: *Théâtre Antoine*, Zukunft, 3. 6. 1899, *Nachgel. Schr.*, Bd. II.

Anonym: *Physiologie der Geschäfte*, Zukunft, 29. 6. 1901, *Ges. Schr.*, Bd. IV.

Von einem Künstler, der die Kunstschreiber nicht mag (Pseud.): *Physiologie des Kunstempfindens*, Zukunft, 5. 10. 1901, *Nachgel. Schr.*, Bd. II.

Ernst Reinhart (Pseud.): *Von Schwachheit, Furcht und Zweck*, Zukunft, 25. 6. 1904, *Ges. Schr.*, Bd. IV.

Ernst Reinhart (Pseud.): *Hermann Hesse, Peter Camenzind*, Zukunft, 25. 6. 1904.

Ernst Reinhart (Pseud.): *Von neuzeitlicher Malkunst*, Zukunft, 7. 10. 1905, unter dem Titel *Von neuerer Malerei* in *Ges. Schr.*, Bd. IV.

Anonym: *Vom Wesen industrieller Krisen*, Zukunft, 22. 9. 1906, *Ges. Schr.*, Bd. IV.

Die neue Ära, Hannoverscher Courier, 12. 2. 1907, *Nachgel. Schr.*, Bd. I.

R. (Pseud.): *Vier Nationen* (England, Frankreich, USA, Deutschland), Zukunft, 25. 1. 1908, *Ges. Schr.*, Bd. IV.

Politik, Humor und Abrüstung, Neue Freie Presse, Wien, 12. 4. 1911, *Ges. Schr.*, Bd. I.

England und wir, eine Philippika, Neue Freie Presse, Wien, 6. 4. 1912, *Ges. Schr.*, Bd. I.

Politische Selektion, die Auslese in der Diplomatie, Neue Freie Presse, Wien, 16. 5. 1912, *Ges. Schr.*, Bd. I.

Herwart Raventhal (Pseud.): *Ein Festgesang zur Jahrhundertfeier* 1813, Zukunft, 26. 10. 1912, *Ges. Schr.*, Bd. I.

Das Eumenidenopfer, Neue Freie Presse, Wien, 23. 3. 1913, *Ges. Schr.*, Bd. I.

Deutsche Gefahren und neue Ziele, Neue Freie Presse, Wien, 25. 12. 1913 *Ges. Schr.*, Bd. I.

Hermann Stehr zum 50. Geburtstag, Berliner Tageblatt oder Frankfurter Zeitung, 16. 2. 1914, *Ges. Schr.*, Bd. IV.

Parlamentarismus, Neue Freie Presse, Wien, 12. 4. 1914, *Ges. Schr.*, Bd. I.

Frank Wedekind zum 50. Jahr, Natur und Wille, geschr. Pfingsten 1914, *Ges. Schr.*, Bd. IV.

Ein Wort zur Lage, Berliner Tageblatt, 31. 7. 1914, *Ges. Schr.*, Bd. I.

Max Liebermann zum 70. Geburtstag, Berliner Tageblatt, 1. 7. 1917, *Ges. Schr.*, Bd. IV.

Ein dunkler Tag, Vossische Zeitung, 7. 10. 1918, *Ges. Schr.*, Bd. VI.

Offener Brief an Oberst House, Dez. 1918, Presse des neutralen Auslandes, *Ges. Schr.*, Bd. VI.

An alle, die der Haß nicht blendet, Zukunft, 21./28. 12. 1918, *Ges. Schr.* Bd. VI.

Hans Thoma: Kunst und Künstler, Verl. Bruno Cassirer, Berlin, 25. 8. 1919, *Nachgel. Schr.,* Bd. II.

Schicksalspiel, Berliner Tageblatt, 23. 11. 1919, unter dem Titel *Was wird werden?* in *Ges. Schr.,* Bd. VI.

De Profundis, Das Tagebuch, Verl. E. Rowolth, Berlin, 17. 1. 1920, *Nachgel. Schr.,* Bd. II.

Reden und Bemerkungen in den Verhandlungen der Sozialisierungskommission über den Kohlenbergbau, H. R. Engelmann Verl., Berlin 1920.

Der Kern des Übels, Vossische Zeitung, 1. 1. 1921, *Nachgel. Schr.,* Bd. I.

Albert Kollmann — Ein Leben für die Kunst (Sammelband mit Beiträgen von W. Rathenau, Curt Glaser, E. Munch..., W. Rathenaus Beitrag gleichlautend mit Brief an Hermann Kroepelin vom 31. 1. 1916), Verl. der Kroepelinschen Buchhandlung, Berlin 1921.

C Wichtigste neuere Biographien

Federn-Kohlhaas, Etta: *Walther Rathenau, Sein Leben und Wirken,* Carl Reißner Verl., Dresden 1927, 309 S.

Kessler, Harry Graf: *Walther Rathenau. Sein Leben und sein Werk,* Verl. H. Klemm, Berlin 1928, 391 S. (Neuauflage in der Rhein. Verlagsanstalt, Wiesbaden 1962, mit einem Kommentar von Hans Fürstenberg: *Erinnerungsn an Walther Rathenau).*

Gottlieb, Ernst: *Walther-Rathenau-Bibliographie,* Schriften der Walther-Rathenau-Stiftung Nr. 3, Vorwort von Edwin Redslob, biographische Einleitung von Ernst Gottlieb, S. Fischer Verl., Berlin 1929, 342 S.

Böttcher, Helmut M.: *Walther Rathenau, Persönlichkeit und Werk,* Athenäum Verl., Bonn 1958.

Briefe von Walther Rathenau an Constantin Brunner, von C. Brunner und seinem Werk, G. Kiepenheuer, Potsdam, S. 12—16.

Zwiesprache über den Zeiten — Geschichte einer Freundschaft in Briefen und Dokumenten, von H. Stehr u. W. Rathenau, P. List Verl., München 1946, 144 S.

ZEITTAFEL

1867   29. Sept., W. Rathenau in Berlin geboren
K. Marx: *Das Kapital*, I. Bd.
Entdeckung des elektrodynamischen Prinzips durch W. v. Siemens; Beginn der Elektrotechnik

1868   E. Haeckel: *Natürliche Schöpfungsgeschichte*

1869   Gründung der *Sozialdemokratischen Arbeiterpartei* in Eisenach
Eröffnung des Suezkanals

1869   Ed. v. Hartmann: *Philosophie des Unbewußten*
L. Tolstoi: *Krieg und Frieden*

1870/71   Deutsch-Französischer Krieg

1870   Verkündung des Dogmas von der Unfehlbarkeit des Papstes
4. Sept., Frankreich zur Republik erklärt
W. I. Lenin geboren

1871   18. Jan., Kaiserproklamation in Versailles, Gründung des kleindeutschen Kaiserreiches
Kommune-Aufstand in Paris, vom Militär niedergeworfen
10. Mai, Frankfurter Friede: Frankreich tritt Elsaß-Lothringen ab und zahlt 4 Mrd. Mark Kriegsentschädigung
Ch. Darwin: *Descent of Man*
Maxwell: *Licht ist ein elektromagnetischer Wellenvorgang*

1872   Du Bois-Reymond: *Über die Grenzen der Naturerkenntnis*

1873   Drei-Kaiser-Abkommen zwischen Österreich, Rußland und dem Deutschen Reich
Weltwirtschaftskrise setzt der Konjunktur der *Gründerjahre* ein Ende.
Fr. Nietzsche: *Unzeitgemäße Betrachtungen*

1874–80   Konservatives Ministerium Disraeli in England

1874   E. Haeckel: *Anthropogenie oder Entwicklungsgeschichte des Menschen*

1875   Vereinigung der *Marxisten und Lassalleaner* zur *Sozialistischen Arbeiterpartei Deutschlands* (seit 1890 Sozialdemokratische Partei Deutschlands), Gothaer Programm

1876	Gründung der *Deutschkonservativen Partei* und des *Zentralverbandes der deutschen Industriellen* Königin Viktoria nimmt den Titel „Kaiserin von Indien" an Eröffnung der Bayreuther Festspiele Erste elektrische Straßenbeleuchtung in Paris A. Wagner: *Grundlage der politischen Oekonomie* (Kathedersozialismus)
1877/78	Russisch-Türkischer Krieg L. Tolstoi: *Anna Karenina* J. E. Renan: *Spinoza*
1878	Berliner Kongress Sozialistengesetz Übergang zu einer Schutzzollpolitik
1879	Zweibund Deutschland — Österreich/Ungarn Erstes elektrisches Bogenlicht in Berlin; erste elektrische Lokomotive (von Siemens)
1880—85	2. liberales Ministerium Gladstone
1880	L. Tolstoi: *Beichte* (Hinwendung zu einem christlichen Sozialismus) Du Bois-Reymond: *Die Sieben Welträtsel*
1881	Geheimes Neutralitätsabkommen zwischen dem Deutschen Reich, Österreich/Ungarn und Rußland Tod Disraelis Frankreich nimmt Tunis in Besitz Ermordung des Zaren Alexander II.; Pogrome in Rußland Weltausstellung in Paris (Glühlicht) Ed. v. Hartmann: *Religionsphilosophie* (1881/82) G. Le Bon: *L'Homme et les Sociétés* Berechnung der elektrischen Elementarladung u. a. durch Helmholtz E. Rathenau erwirbt Edisons Patente.
1882	Dreibund Deutschland—Österreich/Ungarn —Italien Gründung des *Deutschen Kolonialvereins* Großbritannien besetzt Ägypten Fr. Nietzsche: *Die fröhliche Wissenschaft* Erstes Elektrizitätswerk in New York E. Rathenau gründet die *Studiengesellschaft*, aus der ein Jahr später die *Deutsche Edisongesellschaft* hervorgeht
1883	Beginn einer staatlichen Sozialgesetzgebung (1883 Krankenversicherung, 1884 Unfallversicherung, 1889 Älters- und Invalidenversicherung, 1891 Arbeiterschutzgesetz) Gründung der *Fabian Society* in England W. Dilthey: *Einleitung in die Geisteswissenschaften* Fr. Nietzsche: *Also sprach Zarathustra* J. E. Renan: *Le Judaisme comme Race et comme Religion* Tod von Karl Marx

1884/85	Gründung deutscher Kolonien u. a. in Südwestafrika, Kamerun, Togo und Ostafrika
1884	Kongo-Konferenz in Berlin Gründung der *Deutschfreisinnigen Partei* (linksliberal) Parlamentsreform in England Ed. v. Hartmann: *Das Judentum in Gegenwart und Zukunft*
1885	K. Marx: *Das Kapital*, II. Bd., posthum herausgg. v. Fr. Engels
1886	Fr. Nietzsche: *Jenseits von Gut und Böse* W. v. Siemens: *Das naturwissenschaftliche Zeitalter* (mit optimistischen Prognosen)
1887	Rückversicherungsvertrag zwischen Deutschland und Rußland Sog. Orientdreibund Österreich/Ungarn – Italien – England zum Schutz der Türkei W. Rathenau: *Blanche Trocard*, ein Schauspiel (Privatdruck) F. Nietzsche: *Zur Genealogie der Moral*
1888	Tod Wilhelms I. und Friedrichs III.
1888–1918	Wilhelm II., Kaiser Fr. Nietzsche: *Der Wille zur Macht* Nachweis und Messung elektromagnetischer Wellen durch H. Hertz
1889/90	Kolonialverträge zwischen Deutschland, England, Frankreich und den USA Gründung der II. Internationale in Paris Großer Ruhrstreik, Londoner Dockarbeiterstreik Gründung des Theatervereins *Freie Bühne* (M. Harden, H. und Th. Wolff) O. Lilienthal: *Der Vogelflug als Grundlage der Fliegekunst* W. Rathenau: *Die Absorption des Lichtes in Metallen* (Diss.)
1890	Bismarcks Entlassung; Caprivi neuer Reichskanzler (bis 1894) Kurswechsel der deutschen Politik: Nichterneuerung des Rückversicherungsvertrages trotz russischen Angebots Aufhebung des Sozialistengesetzes Helgoland-Sansibar-Vertrag H. Bergson: *Essai sur les Données immédiates de la Conscience* J. Langbehn: *Rembrandt als Erzieher. Von einem Deutschen* (*lebensvoller* Typ gegen *Verstandesmenschen*)
1891	Erfurter Programm der SPD Gründung des *Alldeutschen Verbandes* F. Wedekind: *Frühlings Erwachen* Fr. Engels: *Die Entwicklung des Sozialismus von der Utopie zur Wissenschaft* O. Lilienthal unternimmt die ersten Segelflüge

| 1892 | Russisch-französische Militärkonvention, abgeschlossen für die Dauer des Dreibundes
G. Hauptmann: *Die Weber*
M. Harden gründet *Die Zukunft*
A. Bebel: *Christentum und Sozialismus*
H. Rickert: *Der Gegenstand der Erkenntnis*
Gg. Simmel: *Einleitung in die Moralwissenschaft, eine Kritik der ethischen Grundbegriffe* |
|---|---|
| 1893 | E. Dürkheim: *De la Division du Travail Social* |
| 1894–1917 | Nikolaj II. Zar von Rußland |
| 1894–1900 | Fürst Hohenlohe-Schillingsfürst Deutscher Reichskanzler |
| 1894 | Beginn der Dreyfus-Affaire in Paris
W. Dilthey: *Ideen über eine beschreibende und zergliedernde Psychologie*
S. Webb: *The History of Trade Union*
Versuche mit drahtloser Telegraphie durch Rathenau und Rubens |
| 1895 | Deutschland überholt England in der industriellen Produktion
Eröffnung des Kaiser-Wilhelm-Kanals zwischen Nord- und Ostsee
Stiftung des Nobelpreises durch den schwedischen Erfinder des Dynamits Alfred Nobel
S. Freud und Breuer: *Studien über Hysterie* (Begründung der Tiefenpsychologie)
K. Marx: *Das Kapital*, III. Bd., posthum herausgg. v. Fr. Engels
W. Rathenau: *Elektrochemische Werke*, Zukunft, III, 48 |
| 1896 | Krüger-Depesche
Fr. Naumann gründet den *Nationalsozialen Verein*
Th. Herzel: *Der Judenstaat*; 1. Zionistenkongreß in Basel
H. Bergson: *Matière et Mémoire*
W. Dilthey: *Beiträge zum Studium der Individualität*
R. Eucken: *Der Kampf um einen geistigen Lebensinhalt*
H. Rickert: *Die Grenzen des naturwissenschaftlichen Begriffsbildes*
W. Rathenau: *Höre, Israell*, Zukunft, V, 23 |
| 1897 | Drahtlose Telegraphie durch Marconi erfunden |
| 1898 | Erwerb Kiautschous
Beginn des deutschen Flottenbaus
30. Juli, Tod Bismarcks |
| 1898–1901 | ergebnislose Bündnisverhandlungen zwischen England und Deutschland
Zwischenfall von Faschoda |

Krieg der USA gegen Spanien
Tod Th. Fontanes und C. F. Meyers
Gründung der *Berliner Sezession* (Liebermann, Leistikow, Slevogt)
A. v. Gobineau: 1. deutsche Ausg. des *Essai sur l'Inégalité des Races Humaines*
W. Rathenau: *Ignorabimus*, Zukunft, VI, 25
ders.: *Transatlantische Warnungssignale*

1899 Erweiterung des deutschen Kolonialbesitzes um Inseln im Pazifik

1899—1902 Burenkrieg
1. Friedenskonferenz in Den Haag; Gründung des Haager Schiedsgerichtshofes
H. S. Chamberlain: *Die Grundlagen des 19. Jahrhunderts*
H. Rickert: *Kulturwissenschaft und Naturwissenschaft*
E. Haeckel: *Die Welträtsel* (monist.-material. Lösungsversuch der von Du Bois aufgestellten Probleme)

1900—09 B. v. Bülow Reichskanzler

1900 Boxerkrieg; Ermordung des deutschen Gesandten v. Ketteler in Peking
E. Husserl: *Logische Untersuchungen*
B. Erdmann: *Umrisse zur Psychologie des Denkens*
Mach: *Analyse der Empfindungen und das Verhältnis des Physischen zum Psychischen*
S. Freud: *Traumdeutung*
Gg. Simmel: *Philosophie des Geldes*

1901 Tod der Königin Viktoria; Nachfolger Eduard VII.
Gründung der *Labour Party*
Lenin und Plechanow gründen im Exil die Zeitung *Iskra* (Funken)
Th. Mann: *Die Buddenbrooks*
Fr. Wedekind: *Die Büchse der Pandora, Der Marquis von Keith*
M. Scheler: *Die transzendentale und die psychologische Methode*
M. Weber: *Die protestantische Ethik und der Geist des Kapitalismus*

1902 Erneuerung des Dreibundes
Bündnis zwischen England und Japan
K. Kautsky: *Die soziale Revolution*
W. I. Lenin: *Was tun?*

1903 Dt. Sozialdemokraten verurteilen den evolutionären Revisionismus Bernsteins
Spaltung der russischen sozialdemokratischen Partei in Bolschewisten (unter Lenin) und Menschewisten in London
R. Dehmel: *Zwei Menschen*
Heckel, Kirchner und Schmitt-Rottluff gründen die *Brücke* (expressionistische Malergruppe)

M. Gorki: *Nachtasyl*
F. Oppenheimer: *Die Grundgesetze der marxschen Gesellschaftslehren*
W. Sombart: *Die deutsche Volkswirtschaft im 19. Jahrhundert*

1904 Französisch-englische Verständigung (Entente Cordiale)

1904/05 Russisch-Japanischer Krieg
Gesetz über Trennung von Kirche und Staat in Frankreich
Auflösung der norwegisch-schwedischen Union
Hottentottenaufstand in Deutsch-Südwest-Afrika
Gründung des *Verbandes der deutschen Juden*
H. Hesse: *Peter Camenzind*
W. Rathenau: *Von Schwachheit, Furcht und Zweck*, Zukunft XIII, 7

1905 Besuch Wilhelms II. in Tanger; 1. Marokkokrise

1905/06 Revolution in Rußland, 1. Reichsduma
M. Reinhardt übernimmt das Deutsche Theater
J. Burckhardt: *Weltgeschichtliche Betrachtungen*
W. Dilthey: *Das Erlebnis und die Dichtung*
P. Eberhardt: *Der abendländische Rationalismus und der Eros*
R. Kjellén: *Stormakteina* (dt. Ausg. *Die Großmächte der Gegenwart*, 1914)
R. Francé: *Das Leben der Pflanze*, 5 Bde., 1905—10
H. St. Chamberlain: *Arische Weltanschauung*
A. Einstein: *Spezielle Relativitätstheorie*
Erste elektrische Glühlampe mit Wolframdraht

1906 Konferenz von Algeciras, Isolierung Deutschlands
Graf Schlieffen entlassen, Moltke Generalstabschef
Eulenburg-Affäre
Griechenlandreise W. Rathenaus (*Breviarium Mysticum*)
W. Rathenau: *Vom Wesen industrieller Krisen*, Zukunft, XIV, 51
ders.: *Englands Industrie*, Zukunft, XV, 2
K. Kautsky: *Ethik und materialistische Geschichtsauffassung*

1907 Englisch-russische Verständigung über Persien
2. Friedenskonferenz in Den Haag, Isolierung der Mittelmächte
Reise W. Rathenaus mit Dernburg nach Ostafrika
Stinnes wird Vorsitzender der deutsch-luxemburgischen Hütten-AG

1908 Daily-Telegraph-Affäre
Annexion von Bosnien und Herzegowina durch Österreich/Ungarn
Jungtürkische Revolution
1. Zionistische Kolonie in Palästina
Kongo-Staat wird belgische Kolonie
Reise W. Rathenaus nach Deutsch-Südwest-Afrika

W. Rathenau: *Vier Nationen*, Zukunft, XVI, 17
ders.: *Denkschriften über die deutschen Schutzgebiete in Afrika*
Th. Lessing: *Schopenhauer — Wagner — Nietzsche*
L. Wertheimer: *Die Lehre von den Geistigen und vom Volke*
Gg. Sorel: *Réflexions sur la violence*

1909—17 Bethman Hollweg Reichskanzler

1909 Höhepunkt der Annexionskrise
Th. Mann: *Königliche Hoheit*
H. Stehr: *Drei Nächte*
L. Wertheimer: *Spinoza gegen Kant*

1910 Verfassungs- und Wahlgesetz für Elsaß-Lothringen gescheitert
Gründung der *Fortschrittlichen Volkspartei* unter Fr. Naumann
Tod König Eduards VII., Nachfolger Georg V.
R. M. Rilke: *Aufzeichnungen des Malte Laurids Brigge*
R. Hilferding: *Das Finanzkapital*

1911 2. Marokkokrise; diplomatische Niederlage Deutschlands
Englisch-amerikanischer Schiedsvertrag
v. Tirpitz Großadmiral (1916 Rücktritt)
W. Churchill Marineminister (1915 Rücktritt)
W. Rathenau: *Politik, Humor und Abrüstung*, Neue Freie Presse, Wien. (Antwort auf einen Abrüstungsvorschlag Churchills)
ders.: *Staat und Judentum*, Der Tag, Berlin
W. Sombart: *Die Juden und das Wirtschaftsleben*
G. Hauptmann: *Die Ratten*
H. v. Hofmannsthal: *Jedermann*
C. Sternheim: *Die Hose*
Fr. v. Unruh: *Offiziere*

1912 Haldane-Besuch in Berlin; keine Verständigung über die Flottenfrage
1. Balkankrieg
SPD stellt stärkste Reichstagsfraktion
R. Poincaré (franz. Ministerpräsident und Außenminister bis 1913) besucht Petersburg
G. Hauptmann erhält den Nobelpreis für Literatur
F. Oppenheimer: *Die soziale Frage und der Sozialismus*
W. Rathenau: *Zur Kritik der Zeit*
H. Münsterberg: *Psychologie und Wirtschaftsleben* (Begründ. der modernen Psychotechnik)

1913 Poincaré französischer Staatspräsident (bis 1920)
Wilson Präsident der USA (bis 1921)
2. Balkankrieg
W. Rathenau zur neuen Heeresvorlage: *Das Eumenidenopfer*, Neue Freie Presse, Wien

M. Scheler: *Zur Phänomenologie und Theorie der Sympathiegefühle*
E. Husserl: *Ideen zu einer reinen Phänomenologie und phänomenologischen Philosophie*
M. Harden: *Prozesse*
W. Rathenau: *Zur Mechanik des Geistes*

1914   Deutsch-englische Verständigung über die Bagdadbahn
Eröffnung des Panamakanals
R. Poincaré besucht den Zaren
Ermordung von J. Jaurès, franz. Sozialist und Pazifist
28. Juni, Ermordung des österreichischen Thronfolgerpaares in Sarajewo
23. Juli, österreichisches Ultimatum an Serbien
29. Juli, W. Rathenau: *Ein Wort zur Lage*, ersch. am 31. Juli im Berliner Tageblatt
30. Juli, Russische Mobilmachung, am 1. August Deutschlands Kriegserklärung an Rußland, am 3. August an Frankreich, am 4. August englisches Ultimatum, am 6. August Österreichs Kriegserklärung an Rußland
Einstimmige Annahme der deutschen Kriegskredite im Reichstag
Aug., W. Rathenau organisiert die deutsche Kriegsrohstoffversorgung

1915   Stellungskrieg im Westen, Offensive im Osten, Besetzung Warschaus
Versenkung der *Lusitania*, Protest der USA
A. Briand franz. Ministerpräsident und Außenminister (bis 1917)
Kriegserklärung Italiens an Österreich/Ungarn
März, W. Rathenau tritt von der Leitung der Kriegsrohstoffabteilung zurück
K. Helfferich Staatssekretär im Reichsschatzamt, ab 1917 im Reichsamt des Inneren, Ende des Jahres Rücktritt unter dem Druck der Linksmehrheit im Reichstag
20. Juni, Tod E. Rathenaus
W. Rathenau: *Gedächtnisrede für Emil Rathenau*
Fr. Naumann: *Mitteleuropa*
Hedin: *Ein Volk in Waffen* (deutschfreundl. schwed. Kriegsbericht)
H. Mann: *Der Untertan*
P. Eberhardt: *Der deutsche Mensch*

1916   Seeschlacht vom Skagerrak
Oberst House in Berlin
1. russische Offensive unter Brussilow
Hindenburg wird Chef des Generalstabes, Ludendorff Erster Generalquartiermeister
Mittelmächte proklamieren das Königreich Polen
Tod Kaiser Franz Josephs; Karl I. Kaiser von Österreich und König von Ungarn
Ablehnung eines Friedensangebotes der Mittelmächte

Lloyd George englischer Ministerpräsident (bis 1922); Balfour Außenminister (bis 1919); allgemeine Wehrpflicht in Großbritannien
Fr. v. Unruh: *Ein Geschlecht*
Beginn des Dadaismus
Fr. Gundolf: *Goethe*
L. Brentano: *Die Anfänge des modernen Kapitalismus*
M. Buber: *Vom Geist des Judentums*
W. Rathenau: *Von Deutschlands Rohstoffversorgung*
Großerzeugung von Harn- und Luftstickstoff nach dem Haber-Bosch-Verfahren

1917 Hungersnot in Deutschland; Propaganda für Beendigung des Krieges
Uneingeschränkter U-Boot-Krieg (den W. Rathenau ablehnt)
März-Revolution in Rußland, Abdankung Nikolajs II., Rückkehr
Kriegserklärung der USA an Deutschland
Osterbotschaft Wilhelms II. kündigt Aufhebung des Dreiklassenwahlrechts in Preußen an
Spaltung der SPD, Gründung der radikalen *Unabhängigen Sozialdemokratischen Partei Deutschlands* (USPD), die gegen die Fortsetzung des Krieges kämpft
Rücktritt Bethman-Hollwegs, neuer Reichskanzler Gg. Michaelis
Ende des innenpolitischen Burgfriedens, Friedensresolution der Mehrheitsparteien des Deutschen Reichstages, Rechtsparteien mit Unterstützung Ludendorffs für Siegfrieden
Friedensnote des Papstes Benedikt XV.
6./7. Nov., bolschewistische Revolution in Rußland; Erklärung der russischen Friedensbereitschaft
Clémenceau französischer Ministerpräsident (bis 1920)
P. Eberhardt: *Volk, Staat und Persönlichkeit*
M. Dessoir: *Vom Jenseits der Seele*
W. Rathenau: *Eine Streitschrift vom Glauben* und *Von kommenden Dingen*

1918 Verkündung der 14 Punkte Wilsons als Grundlage für den Frieden
Sonderfriede von Brest-Litowsk mit der Sowjetunion
Prinz Max v. Baden bildet ein Kabinett auf parlamentarischer Grundlage
Waffenstillstandsangebot der Mittelmächte an Wilson
dagegen wendet sich W. Rathenau in der Vossischen Zeitung: *Ein dunkler Tag*; er empfiehlt eine *levée en masse*
Entlassung Ludendorffs
Österreich/Ungarn schließt Waffenstillstand mit der Entente
Parlamentarisierung der deutschen Reichsverfassung
Auflösung Oesterreich/Ungarns, Abdankung Karls I.
9. Nov., Revolution in Berlin, Abdankung Wilhelms II., Ausrufung der deutschen Republik durch Scheidemann

10. Nov., Flucht Wilhelms II. nach Holland; Folge: Abdankung aller deutschen Fürsten
11. Nov., Annahme der Waffenstillstandsbedingungen
Bildung des Rates der Volksbeauftragten als neue Regierung in Berlin unter Fr. Ebert
H. Preuß entwirft Weimarer Verfassung
W. Rathenau wird die Aufnahme in die 1. Sozialisierungskommission verweigert
Gründung der *Deutschen Demokratischen Partei*, deren Mitglied W. Rathenau wird
Achtstunden-Arbeitstag
M. Planck erhält für die Entdeckung des Wirkungsquantums den Nobelpreis für Physik, F. Haber für die Ammoniak-Synthese den Nobelpreis für Chemie
Th. Mann: *Betrachtungen eines Unpolitischen*
H. Stehr: *Der Heiligenhof*
A. Dinter: *Die Sünde wider das Blut* (radikal-antisemitisch)
L. Wertheimer: *Der Judenhaß und die Juden*
H. St. Chamberlain: *Rasse und Nation* (engl. völkische Rassenideologie)
O. Spengler: *Der Untergang des Abendlandes*, Bd. I (Bd. II 1922)
Gg. Simmel: *Der Konflikt der modernen Kultur*
B. Russell: *Roads to Freedom*
W. Rathenau: *Die Neue Wirtschaft* und *An Deutschlands Jugend*
ders.: *Offener Brief an Oberst House* (Dez.)

1919   18 Jan., Beginn der Friedenskonferenz in Versailles
Niederwerfung des Berliner Spartakistenaufstandes durch G. Noske (Reichswehrminister 1919–1920 (März)
6. Febr., Eröffnung der deutschen Nationalversammlung in Weimar
11. Febr., Fr. Ebert zum Reichspräsidenten gewählt
20. Juni, Rücktritt des Kabinetts Scheidemann
28. Juni, Unterzeichnung des Friedensvertrages von Versailles
11. Aug., Annahme der Weimarer Verfassung
Selbstversenkung der deutschen Flotte bei Scapa Flow
Sozialisierungsgesetz
Kontroverse über die Planwirtschaft zwischen Wissel und Moellendorff einerseits, W. Rathenau andererseits
Trennung von Kirche und Staat in Deutschland
Gründung der kommunistischen Internationalen
Gründung der *Deutschen Arbeiterpartei*, der späteren NSDAP
Gründung des *Reichsverbandes der deutschen Industrie*
Gründung des *Allgemeinen deutschen Gewerkschaftsbundes*
Gründung des ersten faschistischen Kampfverbandes durch Mussolini
G. Curzon engl. Außenminister (bis 1924, gegen die Ruhrbesetzung)
Th. Litt: *Individuum und Gemeinschaft*
W. Rathenau: *Der Kaiser*

ders.: *Kritik der dreifachen Revolution*
ders.: *Autonome Wirtschaft*
J. M. Keynes: *Die wirtschaftlichen Folgen des Friedensvertrages*
Fr. Staudinger: *Profitwirtschaft oder Versorgungswirtschaft*
J. H. Schumpeter: *Zur Soziologie des Imperialismus*
M. Weber: *Wissenschaft als Beruf, Politik als Beruf*
Erste Versuche mit Kurzwellen

1920
Aufstände rechts- und linksradikaler Kreise (Kapp-Putsch, Kommunistenaufstände in Mitteldeutschland und im Ruhrgebiet)
H. v. Seeckt Chef der Heeresleitung (bis 1926)
W. Rathenau Mitglied der 2. Sozialisierungskommission
W. Rathenau Teilnehmer an der Konferenz in Spa zur Regelung der Reparationsfrage
Aufbau eines Vertrags- und Bündnissystems der Entente mit Mittelosteuropa
Italienisches Kabinett mit Giolittei und Croce; Wahlerfolge der Faschisten infolge Teuerung und Arbeitslosigkeit
Russisch-Polnischer Krieg
Intervention der Entente-Mächte im bolschewistischen Rußland
Minister- und Sachverständigenkonferenz zur Reparationsfrage in Brüssel
1. Zusammentritt der Völkerbundversammlung
Hitler verkündet in München ein 25-Punkte-Programm
H. Stinnes gründet den Elektromontan-Trust
Betriebsrätegesetz
E. Ludwig: *Goethe; Genie und Charakter*
Fr. v. Unruh: *Platz*
E. Jünger: *In Stahlgewittern*
M. Weber: *Ges. Aufsätze zur Religionssoziologie*
L. Ziegler: *Gestaltwandel der Götter*
M. Scheler: *Preußentum und Sozialismus*
O. Spengler: *Preußentum und Sozialismus*
W. Rathenau: *Was wird werden?*

1921
Reparationskonferenzen in Paris und London sind ergebnislos, als Sanktion Besetzung rheinischer Städte
27. Apr., Festsetzung der Reparationssumme auf 132 Mrd. Mark
5. Mai, Londoner Ultimatum, vom Reichstag am 11. Mai angenommen
W. Rathenau Wiederaufbauminister im 1. Kabinett Wirth (9. 5. bis 22. 10. 1921)
Auf Grund des Londoner Ultimatums finden wegen Kriegsverbrechen vor dem Leipziger Reichsgericht Prozesse statt, geringe Strafen
Erstes Auftreten der nationalsozialistischen Sturmabteilungen (SA) zur Terrorisierung politischer Gegner
Ermordung v. M. Erzberger (Reichsfinanzminister 1919/20)
Abstimmung in Oberschlesien und Teilung zwischen Polen und Deutschland

Wiesbadener Abkommen zwischen Frankreich (Loucheur) und Deutschland (Rathenau) zur Realisierung der Reparationszahlungen und Herabsetzung der Kohlelieferungen
Franz. Regierung A. Briand (bis 1922)
Lenin verkündet die Neue Ökonomische Politik
Abrüstungskonferenz beginnt in Washington (bis 1922)
USA lehnen die Ratifizierung des Versailler Vertrages ab und schließen mit Deutschland einen Sonderfrieden (25. Aug.)
E. House: *Was wirklich in Paris geschah* (USA-Bericht der Friedensverhandlungen)
Harding Nachfolger Wilsons als Präsident der USA (bis 1923)
Deutschland anerkennt UdSSR-Regierung
J. Wassermann: *Mein Weg als Deutscher und Jude*
W. I. Lenin: *Der Imperialismus als jüngste Epoche des Kapitalismus*
C. G. Jung: *Psychologische Typen*
E. Kretschmer: *Körperbau und Charakter*

1922　6.—13. Jan., Konferenz von Cannes beschließt Einberufung einer Weltwirtschaftskonferenz nach Genua; W. Rathenau in Spa Berater der deutschen Regierung
Jan., Sturz Briands, Kabinett Poincaré, scharfer antideutscher Kurs
11. Jan., Beginn der franz. Ruhrbesetzung, Verkündung des passiven Widerstandes
1. Febr., W. Rathenau tritt als Außenminister in das 2. Kabinett Wirth (9. 5. 1921 bis 13. 11. 1922)
10. Apr. bis 19. Mai Konferenz von Genua
Deutsch-russischer Sondervertrag von Rapallo
24. Juni, Ermordung W. Rathenaus durch Rechtsextremisten